本文集（全四卷）系河北省社会科学基金项目"《胡如雷先生全集》整理与研究"（批准号：HB23ZL001）结项成果

河北师范大学历史文化学院双一流文库

胡如雷 ◎ 著
阎荣素 ◎ 编

第二卷·
李世民传
唐末农民战争

胡如雷文集

中国社会科学出版社

目 录

李世民传

前言 …………………………………………………………（3）

第一章 家世和少年时代 ………………………………（7）
  第一节 贵族之家 …………………………………（7）
  第二节 生于升平，长于动乱 ……………………（11）

第二章 秦王的征途 ……………………………………（18）
  第一节 太原起兵 …………………………………（18）
  第二节 攻占长安，以唐代隋 ……………………（25）
  第三节 翦灭薛秦 …………………………………（31）
  第四节 大破刘武周、宋金刚 ……………………（38）
  第五节 败夏灭郑 …………………………………（42）
  第六节 败刘黑闼、徐圆朗 ………………………（50）

第三章 玄武门之变 ……………………………………（55）
  第一节 政变的由来 ………………………………（55）
  第二节 斗争的序幕 ………………………………（59）
  第三节 宫门喋血 …………………………………（67）

第四章 政权建设及体制改革 …………………………（76）
  第一节 改组朝廷 …………………………………（76）

第二节　政治改革 …………………………………………… (80)
第三节　修定《唐律》 ………………………………………… (88)
第四节　发展庠序,改革科举,修《氏族志》 ……………… (91)

第五章　贞观之治 ……………………………………………… (98)
第一节　明于知人,善于任使 ………………………………… (98)
第二节　务在宽简,严格执法 ……………………………… (116)
第三节　以人为镜,以明得失 ……………………………… (123)
第四节　以古为镜,以知兴替 ……………………………… (137)
第五节　锐意经史,怡神艺文 ……………………………… (144)
第六节　吉凶在人,不好祥瑞 ……………………………… (150)
第七节　轻徭薄赋,民殷财阜 ……………………………… (155)

第六章　天可汗及其民族政策 ……………………………… (169)
第一节　平定东突厥,被尊天可汗 ………………………… (169)
第二节　平定吐谷浑,和亲吐蕃 …………………………… (180)
第三节　向西域挺进,平高昌、焉耆和龟兹 ……………… (184)
第四节　北平薛延陀 ………………………………………… (189)
第五节　处理民族关系的原则和措施 ……………………… (196)

第七章　每况愈下的晚景 …………………………………… (200)
第一节　以骄易惧,政治上未能慎终如始 ………………… (200)
第二节　东征高丽,劳民伤财 ……………………………… (205)
第三节　选立太子,一场风波 ……………………………… (212)
第四节　自我总结,英主长逝 ……………………………… (218)

结束语 ……………………………………………………………… (222)

附　李世民生平大事略表 ……………………………………… (233)

唐末农民战争

前言 ･･ (243)

第一章　唐末农民战争的历史背景 ･････････････････････････ (245)
　第一节　社会政治的时代特点 ･････････････････････････････ (245)
　第二节　社会各阶级、各阶层的地位和状况 ･････････････････ (255)
　第三节　阶级矛盾的高度尖锐化 ･･･････････････････････････ (270)

第二章　农民起义的序幕 ･････････････････････････････････ (276)
　第一节　浙东裘甫起义 ･･･････････････････････････････････ (276)
　第二节　庞勋领导的徐、宿农民起义 ･･･････････････････････ (281)

第三章　王仙芝、黄巢领导的大规模农民战争 ･････････････ (298)
　第一节　从起义爆发到攻克长安 ･･･････････････････････････ (298)
　第二节　农民战争在关中的相持阶段 ･･･････････････････････ (337)
　第三节　农民战争的第三阶段
　　　　　——从关中东撤到最后失败 ･････････････････････････ (362)

第四章　游动战斗争方式和唐末农民战争失败的原因 ･･････ (369)

第五章　唐末农民战争的历史意义和动力作用 ････････････ (376)
　第一节　王仙芝、黄巢起义的伟大历史意义 ････････････････ (376)
　第二节　唐末农民战争的历史动力作用 ････････････････････ (378)

唐末农民起义大事月表 ･･････････････････････････････････ (404)

后记 ･･ (406)

李世民传

本民世代

前　言

我决定动手写这本小册子，是 1979 年的事，当时确实带有几分偶然性。事情是这样的："文化大革命"以前我从事隋唐五代史的研究十年左右的时间，业务基础薄弱得可怜，经过"文化大革命"，在记忆中究竟还剩下多少专业知识就更可想而知了。粉碎"四人帮"以后，我们社会主义祖国迎来了一个光明的新时代，个人也预感到学术生命就要复活了，但如果不从头读书，重整旧业，就很难适应这个新时代的要求，于是开始坐下来重读《隋书》、两《唐书》和《通鉴》。最初并没有选定这个项目，只是在接触史料的过程中自发地对唐太宗这个人物发生了兴趣，于是开始动念头给他写传。

着手搜集史料近两年后，随着国内政治形势的发展，李世民成了史学界、文艺界的"热门人物"，不但讨论他纳谏、执法、用人等方面的文章连篇累牍地发表，而且秦王居然走上了舞台和电视荧光屏，这是始料所不及的。我个人并不喜欢"赶热门"，这时颇有"早知今日，何必当初"之感，但这个项目已经"上马"两年了，已呈欲罢不能之势，所以就硬着头皮把这本小册子写完了。虽然唐太宗是一个政治人物，我还是尽量使这本书成为稍具学术性的著作，因为不愿意看到它成为过眼烟云，成为三五年后就无人肯读的明日黄花。由于个人的功力有限，尽管有这样的想法，它的生命力到底有多强，自感信心不足，只不过是朝着这个方向尽力为之而已。

解放以后评价历史人物的论文特别多，但也形成了一个公式，即"功——局限性——功大于过"。在研究李世民这个人物时，我总想突破这个框框，作一些新的尝试。为此，特别在以下几个方面作点文章：唐太宗的特点是什么？这些特点产生的原因是什么？产生这个人物的必然性和偶然性是什么？对他的局限性如不简单摆摆史实就算了事应当怎样进一步分析？尽管力图回答这些问题，但由于个人水平所限，结论肯定并不完全允当。希望史学工作者和广大读者对这本不成熟的小册子提出宝贵意见，以便我对这个历史人物作进一步的研究，并改正错误结论。

在定稿过程中曾得到袁森坡、秦进才、王力平和宁志新诸同志的帮助，特表示谢意于此！特请张恒寿老先生为拙著写了题签，以志多年莫逆之谊。

爱尔维修有一句名言："每一个社会时代都需要有自己的伟大人物，如果没有这样的人物，它就要创造出这样的人物来。"隋唐两朝鼎革之际，由天下大乱走向天下大治的历史转折时期，社会历史正需要有一个杰出的政治人物，而它确实是创造出了这样一个人物，他不是别人，就是名垂青史的著名皇帝唐太宗李世民。

杨坚所建立的隋朝，同秦朝一样，也是一个"二世而亡"的短命王朝。隋朝的统一结束了汉末以来四百年左右的大混乱、大动荡、大分裂，历史的航船刚刚驶进一个风平浪静的避风港，不料隋炀帝杨广就以暴君的姿态登上政治舞台，呼唤来了一场新的暴风雨，一次大规模的阶级斗争铺天盖地而来。王薄在长白山（在今山东章丘东北）登高一呼，一曲《无向辽东浪死歌》引起了全国劳动人民的唱和，从海曲到关陇，从冀州到岭南，农民起义的烈火照亮了神州大地的每一个角落。

公元7世纪初，是一个非常不平凡的时代，在隋亡唐兴、群雄逐鹿的关键时刻，鹿死谁手，由谁来收拾局面，这要看历史将怎样进行抉择。李世民由于个人所具备的才能和品德，能够驾驶历史的航船穿过惊涛骇浪，到达彼岸，所以成为群雄中的胜利者；登上皇位后能够顺应历史发展的进步潮流，开创了"贞观之治"，因而又是政治上成功的杰出人物。

唐太宗的政治思想、立法行政、举贤任能、虚怀纳谏……不但为历代封建统治者所景慕，对于今天的我们，也能有所启迪。研究、介绍这样一个重要的历史人物，运用历史唯物主义理论对他进行剖析，是非常必要的，有益于现实的。

第一章　家世和少年时代

第一节　贵族之家

李世民的家庭，在隋代属于显贵的家族。

关于唐朝皇族李氏的前世，是汉人还是胡人，在老一代的史学家中意见并不一致。这本来没有什么奇怪，因为从南北朝到隋朝，正是一个胡汉各族同化的历史阶段，很多历史人物的血统是复杂的，很不单纯，李氏先世涉嫌混血是很自然的。刘盼遂先生和王桐龄先生经过一再考证，确认李氏出自拓跋族。① 根据甚多，兹列举其最重要的几条如下：

法琳曾冒逆鳞丧生的危险，当面对李世民说："琳闻拓跋达阇，唐言李氏，陛下之李，斯即其苗，非柱下陇西之流也。"② 李氏自言李世民父李渊的七世祖系西凉武昭王李暠，法琳对此加以驳斥，认为其说出于附会，也就是出于假冒。法琳如果没有确凿的根据，断不敢作如此的妄言。

刘𫗧在《隋唐嘉话》中有这样一段记载，单雄信曾呼李世民之弟李元吉为"胡儿"。③《旧唐书》也说滕王李涉"状貌类胡"。④ 二例说明李氏血统中确有胡人因素。

李渊的祖父李虎有兄名"起头"，有弟名"乞豆"，起头之子名"达

---

① 参见刘盼遂《李唐为蕃姓考》，载《女师大学术季刊》第 1 卷第 4 期；《李唐为蕃姓续考》，载《女师大学术季刊》第 2 卷第 1 期；《李唐为蕃姓三考》，载《燕京学报》第 15 期；王桐龄《杨隋李唐先世系统考》，载《女师大学术季刊》第 2 卷第 2 期。
② 释彦琮《唐护法沙门法琳别传》下。
③ 《隋唐嘉话》上。
④ 《旧唐书》卷64《滕王元婴传》。

摩"，① 而李氏在北魏的先祖有李初古拔，② 这几个名字都非汉名，可证李氏源出胡人。

唐朝皇族中多次出现乱伦之事，如李世民杀李元吉后曾纳其妃杨氏为妃。③ 李世民崩后，其子李治即位，是为高宗，亦以太宗才人武则天为昭仪。④ 这几件事和吐谷浑的"父卒，妻其群母；兄亡，妻其诸嫂"⑤、乌桓、鲜卑的"妻后母，报寡嫂"⑥。突厥的"父兄死，子弟妻其群母及嫂"⑦ 的习俗如出一辙，故宋人朱熹概括地说："唐源流出于夷狄，故闺门失礼之事，不以为异。"⑧

最后，李氏一族往往与胡姓通婚，如唐高祖李渊的皇后是窦氏，按魏孝文帝曾改胡姓纥豆陵氏为窦氏；李渊的父亲李昞之妻为独孤氏；李世民皇后为长孙氏。连续三代的母系均为胡姓，可证李氏先世绝非汉人。

陈寅恪先生持相反的意见，他认为：

> 李唐先世本为汉族，或为赵郡李氏徙居柏仁（即柏人县，治所在今河北隆尧西南尧山镇，东魏改为柏仁县。）之"破落户"，或为邻邑广阿（治所在今河北隆尧东）庶姓李氏之"假冒牌"。既非华盛之宗门，故渐染胡俗，名不雅驯。于北朝太平真君（公元440年）、南朝元嘉（公元424—453年，此处指440年）之世，曾参与弘农（治所在今河南灵宝北）之战，其后并无移镇及家于武川（北魏六镇之一，故址在今内蒙古武川西）之事。迨李虎入关，东西分立之局既定，始改赵郡之姓望而为陇西……其初之血统亦未与外族混杂。总而言之，李唐氏族若仅就其男系论，固一纯粹之

---

① 《新唐书》卷70上《宗室世系表》。
② 《宋书》卷77《柳元景传》。《魏书》卷61《薛安都传》作"李拔"。
③ 《新唐书》卷80《太宗诸子传》。
④ 《新唐书》卷76《后妃传》。
⑤ 《晋书》卷97《西戎传》。
⑥ 《后汉书》卷90《乌桓鲜卑传》。
⑦ 《隋书》卷84《突厥传》。
⑧ 《朱子语类》卷116《历代类三》。

汉人也。①

陈先生最重要的根据是《唐光业寺碑》所载"维王桑梓，本际城池"②一句，证明李氏祖先李熙、李天赐父子共茔葬于旧巨鹿郡（治所在今河北巨鹿）与山东著姓赵郡李氏所在之常山郡（治所在今河北正定南）相邻接，这也是后来天赐子李虎被封为赵郡王的由来。至于五代人、北宋人所撰唐代史籍，多系依据李氏自撰之谱牒，故伪托陇西李氏。宇文泰入关中时，"诸姓子孙有功者，并令为其宗长，仍撰谱录，纪其所承。又以关内诸州，为其本望"③。大致李氏即承此风而改其郡望为陇西李。④

对于这个聚讼纷纭的问题，我个人的意见是：首先，根据马克思主义的民族理论，民族是一个历史社会范畴，而不是一个种族生理的范畴，既然李氏一族在长期的民族同化过程中已经汉化了，即令他们在唐代还保留了某些胡族的习俗和遗风，我们也只能目之为纯粹的汉人。更何况李氏自己也不愿承认出自蕃姓呢？其次，就血统而言，子女的体貌特征可以继承自父母双方，且有隔代遗传，既然李氏素与胡姓通婚，"状貌类胡"亦可来自母系方面，所以不能因此断定李氏祖先必系胡族。复次，窦氏、独孤氏和长孙氏，本身也早已汉化，到隋唐时更没有理由把她们看作少数民族了。最后，乱伦之事在唐朝皇族中毕竟只是少数特殊事例，在有唐近三百年中仍以遵循正常的人伦为主，何况这种事更多的是来源于剥削阶级的腐朽本性，未必完全出于民族习惯。朱子之说，或与素来的大汉族主义的尊夏贬夷思想有关。总之，不论李世民血统中是否有胡族因素，他始终是以汉族统治者的身份从事政治活动的，胡族成分即令有，也没有在任何程度上影响了他的政治生活。

李氏一族在西魏时才真正显贵起来。李虎是李氏家族的地位飞黄腾达中的关键人物，在西魏赐姓大野氏，封赵郡公，官至太尉，为八柱国

---

① 《李唐氏族之推测后记》，载《金明馆丛稿二编》，第303页。
② 《畿辅通志》卷174《古迹略》。
③ 《隋书》卷33《经籍志·史部谱序》。
④ 陈寅恪先生此说亦参见其《唐代政治史述论稿》。

之一。所谓六柱国、八柱国大将军,在北魏时地位并不很高,但在贺拔岳、宇文泰于关中开创局面时,均成为西魏及北周的军事基石,故"功参佐命,望实俱重者"往往"居此职"。八柱国的地位遂日益重要起来,"当时荣盛,莫与为比",直到唐代,"称门阀者,咸推八柱国家"。① 北周代魏之际,李虎有"佐命功",故北周建立后李虎虽已死,仍追封为唐国公。李虎的儿子李昞袭封唐国公,拜御中正大夫,历官郦州刺史和安州总管,"为政清简,甚获当时之誉"。寻迁柱国大将军。② 李昞虽无赫赫之功,地位不如其父显贵,但毕竟仍保持着贵族官僚的身份。李昞的儿子李渊即李世民之父,是唐朝的开国皇帝唐高祖。

　　隋文帝时李渊的职位并不特别通显,先后担任过千牛备身、刺史和郡守等职。到隋炀帝时,他的实权稍有增加,辽东之役,曾督运于怀远镇(今宁夏银川市东)。不久又代元弘嗣为弘化郡(治所在今甘肃庆阳)留守,"关右十三郡兵皆受征发"③。大业十一年(615),炀帝命李渊为山西河东慰抚大使,专事镇压当地的农民起义。两年之后,又拜太原郡(治所在今山西太原市西南)留守。李渊身份的特殊还在于他处皇亲国戚的地位。其岳母是北周武帝宇文邕的姐姐襄阳长公主,换句话说,渊妻窦氏就是周武帝的外甥女,宇文邕对她"特爱重之,养于宫中"。窦氏的父亲窦毅觉得女儿才貌双全,认为"不可妄以许人,当为求贤夫",于是在门屏上画了两只孔雀,让上门求婚的贵门子弟持二箭射之,相约射中孔雀眼睛的人许妻以女。当时前后数十人谁也射不中的,唯独李渊发二箭,各中一目,遂因此成婚。④ 李渊的从母即隋文帝的独孤皇后,所以他和隋炀帝是表兄弟关系。李世民生长在"隋室之近亲"⑤的家庭里,自然称得起是一个贵族子弟。

　　窦氏共生四子一女,四子是:李建成、李世民、李玄霸和李元吉;

---

① 《北史》卷60《传末论曰》。
② 《册府元龟》卷1《帝王部·帝系》。此书记载最详确。《新唐书》卷1《高祖纪》作"隋安州总管、柱国大将军",误,"隋"字衍。按李虎死于西魏,李昞当任官于北周。今从《册府元龟》及《旧纪》。
③ 《册府元龟》卷7《帝王部·创业三》。
④ 《旧唐书》卷51《高祖太穆皇后窦氏传》。
⑤ 《大唐创业起居注》卷1。

一女嫁给临汾人柴绍，即后来册封的平阳昭公主，① 根据各种情况推测，大概是李世民的姐姐。② 在诸兄弟中，李玄霸只享年十六岁，在大业十年（614）就夭折了。③ 李世民排行第二，与兄李建成、弟李元吉都是太原起兵、建立唐朝、统一全国的重要人物。

北朝及隋朝是一个天下扰攘、戎马生郊的大动乱时代，贵族官僚中流行着尚武的习俗，如"周代公卿，类多武将"④。李世民的父亲以射技高超而成婚，也反映了上述情况。李世民的岳父长孙晟也"善弹工射，矫捷过人"，能够一箭双贯二雕，曾以此使突厥的摄图可汗为之叹服。⑤ 李世民生长在这样一个尚武的时代，自幼受家庭的熏陶，本身又是一个十足的"贵游子弟"，所以"少尚威武，不精学业"⑥ 确乎是事实。他尤其喜欢演习弓矢，"自谓能尽其妙"。⑦ 这一点，对他后来的武功有不容忽视的影响。

时代和家庭给李世民准备、提供了一切主客观条件，他就是以此为前提开始了自己的戎马生涯，踏上了惊险的征途。

第二节　生于升平，长于动乱

隋文帝开皇十七年十二月十六日（598年1月28日）李渊的夫人窦氏，生次子于武功（今陕西武功西北）别馆。⑧ 渊取"济世安民"之义，

---

① 《新唐书本传》及《通鉴》均作"平阳昭公主"，唯《旧唐书本传》作"平阳公主"。

② 史籍失载平阳昭公主的生年和享年，但李氏父子太原起兵时世民才二十岁左右，平阳昭公主已经能单独率领一支七万人的"娘子军"在鄠县庄所起兵，恐怕不是一个十几岁的少女所能做到的。况且她在武德六年（公元623年）即薨，如非夭折，必然比李世民年长。（据《旧唐书》卷58《柴绍附平阳公主传》）

③ 《新唐书》卷79《李玄霸传》。

④ 《隋书》卷46《张奫传》。《隋书》卷51《长孙览附晟传》亦载："周室尚武，贵游子弟咸以相矜。"

⑤ 《隋书》卷51《长孙览附晟传》。

⑥ 《大唐新语》卷9《著述》。《魏郑公谏录》卷5《权贵疾公》亦载，世民自称："朕少不学问，唯好弓马"。

⑦ 《贞观政要》卷1《政体》。

⑧ 关于李世民的生年，《册府元龟》卷2《帝王部·诞圣门》载："太宗以开皇十八年十二月戊午生于武功之别馆"。《旧唐书·太宗纪》的记载与此相同，唯在纪末云崩于贞观二十三年（公元649年），"年五十二"，生年与享年推算吻合。《新唐书·太宗纪》未载生年，崩年与《旧纪》同，唯享年作"五十三"，以此推算则生年当在开皇十七年。《新纪》又云：（转下页）

为次子命名为"世民"。

八岁以前，李世民是在天下升平的岁月里度过自己的童年的。当时正值隋文帝的晚年，全国的形势是"天下大同，声教远被"，"人庶殷繁，帑藏充实"，"朝野欢娱"。① 这些记载虽不免有点夸张，但处于太平盛世是完全可以肯定的。不过由于年龄太小，这些景象在李世民的记忆中能留下多少深刻的印象，就很难说了。

仁寿四年（604），李世民八岁，朝廷上发生了一件惊天动地的大事，就是隋文帝被其子杨广所弑。杨广即位，是为隋炀帝，他以暴君的狰狞面孔，拉开了新的历史帷幕，全国的形势顿时为之一变。炀帝先后营东都，修西苑，开运河，三征高丽，巡游不息，声色无度，"头会箕敛，人不聊生"。不但劳动人民"流离道路，转死沟壑，十八九焉"，甚至无权少势的富有之家也在隋政权的敲诈勒索下不免陷于"冻馁"，"十家而九"。在政治上，暴君拒谏诛贤，贵族官僚中全身保禄的人在其淫威下"各求苟免，上下相蒙"。② 上梁不正下梁歪，下面的官吏亦莫不因"朝政浸坏"而"人多赃贿"。③ 统治集团胡作非为的结果，"皇纲不振，人皆变节"，④ 不但人民群众不愿照旧生活下去，连上层显贵也无法照旧统治下去了。阶级矛盾日趋尖锐，终于在大业七年（611）激化为武装暴动，王

（接上页）"大业中，突厥围炀帝雁门……太宗时年十六，往应募。"查雁门之围发生于大业十一年（615），据此上推十六年，李世民当生于开皇二十年（600），是知李世民生年有开皇十七年、十八年、二十年三种可能。李世民几次回顾自己的生平都说年十八举兵，二十四定天下，二十九居大位。（《贞观政要》卷10《灾祥》、同书卷《慎终》及两《唐书》的《虞世南传》）李渊父子起兵于大业十三年（617），即义宁元年，如果这一年李世民年十八，则生年当在开皇二十年。定天下指平定窦建德、王世充而言，系武德四年（621）之事，如果大业十三年十八岁，则武德四年当二十二岁，与二十四定天下之说相矛盾。如果十八起兵，武德九年（626）即位时当仅二十七岁，即令按次年改元贞观计算，也只二十八岁，与二十九居大位之说不符。可见李世民本人的记忆是错误的，不足为据。《新唐书》卷79《卫王玄霸传》载，玄霸薨于大业十年（614），享年十六，据此推算当生于开皇十九年（599）。果尔则李世民生于开皇二十年之说完全不能成立，因为他是次子，玄霸是三子，绝无兄晚弟早之理。还可进一步证明，李世民生于开皇十八年十二月之说亦难成立，因窦氏在不到十三个月的时间里先后两次生子的可能性虽然不能完全排除，但就常情而言，这种可能性也不大。既然如此，李世民生年最大可能是开皇十七年，该年十二月癸卯朔，戊午当为十六，折算成公历应当是公元598年1月28日。

① 《隋书》卷2《高祖纪》下。
② 《隋书》卷4《炀帝纪》下。
③ 《隋书》卷58《李文博传》。
④ 《隋书》卷67《裴矩传》。

薄在长白山（位于今山东邹平南，章丘和淄博市之间）首先发动起义，从此以后各地农民纷纷起事，广大的群众"人自为战，众怒难犯，故攻无完城，野无横阵，星离棋布，以千百数"①。

王薄起义的这一年，李世民已经十五岁了，所以从他稍懂人事开始，耳目所及，尽是政治的腐败，国家的动乱，人民的苦难和如火如荼的阶级大搏斗。李世民自幼比较"聪睿，玄鉴深远，临机果断，不拘小节"，②加之一贯好尚武略，素习骑射，所以他虽然出身于贵族皇戚之家，却并不是一般贪图安逸的纨绔子弟。对他来说，烽火弥天，大局动荡，不但不是什么不可抗拒的灾难，反而正是一个大显身手的好时机。

时势造英雄，真正的英雄更能驾驭时势，演出轰轰烈烈的雄壮场面。

农民起义的烈火越烧越旺，在斗争中终于锻炼、凝聚成了以下四支主要力量：第一支是以李密、翟让为首的瓦岗军，活动于中原一带，在战阵上斩杀了隋朝的骁将张须陀，并连破兴洛仓、回洛仓，"众至数十万"③。义宁元年（617）二月，翟让推李密为首，称魏公。瓦岗军横亘中原，声震全国，逼得隋炀帝"不敢还都"，④只得留在江都（今江苏扬州市）苟安于东南一隅。第二支是窦建德领导的河北起义军，曾于大业十二年（616）大败隋将郭绚，"于平原（治所在今山东平原西南）斩其首"。接着在第二年于河间乐寿（治所在今河北献县）筑坛场，建德称长乐王，年号丁丑，署置官属。⑤ 第三支是杜伏威、辅公祏领导的江淮起义军，他们与江都的小朝廷展开了面对面的斗争，在打败敌将陈棱之后又乘胜破高邮（治所在今江苏高邮北），据历阳（治所在今安徽和县），伏威自称总管。一时江淮各地小支农民军"争来归附"这支军队。⑥ 第四支是林士弘领导的农民军，斗争于长江中游，至大业十二年（616）冬已"兵至十余万"。这年底，士弘徙居虔州（治所在今江西赣县），自称楚

---

① 《隋书》卷70《史臣曰》。
② 《旧唐书》卷2《太宗纪》上。
③ 《通鉴》卷183义宁元年二月。
④ 《隋书》卷85《宇文化及传》。
⑤ 《旧唐书》卷54《窦建德传》。
⑥ 《旧唐书》卷56《杜伏威传》。

帝,并派军广为略地,统辖范围发展至"北至九江(治所在今江西九江市),南洎番禺(今广东广州市),悉有其地"①。大致到大业十二年(616)、十三年(617)之交,几支主力农民军已控制了黄河中下游、淮河流域、长江中下游和珠江流域的大部分地区,长安、东都(今河南洛阳市)和江都已经成为全国起义海洋中的几个孤岛,隋政权的覆灭已经是指日可待的事了。

　　阶级斗争接近决战的关键时刻,隋朝统治的瓦解过程大大加快了。农民起义的浩大声势,促使地主阶级进一步走向分崩离析,许多地主乘机起兵,豪强武装遍布各地。大业七年(611)底,"累世仕宦,赀产富厚","喜游侠",家中豢养"食客常数百人"的刘霸道,首先在豆子䴚(为一盐泽,在今山东惠民县境)一带起兵,有众十余万,号"阿舅贼"。②随着隋政权的日渐瘫痪,这种"保据州乡,镇静一隅,以待宁晏"③和"纠合壮士,以卫乡里"④的地主武装在全国星罗棋布,多达数十支。大业九年(613),隋炀帝第二次亲征高丽时,开国重臣杨素的儿子玄感"自以累世尊显,有盛名于天下","复见朝纲渐紊,帝又猜忌日甚,内不自安",遂利用"百姓苦役,天下思乱"的形势发动大规模的反隋起兵。⑤尽管因为他缺乏正确的战略和谋划,斗争仅仅持续两个月就被隋朝扑灭,但杨隋这座政治大厦经此震动却更加摇摇欲坠了。不久,罗艺起兵于涿郡(治所在今北京市西南),梁师都起兵于朔方(治所在今内蒙古杭锦旗北),薛举起兵于金城(治所在今甘肃兰州),李轨起兵于武威(治所在今甘肃武威)。随着政治形势的瞬息万变,李渊、李世民父子也被卷入了历史的旋涡。

　　在这天下纷扰的岁月中,李世民的年事也在不知不觉中逐渐增长,于是李渊为他举办了婚事。他娶的是长孙晟的女儿。长孙晟射技绝伦,一再出使突厥,并曾向隋文帝建议对突厥实行"远交而近攻,离强而合

---

① 《旧唐书》卷56《林士弘传》。
② 《通鉴》卷181大业七年十二月。
③ 《全唐文》卷1李渊《封汪华越国公制》。
④ 《通鉴》卷189武德四年九月。
⑤ 《隋书》卷70《杨玄感传》。

弱"的分化策略，取得了预期的效果，是文帝、炀帝二朝的著名军将，卒于大业五年（609）。长孙氏一族自魏历周至隋，"门传钟鼎，家誓山河"，① 早已是门第通显的贵族官僚，与李氏通婚可以称得起是门当户对。长孙晟之妻是隋朝治礼郎高士廉的妹妹，为晟生一子一女，子即唐代名臣长孙无忌，女即李世民所娶的文德皇后。大业五年长孙晟卒后，高士廉把守寡孀居的妹妹和她的两个孩子都迎回家中加以抚养。他发现李世民是"非常人"，就决定把妹妹的女儿嫁给他。② 关于这次婚事，两《唐书》的《太宗纪》及《通鉴》诸书均失载，唯有《旧唐书》卷51《太宗文德皇后长孙氏传》称："年十三，嫔于太宗"。据两《唐书》本传，文德皇后崩于贞观十年（636）六月，享年三十六，据此推算，她十三岁时正是大业九年（613），这一年李世民当是十七岁。二人均未成年就已成婚，可以说是早婚，不过在封建时代，早婚在官宦人家是通行的习俗，并不罕见。大业九年正是隋炀帝第二次东征高丽、杨玄感起兵和农民起义风起云涌的紧张时刻，大概由于情况特殊，李世民的婚礼也就草草了事。这件事对李世民本人来说，并不是无足轻重的事，一则因为这毕竟是他的终身大事，再则因为长孙皇后以她的贤德影响了李世民的家庭生活和政治行为，对成就日后的"贞观之治"起了一定的作用。因此我们把这门婚事作为插曲在这里加以介绍。

在阶级大搏斗和统治阶级内部斗争相交织的大动荡中，李世民不是冷漠的旁观者，而是历史舞台上最活跃的主角。早在李氏父子正式起兵以前，李世民的政治活动、戎马生涯就已经开始了。

隋朝的北面，有一个非常强大的部族，叫作突厥。早在北朝时期，突厥的势力范围已经"东自辽海以西，西至西海万里，南自沙漠以北，北至北海五六千里，皆属焉"③。这个部族的内部存在着分裂的因素，隋文帝的分化策略更助长了这种分裂的倾向，所以从公元583年起突厥正式分为东、西两部分，在西面的部分称西突厥，东面的东突厥因居隋朝北边亦称北突厥。当时突厥处于奴隶社会阶段，不断侵扰隋边，目的是俘

---

① 《隋书》卷51《长孙览附晟传》及卷末《史臣曰》。
② 《旧唐书》卷65《高士廉传》。
③ 《周书》卷50《突厥传》。

获生口以为奴隶，同时也大肆掠夺边境汉民的财物。不过自从东西分裂以后，势力暂趋衰微。隋炀帝即位后，内政腐败，连年用兵，阶级斗争剧烈，突厥又乘机强大起来，再一次成为北方的严重威胁。大业十一年（615）隋炀帝亲巡北边，东突厥的始毕可汗打算率骑数十万偷袭炀帝乘舆，炀帝事先得到消息，急忙驰入雁门郡城（今山西代县西），敌骑很快就赶到雁门，死死地把郡城包围起来。该郡共辖四十一城，被突厥攻占的竟达三十九城，只有雁门和崞县（今山西原平北）二城没有被攻破，但已经形同累卵，非常危殆。雁门城内军民有十五万之众，存谷仅够吃二十天，形势万分紧急。隋炀帝采纳樊子盖征四方兵入援的建议，一面慰劳、赏赐守城的将士，一面把诏书系在木棍上"投汾水而下，募兵赴援"①。就在这千钧一发的关头，李世民毅然应募，并且向他的长官屯卫将军云定兴提出建议：

> 始毕敢举兵围天子，必谓我仓猝不能赴援故也。宜昼则引旌旗数十里不绝，夜则钲鼓相应，虏必谓救兵大至，望风遁去。不然，彼众我寡，若悉军来战，必不能克。②

云定兴照此意见行事，适逢此时东都及各郡援军亦赶到忻口（今山西原平南）。③ 始毕可汗侦知隋师大至，于是解围而去。在这次战役中，李世民初露头角，显示了出奇制胜的机智和才能。这一年，他才十九岁。

大业十三年（617），李渊任太原留守，长子李建成和四子李元吉均携李氏家族寄居河东（今山西永济蒲州镇），大概因为李世民最有才干，所以始终在太原守在父亲身边。李渊的任务有两项：一是镇压农民起义，一是与马邑（治所在今山西朔县）太守王仁恭一起"北备边朔"，④ 对付突厥。这一年号称"历山飞"的甄翟儿率领一支农民军进攻太原，李渊

---

① 《新唐书》卷2《太宗纪》。
② 《通鉴》卷182大业十一年八月。
③ 旧新《太宗纪》只提李世民建议，不提各地援军，可能是来源于《实录》，有意夸大太宗功业。
④ 《大唐创业起居注》卷1。

陷入重围之中，无力突围。李世民乃以轻骑突围而进，拔其父"于万众之中"，① 适逢此时步兵赶到，父子遂大破甄翟儿，取得了胜利。李世民出身贵族，尽管知道"隋历将终"，但在起义农民面前，仍然是一个忠于地主阶级的军人，这是由他的阶级地位所决定的。

太原起兵以前，李世民的主要经历大概就是这些。

---

① 《旧唐书》卷2《太宗纪》。

第二章　秦王的征途

第一节　太原起兵

　　李渊、李世民的晋阳起兵，不是一次偶然的触发，而是迫于形势，乱中图存，具有必然性的历史事件。

　　隋炀帝既是一个专制独裁的暴君，又是一个色厉内荏的懦夫。暴君与懦夫性格的结合，时而表现为刚愎自用，时而表现为缺乏自信，而且往往心胸褊窄，妒贤忌能。杨素在隋代"夷凶静乱，功臣莫居其右"，他本人又"专以智诈自立"，"阿谀时主，高下其心"，① 以这样的佞臣事昏主，应该说是很安全的了；其实不然，他死后隋炀帝甚至还说："使素不死，终当夷族。"② 对于其他"隋室旧臣"，杨广也很少能做到"始终信任，悔吝不及"③。即令对于杨氏皇族中的诸王，亦"多所猜忌"，④ 甚至"疏薄骨肉"⑤。像隋朝著名的重臣高颎、宇文敩、贺若弼等就因为背后议论了几句隋炀帝的奢纵而惨遭杀害。他还以能诗善吟自矜，"不欲人出其右"，异常嫉才害能。薛道衡诗中有"空梁落燕泥"的名句，炀帝借机杀死道衡后无耻地说："更能做'空梁落燕泥'否！"王胄的诗中有名句"庭草无人随意绿"，被杀后炀帝也说："复能做此语耶！"⑥ 在这样一个暴君的淫威下，内外大臣莫不重足而立，人人自危。李渊、李世民父子生活

---

① 《隋书》卷48《史臣曰》。
② 《通鉴》卷182 大业九年四月。
③ 《通鉴》卷181 大业六年十二月。
④ 《通鉴》卷180 大业元年五月。
⑤ 《通鉴》卷183 大业十二年十二月。
⑥ 《通鉴》卷182 大业九年八月。

在如此险恶的政治环境里，当然也有朝不保夕之感。在天下大乱的时代，他们必然要铤而走险，死中求生。这就是李氏晋阳起兵的政治背景。

当时"炀帝多所猜忌，人怀疑惧"。正好有一次皇帝征李渊到行在去见他，李渊大概认为亲自去见炀帝凶多吉少，所以托疾未去。炀帝遂问李渊之甥后宫王氏："汝舅何迟？"王氏说他病了，想不到皇帝竟然半咒诅地以恶言相问："可得死乎？"这件事传到晋阳，李渊"闻之益惧"，①只得以纵酒、纳贿的假相韬晦掩盖自己的危机感。当时有一个"门族强盛"的李浑，字金才，隋炀帝很忌恨他，恰好有一个方士又对皇帝说："李氏当为天子"，因而"劝帝尽诛海内凡李姓者"。② 李浑宗族果然由此被杀。这对李渊、李世民父子又是一个不祥之兆，因而李渊也"自以姓名著于图箓，太原王者所在，虑被猜忌因而祸及"，有坐卧不安之苦。形势逼人，继续和隋炀帝玩危险的政治游戏已不可能，唯一的出路是死里求生，投入全国反隋的大洪流。李渊"素怀济世之略，有经纶天下之心"，有一次曾对李世民说："唐固吾国，太原即其地焉。今我来斯，是为天与，与而不取，祸将斯及。"③ 李世民本人也"潜图义举，每折节下士，推财养客，群盗大侠，莫不愿效死力"④。并州素为"天下精兵处"，⑤ 李渊留守太原，具有起兵的良好军事基础。当时父子二人实际上都有了发动起事的念头，但由于后来玄武门之变（详下）时李世民诛杀兄弟、逼父退位，不合法地登上帝位，为了替他的夺权进行辩护，史臣所修的《国史》和武德、贞观二朝的《实录》，就尽量贬低李渊在起兵中的贡献，把首义之功过多地归于李世民，两《唐书》和《通鉴》不免因袭了这种歪曲，故多失实之处。实际上李渊早有起兵的想法，原不待李世民的一再苦劝。晋阳刘文静早就发现李渊"有四方之志"。⑥ 崔善为是楼烦司户书佐，"以隋政倾颓，乃密劝进"，李渊"深纳之"。⑦ 夏侯端说

---

① 《旧唐书》卷1《高祖纪》。
② 《通鉴》卷182 大业十一年二月。
③ 《大唐创业起居注》卷1。
④ 《旧唐书》卷2《太宗纪》。
⑤ 《隋书》卷45《庶人谅传》。
⑥ 《旧唐书》卷57《刘文静传》。
⑦ 《旧唐书》卷191《崔善为传》。

得更露骨：

> 金玉床摇动，此帝座不安。参墟得岁，必有真人起于实沉之次。天下方乱，能安之者，其在明公。但主上晓察，情多猜忍，切忌诸李，强者先诛，全（金）才既死，明公岂非其次？若早为计，则应天福，不然者，则诛矣！

李渊听完后，并没有反对，而是"深然其言"。① 他命李建成前往河东，任务之一是"潜结英俊"；恐怕李世民在太原的"密招豪友"，② 也是揣摩其父的意图而如此行事的。在以下的叙述中，有关溢美李世民，贬抑李渊的不可靠记载，本书一概从略。

在酝酿起兵的过程中，有两个重要的人物值得一提，一个是刘文静，另一个是裴寂。刘文静"有器干，倜傥多权略"，隋末任晋阳令。③ 裴寂当时是晋阳宫副监。④ 二人相结为友，夜间同宿，望着城上的烽火，裴寂仰天长叹："卑贱之极，家道屡（窭）空，又属乱离，当何取济？"一语道出了卑官小吏在乱世的苦衷和忧虑。刘文静笑着说："世途若此，时事可知。吾二人相得，何患于卑贱！"话虽没有说透，二人都在试探对方，但共同的想法已经心照不宣了。后来刘文静因与瓦岗农民军的领导人李密是姻亲，被炀帝下令收系于郡狱。李世民知道可与此人图谋大事，于是到狱中去探望他，刘文静大喜说："天下大乱，非有汤、武、高、光之才，不能定也。"李世民回答："卿安知无？但恐常人不能别耳。今入禁所相看，非儿女之情相忧而已。时事如此，故来与君图举大计。请善筹其事。"一句话扫除了刘文静思想中的疑云，因遂直爽地大发议论：

> 今李密长围洛邑，主上流播淮南，大贼连州郡、小盗阻山泽者

---

① 《旧唐书》卷187《夏侯端传》。
② 《大唐创业起居注》卷1。
③ 《旧唐书》卷57《刘文静传》。
④ 《旧唐书》卷57《刘文静传》作"晋阳宫监"。同书卷57《裴寂传》作"晋阳宫副监"。今从寂本传。

万数矣，但须真主驱驾取之。诚能应天顺人，举旗大呼，则四海不足定也。今太原百姓避盗贼者，皆入此城。文静为令数年，知其豪杰，一朝啸集，可得十万人。尊公所领之兵，复且数万，君言出口，谁敢不从？乘虚入关，号令天下，不盈半岁，帝业可成。①

李世民对此表示完全同意，但他俩还不知道李渊的想法怎样。李渊与裴寂有旧交之谊，"时加亲礼，每延之宴语，间以博奕，至于通宵连日，情忘厌倦"②。刘文静觉得可利用此人与李渊的关系进行说项，因而引裴寂与李世民相交，得通谋议。李世民为了笼络裴寂，出私钱数百万阴结高斌廉，让他与裴寂博戏而故意输钱，裴寂大喜，遂与李世民日见欢狎。裴寂最后把李世民起兵的意图转告了李渊，实际上也是正中其下怀。重要的人物都已明确表态，李氏父子从此开始积极地准备。③

义宁元年（617）四月，突厥进攻马邑，李渊遣副留守高君雅率军与马邑太守王仁恭并力拒战，但出师不利。李渊正忧惧隋炀帝将因此责怪，果然不久就得到消息，朝廷已派人执李渊诣江都问罪。渊大惧，对李世民说："隋历将尽，吾家继膺符命，不早起兵者，顾尔兄弟未集耳。今遭羑里之厄，尔昆季须会盟津之师，不得同受孥戮，家破身亡，为英雄所笑。"李世民哭着说："芒砀山泽，是处容人，请同汉祖，以观时变。"④ 虽然几天以后来了诏使，宣布赦免李渊的罪，这场虚惊却加速了李氏起兵反隋的准备。过去一段时间里，李渊之所以"不早起兵"，除了因为家属和李建成、李元吉还在河东，没有都集中到晋阳，更重要的考虑是：大业十二年（616）底以前，隋朝还有相当力量，能够抽调大军镇压农民起义，取得一些战果，任何官吏、豪强起兵，也会把隋军吸引到自己这里，免不了落一个杨玄感的下场；而到义宁元年时，隋政权

---

① 《旧唐书》卷57《刘文静传》。
② 《旧唐书》卷57《裴寂传》。
③ 两《唐书》的《高祖纪》及《通鉴》多认为李渊原无意起兵，是在李世民一再敦促下才决定起兵，尤其是《通鉴》所载渊语世民："吾一夕思汝言，亦大有理。今日破家忘躯亦由汝，化家为国亦由汝矣。"都不可信。所谓世民结识裴寂后，寂以晋阳宫人私侍李渊，陷之以罪，并以此诱胁起兵，亦很可能属于子虚乌有，均不取。
④ 《大唐创业起居注》卷1。

已接近于土崩瓦解，农民起义的势力已经占了压倒的优势，① 当时农民军已遍及全国各地，② 统治者再也无力集中力量镇压某支主力武装了，所以李渊选定义宁元年（617）起事，相对来说，危险性是小得多了。

随着时机的成熟，晋阳城中各种人物的政治态度也逐渐明朗化了。除裴寂、刘文静已经表示赞助起事外，与李世民关系"周密"的唐俭也一吐心曲："隋室昏乱，天下可图。"李世民以此转告其父，李渊因把唐俭找来访以时事。唐俭一针见血地指出：

> 明公日角龙庭，李氏又在图牒，天下属望，非在今朝，若开府库，南啸豪杰，北召戎狄，东收燕、赵，长驱济河，据有秦、雍，海内之权，指麾可取。愿弘达节，以顺群望，则汤、武之业不远。

李渊半推半就地回答说：

> 汤、武之事、非所庶几。今天下已乱，言私则图存，语公则拯溺。卿宜自爱，吾将思之。③

前后向李渊建议起兵的还有许世绪和武士彟等人。

---

① 参考了汪篯先生的论点，见《汪篯隋唐史论稿》，中国社会科学出版社1981年版，第77—78页。
② 《新唐书·高祖纪》："（大业）十三年（即义宁元年）……是时，刘武周起马邑，林士弘起豫章，刘元进起晋安，皆称皇帝；朱粲起南阳，号楚帝；李子通起海陵，号楚王；邵江海据岐州，号新平王；薛举起金城，号西秦霸王；郭子和起榆林，号永乐王。窦建德起河间，号长乐王；王须拔起恒、定，号漫天王；汪华起新安，杜伏威起淮南，皆号吴王；李密起巩，号魏公；王德仁起邺，号太公；左才相起齐郡，号博山公；罗艺据幽州，左难当据泾，冯盎据高、罗，皆号总管；梁师都据朔方，号大丞相；孟海公据曹州，号录事；周文举据淮阳，号柳叶军。高开道据北平，张长逊据五原，周洮据上洛，杨士林据山南，徐圆朗据兖州，杨仲达据豫州，张善相据伊、汝，王要汉据汴州，时德叡据尉氏，李义满据平陵，綦公顺据青、莱，淳于难据文登，徐师顺据任城，蒋弘度据东海，王薄据齐郡，蒋善合据郓州，田留安据章丘，张青特据济北，臧君相据海州，殷恭邃据舒州，周法明据永安，苗海潮据永嘉，梅知岩据宣城，邓文进据广州，俚酋杨世略据循、潮，冉安昌据巴东，宁长真据郁林，其别号诸盗往往屯聚山泽。"
③ 《旧唐书》卷58《唐俭传》。

决心既已下定，李渊积极进行准备，主要做了以下几件事：首先，让刘文静伪造了一个隋炀帝的敕书，征发太原、西河（治所在今山西汾阳）、雁门、马邑等郡年二十岁以上、五十岁以下的男子全部为兵，约定在岁暮时集中于涿郡，扬言要再一次东征高丽，"由是人情大扰，思乱者益众"①。在封建主义的忠君时代，起兵犯上师出无名，李渊用这种办法加剧思想混乱，造成人心不稳，以便从中浑水摸鱼。其次，隋朝在楼烦郡（治所在今山西静乐）置有汾阳宫，这年为刘武周攻陷，李世民借机对其父说："大人为留守，而盗贼窃据离宫，不早建大计，祸今及矣。"李渊也深感形势更加危急，因对属将副留守王威和高君雅说："武周据汾阳宫，吾辈不能制，罪当族灭，若之何？"二人惧而请计，李渊接着说："朝廷用兵，动止皆禀节度。今贼在数百里内，江都在三千里外，加以道路险要，复有他贼据之，以婴城胶柱之兵，当巨猾豕突之势，必不全矣。进退维谷，何为而可？"王威等都说："公地兼亲贤，同国休戚，若俟奏报，岂及事机？要在平贼，专之可也。"②李渊看到鱼已上钩，于是下令李世民与刘文静、长孙顺德、刘弘基等征集士卒，"旬月之间，众至万余人"③。这是为起兵进行的军事准备。第三件事是秘密派人到河东急召李建成、李元吉及李渊的眷属，派人赴长安急召其婿柴绍，这些是为家族的安全所采取的保护性措施。

李渊、李世民起事的最大障碍是王威和高君雅二人。高君雅是"炀帝旧左右"，④ 他和王威是皇帝派来监视李氏父子的耳目。晋阳城中绝大多数重要人物都劝李渊起兵，唯有王、高二人"独怀猜贰"。⑤ 招募来的士卒，李渊命刘弘基和长孙顺德分别统率。刘弘基曾因家贫而逃避征辽东之役，是一个亡命无依的人。⑥ 长孙顺德是李世民岳父长孙晟之弟，也是因"避辽东之役，逃匿于太原"⑦。李渊把兵权交给这两个没有合法身

---

① 《旧唐书》卷57《刘文静传》。
② 《通鉴》卷183义宁元年四月。
③ 《旧唐书》卷58《长孙顺德传》。《通鉴》作"近万人"。
④ 《大唐创业起居注》卷1。
⑤ 《旧唐书》卷57《刘文静传》。
⑥ 《旧唐书》卷58《刘弘基传》。
⑦ 《旧唐书》卷58《长孙顺德传》。

份的人，引起了高君雅的怀疑和不满，因曾对武士彟说："弘基等皆背征三卫，所犯当死，安得领兵？吾欲禁身推覈。"武士彟解释道："此并唐公之客也，若尔，便大纷纭。"王威等对此"疑而不发"。① 纸是包不住火的，形势已经到了箭在弦上，不得不发的程度。这年五月，李渊令长孙无忌和赵文恪等人率领早已集中在兴国寺的五百人，总取李世民"部分"，伏于晋阳宫城东门的左边以自备。事先，李世民另遣刘政会"为急变之书"，到留守的厅事告发王威、高君雅勾结突厥谋反。甲子那天早上，李渊正与王、高二人共坐视事，刘文静引刘政会进来，"云有密状知人欲反"，李渊假惺惺地让王威等看密状，刘政会不让他看，并且说："所告是副留守事，唯唐公得省之耳。"高君雅发现已经陷入对方的预谋，遂大声呼叫："此是反人欲杀我也。"② 这时刘文静、刘弘基和长孙顺德等人立即执王、高二人系狱，旋加处死。至此李渊一举吹响了晋阳起事的号角。在这次事件中，李世民事先"列兵马布于街巷"，③ 起了保证作用。

晋阳起兵这年，李世民才二十一岁。

李渊起兵后立即做了两件事：一件是在李世民的倡议下遣使突厥，④ 卑辞厚礼，与之通好。目的不外乎是，一方面消除突厥从北面威胁的可能性，以解后顾之忧；一方面则希望"资其士马，以益兵势"⑤。另一件事是遥尊隋炀帝为太上皇，另立代王杨侑为帝。隋朝尚赤色，李渊在立代王的同时移檄郡县，改易旗帜，杂用绛白。李氏父子革代易姓的企图于此已昭然若揭了。

起兵之后，李渊打算挥师南进。南下必经西河郡，该郡守官不肯听命，挡住了行军的去路，而且近在咫尺。为了扫清道路，必须首先攻下该地。李渊派李建成、李世民兄弟二人前往进攻。当时的军士集中起来没有多久，都不熟习战阵，李建成、李世民与士众同甘共苦，作战时身先士卒，而且治军严整，路旁的菜果"非买不食，军士有窃之者，辄求

---

① 《旧唐书》卷58《武士彟传》。
② 《旧唐书》卷58《刘政会传》。
③ 《旧唐书》卷58《刘政会传》。
④ 此事出于李世民首倡是陈寅恪先生的意见，参见《寒柳堂集》所收《论唐高祖称臣于突厥事》。
⑤ 《通鉴》卷184义宁元年六月。

其主偿之",因而民众"皆感悦"。兄弟二人很快就顺利地攻下郡城,执斩了郡丞高德儒,"自外不戮一人,秋毫无犯",对广大群众进行慰抚,使之复业,"远近闻之大悦"。从发兵到军还晋阳,往返只用了九天时间,李渊对李建成、李世民这次完成使命非常满意,高兴地说:"以此用兵天下,虽横行可也。"①

隋政权的闭仓拒赈非常失民心,瓦岗军李密反其道而行之,几次大规模开仓济民,借机壮大了力量。李渊深知此中奥妙,也在太原打开官仓救济贫乏,应募从军的人越来越多,"二旬之间,众得数万"②。随着势力的迅猛壮大,李渊建立了"三军",分为左右,通称为"义士"。任命李建成为陇西公、左领军大都督,统率左三统军;李世民为敦煌公、右领军大都督,统率右三统军;李元吉为太原郡守,留守晋阳宫。③ 至此,李世民第一次身膺重任,预示着他的事业有了新的起点。

第二节　攻占长安,以唐代隋

义宁元年(617)七月癸丑(初十),李渊率军三万,立军门誓师,在誓词中指斥隋炀帝"饰非好佞,拒谏信谗","巡幸无度,穷兵极武",以致造成"征税尽于重敛,民力殚于劳止,十分天下,九为盗贼"的恶果,并表示他当仁不让,以"废昏立明"为己任,公然打出"奉尊代邸,扫定咸、雒"的旗帜,号召士众"从我同盟,无为二志"。同时下令把誓词"檄喻所在郡县"。④ 李氏父子率领的大军正式出发,李世民随军踏上了征途。

---

① 《通鉴》卷184义宁元年六月。
② 《大唐创业起居注》卷1。
③ 《新唐书·高祖纪》有"元吉为姑臧公,中军隶焉。"《旧纪》《通鉴》及《大唐创业起居注》均未载此事。《旧唐书》卷64《巢王元吉传》作:"义师起,授太原郡守,封姑臧郡公"。亦未提统率中军事。《新传》同此。可知《新纪》"中军隶焉"的记载是错误的。产生错误的原因可能是根据"建立三军"而妄加此事,实则"三军"非左、中、右三军,而是左、右军各分为三。
④ 《大唐创业起居注》卷2。《通鉴》记载略同。唯《新唐书·高祖纪》作:"六月己卯,传檄诸郡……七月壬子……誓众于野。"显然是错误的。《新唐书》的历朝本纪过简略,而且很不重视年月日的记载,或缺或误,不可胜计,不足据。

大军傍汾水岸向西南前进，入雀鼠谷至贾（音古）胡堡（今山西灵石西），离霍邑（今山西霍县）仅五十里。隋朝守霍邑的是虎牙郎将宋老生，统率精兵二万；另有左武侯大将军屈突通屯驻河东，与宋老生遥相呼应，以拒李渊。霍邑地形险要，西北抗汾水，东距霍山，"守险之冲，是为襟带"①。宋老生是李渊起兵以后遇到的第一个劲敌。恰好此时又遇上阴雨连绵，道路泥泞，派赴太原再运一个月军粮的羸兵还没有运到，刘文静所请的突厥兵也迟迟未来，李渊确实遇到了困难。面对这种情况应当采取什么措施呢？有的人认为宋老生与屈突通连兵据险，短期内难以攻下来，刘武周与突厥相勾结，对太原却是一个严重威胁，"义兵"的家属都在太原，因而主张"还救根本，更图后举"②。李渊举棋不定，征求李建成和李世民的意见，二人认为：

> 武周位极而志满，突厥少信而贪利，外虽相附，内实相猜，突厥必欲远离（？）太原，宁肯近亡马邑？武周悉其此事，未必同谋……今若却还，诸军不知其故，更相恐动，必有变生，营之内外，皆为劲敌。于是突厥、武周不谋同至，老生、屈突追奔竞来。进阙图南，退穷自北，还无所入，往无所之，畏溺先沉，近于斯矣。且今禾菽被野，人马无忧，坐足有粮，行即得众……老生轻躁，破之不疑。定业取威，在兹一决。③

《通鉴》接此事之下有这样一段记载：

> 渊不听，促令引发，世民将复入谏，会日暮，渊已寝；世民不得入，号哭于外，声闻帐中。渊召问之，世民曰："今兵以义动，进战则克，退还则散，众散于前，敌乘于后，死亡无日，何得不悲？"渊乃悟曰："军已发，奈何？"世民曰："右军严而未发；左军虽去，计亦未远，请自追之。"渊笑曰："吾之成败皆在尔，知复何言？唯

---

① 《大唐创业起居注》卷2。
② 《通鉴》卷184义宁元年七月。
③ 《大唐创业起居注》卷2。

尔所为。"世民乃与建成夜追左军复还。①

司马光在《考异》中虽已觉察到《太宗实录》"尽以为太宗之策，无建成名，盖没之耳"，并且在《通鉴》中提到李建成预于此谋，但还是在一定程度上为《太宗实录》所蒙蔽。按《大唐创业起居注》一书根本没有李世民帐外号哭的一段情节，仅作如下记载：李建成、李世民对李渊问后，李渊喜曰："尔谋得之，吾其决矣。三占从二，何籍舆言！懦夫之徒，几败乃公事耳。"可见李渊确曾下令发左军还太原，但经李建成、李世民一谏就改变了初衷。《通鉴》及两《唐书》的《太宗纪》均据《实录》妄增了上面一段情节，以便把功劳独归于李世民，殊不可信。

在这次事件中，李建成与李世民能够客观地分析形势，既看到自己的弱点，也看到己方的有利条件；既看到敌人的力量，也估计了他们的不利方面。因此可以说，兄弟二人的建议实际上是挽救了李渊的事业。这件事进一步证明李世民是一个很有头脑，善于决疑定计的人物。

八月初，天气放晴，军粮已到，军心随之更趋稳定，进军的条件已臻成熟，李渊遂率军取道东南傍山的小路行进，免得走大路被敌人发觉。出发时适逢大雾弥漫，不一会就雾散景明，李渊对李建成和李世民说："今日之行，在卿两将。景色如此，天似为人。唯恐老生怯而不战，闭门守城，其若之何？"二人认为宋老生其人，镇压小规模农民起义，"颇有声名"，现在蒙受赏劳，必然不敢不出战，"轻骑挑之，无忧不出"。如果他固守不战，就可诬陷他通引李氏，造成城中相互疑阻，老生惧怕左右奏报，"来战不惑"。李渊也承认"老生不能逆战贾胡，吾知（其）无能为也。尔等筹之，妙尽其实"②。他亲将麾下数十骑至霍邑东门外五六里的地方，另派李建成、李世民各将数十骑逼其城，同时让殷开山急召马步后军前来参战。宋老生发现敌军来攻，不假思索就轻率地从南、东二门倾巢而出，众约三万。李渊怕老生背城而战，不肯远斗，乃分军为左右两翼，令李建成率左军趋东门，李世民率右军趋南门挑战。宋老生为

---

① 《通鉴》卷184义宁元年七月。
② 《大唐创业起居注》卷2。《通鉴》卷184。

对方所诱，果然引兵而前，恰好这时殷开山所召之后军赶到，士气倍增，交战中李渊又派人伪传宋老生已被斩，① 以扰乱对方的军心。隋军果然闻之大乱，欲趋东、南二门入城，但早已被李建成、李世民所据。宋老生不能入城，为刘弘基麾下军头卢军谔所斩。② 到日暮时，士卒终于在没有攻具的困难条件下肉搏而上，最后攻入霍邑城。在这次战役中，李世民作战英勇，曾冲击宋老生阵后，"手杀数十人，两刀皆缺，流血满袖，洒之复战"，③ 显示了能征善战的军事才能。霍邑之役，李氏父子取得了正式出兵以来的第一次巨大胜利，意义不容忽视。

攻下霍邑后，李氏大军势如破竹，连续下临汾（今山西临汾），克绛郡（今山西新绛），经龙门（山西河津西北之禹门口），军壶口山（今山西吉县西南），于九月间进围河东郡城。隋将屈突通婴城自守。当时李渊面临这样的局面：一方面，河东是一个重镇，不攻下来有损军威，裴寂就认为"若不先平，前有京城之守，后有屈突之援"，易陷入"腹背受敌"的境地，不如"攻蒲州，下之而后入关，京城绝援，可不攻而定矣"。另一方面，三辅一带的地主武装每天都有来归附的人，他们急切要求李渊早定关中。李渊一时犹豫未决，在这紧要的关头，李世民反驳了裴寂的意见：

> 兵法尚权，权在于速，宜乘机早渡，以骇其心。我若迟留，彼则生计。且关中群盗，所在屯结，未有定主，易可招怀，贼附兵强，何城不克？屈突通自守贼耳，不足为虞。若失入关之机，则事未可知矣。④

显然，李世民的意见是正确的，裴寂的主张不免迂腐，因为：首先，隋

---

① 《大唐创业起居注》作"斩"，《通鉴》作"获"。
② 关于这段记载，《旧太宗纪》《新太宗纪》《通鉴》及《通典》卷156《兵典》卷9《挑战》均有贬李渊、李建成功处，并夸大世民战功，故此处主要据《大唐创业起居注》撰写，两《太宗纪》仅稍加参考。关于刘弘基与卢军谔之统属关系，是综合两《唐书》的《刘弘基传》《册府元龟》卷345《将帅部·佐命》及《大唐创业起居注》卷2推断的。
③ 《通鉴》卷184义宁元年八月。
④ 《旧唐书》卷57《裴寂传》。

朝在长安并无强大军力，而且屈突通局促河东一隅，有黄河之险加以限隔，李氏大军渡河攻长安而陷于腹背受敌的可能并不大。其次，"兵法尚权，权在于速"，确实是用兵的关键，杨玄感不肯接受李密"军事贵速"，不可"稽留"的建议，滞留陕州（治所在今河南陕县）强攻弘农宫，从而失去了及时西取关中的时机，遂为追兵所及而败，①就是眼前的教训。李世民的建议正可避免前车之覆的重演。作为杰出的军事家，他一贯认为"功者难成易败，机者难遇易失"，要尽量避免"失机"。②可以说李世民是一个既勇敢、果断而又机智的军事家。李渊对裴寂、李世民的建议采取了两从的态度，一面留诸将继续围攻河东，一面自引大军西进，而可以肯定的是，前者为偏师，后者为主力，实际上李世民的主张是占了上风，起了重要的作用。③

不久，李渊渡过黄河进驻朝邑（在今陕西大荔东）长春宫，下令分兵两路进军：一路遣李建成率刘文静、王长谐、姜宝谊、姜宝琮诸军数万人，往屯永丰仓（在今陕西潼关北），把守潼关天险，防备其他武装势力西入关中，并令慰抚使④窦轨等受其节度；一路遣李世民率刘弘基、长孙顺德、杨毛诸军沿渭水北岸西进，取泾阳（今陕西泾阳）、云阳（今陕西三原西）、武功（今陕西武功西北）、鳌屋（今陕西周至）、鄠县（今陕西户县）等地，慰抚使⑤殷开山等受其节度。显然，在攻打长安的战役中，李世民率领的西路军是主力，其战略意图是从北、西、南包抄京师，然后让东面的潼关守军西进，形成合围攻势。李世民西进途中，李渊的从弟李神通早已在鄠县山中起兵，李渊的女儿，即柴绍之妻，也在鄠县别墅散家赀聚众起事，二人都率众前来与李世民相会。还有一些散布关中的起兵地主，如李仲文、何潘仁、向善志等亦纷纷归附，李渊下令"各于当界率众便受燉煌公部署"⑥。吏民及诸豪猾不断诣李世民军门请求

---

① 《通鉴》卷187大业九年七月。
② 《册府元龟》卷45《帝王部·谋略》。
③ 一般说来，《大唐创业起居注》的记载比两《唐书》和《通鉴》更可信，但在这次事件上未提世民的建议，显然是出于溢美李渊，故于此处从他书补充之。
④ 《大唐创业起居注》卷2作"抚慰使人"，衍一"人"字。
⑤ 《大唐创业起居注》卷2作"慰抚使人掾"，衍"人掾"二字。
⑥ 《大唐创业起居注》卷2。

自效，故师次泾阳时西路军已有"胜兵九万"。以后陆续收编当地武装，"获兵十三万"①。李世民遣使向其父汇报军情，并请约定日期在长安周围合攻。李渊知道屈突通已陷"东行不可，西归无路"②的处境，不足为虞，乃命李建成简选永丰仓精兵趋灞上长乐离宫，李世民率新附诸军自西南趋长安，对该城展开攻坚战。

　　隋朝的京城留守代王杨侑及刑部尚书卫文升、将军阴世师、京兆丞骨仪等听到李渊各路军云会四合而来的消息，急忙闭门拒守，运粮入宫，准备负隅顽抗。十月，李渊到长安附近，在安兴门外的安兴坊指挥战事。当时李建成、李世民共合军二十万左右，其中李世民所率即达十余万，约占总兵力的三分之二以上，是攻城战役中的决定力量。李建成从东、南两面进攻，李世民从西、北两面进攻，呈四面合围之势。十一月丙辰那天，快要天亮的时候，军头雷永吉首先登上城墙，诸军继之，遂克长安。当时卫文升已死，阴世师、骨仪等被执而斩。李建成、李世民所率军遵照李渊的命令，不得掳掠，"吏民安堵，一如汉初入关故事"③。

　　在南进西攻的过程中，大多数场合都是李建成、李世民双双出动，并肩战斗，并不像某些史料所说，李建成是什么"荒色嗜酒，畋猎无度"④的无能之辈。当然也应该承认，李世民的功劳确实居李建成之上，这也是事实。从后来的进军效果检验，在河东城下的一场争议，裴寂的估计是错误的，李渊舍河东而渡河，并没有陷于"腹背受敌"的地位；李世民的预料是完全准确的，所以据以行事，取得了胜利。

　　攻克长安之初，发生了一个小小的插曲。李靖素与李渊有隔阂，李渊入城后将斩之，靖大声呼喊："公兴义兵，本为天下平暴乱，而以私怨斩壮士乎？"李世民此时为之"固请"，李渊"遂舍之"，李世民因召靖入其幕府。⑤ 在战争中四处网罗人才，是李世民的一贯作风，这一点对他

---

① 《旧唐书》卷2《太宗纪上》。
② 《大唐创业起居注》卷2。
③ 《大唐创业起居注》卷2。
④ 《新唐书》卷79《隐太子建成传》。
⑤ 《旧唐书》卷67《李靖传》。

日后的政治斗争和事业的成就，起了巨大的作用。

李渊入城后，遥尊隋炀帝为太上皇，拥代王即位，是为隋恭帝，改大业十三年为义宁元年（617），恭帝旋以李渊为假黄钺使持节大都督内外诸军事、尚书令、大丞相，进封唐王。以武德殿为丞相府，一切军国大政皆归相府。以李建成为唐世子；李世民为京兆尹，改封秦国公；封李元吉为齐国公。

至此，唐政权就粗具雏形了，只是李渊的上面还有一个傀儡隋恭帝。次年（618）三月，李世民徙封为赵国公。① 五月，隋恭帝被迫禅位，李渊正式即位，国号唐，是为唐高祖，仍都长安。这一年，李世民二十二岁。

第三节　翦灭薛秦

唐政权建立后，在它的周围存在着以下几支著名的武装势力：以王世充为首的郑政权和以李密为首的瓦岗军，双方正在中原一带鏖战，长期呈胶着状态；刘武周率领一支地主武装，以马邑为中心，勾结突厥，一再南攻，威胁李渊发迹的晋阳一带；梁师都所统率的地主武装，国号梁，据有夏州朔方（治所在今内蒙古杭锦旗北）、雕阴（治所在今陕西绥德）、弘化（治所在今陕西庆阳）、延安（治所在今陕西延安）等郡，北连突厥，是唐朝北面的一大威胁；薛举、薛仁杲父子国号西秦，以金城为中心，"尽有陇西之地"，"军号三十万"，② 是西北一带最大的一支地主武装，而且不断东向进兵，欲染指关中；李轨也是地主武装首领，自称河西大凉王，以武威（治所在今甘肃武威）为中心，保据河右，以观天下之变。面对着群雄逐鹿的复杂形势，李渊、李世民父子将采取什么战略以统一全国呢？他们把目光首先集中在西北方面，力图乘隙向这些地方扩充地盘，剪除这里的强敌，待后方得到巩固后再东面而争天下。

---

① 《新唐书》卷2《太宗纪》作义宁二年徙封赵国公，按义宁二年五月建元武德，该年即武德元年。《通鉴》卷185作"赵公"，系此事于三月。《旧纪》亦作"赵公"，但系此事于义宁元年，误。
② 《旧唐书》卷55《薛举传》。

必须承认，这种先西后东的战略部署是完全正确的，理由是：首先，唐政权的东面有潼关、崤函的百二之险可守，挡住了王世充西进的路，加之王世充、李密互相牵制，谁也无暇西顾，李渊早就料到平定关中后当"据险养威，徐观鹬蚌之势，以收渔人之功"①。其次，安定（治所在今甘肃泾川西北）、北地（治所在今陕西宁县）、上郡（治所在今陕西富县）、陇西（治所在今甘肃陇西南）、天水（治所在今甘肃天水市）、金城等地在隋代"无复寇盗"，②首先占领这些地方有利于建立一个巩固的后方，可以为日后的东进打下坚实的基础。再次，凉州"土旷人稀，非用武之国"，③陇西、河右亦属"土旷民稀"，④而关中却是当时经济上比较发达的地区，所以唐朝征服这些地区，人力物力方面绰绰有余，具有很大的优势。最后，六郡之地"多畜牧"，⑤攻占这些地方可以获得大量战马，对以后的向东用兵可以创造一个有利的前提。

情况虽然如此，李渊在攻下长安后并不是完全没有产生过打王世充的念头。武德元年（618）他曾派李建成、李世民东进中原，洛阳城内也有不少人想"内应"，但李世民却说："吾新定关中，根本未固，虽得东都，不能守也。"遂引兵西还关中。⑥韦云起也曾谏止李渊大规模发兵攻打东都，他说得更加具体：

> 国家承丧乱之后，百姓流离，未蒙安养。频年不熟，关内阻饥。京邑初平，物情未附，鼠窃狗盗，犹为国忧……北有师都，连结胡寇，斯乃国家腹心之疾也。舍此不图，而窥兵函、洛，若师出之后，内盗乘虚，一旦有变，祸将不小。臣谓世充远隔千里，山川悬绝，无能为害，待有余力，方可讨之……如臣愚见，请暂戢兵，务稼劝农，安人和众，关中小盗，自然宁息。秦川将卒，贾勇有余，三年之

---

① 《通鉴》卷184义宁元年七月。
② 《隋书》卷29《地理志》上。
③ 《隋书》卷40《王世积传》。
④ 《隋书》卷53《贺娄子干传》。
⑤ 《隋书》卷29《地理志》上。
⑥ 《通鉴》卷185武德元年四月。《旧唐书》卷2《太宗纪》系世民东攻洛阳于义宁元年十二月，误，当时李渊刚入长安，正忙于筹划建立唐朝，不可能立即用大军出潼关东攻。

后，一举便定。①

李世民的意见与此完全相同。舍洛阳而不攻，说明他是一个头脑冷静，没有为胜利冲昏头脑的战略家，富有远见卓识。

唐朝平定西北的战争中消灭薛秦是关键的一次战争，李世民在这次战争中立了大功。为什么李氏父子在北方、西方的所有割据势力中选定薛秦为首先剪除的目标呢？刘武周一再南攻，进取目标仅只河东晋阳之地，对关中还没有形成直接威胁；梁师都虽然离长安最近，但他过多地依赖突厥，丧尽民心，而且所据各郡山多地险，南进不易，也不是唐朝的主要敌人；李轨起兵的目的是防止薛举前来侵扰，他认为当地隋官庸怯，"无以御之"，所以起事以后，只求割据一方，以免"束手于人，妻子分散"，②并没有更远大的政治抱负，暂时也不值得李渊、李世民父子重视；唯独薛举、薛仁杲野心最大，势力最强，是唐政权的最凶恶的敌人，故必然成为李氏父子的首攻目标。李世民舍王世充不攻，意在重点西进，所以兼并薛氏的任务历史地落在了他的肩上。

李渊、李世民进兵关中的途中，薛举已经兼并了扶风（治所在今陕西兴平东北）附近由唐弼领导的一支武装力量，"军号三十万，将图京师"③。恰好这时李渊父子捷足先登，占据了长安。薛举闻讯，遂围攻扶风。义宁元年（617）十二月，李渊因感薛氏大兵压境，急忙派李世民率军西进应战，双方交战结果，唐军大败薛氏，"斩首数千级，追奔至于陇坻（在今陕西陇州以西，南北一线）而还"。薛举深恐李世民逾陇穷追，因问左右："古来天子有降事否？"黄门侍郎褚亮说："昔越帝赵陀卒归汉主；蜀主刘禅亦侍晋朝；近代萧琮，至今犹贵。转祸为福，自古有之。"卫尉卿郝瑗反驳道："皇帝失问。褚亮之言，又何悖也！昔汉祖屡经败绩，蜀先主亟亡妻子，战之利害，何代无之？安得一战不捷，而为亡国

---

① 《旧唐书》卷75《韦云起传》。
② 《旧唐书》卷55《李轨传》。
③ 《旧唐书》卷55《薛举传》。《通鉴》卷184亦作"三十万"。唯《新唐书》卷86《薛举传》作"二十万"。

之计也!"薛举随声自解说:"聊发此问,试君等耳。"① 西秦君主的无聊对答,足以反映李世民的扶风大捷对敌方的打击是何等沉重。唐朝建立后首战告捷,有力地巩固了新生的李氏政权。

　　薛举失败后郝瑗劝他联结梁师都,厚赂突厥,合纵并力,进逼长安,说明薛秦东进之心不死。后来李渊派宇文歆到突厥说服了莫贺咄设,阻止了他的出兵。梁师都见薛举孤立,不纳其使。薛氏东攻长安之举因之未能实现。但这些情况却足以说明,西秦不除,长安的李氏父子是坐不安席,卧不成眠的。为了彻底消除这一隐患,唐朝统治集团在积极准备向西用兵,李建成、李世民弃东都不攻,就与此有关。

　　武德元年(618)夏初,李世民从洛阳附近撤回关中后,六月,李渊以李世民为尚书令。接着又立世子李建成为太子,改封齐公李元吉为齐王,改封赵国公李世民为秦王。从此,李世民就以秦王的身份活动于政治舞台,叱咤于陇西、关东。

　　不久,薛举进攻泾州,李渊以李世民为元帅,将八总管兵以拒之。七月,丰州(治所在今内蒙古临河东)总管张长逊②击西秦将宗罗睺,薛举悉兵援之,逼高墌(在定平县境内,今甘肃宁县南),③以游军掠岐州(治所在今陕西凤翔)、豳州(治所在今甘肃宁县)。李世民率军来到高墌附近,估计对方军粮不足,意在速战,故反其道而行之,下令军中"深沟坚壁,以老其师"④。恰好此时李世民又染病卧床,于是就委兵于刘文静,并且告诫他说:"贼众远来,利在急战,难与争锋。且宜持久,待粮尽然后可图。"元帅府司马殷峤却私自对刘文静说:"王体不安,虑公不济,故发此言。宜因机破贼,何乃以勍敌遗王也?"不久,他又对刘文静说:"王不豫,恐贼轻我,请曜武以威之。"⑤刘文静接受殷峤的煽动,自作主张,陈兵于高墌西南,恃众而不设备。薛举潜师掩其后,战于浅水原(在今甘肃长武县境),结果,唐军八总管皆败,士卒死者十分之五

---

① 《旧唐书》卷55《薛举传》。
② 亦作"愻",二字通用。
③ 此事以《新唐书》卷86《薛举传》记载最详。
④ 《旧唐书》卷55《薛举传》。
⑤ 《旧唐书》卷58《殷峤传》。

六，大将军慕容罗睺、李安远、刘弘基等均没于敌阵，李世民只得扫兴而撤兵，返回长安。应该说，这次败仗李世民没有什么责任，唐师失败主要由于刘文静、殷峤等人不按照敌情和用兵原则办事，违反了李世民的战略部署。李世民临阵卧病对战争的失败产生了严重影响，所以唐朝的丧师具有某种程度的偶然性。这次战争的结果，从反面证明李世民的料敌决策是正确的，因而刘文静、殷峤都被除名，李世民却没有由此而贬降，下次征西秦的战争，仍由他率众西征。

八月，薛举遣其子薛仁杲进围宁州（治所在今甘肃宁县），郝瑗同时也向薛举建议："今唐兵新破，将帅并擒，京师骚动，可乘胜直取长安。"① 不料这时薛举突然病卒，暂时打断了进取关中的战争进程。薛仁杲继位后居于折墌城（在今甘肃泾川东北），不久就由此出兵，进围泾州，屡攻陇州（治所在今陕西陇县），对长安虎视眈眈，形成严重威胁。李渊一面暗地遣使于凉州（治所在今甘肃武威）与李轨相约，共图秦陇；一方面再以秦王李世民为元帅，率大军西向出击。唐军至高墌后，薛仁杲使宗罗睺一再挑战，李世民仍然按照上次的战略，"深沟高垒"，② 坚壁不出，以老敌师。唐军诸将纷纷请战，他却说："我士卒新败，锐气犹少；贼以胜自骄，必轻敌好斗，故且闭壁以折之。待其气衰而后奋击，可一战而破，此万全策也。"于是下令军中："敢言战者斩。"③ 他在这里分析了敌方的短处与己方的不利，用高悬免战牌的办法给敌人制造新的弱点，然后加以利用，其考虑是非常冷静、机智的。双方相持了六十多天，薛仁杲果然发生了"粮馈不属"④ 的情况。西秦内史令翟长孙（亦作"愻"）与将帅梁胡郎等相继来降，薛仁杲妹夫左仆射钟俱九也以河州（治所在今甘肃临夏东北）归唐。李世民看到对方已"心腹内离"，对诸将说："可以战矣。"遂于十一月令行军总管梁实营于浅水原以诱敌。秦将宗罗睺"自恃骁悍，求战不得，气愤者久之"，这时尽锐攻梁实，"冀逞其志"。梁实"固险不出，以挫其锋"。宗罗睺攻之愈急，李世民估计敌军

---

① 《旧唐书》卷55《薛举传》。
② 《旧唐书》卷2《太宗纪》。
③ 《旧唐书》卷55《薛举附仁杲传》。
④ 《旧唐书》卷55《薛举附仁杲传》。

"已疲",再次对诸将宣称:"彼气将衰,吾当取之必矣。"申令诸军迟明合战。复令将军庞玉结阵于浅水原南,从敌阵的右方相诱。宗罗睺并军共战,庞玉已经难以支撑,这时李世民亲率大军掩自浅水原北,出其不意进击,宗罗睺回师相拒,唐军"表里齐奋,呼声动天",秦军气夺,随之大溃。① 被斩首数千级,投涧谷死者不可胜计。这时李世民犹不肯罢,率二千余骑乘胜追击,窦轨扣马谏称:"仁杲犹据坚城,虽破罗睺,未可轻进,请按兵以观之。"李世民却说:"吾虑之久矣,破竹之势,不可失也。"② 遂直抵折墌城下。天快黑的时候,唐军相继赶到,四面合围,薛仁杲看到大势已去,于第二天早上计穷出降。唐朝此役得精兵万余人,男女五万口。薛秦覆灭,唐政权西面的威胁随之解除。在庆祝胜利的时候,诸将问李世民:"始大王野战破贼,其主尚保坚城,王无攻具,轻骑腾逐,不待步兵,径薄城下,咸疑不克,而竟下之,何也?"李世民答称:

  此以权道迫之,使其计不暇发,以故克也。罗睺恃往年之胜,兼复养锐日久,见吾不出,意在相轻。今喜吾出,悉兵来战,虽击破之,擒杀盖少。若不急蹑,还走投城,仁杲收而抚之,则便未可得矣。且其兵众皆陇西人,一败披退,不及回顾,散归陇外,则折墌自虚,我军随而迫之,所以惧而降也。此可谓成算,诸君尽不见耶?

诸将都说:"此非凡人所能及也。"③ 这次胜利说明:首先,李世民"深沟高垒,以老其师",待敌军粮匮气衰然后攻击的战略是完全正确的,刘文静悖之而败于前,李世民守之而胜于后,一败一胜都是其正确性的证明。其次,乘胜追击是扩大战果的主要途径,李世民的轻骑而进,貌似冒险,实际却是早已"成竹在胸",估计了敌我双方的各种情况,所以能够当机立断,不失破竹之势。最后,李世民非常重视敌方有生力量的消长,正是为了歼灭秦军主力,才锲而不舍地穷追猛打,而一旦对方主力丧尽,薛仁杲的出降就成了瓜熟蒂落的事。总之,李世民

---

① 《通典》卷155《兵典》卷8《坚壁挫锐》。
② 《通鉴》卷186武德元年十一月。
③ 《旧唐书》卷2《太宗纪》。

的军事天才,在这次战役中得到了充分的发挥,在他一生的戎马生活中写下了光辉的一页。

唐灭薛氏,不仅由于李世民的才能出众,指挥正确,还因为西秦政权在政治上已经腐化,不得人心。薛举其人非常残暴,每次打仗,"所获士卒皆杀之",而且杀人的时候"多断舌、割鼻,或碓捣之"。其妻也不是善类,性"酷暴,好鞭挞其下。见人不胜痛而宛转于地,则埋其足,才露腹背而捶之","由是人心不附"。①薛仁杲与其父大同小异,"所至多杀人,纳其妻妾",甚至把不肯投降的俘虏"磔于猛火之上,渐割以啖军士"。攻下秦州时,把当地富人召来,"倒悬之,以醋灌鼻,或杙其下窍,以求金宝",再加上他的"勇而无谋",②其败军亡国是无待蓍龟的。所以古人已经指出,薛氏父子"勇悍绝伦,性皆好杀","无恩众叛,虽猛何为?"③由此可见,李世民平西秦,尽管在性质上属于统治阶级内部的斗争,但具有进步意义。

上述分析说明,唐胜秦败的原因很多,李世民并不是主要由于妙用骑兵才取得胜利的。④

李世民胜利后东归途中,仍让薛仁杲、薛仁越兄弟及宗罗睺等率领他们的精骑随军前进,并与这些降敌"游猎驰射,无所间"⑤。这反映他的自信心有多么强,也说明薛氏是心服口服地由衷认了输。据《旧唐书·太宗纪》载,此时李密已归附唐朝,他在西迎唐师归来的时候盛赞李世民的"天姿神武,军威严肃",私对殷峤说:"真英主也,不如此,何以定祸乱乎?"这一记载是不可信的。试想李密以一介降臣的身份,怎么敢把李世民称作"英主"呢?他根本没有过问唐廷内争的资格。这段史料可能也是出于为"玄武门之变"辩护而杜撰出来的。

大概出于褒奖李世民平薛秦的功劳,李渊不久就任命秦王李世民为太尉,使持节陕东道大行台,蒲州、河北兵马并受节度。次年(619)

---

① 《旧唐书》卷55《薛举传》。
② 《旧唐书》卷55《薛举附仁杲传》。
③ 《旧唐书》卷55《传末史臣曰》。
④ 汪篯在《唐初之骑兵》一文(载《汪篯隋唐史论稿》,中国社会科学出版社1981年版)中过分孤立地强调了骑兵的作用。
⑤ 《旧唐书》卷2《太宗纪》。

春，又令李世民出镇位于朝邑（在今陕西大荔东）的长春宫。接着以李世民为左武候大将军，使持节凉、甘等九州诸军事，凉州总管。① 唐灭薛秦为以后的东进打下了基础，李世民因而累蒙擢拔，军权越来越大，所以后来东征的任务亦主要由他来完成。

第四节　大破刘武周、宋金刚

李世民二十三岁的那年，发生了一件意外的事，就是刘武周、宋金刚南攻晋阳等地，李氏父子发迹的河东地方有全部沦丧的危险。

刘武周"附于突厥"，被始毕可汗封为定杨可汗，并且得到其马匹的支援，"兵威益振"。宋金刚原来是易州（治所在今河北易县）界内的一支农民军领导者，后为窦建德所败，率余众奔于刘武周，合并到这支地主武装中来。唐朝建立后，金刚建议武周"入图晋阳，南向以争天下"，②他们遂进攻河东州县。李世民刚刚平定薛仁杲，刘武周就在武德二年（619）春勾结突厥和梁师都，打算自句注山（在今山西代县北）南攻太原，只是由于始毕可汗恰好此时病卒，唐朝又遣使厚赂处罗可汗，突厥兵才暂时北退。③ 但一个月以后，刘武周就再次引突厥兵南攻，占领了榆次（治所在今山西榆次）。留镇太原的齐王李元吉身为并州总管，却在敌军连陷州县，即将进围并州的时候，在九月间弃军奔还长安。④ 接着并州陷于敌手，宋金刚占领了晋州（治所在今山西临汾东北）、龙门（治所在今山西河津）。这时夏县（治所在今山西夏县）人吕崇茂起兵响应刘宋军，隋朝残余势力蒲州（治所在今山西蒲州）守将王行本亦起而响应。眼看着今天的山西全省就要完全沦于刘武周、宋金刚之手了，因而引起"关中震骇"。这一险恶的形势对李渊来说是完全出乎意表，毫无思想准备，他在慌乱中竟然下手救："宜弃河东之地，谨守关西而已。"这样做是完全错误的，因为一则刘武周的目的是"南向以争天下"，一待全有河

---

① 以上职务两《唐书》的《太宗纪》均不如《通鉴》记载详确，兹参照三书作如上记述。
② 《旧唐书》卷55《刘武周传》。
③ 《旧唐书》卷194上《突厥传》。
④ 《旧唐书》卷64《巢王元吉传》。

东诸郡就会对河南、关中形成威胁；再则他同突厥、梁师都联合起来南进，就会牵制唐朝的大量兵力，不利于以后统一全国。李世民洞悉形势的严重性，在这关键时刻向其父上表：

> 太原王业所基，国之根本，河东殷实，京邑所资。若举而弃之，臣窃愤恨。愿假精兵三万，必能平殄武周，克复汾、晋。①

奏表改变了李渊的念头，于是下令"发关中兵"② 以增援李世民军，并亲自到长春宫相送，派他到河东挽回局面。在危急的时刻，又是李世民的建议起了决定性作用。

李世民率大军于十一月间自龙门乘坚冰过河，屯于柏壁（在今山西新绛西南），与宋金刚军相对峙。当时河东州县被刘武周、宋金刚的军队掳掠一空，民众聚入城堡，民情慌乱，已无仓廪积谷，唐军无从征敛，士卒严重缺粮。针对这一情况，李世民发教谕民，号召复业，远近才开始有人归附，回来的人一天比一天多了，唐军因而能够征取谷物，"军食以充"③。江夏王李道宗从李世民登玉璧城（在今山西稷山西南）观察敌情，李世民问道："贼恃其众，来邀我战，汝谓何如？"道宗说："群贼锋不可当，易以计屈，难与力竞。今深壁高垒，以挫其锋，乌合之徒，莫能持久，粮运致竭，自当离散，可不战而擒。"李世民接着说："汝意见暗与我合。"④ 唐军坚壁不战的结果，宋金刚军势果然逐渐衰弱。

唐朝派赴河东作战的还有永安王李孝基、陕西总管于筠、工部尚书独孤怀恩和内史侍郎唐俭等人。他们攻夏县不克，吕崇茂向宋金刚乞援，宋金刚派尉迟敬德与吕茂合击，大破唐军，"四将俱没"，⑤ 形势十分险恶。此时李世民遣殷峤和秦叔宝率兵邀击敌军于美良川（在今山西夏县北），大破之，"斩首二千余级"⑥。敌将尉迟敬德与寻相又潜引精骑赴蒲

---

① 《旧唐书》卷 2《太宗纪》。
② 两《唐书》的《太宗纪》及《通鉴》均作"悉发关中兵"，不近情理，故略去"悉"字。
③ 《通鉴》卷 188 武德二年十一月。
④ 《通典》卷 155《兵典》卷 8《坚壁挫锐》。
⑤ 《旧唐书》卷 55《刘武周传》。
⑥ 《通鉴》卷 188 武德三年十二月。

反（今山西永济蒲州镇）援助王行本，李世民得知后自将步骑三千从间道夜趋安邑（今山西安邑），大破敌军，敬德、寻相仅以身免。唐军悉俘其众，复归柏壁。这时诸将都请求同宋金刚进行决战，李世民说：

> 金刚悬军千里，深入吾地，精兵骑将，皆在于此。刘武周自据太原，专倚金刚以为捍蔽，金刚虽众，内实空虚，虏掠为资，意在速战。我坚营蓄锐，以挫其锋；分兵汾、隰，冲其心腹；彼粮尽计穷，自当遁走。当待此机，未宜速战。①

李世民在胜利的时候仍保持清醒的头脑，不犯冒险主义错误，而且能耐心等待时机，争取以最小的代价取得最大的战果，可以说是一个十分精明机智的战略家。接着他遣刘弘基、张纶进逼西河，而晋州（治所在今山西临汾东北）等地的城堡"并来归附"，敌方"转输路绝，其众遂馁"。② 宋金刚终于在武德三年（620）四月间向北逃遁。李世民知道时机已到，乃率军衔尾紧追，在吕州（治所在今山西霍邑。武德元年置吕州。）追上了寻相，大破之。接着又"乘胜逐北，一日一夜行二百余里，转战数十合"。这时士卒已经相当疲弊，所以刘弘基执辔而谏："大王功劾，于此足矣，亦宜思自安之计。方今草创，敌可尽乎？且餱粮已竭，士卒疲顿，更欲何之？愿且停营，待兵粮咸集，而后决战。"李世民却说：

> 功者难成易败，机者难遇易失。金刚走到介州，众心已沮，我及其未定，当乘势击之，此破竹之义也。如更迟留，贼必生计，此失机之道。吾家国之事，当竭忠尽力，岂顾身之安危乎？③

说完就策马而进，将士无敢言饥者。这次一如灭薛仁杲时的高墌之役，是在初胜之后穷追残敌，一举全歼。李世民最后在雀鼠谷追上了宋金刚，

---

① 《册府元龟》卷45《帝王部·谋略》。
② 《册府元龟》卷45《帝王部·谋略》。
③ 《册府元龟》卷45《帝王部·谋略》。

"一日八战，皆破之，俘斩数万人"，① 获辎重千辆②。在这次远距离追击中，李世民"不食二日，不解甲三日"，当时军中只有一只羊，遂与将士分而食之。③ 接着，李世民又引兵至介休（治所在今山西介休），④ 与宋金刚展开了最后的决战。当时宋军南北亘七里之遥，李世民遣李勣⑤、程咬金、秦叔宝等攻其北端，翟长孙、秦武通等攻其南端，两翼军为敌方所乘，小却，李世民率精骑冲其阵后，大破之，追奔数十里，⑥ 至张难堡（在今山西平遥西南），唐朝的浩州行军总管樊伯通、张德政正在据堡自守，李世民免胄示之，堡中顿时"喜噪且泣"。⑦ 到这时，李世民已经有两天没有吃饭了，樊、张二人得知后急忙献酒食，李世民才稍得以喘息。决战已经取得胜利，困守介休的尉迟敬德及寻相遂以介休及永安（治所在今山西霍县）降。刘武周听到宋金刚大败的消息，非常惧怕，因弃并州率五百骑北奔突厥。刘、宋二人不久均为突厥所杀。

至此，唐朝恢复了河东的全部旧土，广大"士庶歌舞于道，军人相与为《秦王破阵乐》之曲"，后来此曲编入唐朝的乐府，⑧ 以纪念秦王的功业。这一年李世民二十四岁。

刘武周开始大举南进之初，其内史令苑君璋曾谏阻称：

> 唐主举一州之兵，定三辅之地，郡县影附，所向风靡，此固天命，岂曰人谋！且并州以南，地形险阻，若悬军深入，恐后无所继。不如连和突厥，结援唐朝，南面称孤，是为上策。⑨

刘武周不肯接受这一稳妥的建议，孤注一掷，终遭覆灭的下场。李世民获胜，刘武周败亡，其主要原因就在于：首先，李世民太原起兵后

---

① 《通鉴》卷188武德三年四月。
② 《新唐书》卷86《刘武周传》。
③ 《通鉴》卷188武德三年四月。
④ 《旧纪》误系至介休事于二月，当从《通鉴》及《新纪》。
⑤ "李勣"原作"李世勣"，为前后一致，统一为"李勣"。——编者注
⑥ 《旧唐书》卷2《太宗纪》。
⑦ 《通鉴》卷188武德三年四月。
⑧ 《隋唐嘉话》中。
⑨ 《旧唐书》卷55《刘武周传》。

率军南下，秋毫无犯，对当地人民来说是记忆犹新的事；刘武周勾结突厥大肆掳掠，失去民心。从刘宋覆灭后河东士庶的歌舞欢乐就可以看出，人心向背起了重要的作用。其次，就力量对比而言，唐强敌弱，刘武周实际是以卵击石，李世民在军力上占绝对优势。再次，苑君璋"恐后无所继"的顾虑及李世民"彼粮尽计穷，自当遁走"的预料都足以说明，刘武周长驱南下，在军粮供应上确有不可克服的致命弱点，而这一弱点恰恰为机智的李世民所利用。最后，李世民知彼知己，以己之长，攻敌之短；进攻时不犯冒险主义错误，乘胜追击时不为庸人懦夫所动；从而能够充分发挥将帅的主观能动作用，在军事史上写下了生动的一页。

刘武周的剪灭为李世民进一步向中原挺进解除了北顾之忧，在唐朝统一全国过程中是十分重要的事件。

在讨伐刘、宋的战争过程中，唐朝在武德三年（620）四月置益州道行台，李渊加李世民益州道行台尚书令。

第五节　败夏灭郑

李世民西灭薛仁杲、北平刘武周之后，唐朝在关中、陇右、河东的统治基本上得到了巩固，梁师都和李轨仅仅是两股自守的割据势力而已，已不能对唐政权构成严重威胁，这样，李氏父子就把目光转向中原，以高屋建瓴之势东向而争天下。

在唐朝建立前后这几年，东面的形势发生了很大的变化。李密领导的瓦岗军彻底失败以后，王世充已于武德二年（619）四月废越王杨侗，自立为帝，国号郑，以洛阳为国都，尽有河南之境。窦建德是黄河以北最大的势力，早在武德元年（618）已改国号夏（原称长乐王），不久又由寿乐迁都洺州（治所在今河北永年）。兖州（治所在今山东兖州）的徐圆朗闻风归附于夏。据有周桥城（在今山东曹县东北）的孟海公亦于武德四年被建德所虏，尽并其众。大致夏政权当时陷于两面作战：一方面与南面的郑政权相周旋，和战无常，不断因交恶而作战；一方面与表面上已归附于唐朝、据有幽州（治所在今北京城西南）的罗艺作战。这样，在黄河流域就大体上形成了唐、郑、夏三方鼎峙的局面。唐朝李氏父子要想统一全国，必须首先统一北方，而在统一北方的战争中，郑、夏是主要的劲敌。就地理位置而言，唐与夏之间有太行山的阻隔，且与夏接壤的河东非唐军主力所在之地，所以首先攻夏是不可能的。郑国则在唐朝的东大门崤函之外，首当其冲；加之王世充统治"严刑峻制"，"公私窘急，皆不聊生"，"仓粟日尽，城中人相食"，"众心日离"；① 首先攻郑不但方便，而且更易为功。正是在这种形势下，李渊于武德三年（620）七月命李世民率大军出关东进，攻打盘踞洛阳的王世充。

郑、夏关系虽然不和，但在唐、郑矛盾上升为主要矛盾时，李渊深恐郑、夏因之结成抗唐的联盟，因在李世民东进的同时，另遣使于窦建德与之联合，在短期内收到了一定的效果，建德仍在继续进攻罗艺。

王世充一得到李渊派军出关的消息，就积极进行准备，选拔骁勇集中到洛阳，并大肆在洛阳及其左近的襄阳（治所在今河南襄城）、虎牢（今河南汜水镇）及怀州（治所在今河南沁阳）部署兵力，他本人亲自将兵三万以备唐。李世民与郑军在慈涧（在今河南洛阳西）发生遭遇战，稍事接触后，就遣行军总管史万宝自宜阳南据龙门（在今河南洛阳市南），将军刘德威自太行东围河内（今河南沁阳），王君廓自洛口（在今河南巩县东北）断郑军饷道，怀州总管黄君汉自河阳（在今河南洛阳东北）攻回洛城（在今河南孟津东），李世民自率大军屯于邙山（在洛阳北），一时形成四面进逼的态势。唐强郑弱的局面已经十分明显，于是世充"镇堡相次"降于李世民。② 有一次，王世充隔水对李世民说：

> 隋末丧乱，天下分崩，长安、洛阳，各有分地，世充唯愿自守，不敢西侵。计熊、谷二州，相去非远，若欲取之，岂非度内？既敦邻好，所以不然。王乃盛相侵轶，远入吾地，三崤之道，千里馈粮，以此出师，未见其可。

---

① 《旧唐书》卷54《王世充传》。
② 《旧唐书》卷2《太宗纪》。

李世民回答说：

> 四海之内，皆承正朔，唯公执迷，独阻声教。东都士庶，亟请王师；关中义勇，感恩致力。至尊重违众愿，有斯吊伐。若转祸来降，则富贵可保；如欲相抗，无假多言。①

这两段对话尽管免不了有些官腔滥调，却也能清楚地反映：王世充胸无大志，只求在洛阳苟安割据；唐朝李氏则素以统一全国为己任，具有远大的抱负。因此，唐、郑争衡具有统一与反统一的性质。

九月，李世民遣王君廓一举攻拔辕辕（在今河南偃师东南），这时郑的尉州刺史时德叡以所部杞（世充所置之州，治所在今河南杞县）、夏（亦世充所置州，治所在今河南太康）、陈（治所在今河南淮阳）、随（今地不详，胡三省认为是洧州之误）、许（治所在今河南许昌市）、颍（治所在今安徽阜阳）、尉（治所在今河南尉氏）七州降于唐，李世民仍命各地官吏留任原职，无所改易，"于是河南郡县相继来降"②。接着他又在北邙山大败郑军，"斩首三千余级"，俘获了王世充的大将陈智略，"世克仅以身免"。不久，荥（世充所治州，估计治所在今河南荥阳）、汴（治所在今河南开封市）、洧、豫（治所在今河南汝南）等九州相继投降。③ 郑政权控制的地区已呈土崩瓦解之势。

唐军对东都步步进逼，王世充被围在孤城中与四外隔绝，这一形势必然引起郑、夏二政权执政者的严重关注。对王世充来说，已经到了生死存亡的关头，单独依靠一己的力量继续顽抗，最后的覆灭是指日可待的，现在必须改弦更张，另找出路了；对窦建德来说，李世民灭郑后的下一步棋，只能是北上攻夏，这已是不言而喻的事，现在继续与罗艺较量，已经没有什么意义，必须优先考虑如何对付眼前出现的新局面了。在这种形势下终于出现了郑、夏和解，联军抗唐的新格局。武德三年

---

① 《旧唐书》卷54《王世充传》。
② 《通鉴》卷188 武德三年九月。
③ 仅《旧唐书》卷2《太宗纪》记此九州降事，但州名不全。《新唐书·太宗纪》《旧唐书·王世充传》及《通鉴》均失载此事。

(620)十一月,王世充遣使于夏,向窦建德乞援,这时夏政权内部也正在讨论这个问题。① 夏中书舍人刘斌②向窦建德建议:

> 今唐有关内,郑有河南,夏居河北,此鼎足相持之势也。闻唐兵悉众攻郑,首尾二年③郑势日蹙,而唐兵不解。唐强郑弱,其势必破郑,郑破则夏有齿寒之忧。为大王计者,莫若救郑,郑拒其内,夏攻其外,破之必矣。若却唐全郑,此常保三分之势也。若唐军破后而郑可图,则因而灭之,总二国之众,乘唐军之败,长驱西入,京师可得而有,此太平之基也。

窦建德大悦,说"此良策矣"④。虽然夏、郑开始接触,信使往还,但窦建德并没有立即发大军南下,主要由于他要首先彻底解决孟海公所率领的一支武装势力。直到武德四年(621)二月,俘获海公之后,他才悉发徐圆朗、孟海公之众,十余万,号称三十万,⑤救援王世充。上述事实说明,窦建德虽然曾经是农民起义军的领袖,但隋朝灭亡后,夏与隋朝的残余势力王世充已经联合,反隋的性质完全丧失,而且窦建德还兼并了原属农民军性质的徐圆朗、孟海公两支力量,夏已谈不上是什么农民政权了。刘斌所谓维持"鼎足相持"的意图说明,夏与郑相同,也是一个对抗统一的割据政权。因此,唐、夏争衡也具有统一与反统一的性质。

窦建德兼并孟海公的过程中,王世充采取"但婴城自守,以待建德之援"⑥的战略,以争取时间。当时唐、郑双方的情况是:郑的若干州县

---

① 《旧唐书·王世充传》:"十一月,窦建德又遣人结好,并陈救援之意。世充乃遣其兄子琬及内史令长孙安世报聘,且乞师。"《新传》略同。据此,好像是夏首先主动与郑联系。但《旧唐书·窦建德传》不载建德主动陈救援之意一事。《通鉴》及《考异》引《隋季革命记》都说是王世充首先遣使乞援。可见"报聘"之说为孤证,不可信。按情理推断,郑首当其冲,先行乞援是可能的,窦建德正与罗艺进行拉锯战,不会迫不及待地主动先提援郑事。

② 两《唐书》均作"斌",《通鉴》作"彬"。

③ 《通鉴》作"自秋涉冬",合理。

④ 《旧唐书》卷54《窦建德传》。

⑤ 两《唐书》的《太宗纪》均作"十万",《新唐书·窦建德传》作"号三十万"。《通鉴》卷189《考异》引《太宗勋史》作"十二万,号三十万",为长。

⑥ 《旧唐书》卷2《太宗纪》。

不断降唐，双方接触中互有败创；李世民围攻洛阳，但"城中守御甚严"，唐军"旬余不克"，"将士皆疲弊思归"。① 在困难面前，不免有人发生动摇，譬如刘弘基等人就曾提出班师的建议。对此，李世民坚决地表示："今大举而来，当一劳永逸。东方诸州，已望风款服，唯洛阳孤城，势不能久。功在垂成，奈何弃之而去？"于是下令军中："洛阳未破，师必不还，敢言班师者斩。"李世民表示决心后，"众乃不敢复言"。李渊在关中听到将士思归的情况，亦密敕还师。李世民急遣封德彝入朝，面论形势称："世充得地虽多，率皆羁属，号令所行，唯洛阳一城而已。智尽力穷，克在朝夕。今若旋师，贼势复振，更相连结，后必难图。"② 这才打消了李渊撤军的错误念头。李世民在上下动摇、军心不稳的关键时刻，力排众议，把这次战争坚持下来，在战略决策上起了决定性作用。

武德四年（621）三月，窦建德派范愿率军西救洛阳，至滑州（治所在今河南滑县），军于酸枣（今河南延津）；接着连下荥阳（今河南荥阳）、阳翟（今河南禹县）等县；水陆并进，泛舟运粮，泝汴西上，最后军于成皋（今河南汜水镇）附近，筑宫于板渚（在汜水镇东北黄河侧）。窦建德大军西进，唐军内部再一次发生动摇，很多人"皆请避其锋"，萧瑀、屈突通、封德彝等人都认为："吾兵疲老，世充凭守坚城，未易猝拔，建德席胜而来，锋锐气盛，吾腹背受敌，非完策也。不若退保新安（今河南新安），③ 以承其弊。"④ 郭孝恪对此持相反意见，他主张：

> 世充日蹙月迫，力尽计穷，悬首面缚，翘首可待。建德远来助虐，粮运阻绝，此是天丧之时。请固武牢，屯军汜水（今河南荥阳汜水镇），随机应变，则易为克殄。⑤

薛收也建议：

---

① 《通鉴》卷188 武德四年二月。
② 《通鉴》卷188 武德四年二月。
③ 《旧唐书》卷2《太宗纪》作"请退师谷州以观之"。
④ 《通鉴》卷189 武德四年三月。
⑤ 《旧唐书》卷83《郭孝恪传》、《册府元龟》卷133《帝王部·褒功》。

> 世充据有东都，府库填积，其兵皆是江淮精锐，所患者在于乏食，是以为我所持，求战不可。建德亲总军旅，来拒我师，亦当尽彼骁雄，期于奋决。若纵其至此，两寇相连，转河北之粮以相资给，则伊、洛之间战斗不已。今宜分兵守营，深其沟防，即世充欲战，慎勿出兵。大王亲率猛锐，先据成皋之险，训兵坐甲，以待其至。彼以疲弊之师，当我堂堂之势，一战必克。建德即（当作"既"）破，世充自下矣。不过两旬，二国之君，可面缚麾下。若退兵自守，计之下也。①

李世民一面表示接受、采纳郭孝恪和薛收的意见，一面反驳屈突通和封德彝的消极主张说：

> 世充粮尽，内外离心，我当不劳攻击，坐收其敝。建德新破孟海公，将骄卒惰，吾当进据武牢（即虎牢），扼其襟要。贼若冒险与我争锋，破之必矣。如其不战，旬日间世充当自溃。若不速进，贼入武牢，诸城新附，必不能守，二贼并力，将若之何？②

唐军内部在大决战前夕召开这样一次军事会议是非常必要的，思想不统一，举棋不定，就可能贻误军机，铸成大错。从争论的情况可以看出：首先，郑、夏双方兵力不少，貌似强大，但本身却都存在一些弱点，王世充的缺乏存粮更具有致命的性质，屈突通、封德彝等人只看到对方表面上的强大，忽略了其存在的弱点。李世民与郭孝恪、薛收等人则能全面衡量敌情，因而做出了积极进取的决策。其次，双方争论的焦点是主动东进，还是消极退守。如果唐军先下虎牢，则可隔开郑、夏，然后各个击破，使形势向有利于唐军的方向发展；如果消极退守，则郑、夏得以合势，以夏粮资郑，使形势向有利于敌军的方向转化。最后，李世民对东都采取的是围而不攻的战略，坐待其粮尽自溃；对窦建德则采取以主力出击，力求全歼的战略。应当说，这样的决策是完全正确的。

---

① 《旧唐书》卷73《薛收传》。
② 《旧唐书》卷2《太宗纪》。

采取东进战略，虎牢是唐、夏双方必争的战略要地，谁能捷足先登加以占领，谁就居于主动地位。李世民下定决心后立即分兵两路进军：一路由屈突通、李元吉率领，继续围困洛阳；一路亲自率领，东经河阳（今河南孟县南）、巩县（今河南巩县东北）攻虎牢。三月，虎牢守将沈悦翻城而降，李勣"应接，克之"①。唐军首战告捷，占了优势。接着李世民亲将骁骑五百东出虎牢，使李勣、程知节、秦叔宝等沿途设伏，自己与尉迟敬德等四骑继进，到离敌营只有三里的地方，遇上了游骑，李世民大呼："我秦王也。"引弓射杀一将。窦建德急忙派五六千骑前来追逐，李世民从者皆失色，他却让从者前行，自己与尉迟敬德殿后，屡行屡射，最后把夏军诱入伏中，李勣等起而奋击，大破夏军，斩首三百余级，俘敌将殷秋、石瓒等人，胜利归来。接着，李世民又遣王君廓将轻骑千余抄窦建德的粮运，又破夏军，俘虏了大将军张青特。唐、夏双方初步接战，唐胜夏挫，大大削弱了后者的兵锐。

窦建德为虎牢所阻，好几个月不能前进一步，又连续吃了几次败仗，"人情危骇"，其国子祭酒凌敬因作如下建议：

> 宜悉兵济河，攻取怀州河阳，使重将居守，更率众鸣鼓建旗，逾太行，入上党，先声后实，传檄而定。渐趋壶口，稍骇蒲津（在今山西永济蒲州境），收河东之地，此策之上也。行此必有三利：一则入无人之境，师有万全；二则拓土得兵；三则郑围自解。

窦建德之妻不但赞成这一建议，而且进一步主张"因突厥西抄关中"。当时王世充派人贿赂窦建德所属诸将，"以乱其谋"，建德本人也认为这样做是援郑"见难而退，示天下以不信"。② 所以最后没有采纳凌敬之策，而是悉众继续进逼虎牢。对于夏军内部的上述争议，应当提出两个问题：第一，凌敬的主张正确吗？第二，为什么李世民及其属将从来没有估计到这种可能性呢？是否出于疏忽？凌敬之策一旦付诸实行，李世民是否

---

① 《旧唐书》卷67《李勣传》。
② 《旧唐书》卷54《窦建德传》。

可能解围东都，前功尽弃呢？我觉得窦建德的最后失败，不能说是由于没有采纳凌敬的建议，因为王世充当时严重缺粮，洛阳城内"绢一匹直粟三升，布十匹直盐一升"，"民食草根木叶皆尽"，① 已经危在旦夕，郑朝廷已经不可能支撑到夏军渡河徇汾晋，趋蒲津，西抄关中的时候。窦建德这样做，势必如李世民所料，"旬日间，世充当自溃"，郑、夏联盟就自行瓦解了。正因为如此，所以窦建德不可能照凌敬的建议用兵，李世民也根本不必考虑那种可能性。

决战的时刻终于到来了。有一天，谍者侦得敌情向李世民汇报，窦建德待唐军刍尽牧马于黄河北岸时，将袭取虎牢。李世民将计就计，在五月故意牧马千余匹于河渚，以假象诱敌。窦建德果然悉众而至，"北距大河，西薄汜水，南属鹊山，亘二十里，鼓行而进"②。王世充属将郭士衡阵于其南，"绵亘数里"，大肆鼓噪。③ 唐军诸将大惧，李世民却沉着万分，先与数骑登高丘瞭望，对诸将说："贼起山东，未尝见大敌；今度险而嚣，是无纪律；逼城而陈，有轻我心。我按甲不出，彼勇气自衰；阵久卒饥，势将自退；追而击之，无不克者。与公等约，甫过日中，必破之矣。"果然不出所料，夏军列阵自清晨直到中午，"兵士饥倦，皆坐列"，逐渐懈怠。李世民发现时机已经成熟，乃下令众军合击，一时"尘埃涨天"，唐军"所向披靡"。李世民率史大奈、程知节等人出夏军阵后，打出唐军旗帜，夏将士大溃，"追奔三十里，斩首三千余级"，窦建德被擒。所俘获的五万人，李世民立即全部遣散，"使还乡里"。封德彝向李世民庆贺，李世民笑着说："不用公言，得有今日。智者千虑，不免一失乎？"④

夏军既败，李世民还攻洛阳，世充"惶惑，不知所为"，打算溃围而出，南走襄阳（治所在今湖北襄樊市），⑤ 诸将认为郑所依者夏之援军，"夏王今已为擒，虽得出，终必无成"⑥。"世充知大势已去，遂率太子、

---

① 《通鉴》卷189武德四年三月。
② 《通鉴》卷189武德四年五月。
③ 《旧唐书》卷2《太宗纪》。
④ 《通鉴》卷189武德四年五月。
⑤ 《旧唐书》卷54《王世充传》。
⑥ 两《唐书》的《王世充传》都载"诸将皆不答"。《通鉴》据《河洛记》，今从之。

群臣二千余人降于世民，山东悉平。"①

　　郑、夏是唐朝统一全国过程中最强大的势力，李世民一举灭夏降郑，为全国统一奠定了基础，对李氏皇朝确实是立了丰功伟绩，所以这年十月李渊以李世民为天策上将，领司徒、陕东道大行台尚书令，位在诸公之上，增邑二万户，仍开天策府，置官属，以旌"勋德"②。这一年李世民二十五岁。

　　在灭夏降郑的战役中，李世民取得胜利的主要原因是：首先，唐朝后方巩固，有恃无恐；王世充困守孤城，严重缺粮；窦建德新败孟海公，率疲弊之卒仓促西进，缺乏足够的准备。其次，唐朝所进行的统一战争具有进步性，再加上李世民放散俘虏，收揽民心，在政治上居于有利地位。郑、夏坚持割据，抵制统一，容易脱离人民。最后，无可讳言，李世民本人的杰出军事才能在决定战略、临战指挥等方面都起了显著的作用。这一点与窦建德的"未见大敌"形成鲜明的对比。

第六节　败刘黑闼、徐圆朗

　　江淮一带最大的势力是杜伏威领导的一支农民军。隋炀帝被弑后，南方各种势力间也加剧了彼此兼并的斗争，武德二年（619），"时杜伏威据历阳（今安徽和县），陈棱据江都，李子通据海陵（今江苏泰州市），俱有窥江表之心"③。杜伏威和李子通都是农民起义的领导者，此时子通围攻隋将陈棱、伏威竟与地主武装的头目沈法兴之子沈纶共同出兵救援陈棱，抗拒李子通，可见江南的战争已经失去了起义与反起义的性质，实际上变成了无原则的彼此兼并。正是在这种形势下，杜伏威一度上表于洛阳的越王杨侗，被拜为东南道大总管，封楚王。④ 不久，他又改降唐朝，李渊以为淮南安抚大使、和州总管。次年六月，又进封吴王。李世

---

　　①《旧唐书》卷2《太宗纪》。
　　②《旧唐书》卷2《太宗纪》。并据《通鉴》卷189武德四年十月。
　　③《通鉴》卷187武德二年九月。
　　④ 此据两《唐书》的《杜伏威传》。《旧唐书》卷1《高祖纪》误以为降唐后封楚王，按降唐后所封为吴王。

民围攻洛阳王世充时，伏威曾派兵增援唐军。所以窦建德、王世充败亡后，出现了"海内浸平"[①]的情况，李世民遂开馆广延四方之士，以为文学馆学士，和他们讨论文籍，准备迎接一个即将到来的升平时代。

但隋末天下大乱达十年之久，各种势力已经具备了一定的基础，平定天下远非一蹴可及。就在夏灭郑降之后，紧接着就发生了刘黑闼的起事，真可以说是一波刚平，一波又起。窦建德失败之初，余部大多原来是农民，此时已各返乡里，从事农业生产。唐朝统治者一方面对建德部众追索所藏匿的库物，"或加捶挞"；一方面对他们不放心，下令征夏的故将范愿等人赴长安。范愿、董康买等人觉得："王世充以洛阳降唐，其将相大臣段达、单雄信等皆夷灭，吾属至长安，必不免矣。"[②] 于是他们在七月间拥戴窦建德的故将刘黑闼，起兵反唐，北连突厥、高开道，连败唐将李神通及李勣等，在半年的时间里就"悉复建德故地"[③]。前已指出，就战争性质而言，隋亡后不久，窦建德所进行的已经是兼并战争，不再具有农民起义的性质；但就其所领导的军队而言，却并不是地主武装，仍然是由贫苦农民组成的。他们在唐朝的迫害下起来斗争，在一定程度上具有农民反迫害的性质。但刘黑闼打着为夏王报仇的旗帜起兵，在一定程度上是恢复了原来的兼并战争。我们不能把这次起事的性质看得太单纯了。就后一种性质而言，起兵也有不得人心之处，譬如夏政权的齐善行在降唐时就说："隋末丧乱，故吾属相聚草野，苟求生耳。……今丧败如此，守亦无成，逃亦不免，等为亡国，岂可复遗毒于民？不若委心请命于唐。"[④] 再如范愿等动员窦建德故将刘雅起事时，刘雅也说："天下适安定，吾将老于耕桑，不愿复起兵。"[⑤] 这些言论都代表了劳动人民的某些朴素愿望。因此，唐朝统治者迫害农民军余部，引起反抗，加以镇压，具有反动的一面；同时扑灭刘黑闼起事，实现全国统一，也有顺乎民心的一面。

---

① 《通鉴》卷189 武德四年十月。
② 《通鉴》卷189 武德四年七月。
③ 《旧唐书》卷55《刘黑闼传》。
④ 《通鉴》卷189 武德四年五月。
⑤ 《通鉴》卷189 武德四年七月。

刘黑闼起事之后，已经归附于唐朝的徐圆朗（原来也是一支农民军的领导者），这时也起兵响应，在兖州举起了反唐的旗帜，自称鲁王。①这样，河北、中原的形势顿时为之一变。

面对着新出现的严峻局面，李世民当仁不让，"又自请统兵"东向讨伐。② 李渊因于武德四年（621）十二月遣秦王李世民与齐王李元吉兄弟二人率大军东进。次年（622）正月，唐军进至肥乡（今河北肥乡），这时幽州总管罗艺亦将所部兵数万来会李世民，共同进攻刘黑闼，并在徐河（在易州境）大败黑闼弟刘十（亦作"什"）善，"俘斩八千人"。③ 二月，黑闼在列人（在今河北肥乡东北）为李世民属将秦叔宝所败。接着李世民复取相州（今河南安阳市），罗艺连下定（今河北定县）、栾（今河北隆尧东）、廉（今河北藁城）、越（今河北越县）四州，引兵来与李世民会于洺州（治所在今河北永年东南）。最后双方在洺水（在今河北曲周南）附近展开了决战。

唐将王君廓驻守洺水。该城四面环水，广五十余步，刘黑闼军猛攻之，却很难涉水进逼，然后就在城东北筑甬道进攻。李世民率兵援洺水，为敌军所阻，不能前进。经过八天的战斗，洺水城终为黑闼所破。李世民不甘心失败，对此城锲而不舍，继续猛攻，终于再度攻拔。三月，李世民与罗艺营于洺水（河名）之南，另遣奇兵绝刘黑闼的粮道。当时黑闼正在冀（治所在今河北冀县）、贝（治所在今河北南宫东南）、沧（治所在今河北沧县东南）、瀛（治所在今河北河间）等州"水陆运粮，以拒"唐军，不料为唐将程名振所邀击，"尽毁其舟车"。④ 黑闼于是陷入了无法持久的不利境地。双方在洺水附近相持六十多天。三月间，李世民估计对方粮食用尽，一定会来决战，于是派人在洺水上游筑堰，使河水变浅，以便诱使敌军涉水来战，同时却向守堰的官吏布置："我击贼之日，候贼半度而决堰。"战役开始以后，果如李世民所预料，刘黑闼军二万骑南渡洺水时被决堰而泻的大水所冲击，水深丈余，军遂大败，"斩首

---

① 《旧唐书》卷55《徐圆朗传》。
② 《旧唐书》卷55《刘黑闼传》。
③ 《旧唐书》卷56《罗艺传》。
④ 《旧唐书》卷83《程名振传》。

万余级，溺死者数千人"。① 黑闼无奈，只得率残兵败将北走突厥。② 河北一带再度平定。

正因为刘黑闼起事有某种程度的正义性，所以他能在很短的时间里就全部恢复窦建德的故地；正因为战争也具有反统一的性质，并不完全得人心，所以这支力量旋起旋灭，不能进行持久战。李世民这次采取的战略是：一方面绝敌粮道，给对方造成困难，坐等战机到来；一方面充分利用地利条件，人为地陷敌军于不利地位。这样的打法是很机智的。

虽然此后刘黑闼又一次死灰复燃，依靠突厥的资助，起兵反唐，最后消灭这支力量的是李建成和李元吉，但李世民所进行的洺水之役毕竟是对刘黑闼的一次最沉重的打击，经此一役，他的势力已经是强弩之末了。

徐圆朗听到刘黑闼失败的消息，非常惧怕，"不知所为"。四月，李世民自河北引兵而南，进击这支武装。到这年秋季，唐军"下十余城，声震淮泗"。李世民看到胜利已有把握，遂使李神通、任瓌、李勣等留在中原继续作战，自己就班师回长安了。③ 徐圆朗在兖州被围困，自知穷蹙无望，乃于武德六年（623）二月弃城夜遁，为野人所杀，其地悉平。

就在李世民平定刘黑闼后进攻徐圆朗的时候，江淮一带的杜伏威慑于唐朝的兵威，乃自请入朝于唐，亲赴长安。至此，唐朝统一全国的大业就更加接近最后完成了。

武德五年（622）十月，李渊又给李世民加了一个左右十二卫大将军的头衔。

在唐朝统一全国的过程中，最主要的几支武装力量都是被李世民翦灭的，他的军事才能得到充分的发挥，起了巨大的作用。李渊"以秦王有克定天下功"，所以"特降殊礼"，为他建了一个"宏义宫"，以示褒奖。④

李世民作为一个创业的皇帝，可以说是兼长武功与文治的全才。在武功方面，他的主要业绩就是拨乱反正，建立唐朝和统一全国。在完成

---

① 《旧唐书》卷55《刘黑闼传》。
② 据《通鉴》卷189载，唐军决堰前黑闼已暗地里北走突厥。两《唐书》无此记载。恐败局已定后才奔突厥，比较合情理。
③ 《通鉴》卷190武德五年七月。
④ 徐松《唐两京城坊考》卷1。《通鉴》卷190作"弘义宫"。此宫即太宗即位后之大安宫。

这些任务时，李世民作为军事家表现出了杰出的才能。他在贞观十四年（640）回顾其戎马半生的经历时曾经得意地说：

> 朕少时为公子，未遭阵敌。义旗之始，乃平寇乱，每执金鼓，必自指挥。习观其阵，即知强弱，当取吾弱对其强，取吾强对其弱。敌犯我弱，奔命不逾百数十步；吾击其弱，必突过其阵，自背而反击之，无不大溃。多用此而制胜，思得其理深也。①

他一再自敌阵背后反击，与善于使用骑兵有一定的关系。② 而能够准确地以己弱对敌强，以己强对敌弱则与他能知己知彼有关，正如李世民晚年所说："朕少长兵间，颇能料敌。"③ 在战场上，他不但善于利用战机，而且特别注意要打得机动灵活，如曾说："夫用兵之道，见利速进，不利速退。"④ 至于他的当机立断，进攻时不犯冒险主义错误，冷静地对付敌人的攻势，在前面都有生动的介绍。可惜的是，李世民没有把自己毕生的军事实践经验加以总结，上升为理论，未能给后人留下一部兵书。现存的《李卫公问对》是一部伪作，清人认为是"唐末宋初，村儒俚子掇拾贞观君臣遗事而为之"⑤。但这部书的出现却可反映李世民确实是一个军事天才，否则伪撰这样的书将难以取信于读者。

全国的统一基本上实现了，历史发展到了一个转折时期，因而李世民横戈铁马的生活即将成为过去，他所面对的未来课题是如何登上皇帝的宝座，开始新的政治生涯。

---

① 《册府元龟》卷44《帝王部·神武》。
② 参阅汪籛《唐初之骑兵》一文，载《汪籛隋唐史论稿》。
③ 《通鉴》卷198贞观二十二年三月。
④ 《册府元龟》卷125《帝王部·料敌》。
⑤ 《四库全书总目》，中华书局1965年版，第837页。

第三章 玄武门之变

第一节 政变的由来

李世民在平定天下的战争中，基本上是战必胜，攻必克，没有经受过大的创败；但他通往帝位的道路却非常坎坷，充满了险阻，以致最后不得不同室操戈，兵戎相见，爆发了历史上著名的玄武门之变。

李渊诸子中李建成是长子，按嫡长子继承皇位的传统，当然应该以他为嗣君。高祖即位之初，也确实立李建成为太子。这好像是没有什么争议的问题。但在太原起兵、统一全国的一系列战争中，李世民的功业远远超过了其兄李建成，而李世民本人又气度不凡，具有远大的政治抱负，他不可能仅仅满足于当一个秦王，必然要力图登上权力的顶峰。因此在李世民与李建成之间势必会展开一场争夺皇位继承权的殊死斗争。

历史是按胜利者的利益编纂的，玄武门之变中李世民是最后的胜利者，所以房玄龄等人"删略国史"，编撰《高祖实录》《太宗实录》时"语多微文"，[①] 而后代的不少史书均取材于这两部《实录》和国史。因此，为了如实地介绍历史的真实情况，就必须在叙述时进行一些必要的考辨，做一点去伪存真、由表及里的工作。

《通鉴》卷190武德五年（622）十一月载：

> 上（李渊）之起兵晋阳也，皆秦王世民之谋。上谓世民曰："若事成，则天下皆汝所致，当以汝为太子。"世民拜且辞。及为唐王，

[①] 《贞观政要》卷7《文史》。

将佐亦请以世民为世子。上将立之，世民固辞而止。太子建成，性宽简，喜酒色游畋，齐王元吉多过失，皆无宠于上。世民功名日盛，上常有意以代建成，建成内不自安，乃与元吉协谋，共倾世民，各引树党友。

司马光虽然发现《实录》有歪曲史实的地方，但他并没有把去伪存真的工作做到底，所以不免有很多上当的地方。上面这段引文就非常不合情理，伪造之处不少。首先，"晋阳起兵""皆秦王之谋"的说法就不符合事实，关于此点，前面已经指出，不赘于兹。其次，既然起兵之事不是李世民首谋，李渊在起事之初成败毫无把握的时候就预许立李世民为太子，是完全不近情理的。尤其是李世民平定全国的功业在当时还毫无踪影，李渊怎么可能加以预料呢？复次，"及为唐王，将佐亦请以世民为太子。上将立之"云云，亦不可信。按义宁元年（617）十一月李渊晋封唐王，立即以陇西公李建成为唐国世子，李世民为京兆尹，改封秦国公；次年，高祖即位，立即于六月"立世子建成为皇太子"①。由太原南下，西渡黄河，攻打长安的一系列战争中，李建成与李世民常常是并肩战斗，一起向李渊献策，即令李世民功业稍稍超过李建成，亦相差无几，李渊完全没有必要违反嫡以长的传统，立次子为太子，自乱其步。况且当时唐朝新建，李氏父子面临着全国林立的武装势力，在严重的战斗面前成败未卜，根本没有可能在立太子的问题上仔细斟酌。至于请立李世民为太子的"将佐"是谁呢？语焉不详。如果真有这样的人，一定会在日后受到唐太宗的殊赏，其事迹必然在两《唐书》中大书特书，但遍查各传，却无一人涉及此事。可见将佐请立的事亦属子虚乌有。最后，对李建成、李元吉的描写有失实的地方。李建成的才干可能不如李世民，但他曾与李世民一起向李渊提出过一些正确的建议，共同建立过不少战功，而且幕下网罗了魏徵、王珪等日后的名臣，绝不是单纯的"喜酒色游畋"之徒。李元吉其人确有不少严重缺点，但亦"力敌十夫"，②在军事上不

---

① 《旧唐书》卷1《高祖纪》，参见《旧唐书》卷64《隐太子建成传》。
② 《隋唐嘉话》上。

完全是无能之辈。史籍上一再杜撰李渊企图立李世民为太子，李世民一再表示辞谢，就是意在掩盖他发动政变、夺取皇位继承权的不合法性、不道德性。

据《旧唐书·李建成传》，武德四、五年（621、622年）间，"太宗功业日盛，高祖私许立为太子"。《通鉴》卷190亦称，武德五年十一月，"世民功名日盛，上常有意以代建成，建成内不自安"。这些记载同样不可信。李渊即令非英明君主，只要有中常之才，在废立太子这样的敏感问题上亦断不至于在做最后决定之前，私许李世民。隋文帝废杨勇而改立杨广，是几经周折后才夺宗换嗣的。唐太宗本人在晚年不满太子承乾，魏王泰一度得宠，然而他也始终没有向任何人正式吐露过废立的意图。如果李渊确实有私许李世民立为太子的事，史籍中必然大书特书，断不至于轻轻一笔带过。唐太宗在贞观九年（635）曾亲口说："武德六年已后，太上皇有废立之心。我当此日，不为兄弟所容，实有功高不赏之惧。"① 可见武德六年（623）以前，李渊从来没有产生过废立太子的念头。

据《旧唐书·李建成传》载，当时"皇太子令及秦、齐二王教与诏敕并行，百姓惶惑，莫知准的"②。《通鉴》作类似记载后胡三省注："使唐之政终于如此，亡隋之续耳。"③ 按情理推断，此事亦不可信。素以慎重自持的李渊决不会允许出现这样的僭越情况。更何况齐王李元吉，论功劳、论地位，根本不能与太子、秦王平起平坐，遑论与李渊分庭抗礼。淮安王李神通有殊勋，秦王李世民曾下令给他田数十顷，后来张婕妤的父亲通过她私奏请求要这些田产，李渊"手诏赐焉"，神通以秦王的教发布在前，"遂不肯与"，婕妤矫奏："敕赐妾父地，秦王夺之以与神通。"李渊大怒，责李世民说："我诏敕不行，尔之教命，州县即受？"④ 可见李渊从未听任诏敕与太子令、诸王教杂行，所谓有司"据得之先后为定"⑤的说法是难于成立的。史臣做如此记载，意在说明李渊昏聩，政教混乱，

---

① 《贞观政要》卷5《忠义》。
② 《新唐书》卷79《隐太子建成传》略同。
③ 《通鉴》卷190 武德五年十一月。
④ 《旧唐书》卷64《隐太子建成传》。
⑤ 《通鉴》卷190 武德五年十一月。

用以证明李世民乱中夺权是有根据的。

在这次大搏斗中，以李世民为一方，以李建成、李元吉为一方，形成对垒形势。李世民与李建成有争夺皇位继承权的矛盾，二人利害冲突十分明显。值得注意的是，为什么李元吉不站在李世民一边，而是与李建成结成联盟共同对付秦王呢？玄武门之变的前夕，秦府的府僚曾对李世民说：

> 若使建成、元吉肆其毒心，群小得志，元吉狠戾，终亦不事其兄。往者护军薛宝上齐王符箓云："元吉"合成"唐"字。齐王得之喜曰："但除秦王，取东宫如反掌耳"。为乱未成，预怀相夺。①

《实录》亦载："元吉见秦王有大功，每怀妒害。"② 这些记载也颇值得怀疑。按李元吉排行第四，毫无继位可能，论其武功，不但不能与秦王李世民相比，与李建成相较亦逊之甚远，如果他妒忌李世民之功，为什么不妒害李建成呢？加之齐府力量与东宫、秦府任何一方相比，都处于绝对劣势，怎么能说"取东官如反掌耳"呢？李元吉其人，肤浅狂躁，很难说他能有先除秦王、后除太子的深谋远虑。而且以他的身份和威望，连诛二兄而夺皇位，难道不考虑这样做能取得李渊的认可吗？上述两段记载之不近情理是一目了然的，可能出于史臣的诬罔或臆度，根本不可信。李元吉站在李建成一边的真正原因可能是：第一，李元吉本人没有多少政治资本，又看到东宫、秦府之间的斗争势在必行，遂欲借机依靠一方以事攀缘，从而争取将来为自己谋一个更好的政治地位。第二，李建成早已立为太子，李渊虽处两难之间，很少明确表示过有废立的意图，而嫡长子继位又属名正言顺，所以李元吉把赌注下在李建成一边觉得把握更大一些。第三，李世民手下虽然有很多骁将精卒，但东宫与齐府联合起来与秦府较量，再加上李渊倾向于太子，他们在力量上处于绝对的优势。最后，李世民执法很严，平洛阳后严拒嫔妃的私求宝货就是明证，

---

① 《旧唐书》卷64《巢王李元吉传》。
② 《通鉴》卷191 武德七年六月。

李元吉本人"性好畋猎",而且在刘武周攻太原时又有弃城私逃的不光彩记录,他必然感到李世民如果即位,自己很难畅所欲为,在李建成下面当齐王要悠游自在得多。因此,李元吉投靠李建成,未必是要最后自己当皇帝,实际是想选择一个对自己更有利的兄长当皇帝。

据史料记载,站在李建成、李元吉一边的还有其他小王的母亲,即李渊"所宠张婕妤、尹德妃"等,而且说她们皆与李建成"淫乱"。① 司马光对此则表示"宫禁深秘,莫能明也"②。持这样的态度是慎重而正确的,史臣对失败者造谣中伤是常有的事,这种记载往往值得怀疑。据《实录》载,武德六、七年(623、624)之际,李元吉向李建成建议刺杀李世民时,"建成性颇仁厚,遽止之"。③ 看起来李建成并不像是有禽兽之行的人。司马光对《高祖实录》《太宗实录》中这些污蔑李建成、李元吉的记载一概怀疑,因云:"按建成、元吉虽为顽愚,既为太宗所诛,不无抑扬诬讳之辞,今不尽取。"④ 至于《通鉴》所谓李渊"晚年多小内宠,小王且二十人,其母竞交结诸长子以自固,建成与元吉曲意事诸妃嫔,谄谀赂遗,无所不至,以求媚于上",则恐有所夸大。遍查两《唐书》的高祖诸子传,并无卷入这场斗争的记载。大致此中积极为李建成效劳者,不过张婕妤、尹德妃等数人而已。计高祖嫔妃除张、尹二妃外尚有莫嫔、孙嫔、宇文昭仪、崔嫔、杨嫔、小杨嫔、郭婕妤、刘婕妤、杨美人、张宝林、柳宝林、王才人、鲁才人和张氏等,她们既不可能全部得宠,更不可能都有政治能力,所以都卷入这场斗争的可能性很小。封建史臣做这样的歪曲,意图是把李建成描绘成在朝廷中找不到政治力量的孤家寡人,他只能用不正当的手段在后宫中施展伎俩。

第二节 斗争的序幕

李建成以嫡长子的身份居太子之尊,又在西克京师中屡建战功,这

---

① 《旧唐书》卷64《隐太子建成传》。同传载,后来接近摊牌时,秦王曾"密奏建成、元吉等与后宫淫乱"。
② 《通鉴》卷190 武德五年十一月。
③ 《通鉴》卷191 武德七年六月。
④ 《通鉴》卷190 武德五年十一月。

是他有利的一面；另一方面，在统一全国的重要战争中，他的贡献与其弟李世民相比，就不免瞠乎其后了。为了在今后的兄弟角逐中捞点资本，改善自己的地位，李建成也需要打几个漂亮仗。正好这时刘黑闼再度引突厥兵南下，于是东宫太子中允王珪和洗马魏徵在武德五年（622）十一月向李建成提出如下建议：

> 殿下但以地居嫡长，爰践元良，功绩既无可称，仁声又未遐布。而秦王勋业克隆，威震四海，人心所向，殿下何以自安？今黑闼率破亡之余众不盈万，加以粮运阻绝，疮痍未瘳，若大军一临，可不战而擒也。愿请讨之，且以立功，深自封植，因结山东英俊。①

李建成接受了这一意见，因向其父请兵出征，李渊遂命李建成、李元吉率军出关，很快就再次平定了山东，黑闼于次年（623）初被其所署饶州刺史诸葛德威所执，德威举城降。这是李建成在统一全国的战争中所建立的唯一的大功劳。此事说明，兄弟之间争夺皇位继承权的斗争已经日益深刻化了，所以各种大的事件无不同这一斗争发生关系。平刘黑闼的战争是如此，抵抗突厥的民族战争同样也染上了兄弟阋墙的色彩。

武德七年（624）夏季，双方的斗争逐渐白热化和公开化了。李建成预感到兄弟仇杀不可避免，于是开始积极进行政变准备。他首先擅募二千余人为东宫卫士，分屯东宫的左右长林门，号长林兵；② 又使左虞候率③可达志赴幽州募突厥兵三百骑，纳于宫中。④ 不料事机不密，为其父所知，李渊一怒之下，流可达志于巂州（治所在今四川西昌），并对李建成深加谴责，但李建成并未因此罢手。他一计未成，又生一计，乃使其心腹杨文干在庆州（治所在今甘肃庆阳）私募兵送京师。这时李渊将幸宜君（今陕西宜君）新建成的仁智宫，李世民与李元吉亦一同随往，留太子李建成在长安居守。临行前李建成对李元吉说："安危之计，决在

---

① 《旧唐书》卷64《隐太子建成传》。
② 《旧唐书》卷64《隐太子建成传》。
③ 《通鉴》作"右虞候率"。
④ 《新唐书》卷79《隐太子建成传》。《旧传》漏载可达志事。

今岁。"① 他一面又遣尔朱焕、桥公山到庆州送甲仗武器，让他在外面举兵，"表里相应"，以举大事。二人走到豳州，觉得此事非同小可，不敢前往完成使命，于是驰往仁智宫向李渊告变。李渊素知东宫、秦府久有隔阂，但万万没有想到形势发展得如此迅速和险恶，所以闻变大怒，急召李建成谒仁智宫。李建成害怕，不敢赴行在，徐师谟劝他据城起兵，赵弘智劝他前往仁智宫谢罪。李建成斟酌的结果，采取了弘智的意见，亲赴仁智宫叩头认罪。李渊怒不可遏，在这天夜间置太子于幕下，只给他送了一点麦饭，并派殿中监陈万福②防守；同时遣宇文颖驰往庆州召总管杨文干。李元吉暗地里勾结宇文颖，让他把真实情况告诉文干，所以宇文颖一到庆州，杨文干立即举兵称乱。情况非常严重，已经发展到武装斗争的程度，李渊一面派钱九陇、杨师道出兵镇压，一面与秦王李世民商量对策。李世民说："文干小竖，狂悖起兵，州府官司，已应擒勦。纵其假息时刻，但须遣一将耳。"李渊说："文干事连建成，恐应之者众，汝宜自行，还，立汝为太子。吾不能效隋文帝诛杀骨肉，废建成封作蜀王，地既僻小易制。若不能事汝，亦易取耳。"③ 这是李渊第一次正式许李世民立为太子，李世民所谓"武德六年已后，太上皇有废立之心"，指的就是这件事。李世民率军赴庆州的时候，李元吉与一些倾向于太子的嫔妃乘机为李建成求情，另外又"厚赂中书令封德彝，使为游说"，④ 德彝在这次斗争中"潜持两端，阴附建成"，在他的"固谏"下，废立之事遂作罢，⑤ 没有成为现实。李渊打消夺宗换嗣的念头后，只是轻描淡写地责备了一下"兄弟不能相容"，⑥ 就又让李建成回长安居守，反而把东宫官王珪、韦挺、杜淹等人当作替罪羊，流放到巂州去。⑦ 李世民至宁州

---

① 《通鉴》卷191武德七年六月。《新隐太子建成传》作如此记载："秦王且遍见诸妃，彼金宝多，有以赂遗之也。吾安得箕踞受祸？安危之计决今日。"此说未必可信。李世民素来不利用嫔妃，以金宝赂遗诸妃的可能性不大。

② 《旧隐太子建成传》作"陈万福"；《通鉴》作"陈福"，可能脱一"万"字。

③ 《旧唐书》卷64《隐太子建成传》。

④ 《新唐书》卷79《巢王李元吉传》。

⑤ 《旧唐书》卷63《封伦传》。

⑥ 《旧唐书》卷64《隐太子建成传》。

⑦ 数人无罪情况，见两《唐书》各人本传。唯《旧唐书》卷66《杜淹传》误系此事于武德八年。

（治所在今甘肃宁县）后，杨文干的力量已经溃散，他本人被部下所杀，宇文颖亦被俘斩。

这场未遂政变中，李渊出于异常的愤怒，才偶然轻率地私许立李世民为太子，但就连这一点也没有成为现实。他处理王珪、韦挺等人，也是为了"以薄太子罪"①。可见李建成在如此不利和无理时，其父尚且这样对他包庇，在其他时间和场合下，李渊更不会轻于私许立李世民为太子了。大致在东宫、秦府的复杂斗争中，李渊始终是向李建成一边倾斜的。

隋唐之际，北方的突厥非常强大，"值天下大乱"，汉人"奔之者众，其族强盛"，②到唐朝建立后仍一再向南攻扰，颉利可汗有凭凌唐帝国之志。在李建成与李世民的相互较量中，关于如何对待突厥的问题，双方亦有所分歧，更重要的是李世民利用抵抗突厥的有利时机，维护了自己的地位。仁智宫事件后，东突厥颉利可汗和突利可汗不断自原州（治所在今宁夏固原）进扰关中，武德七年（624）时有人竟向李渊建议："突厥所以屡寇关中者，以子女玉帛皆在长安故也。若焚长安而不都，则胡寇自息矣。"李渊接受了这一错误意见，竟然遣宇文士及逾南山到邓州（治所在今河南邓县）等地选择可供迁都的地点。李建成、李元吉都顺旨表示赞成。有的大臣虽然知道这样做不正确，但看见李渊已经正式表态，也就不便谏止。在这关键时刻，李世民站出来大胆进谏：

> 戎狄为患，自古有之。陛下以圣武龙兴，光宅中夏，精兵百万，所征无敌，奈何以胡寇扰边，遽迁都以避之，贻四海之羞，为百世笑乎？彼霍去病，汉廷一将，犹志灭匈奴；况臣忝备藩维，愿假数年之期，请系颉利之颈，致之阙下。若其不效，迁都未晚。

李建成对此大加讥讽："昔樊哙欲以十万众横行匈奴中，秦王之言，得无似之？"这是指汉惠帝时匈奴冒顿单于无理于汉，高后召将相讨论对策，

---

① 《新唐书》卷79《隐太子建成传》。
② 《旧唐书》卷194上《突厥传》上。

樊哙说："臣得十万众横行匈奴中。"中郎将季布反对，认为樊哙是吹牛。李世民此言实非吹嘘，所以当即回击李建成的攻击："形势各异，用兵不同，樊哙小竖，何足道乎！不出十年，必定漠北，非虚言也。"① 李建成乘机污蔑李世民："秦王欲外御寇，沮迁都议，以久其兵，而谋篡夺。"② 李渊经过冷静地斟酌，最后放弃了迁都的主张。在这件事上，显然李世民是正确的，而且他在日后用行动加以证明；李建成的谬论一则出于迎合李渊，一则恐怕也是出于意气，故置民族利益于不顾。从此以后，李渊"每有寇盗，辄命世民讨之，事平之后，猜嫌益甚"③。

大致仁智宫事件以后，李渊对李世民的基本态度是，利用却不能信任，猜嫌却无法去之。可以肯定的是，李建成未遂政变失败后，李渊感到矛盾确实已经相当激化，形势迫使他必须站在一方。玩弄平衡游戏是危险的，所以从武德六年（623）开始，他偏袒太子的态度越来越明显了。

武德七年（624）闰七月，李渊命李世民、李元吉兄弟二人率军出豳州防御突厥。八月，颉利、突利举国来攻，这时关中久雨，粮运阻绝，唐军士卒疲于征役，器械顿弊，朝廷和军中"咸以为忧"，"将士震恐"。李世民与突厥遇于豳州，临战前他要求李元吉和他一起出击，李元吉说："虏形势如此，奈何轻出，万一失利，悔可及乎？"李世民说："汝不敢出，吾当独往，汝留此观之。"到敌阵面前，亲向对方宣称："国家与可汗和亲，何为负约深入我地？我秦王也，可汗能斗，独出与我斗；若以众来，我直以此百骑相当耳。"他见颉利不应，又遣骑兵告突利："尔往与我盟，有急相救；今乃引兵相攻，何无香火之情也？"颉利听到"香火之情"这些暧昧的对话后"疑突利与世民有谋"，遂引兵稍却。接着阴雨连绵，李世民对诸将说："虏所恃者，弓矢耳。今积雨弥时，筋胶俱解，弓不可用，彼如飞鸟之折翼。吾屋居火食，刀槊犀利，以逸待劳，此而不乘，将复何待？"遂在夜间潜师冒雨进攻。突厥大惊。他又派人"说突利以利害，突利悦，听命。颉利欲战，突利不可"。突厥因最后请和，李

---

① 《通鉴》卷191 武德七年七月。
② 《新唐书》卷79《隐太子建成传》。
③ 《通鉴》卷191 武德七年七月。

世民与之结盟,突厥撤军。① 关于此事,《通典》亦称,李世民指出"不念昔日香火之言",是由于"知二可汗外同内异,故以此言疑之"。②《旧唐书·突厥传》作:"太宗因纵反间于突利,突利悦而归心焉,遂不欲战。其叔侄内离,颉利欲战不可。"从上述记载可以提出以下一些疑问:首先,突厥倾国而来,意在一决,怎么会以优势兵力而慑于李世民的诱说,竟轻易讲和退兵呢?李世民的个人作用似乎夸大得太不近情理了。其次,李世民施反间计是肯定的,但内容究竟是什么呢?最后,李世民对待二可汗的态度有显著差别,可以概括为拉突利而打颉利,采取这样的策略有什么根据和条件呢?据陈寅恪先生考证,李渊太原起兵时使刘文静聘突厥,主谋者即李世民。大约克长安前,李世民又遵突厥风俗,与突利可汗约为"香火兄弟"。③ 这是他在突厥上层中实行分化政策的反映,正因为李世民在过去早已在二可汗中预布了棋子,才能在这次事件中收"叔侄内离"之效,取得戏剧性的结果。毋庸讳言,李世民的胜利增添了他的政治资本。

在东宫、秦府相斗的紧锣密鼓声中,据史籍记载,发生了两起谋害李世民的事件。一件是突厥退兵之后,有一次太子、秦王、齐王从李渊在城南校猎,他命三兄弟驰射角胜,李建成把一匹貌似肥壮却易于颠仆的马授与李世民骑射。结果病马连蹶三次,但李世民每次都机智地跳离马背,免于遇难。事后他对宇文士及说:"彼欲以此见杀,死生有命,庸可伤乎?"李建成却对此话加以歪曲,通过嫔妃向李渊反映:"秦王自言,我有天命,方为天下主,岂有浪死!"李渊大怒,甚至当着李建成、李元吉的面呵责李世民:"天子自有天命,非智力可求;汝求之一何急耶?"④发展到因校猎而加害诬陷,兄弟矛盾已至每事必争的程度。另一件事是,李建成与李元吉"谋行鸩毒",引李世民"入宫夜宴",结果李世民"心中暴痛,吐血数升"。淮安王李神通扶李世民"还西宫"。李渊"幸第问

---

① 《通鉴》卷191武德七年八月。
② 《通典》卷161《兵典》卷14《多方误之》。
③ 《论高祖称臣于突厥》载《寒柳堂集》。
④ 《通鉴》卷191武德七年七月。此事不见于两《唐书》的《高祖纪》《太宗纪》及李建成本传,但从情理推断,可能是事实。

疾，因敕建成：'秦王素不能饮，更勿夜聚'"。同时又对李世民说：

> 发迹晋阳，本是汝计；克平宇内，是汝大功。欲升储位，汝固让不受，以成汝美志。建成自居东宫，多历年所，今复不忍夺之。观汝兄弟终是不和，同在京邑，必有忿竞。汝还行台，居于洛阳，自陕已东，悉宜主之。仍令汝建天子旌旗，如梁孝王故事。

李世民泣而奏称："今日之授，实非所愿，不能远离膝下。"说完呜咽不止，"悲不自胜"。李渊进一步动员："昔陆贾汉臣，尚有递过之事，况我四方之主，天下为家。东西两宫，涂路咫尺，忆汝即往，无劳悲也。"后来李建成、李元吉怕李世民去洛阳后，"既得土地甲兵，必为后患"，认为把他"留在京师制之，一匹夫耳"，遂密令数人上封事："秦王左右多是东人，闻往洛阳，非常欣跃，观其情状，自今一去，不作来意。"李渊于是打消了遣李世民东去的念头。① 《通鉴》系此事于武德九年（626）六月，玄武门之变就发生在这个月初四那天。我觉得这些记载颇不可信，兹提出疑窦如下：首先，两年以前已经发生过以蹶马相害的事，杨文干事件后双方敌对日益白热化，到临近决战的前夕，李建成引李世民夜宴的可能性很小，此举不近情理。其次，李世民是一个精明强干、很有头脑的人，蹶马事件后他绝不会对李建成的一举一动丧失警惕，掉以轻心，不可能轻率赴宴而不虑及鸩杀的可能。复次，李渊所说"发迹晋阳，本是汝计"，"欲升储位，汝固让不受"云云，都出自封建史臣的杜撰，前已论及，不赘于兹，所以李渊的一席话根本不真实。最后，"天无二日，民无二主"是中国古代尽人皆知的传统，李渊断不至于昏聩到让两个皇子都建天子旌旗。为什么史臣要做这样的虚构呢？主要目的是：第一，李建成早已立为太子，如果不发生意外，本来有把握继承帝位，问题就出在李世民不甘心只当秦王，所以后者是主动夺取皇位的发难者。如实记载此事，对于李世民不利，因而就要编造很多李建成无理进攻、李世民处处受迫害的事实，以便显得后者是迫不得已才后发制人，发动政变

---

① 《旧唐书》卷64《隐太子建成传》。

的。第二，又一次重复太原起兵李世民有首谋之功，再加上李渊亲许建天子旌旗，这样就使他发动政变、夺取皇位之举取得了某种程度的合法性。但这些编造的史实都是经不起推敲的，仔细分析就可加以否定。

关于这次政争李世民处于主动，负主要责任的情况，还可找到其他很多证据，兹举二例以明之。武德四年（621），李世民攻下洛阳后，杜淹本来是要"委质于隐太子"的，当时封德彝典选，知道杜淹是个人才，"以告房玄龄，恐隐太子得之，长其奸计"，"于是遽启"李世民，引为天策府兵曹参军，文学馆学士。① 可见那时李世民已经与李建成展开了争夺人才的斗争。《旧唐书》卷72《褚亮传》：

> 太宗既平寇乱，留意儒学，乃于宫城西起文学馆，以待四方文士。于是以属大行台司勋郎中杜如晦，记室考功郎中房玄龄及于志宁，军谘祭酒苏世长，天策府记室薛收，文学褚亮、姚思廉，大学博士陆德明、孔颖达，主簿李玄道，天策仓曹李守素，记室参军虞世南，参军事蔡允恭、颜相时，著作佐郎摄记室许敬宗、薛元敬，太学助教盖文达，军谘典签苏勖，并以本官兼文学馆学士。……号十八学士……诸学士并给珍膳，分为三番，更直宿于阁下。每军国务静，参谒归休，即便引见，讨论坟籍，商略前载。预入馆者，时所倾慕，谓之"登瀛洲"。

李世民以秦王的身份网罗了这么多学士，而且与他们"讨论坟籍，商略前载"，已经俨然是一派君臣气氛，如果不是为了夺取帝位，有必要这么干吗？可见李世民主动发难是蓄谋已久的，并不像有的史料中所描写的那样，是一个可怜巴巴的受迫害者。

武德八年（625）十一月，李渊加李世民官中书令，齐王李元吉为侍中。政变爆发的前几天，李建成、李元吉与尹德妃、张婕妤等在李渊面前对李世民"谮诉愈切"，所"谮诉"的内容是什么，《旧李建成传》及《通鉴》均语焉不详，据《旧李元吉传》，李元吉于此时曾密请其父杀李

---

① 《旧唐书》卷66《杜如晦附淹传》。

世民，李渊说："是有定四海之功，罪迹未见，一旦欲杀，何以为辞？"李元吉称："秦王常违诏敕。初平东都之日，偃蹇顾望，不急还京，分散钱帛，以树私惠。违戾如此，岂非反逆？但须速杀，何患无辞？"这从侧面反映，二人"潜诉"的内容无非就是说李世民要造反。李渊初则动过废李世民王位的念头，在陈叔达的谏阻下打消了这个打算；① 继则对李元吉杀李世民的建议，未置可否。② 李建成、李元吉能够在李渊面前公然谈论可能发生政变的问题，甚至建议杀害李世民，说明双方斗争已经发展到临近解决的关头了，只是李世民有平定天下的功劳，其父又难于一笔勾销父子之情，所以李世民的地位和生命才没有发生动摇和危险。既然李渊不肯亲自解决这一矛盾，就只能由诸子自行解答这个难题了。

第三节　宫门喋血

李渊在东宫、秦府的较量中一贯倾向于李建成，对于这一点太子与齐王是有所觉察的。自李元吉建议杀李世民而其父不置可否以后，二人更加摸清了李渊心中的底数，于是他们就大胆地对李世民发起进攻了。

为了最后进行较量，必须首先削弱秦王府的实力。李元吉采取的第一个步骤是打算收买李世民的心腹尉迟敬德。在统一战争中，尉迟敬德原来是刘武周、宋金刚的属将，与寻相同守介休，后来在李世民的招谕下二人举城投降，李世民引尉迟敬德为右一府统军。接着寻相叛唐，李世民诸将怀疑尉迟敬德亦将叛去，把他囚在军中，有人甚至建议加以杀害。李世民却说："寡人所见，有异于此。敬德若怀翻背之计，岂在寻相之后耶？"遂命释放了他，并引入卧内，赐以金宝，还对他说："丈夫以意气相期，勿以小疑介意。寡人终不听谗言以害忠良，公宜体之。必应欲去，今以此物相资，表一时共事之情也。"③ 以后尉迟敬德果然屡立战功，成为秦王府最忠实的骁将。李世民能以诚信待人，借以笼络人心，是他成功的秘诀之一。到玄武门之变的前夕，毫无政治头脑的李元吉竟

---

① 《通鉴》卷191武德九年六月。
② 《旧唐书》卷64《巢王元吉传》。
③ 《旧唐书》卷68《尉迟敬德传》。

然在尉迟敬德身上打主意，又是向他致书，又是赠予金银器物，妄图收买，不料对方的回答却是："敬德起自幽贱，逢遇隋亡，天下土崩，窜身无所，久沦逆地，罪不容诛。实荷秦王惠以生命，今又隶名藩邸，唯当以身报恩。于殿下无功，不敢谬当重赐。若私许殿下，便是二心。徇利忘忠，殿下亦何所用？"尉迟敬德将这件事向李世民做了汇报，李世民说："公之素心，郁如山岳，积金至斗，知公情不可移。送来但取，宁须虑也？若不然，恐公身不安。且知彼阴计，足为良策。"① 李元吉不但没有达到目的，反而暴露了自己的意图。从李世民这段话看，是很想借机使人打入对方内部的。李元吉收买尉迟敬德失败，遂谮之于李渊，下诏狱审讯，几乎把他杀了，赖李世民"固谏得释"②。

秦王府第二个被打击的对象是程知节。此人任秦府左三统军，从李世民破宋金刚，擒窦建德，降王世充，并领左一马军总管，"每阵先登"，以功封宿国公。此时李建成在李渊面前对他加以构陷，遂除康州（治所在今甘肃成县）刺史，目的是通过远调削弱秦府军力。知节对李世民说："大王手臂今并剪除，身必不久。知节以死不去，愿速自全。"③ 此时程知节已能违命拒不赴任，而且劝李世民考虑自身安危，预示着斗争很快就要明朗化了。

接着李建成、李元吉又竞以金帛收买秦王府的右二护军段志玄，但志玄与敬德相同，亦"拒而不纳"，并以此事告诉李世民。④

李建成、李元吉同时还力图打击李世民手下的谋士，在这方面首当其冲的是房玄龄和杜如晦二人。玄龄在秦王府十余年，"常典管记"，与如晦均"为太宗所亲礼"。⑤ 当李建成、李世民斗争日趋白热化的时候，秦府中的人大为"震骇"，房玄龄因对长孙无忌说：

今嫌隙已成，祸机将发，天下汹汹，人怀异志。变端一作，大

---

① 《旧唐书》卷68《尉迟敬德传》。
② 《旧唐书》卷68《尉迟敬德传》。
③ 两《唐书》的《程知节传》均系此事于武德七年。非临近政变前夕，知节不敢违命，无拒命达两年之久的可能。今从《通鉴》。本传盖误"九"为"七"，二字形近。
④ 《旧唐书》卷68《段志玄传》。
⑤ 《贞观政要》卷2《任贤》。

乱必兴，非直祸及府朝，正恐倾危社稷。此之际会，安可不深思也！仆有愚计，莫若遵周公之事，外宁区夏，内安宗社，申孝养之礼。古人有云："为国者不顾小节。"此之谓欤！孰若家国沦亡，身名俱灭乎？

无忌深表赞同，接着又取得李世民的同意，房玄龄"因与府属杜如晦同心戮力"①。玄武门之变实际上就是按照房玄龄的上述调子旋转的，可见房、杜和长孙无忌是秦王府智囊团中的核心人物。李建成与李元吉也深深感到，"秦王府中所可惮者，唯杜如晦与房玄龄耳"，②因而在李渊面前大肆攻击二人，房、杜遂被逐出秦王府，责令"归第"，③并不许以后私谒秦王。

从大的方面讲，在这场兄弟仇杀中，发动者是李世民，因为他如不谋取皇位，天下本无事；但从玄武门之变前夕的较量看，李建成、李元吉因有李渊做靠山，毋庸讳言在战役方面是争取主动，首先动手打击秦府势力。时机紧迫，形势逼人，所以高士廉、侯君集、尉迟敬德等人已经迫不及待，日夜劝李世民动手诛杀李建成和李元吉。

就在这一关键时刻，突厥数万骑入塞围攻乌城。在一般情况下，李渊会立即遣李世民出征，但这一次却一反常态，在李建成建议下派李元吉代替秦王督诸军北征。李元吉乘机请令秦王府骁将尉迟敬德、程知节、段志玄与秦叔宝等偕行，并检阅秦府帐下精锐之士以补充李元吉的军队。显然这是一举调出秦王府主要的兵力，为武装政变做好准备。不仅如此，李建成还对李元吉说：

> 既得秦王精兵，统数万之众，吾与秦王至昆明池，于彼宴别，令壮士拉之幕下，因云暴卒，主上谅无不信。吾当使人进说，令付吾国务，正位已后，以汝为太弟。敬德等既入汝手，一时坑之，孰敢不服？④

---

① 《旧唐书》卷66《房玄龄传》。
② 《旧唐书》卷66《杜如晦传》。
③ 《旧唐书》卷64《巢王元吉传》。
④ 《旧唐书》卷64《巢王元吉传》。

胡三省认为："欺云暴卒，高祖岂有肯信之理！此说殆同儿戏"，"事之虚实，所谓疑以传疑也。"① 我觉得这件事并非子虚乌有，因李渊早已倒向李建成、李元吉一边，如果真的在昆明池李世民遇害，李渊也不会因不相信暴卒而追究李建成的责任，对这一点兄弟二人是有把握的。下面接着有王晊告密的事，更可证明此事的可靠性。而且李渊同意李元吉率秦府骁将及精锐北征，我怀疑他对消灭秦王也未必没有表示首肯。只有事成之后李建成拟正位的说法不可信，因李世民既已暴卒，矛盾已经解决，李建成还有什么理由逼父退位呢？这样的说法颇不近情理。我意只此处为史臣杜撰，意在为后来李世民的逼父退位进行开脱。李建成、李元吉谋划虽定，不料事机不密，太子率更丞王晊向李世民告发，长孙无忌等知道后，秦王府顿时沸腾起来，纷纷劝李世民先发制人。这时秦王却叹气说："骨肉相残，古今大恶。吾诚知祸在朝夕，欲俟其发，然后以义讨之，不亦可乎？"尉迟敬德不以为然，坦率地说："人情谁不爱其死，今众人以死奉王，乃天授也。祸机垂发，而王犹豫晏然不以为忧，大王纵自轻，如宗庙社稷何！大王不用敬德之言，敬德将窜身草泽，不能留居大王左右，交手受戮也。"长孙无忌也表示："不从敬德之言，事今败矣；敬德等必不为王有，无忌亦当相随而去，不复能事大王矣。"李世民却仍说："吾所言亦未可全弃，公更图之。"尉迟敬德进一步苦劝："王今处事有疑，非智也；临难不决，非勇也。且大王素所畜养勇士八百余人，在外者今已入宫，擐甲执兵，事势已成，大王安得已乎！"从这些对话可以看出，李世民早已下定决心发动政变，部署已经完毕，确实是箭在弦上不得不发，他之所以一再表示迟疑，并非真正临事犹豫，其目的无非是两个：一则使自己在政治上更显得师出有名，再则激起秦王府官属的高度义愤，提高士气。接着，李世民命令进行占卜，这时张公谨取龟投之于地，气愤地说："卜以决疑，今事在不疑，尚何卜乎！卜而不吉，庸得已乎！"就这样，秦府上下统一了认识，最后下定了立即政变的决心。为了把李世民心腹全部集中起来共济大事，他令尉迟敬德去召房玄龄和杜如晦等人。他俩早已与秦府隔绝，还不知道时机已经成熟，所以简单地回答

---

① 《通鉴》卷191 武德九年六月。

第三章 玄武门之变

说："敕旨不听复事王，今若私谒，必坐死，不敢奉教。"李世民一怒之下对敬德说："玄龄、如晦岂叛我耶？"于是取佩刀付敬德又说："公往观之，若无来心，可断其首以来。"① 这次去召二人，房玄龄与如晦化装成道士同长孙无忌同行，尉迟敬德从另一条路走，都集中到秦王府会齐。

至此，关于玄武门之变以前的情况还有两件事须有所说明。一件是，《实录》等书都是站在唐太宗的立场上撰写的，故对李建成、李元吉的阴谋揭露无遗，有的地方甚至不免添枝带叶，夸张失实；而于秦王的诡计和伎俩则讳莫如深。东宫官王晊赴秦府告密一事足以说明李世民早已暗中对他加以收买。此外，驻守玄武门的常何也是李世民预先布置在这一要害地方的一个棋子。据陈寅恪先生研究，玄武门在唐代历次政变中均处于关键地位，哪一方能够占领这个宫门，就容易在军事上处于优势，取得胜利，因而玄武门是双方必争的要地。② 陈先生根据巴黎图书馆所藏《常何碑》断言："常何旧曾隶属建成，而为太宗所利诱。当武德九年六月四日常何实任屯守玄武门之职，故建成不以致疑，而太宗因之窃发。"③ 按此说有正确的一面，也有未尽妥当之处。据《常何碑》载：

> 武德二年，令与刘弘基等至百崖招慰……太宗文皇帝出讨东都，以公为左右骁骑。……勇迈三军，声超七萃。……令从隐太子讨平河北，又与曹公李勣穷追（徐）员（亦作圆）朗。贼平，留镇于洧州。六年，奉敕应接赵郡王于蒋州……七年，奉太宗令追入京。赐金刀子一枚，黄金卅挺，令于北门领健儿长上……九年六月四日，令总北门之寄。

所谓"北门"即指皇宫北面的玄武门，李世民以常何领该门健儿长上，确实是为政变预先做了准备。但说常何因"旧曾隶属建成，而为太宗所利诱"，"建成不以致疑"，则不完全符合事实。按碑文所载，早在李世民灭夏降郑时，常何已从太宗东征过，而且武德七年（624）是奉李世民之

---

① 《通鉴》卷191武德九年六月。
② 参阅陈寅恪《唐代政治史述论稿》中篇《政治革命及党派分野》。
③ 参阅陈寅恪《唐代政治史述论稿》中篇《政治革命及党派分野》，第55页。

令追入长安布置在玄武门的,李建成对此人怎能视为心腹而不加怀疑呢?起码在政变前二年,常何早已经是李世民的人了。按常何先后在中原征讨,只有一次是跟从李建成,而且在平定刘黑闼后太子回了长安,他留镇洺州,也很难说他能得到李建成的信任。

另一件事是武德九年(626)六月,太白经天,太史令傅奕密奏:"太白见秦分,秦王当有天下。"李渊"以其状授世民,于是世民密奏建成、元吉淫乱后宫",并说:"臣于兄弟无丝毫负,今欲杀臣,似为世充、建德报仇。臣今枉死,永违君亲,魂归地下,实耻见诸贼。"李渊"省之,愕然",答以"明当鞫问,汝宜早参"。① 这些记载也都值得怀疑,理由是:第一,当时李渊已经明确地站在太子一边,大肆剪削秦府势力,他的态度已很明朗的情况下傅奕做此密奏,太不识时务了,不合情理。第二,即令果有此奏,李渊亦断不至于以密状授李世民,因为他这时已经毫无废立之意,绝不会仅仅由于太白经天就改变决定,并轻率地向李世民表态。第三,李建成、李元吉"淫乱后宫"的事,李世民根本没有抓到真凭实据,而且在父皇的面前揭发这样的丑事,也太不成体统,他不会愚蠢到如此地步。第四,李世民密奏李建成打算杀他,却拿不出任何证据,李渊不可能根据莫须有的告密就决定当众鞫讯,这不符合"家丑不可外扬"的封建传统。何况李渊与李世民之间如果早已有"早参""鞫问"的默契,事变发生时高祖怎么可能正"泛舟于海池"呢?② 封建史臣作如上的杜撰,无非是想把秦王的登极说成是符合天意的事,而且在宫廷政变前李世民在某种程度上得到李渊的谅解,以冲淡他逼父、杀兄的不合法性。

六月四日,终于爆发了惊天动地的大事。李世民事先部署,令尉迟敬德、长孙无忌、侯君集、张公谨、刘师立、公孙武达、独孤彦云、杜君绰、郑仁泰及李孟尝等人率兵预伏于玄武门内,乘李建成、李元吉朝参的机会杀害二人。这天早上兄弟俩行至临湖殿,觉得情况异常,立即转辔打算东归宫府。李世民从后面呼唤二人,李元吉回头张弓即射,但

---

① 《通鉴》卷191武德九年六月。《旧唐书》卷79《傅奕传》系此事于五月。
② 《旧唐书》卷68《尉迟敬德传》。

三次都没有把弓拉满，所发的箭达不到射程。这时李世民已经射杀李建成，尉迟敬德等数十骑赶来，又射中李元吉落马，但伤势不重。李世民的坐马逸入林中，他被树枝所挂而坠马，李元吉赶来夺李世民的弓，欲将加害，适逢尉迟敬德跃马而至，遂追击李元吉，最后把他射杀。敌将冯立、薛万彻、谢叔方等率东宫、齐府精兵趋玄武门，张公谨闭门拒之，不得入。薛万彻鼓噪欲攻秦王府，秦府"将士大惧"，在这关键时刻尉迟敬德持李建成、李元吉首以示之，敌军遂散。李世民使敬德入宫宿卫，擐甲持矛直奔李渊泛舟之处，皇帝惊问："今日乱者谁耶？卿来此何为？"敬德回答说："秦王以太子、齐王作乱，举兵诛之，恐惊动陛下，遣臣宿卫。"李渊对裴寂等人说："不图今日乃见此事，当如之何？"萧瑀、陈叔达说："建成、元吉本不预义谋，又无功于天下，疾秦王功高望众，共为奸谋。今秦王已讨而诛之，秦王功盖宇宙，率土归心，陛下若处之元良（即太子），委之国事，无复事矣。"李渊不得已地说："善！此吾之夙心也。"当时双方的军队还在酣战，尉迟敬德向他们宣布了李渊令诸军并受秦王处分的敕书，"众然后定"。裴矩到东宫晓谕后，"诸将率皆罢散"①。接着，李建成诸子安陆王承道、河东王承德等五人，李元吉诸子梁郡王承业、渔阳王承鸾等五人都被杀。李世民大杀诸侄，可以称得起心狠手毒，清人赵翼对此说："是时高祖尚在帝位，而坐视其孙之以反律伏诛而不能一救，高祖亦危极矣！"②可见当时李世民威势不可一世。政治斗争是无情的，骨肉之情在残酷的政争中不免显得苍白无力，李世民此举势在必行，无可厚非。

李世民做了两个月左右的皇太子，就在这年八月正式即皇帝位于东宫显德殿。当时他已三十岁了。次年（627）正月，改元贞观。李渊从此退为太上皇，又活了九年才在贞观九年（635）郁郁而崩。

玄武门之变的性质，纯属皇室内部的争权夺利的斗争，既不是不同政治路线的斗争，也不是地主阶级内部不同阶层之间的政争，说不上哪一方面具有或不具有正义性。只是由于李世民这个历史人物当政比李建

---

① 《通鉴》卷191武德九年六月。
② 《廿二史札记》卷19《建成、元吉之子被诛》。

成能更好地实行进步的政策，对农民阶级作较大程度的让步，我们才对这次事件持肯定的态度。

在这场残酷无情的搏斗中，为什么秦王胜而太子败呢？并不是由于李世民代表了什么庶族地主，具有什么进步性，因为如果李建成即位，也不会成为反动的昏君。仔细进行分析，主要原因有如下几点：

首先，李世民在秦王府有一个人才济济的心腹集团，他们团结一致，投入战斗，故而易于取胜。史称："自隋大业末，群凶竞起，皆为太宗所平，谋臣猛将，并在麾下。"①像房玄龄、杜如晦、长孙无忌那样忠心耿耿的谋士，像尉迟敬德、段志玄那样不为重金所动的猛将，像程知节那样违抗帝敕不离秦府的心腹，团集在李世民周围殊死而斗，必然极大增强了战斗力。秦王府的机密从未外泄东宫，就有力地说明了此点。与此相反，李建成手下虽也有魏徵、王珪等杰出的谋臣，但文臣武将的人数不能与秦府相比。像李元吉那样曾在驻守太原时经常游猎，"蹂践谷稼，放纵亲昵，公行攘夺"，"百姓怨毒，各怀愤叹"，②后来在刘武周南下时弃众私逃，他是很难拥有心腹之人的。东宫、齐府方面王晊为李世民所收买，致使昆明池政变未遂，即可说明这种情况。

其次，李世民能够控制玄武门兵力，是能够取胜的重要原因之一。前已述及，常何是预先布置在北门的一个关键棋子，此外，驻守该门的人还有一些也是李世民事先已经收买的心腹。敬君弘、吕世衡等亦掌屯营兵于玄武门，李建成党羽冯立、谢叔方等攻宫门时，"君弘挺身出战。其所亲止之曰：'事未可知，当且观变，待兵集，成列而战，未晚也。'君弘不从"，乃与世衡"大呼而进，并遇害"③。《旧唐书》置君弘本传于《忠义列传》，其实当时皇帝是高祖，发动政变非李渊意，君弘何忠义之有？他与吕世衡所以肯于献出生命，肯定事先已被李世民所收买，只是史臣对这些阴谋活动曲意隐晦而已。从常、敬、吕诸人的事迹可以看出，政变前李世民已完全掌握了驻守玄武门的将士。就兵力对比而言，东宫、齐府兵加

---

① 《册府元龟》卷133《帝王部·褒功》。
② 《旧唐书》卷62《李纲传》。上述情况为李纲所奏，当时离玄武门之变尚远，非出于史臣诬罔，可信。
③ 《旧唐书》卷187上《敬君弘传》。

在一起，恐怕是占了优势，所以李世民发难时，高士廉竟"释系囚，授以兵甲"，打算补充秦府兵力；① 双方接战后李建成、李元吉的军队"兵锋甚盛"，② 秦府"师不振"，③"将士大惧"④。但玄武门始终掌握在李世民手中，遂能转弱为强，最终取胜。

最后，李世民获胜还与他采取先发制人的战略有关。六月四日事，是李世民预先伏兵，首先发难，李建成、李元吉没有准备，事出仓促，因而授首，再加上李世民能够主动挟持李渊下敕，这些情况对涣散敌军起了明显的作用。就李建成、李世民争夺皇位继承权的总形势来说，李世民是主动的一方，已如前述。政变前夕，李建成在李渊的支持下先后翦除秦府官属，东宫、齐府却占主动地位。但最后在六月四日的具体战斗中，李世民又居于主动进攻的地位。在施展阴谋的政治斗争中，先发制人与后发制人是有很大区别的。李世民正是在这一点上，大大弥补了兵力不足的弱点。

关于玄武门之变，古人议论的颇不乏其人。司马光认为李建成能"有泰伯之贤"，李世民能有"子臧之节"，相互礼让，"则乱何自而生矣"，而对于李世民之最后诉诸武力，则遗憾地表示"贻讥千古，惜哉！"⑤ 宋人范祖禹也认为李建成为李渊所立之太子，是"父之统也"，李世民杀他是"无君父也"。⑥ 类似的议论不一而足，都是对李世民在道德上的缺欠不无微词。明清之际的王夫之则认为高祖李渊"处此难矣，非直难也，诚无以处之，智者不能为之辩，勇者不能为之决也"⑦。这些议论都是站在封建道德的立场上立论的，但谁也不能为这件事找到一条出路。

---

① 《旧唐书》卷65《高士廉传》。
② 《旧唐书》卷68《张公谨传》。
③ 《贞观政要》卷5《忠义》。
④ 《旧唐书》卷69《薛万彻传》。
⑤ 《通鉴》卷191武德九年六月。
⑥ 《唐鉴》卷2《高祖下》。
⑦ 《读通鉴论》卷11《唐高祖》。

第四章 政权建设及体制改革

玄武门之变只解决了夺取政权的问题,李世民登极之后立即面临着改组政府机构和巩固封建统治的问题,为此,他采取了一系列措施,宣布了不少新的政令。

第一节 改组朝廷

李世民即位后立即开始了排斥异己的工作,以消除政治上的隐患。

李建成在这场斗争中,不仅在中央部署力量,而且在外地也是有所活动的,庐江王李瑗就是东宫的外援之一。李瑗当时为幽州大都督,李渊因为他性格懦怯,非将帅才,派王君廓佐理。王君廓原来是一支农民军的领导者,"勇力绝人",庐江王很器重他,"倚仗之,许结婚姻,以布心腹"。李建成被诛后,李世民立刻遣通事舍人崔敦礼赴幽州,召李瑗入朝,"瑗有惧色",王君廓动以利害,劝他起兵,李瑗遂囚崔敦礼而反叛。兵曹参军王利涉建议他号召窦建德山东余部起事响应,然后北连突厥,占河东,取洛阳,西趋关中以取天下,但利涉又认为王君廓其人,"多翻覆",请除之。于是王君廓救出崔敦礼,擒杀李瑗,从内部平定了这桩乱事。① 这次小小的风波可以说是玄武门之变的继续,只是李建成余党已成强弩之末,掀不起什么大风浪了。

韦云起及其弟庆俭、堂弟庆嗣和他的亲族"并事东宫",是"建成党

---

① 《旧唐书》卷60《庐江王瑗传》。

也"。① 当时云起是益州行台兵部尚书，很可能也是太子的外援之一。武德九年（626）六月政变刚刚结束，益州行台仆射窦轨就以谋反的罪名杀了云起。此事虽然不是出自李世民的诏敕，但皇帝对窦轨的行动根本不加追究，等于表示了首肯的态度。

李世民打击的最重要的人物是权臣裴寂。此人所以受迫害，大致是两方面的原因：首先，裴寂在太原起兵前就与李渊"有旧"，为其"所厚"。高祖即位后拜尚书左仆射，"视朝，必引与同坐，入阁则延之卧内"，"呼为'裴监'（隋代任晋阳宫监，故称之）而不名，当朝贵戚，亲礼莫与为比"。② 在武德一朝，始终是尚书省的长官。李世民既逼李渊退位，自然不容这样的元老重臣作为异己力量进行掣肘。其次，刘文静是李世民的多年心腹，位居裴寂之下，"意甚不平"，"出言怨望"，被人告发"为厌胜之法"，在审讯过程中李世民固谏，明其非反，但文静终为裴寂所陷，"高祖竟听其言，遂杀文静"③。这件事反映了李世民与其父有矛盾，这一矛盾实际与东宫、秦府间的斗争有瓜葛，所以李世民对裴寂怀恨在心，必然想为刘文静报仇。贞观三年（629），杜如晦审判沙门法雅妖言案，事情牵连到裴寂，遂以莫须有的罪名被免官削邑，放归田里。李世民并且当面责备他："武德之时，政刑纰缪，官方弛紊，职公之由。"④ 裴寂之所以免于一死，而且晚处理了两年左右，一则由于他毕竟有预谋晋阳起兵之功，一则由于他仅仅是李渊的心膂，并不是李建成、李元吉的死党。

李世民一方面清洗政敌，一方面抓紧组织自己的政权。武德九年七月，任命了一大批重要官员：以秦叔宝为左（武）卫大将军，程知节为右武卫大将军，尉迟敬德为右武候大将军，高士廉为门下侍中，房玄龄为中书令，萧瑀为左仆射，长孙无忌为吏部尚书，杜如晦为兵部尚书，宇文士及为中书令，封德彝为右仆射，杜淹为御史大夫，颜师古、刘林甫为中书侍郎，侯君集为左卫将军，段志玄为骁卫将军，薛万彻为右领

---

① 《旧唐书》卷75《韦云起传》。
② 《旧唐书》卷57《裴寂传》。
③ 《旧唐书》卷57《刘文静传》。
④ 《旧唐书》卷57《裴寂传》。

军将军，张公谨为右武候将军，长孙安业为右监门将军，李客师为领左右军将军。① 其中原属秦王府的嫡系成员有秦叔宝、程知节、尉迟敬德、高士廉、房玄龄、杜如晦、长孙无忌、萧瑀、侯君集、段志玄、张公谨等人。杜淹为如晦之叔，杨文干事件时流于越巂，李世民"知淹非罪，赠以黄金三百两"，② 亦可视为争取过来的力量。长孙安业是无忌之兄，③ 即太宗长孙皇后之兄，当然也是可靠的人。宇文士及降唐后的主要功劳是从秦王平宋金刚、王世充和窦建德，担任过天策上将府司马，④ 与秦府其他官属相差无几。颜师古曾拜敦煌公府文学，后任秦王府记室参军，虽然离开秦府曾任中书舍人，⑤ 但与李世民的关系不浅。

在上述诸人中，只有封德彝、薛万彻、李客师、刘林甫等数人原来不是李世民的嫡系力量。这几个人中，以封德彝情况比较复杂，需要费点笔墨加以分析。《旧唐书》卷63《封伦传》载：

> 封伦，字德彝。……初伦数从太宗征讨，特蒙顾遇，以建成、元吉之故，数进忠欵，太宗以为至诚，前后赏赐以万计。而伦潜持两端，阴附建成。时高祖将行废立，犹豫未决，谋之于伦，伦固谏而止。然所为秘隐，时人莫知。

所谓"将行废立"，"固谏而止"，即指仁智宫事件发生时的事。《旧唐书》李建成本传亦载：

> 太宗既行（往平杨文干），元吉及四妃更为建成内请，封伦又外为游说，高祖意便顿改，遂寝不行（指废立事），复令建成还京居守……封伦亦潜劝太宗图之（图元吉等），并不许。伦反言于高祖曰："秦王恃有大勋，不服居太子之下，若不立之，愿早为之所。"又说建

---

① 《通鉴》卷191武德九年七月。秦叔宝衔脱一"武"字，据本传补。
② 《旧唐书》卷66《杜如晦附淹传》。
③ 《通鉴》卷191武德九年七月。
④ 《旧唐书》卷1《高祖纪》。两《唐书》的本传均漏载此职。
⑤ 《旧唐书》卷73《颜师古传》。

第四章　政权建设及体制改革

> 成作乱曰："夫为四海者，不顾其亲，汉高乞羹，此之谓矣。"

司马光对这些记载弃而不取，理由是：

> 按《许敬宗传》云：敬宗父善心及虞世南兄世基皆为宇文化及所杀，封德彝时为内史舍人，备见其事，尝谓人曰："世基被诛，世南匍匐而请代；善心之死，敬宗舞蹈以求生。"人以为口实。敬宗衔之，及为德彝立传，盛加其恶。疑此亦近诬，今不取。①

我觉得对仁智宫事件时有关封德彝的记载，不能简单地加以否定。据《旧封伦传》载，封德彝死后数年，"太宗方知其事"，贞观十七年（643）治书侍御史唐临曾追劾他生前的这项罪行，李世民"令百官详议"，民部尚书唐俭等认为"伦罪暴身后，恩结生前，所历众官，不可追夺，请降赠改谥"，诏从之，于是"改谥缪，黜其赠官，削所食实封"。根据这场讨论，封德彝当时有过不利于秦王的行为是确定不疑的，如果阴持两端纯系出于许敬宗立传时的无中生有，就不可能引起死后的改谥削邑。隋朝杨素非常佩服封德彝对皇帝的"揣摩之才"。唐太宗即位后，他"素险詖"，与萧瑀商量可奏之事，但"至太宗前尽变易之，由是与瑀有隙"。此人一贯不十分正派，所以他在东宫、秦府的斗争中观望形势，或东或西，是完全合乎情理的。只是由于太宗即位之初，封德彝的幕后行径尚未暴露，所以就被李世民当作亲信，拜右仆射了。李客师是名将李靖之弟，② 不属李建成势力，虽非秦府嫡系，当然亦不妨任用。刘林甫经历无法查明。只有薛万彻是李建成的人，曾在玄武门与秦府的军士作殊死战，失败后亡于终南山，李世民"以其忠于所事"，③ 品质较好，且李建成已死，这样的人不会行为不轨，所以加以任用。

通过上述人事变动，李世民把自己的亲信安排到中书省、门下省及尚书省等最重要的政府部门，把手下的宿将安排到军事部门，牢牢地掌

---

① 《通鉴》卷191武德九年六月《考异》。
② 《通鉴》卷191武德九年六月。
③ 《旧唐书》卷69《薛万彻传》。

握了政权和军权。

对敌对营垒中的个别人物,李世民采取分化、争取的策略,虽不能把他们安排到掌实权的要害部门,但亦给以出路,任以官职。其中最重要的两个人是魏徵和王珪。武德时期,魏徵在东宫任洗马,李建成"甚礼之",他看到李世民"勋业日隆",深感太子的地位已受到秦王的威胁,"每劝建成早为之所"。太子、齐王被诛后,李世民责怪他:"汝离间我兄弟,何也?"魏徵回答说:"皇太子若从征言,必无今日之祸。"大概李世民一则器重他的忠直,一则也知道此人类似薛万彻,对他比较放心,所以引为詹事主簿,旋拜谏议大夫。① 王珪先后在东宫任太子中舍人、中允,"甚为太子所礼",李建成被诛后,李世民因"素知其才",亦拜谏议大夫。② 唐代谏议大夫是谏官,根本没有实权,不管以后李世民对二人如何重用和信任,此时他们实际是均处闲散之位。

朝廷的改组大大巩固了李世民的皇位,也对以后各项政策的推行起了保证作用。

第二节　政治改革

朝廷的人事安排一旦就绪,李世民就开始让政权机器按照自己的意志运转了。不过他不是原封不动地简单继承高祖传下来的政府机构,而是进行了一系列的改革,使之更趋完备和简化,大大提高了行政效能。

隋唐之际,三省六部制正式确立。唐代中央政府分作如下三省:中书省,最高长官为中书令。其下有中书舍人若干人,专司进奉章表,草拟诏敕策命。该省是取旨制定政策的机要部门之一。门下省,最高长官是侍中,属官给事中专司驳正违失,可对中书省拟定的诏敕提出不同意见,涂窜奏还,称作"涂归"。尚书省,最高长官是尚书令及左右仆射,后因李世民曾任尚书令,臣下避居其位,仆射遂成为最高长官。尚书省是执行政令的最高行政部门,下设六部:吏部、户部、礼部、兵部、刑

---

① 《旧唐书》卷71《魏徵传》。
② 《旧唐书》卷70《王珪传》。

部和工部。

李世民即位后曾对上述三省制进行适当的改革，为唐朝的宰相制度奠定了基础。最初，三省的最高长官都是宰相，但由于尚书省主要负责执行政令，制定政策的"机要之司"遂逐渐专之于中书、门下二省。不过二省长官有限，议政时人数不多，为了扩大议政人员以收集思广益之效，李世民遂于贞观元年令御史大夫杜淹"参豫朝政"，"它官参豫政事自此始"。①大致贞观一朝，除杜淹外，尚有魏徵以秘书监参与朝政。"其后或曰参议得失，参知政事之类，其名非一，皆宰相职也。"贞观八年（634），仆射李靖因病辞位，李世民下诏，让他"疾小瘳"后，"三两日一至中书、门下平章事"②。十七年（643），又特诏太子詹事李勣"同知政事，始谓同中书门下三品"③。一直到贞观之末，凡拜仆射而加"同中书门下平章事"及"参知机务"等名者，均为宰相，但"为仆射者亦无不加焉"。④从杜淹、李勣的例子可以看出，即令不是三省的最高长官，其他官员加此类头衔者也都是宰相。当时宰相于政事堂议政，实际上凡参加政事堂会议而带"同中书门下三品"或"同中书门下平章事"职衔者，都是宰相。按隋朝已稀疏地出现了以他官参与内史（中书令的前身）、纳言（门下侍中的前身）议政的情况，如柳述为兵部尚书，"参掌机密"，⑤但尚未形成定制，只有到贞观时期，这种新的宰相制度才能说是正式确立了。

李世民不仅创立了新的宰相制度，而且特别强调在实践中要坚持讨论、封驳、执行相结合的原则。他在贞观元年（627）对王珪说：

> 中书所出诏敕，颇有意见不同，或兼错失而相正以否。元置中书、门下，本拟相防过误。人之意见，每或不同，有所是非，本为

---

① 《通鉴》卷192贞观元年九月。《旧唐书》卷2《太宗纪》作："中书令郢国公宇文士及为殿中监、御史大夫检校吏部尚书，参预朝政。"按宇文士及罢为殿中监，不可能使他参预朝政。此处御史大夫系指杜淹，唯脱其姓名。
② 《新唐书》卷46《百官志》。
③ 《旧唐书》卷43《职官志》。
④ 《通典》卷22《职官典·仆射》。
⑤ 《通典》卷19《职官典一·宰相》。

公事。或有护己之短，忌闻其失，有是有非，衔以为怨。或有苟避私隙，相惜颜面，知非政事，遂即施行。难违一官之小情，顿为万人之大弊。此实亡国之政，卿辈特须在意防也。

两年（628）之后又说：

中书、门下，机要之司。擢才而居，委任实重。诏敕如有不稳便，皆须执论。比来惟觉阿旨顺情，唯唯苟过，遂无一言谏诤者，岂是道理？若惟署诏敕、行文书而已，人谁不堪？何烦简择，以相委付？自今诏敕疑有不稳便，必须执言，无得妄有畏惧，知而寝默。①

可见李世民对这一新体制是竭力维护，希望充分发挥它的优越性。

过去有所谓"五花判事"，大概逐渐有名无实了。李世民在贞观五年（631）又特别"申明旧制"，加以恢复执行，其具体办法是"凡军国大事"，由中书舍人"各执所见，杂署其名"。② 实行这种制度的目的，也是为了调动官员的积极性、主动性，以便收集思广益之效。

上述改革的主要目的有二：首先是尽量避免或少犯错误。"五花判事"推行的结果，"由是鲜有败事"，③ 就可说明此点。李世民认为隋文帝的缺点之一，就是"每事皆自决断，虽则劳形苦神，未能尽合于理"。他并且坦白地说：

以天下之广，四海之众，千端万绪，须合变通，皆委百司商量，宰相筹画，于事稳便，方可奏行。岂得一日万机，独断一人之虑也。且日断十事，五条不中，中者信善，其如不中者何？以日继月，乃至累年，乖谬既多，不亡何待？④

---

① 《贞观政要》卷1《政体》。
② 《通鉴》卷193 贞观五年四月。
③ 《通鉴》卷193 贞观五年四月。
④ 《贞观政要》卷1《政体》。

作为一个兼长创业和守成的成功政治家,唐太宗能做到不迷信自己一贯正确,力争集中众人的智慧,从而避免了不少过失,是十分难能可贵的。其次,把宰相班子扩大,并且以品位稍低的他官参与议政,使之变成一个变动不居的集体,也有利于解决君权与相权的矛盾,不致造成大权旁落的情况。

我们肯定李世民的上述改革,不是因为它有利于巩固或加强地主阶级的统治,而是因为地主阶级在当时还是一个在一定程度上能起进步作用的阶级,统治者正确执政,少犯错误,在客观上有利于社会经济的发展。

李世民进行政治改革的另一项重要内容是大力精简中央、地方各级行政机构,省减官员。隋朝内官二千五百八十一员。[①] 李世民即位之初,就在贞观元年(627)一再表示:"致治之本,惟在于审。量才授职,务省官员。故《书》称:'任官惟贤才'。又云'官不必备,惟其人'。若得其善者,虽少亦足矣。其不善者,纵多亦奚为?"因下令"并省官员"。房玄龄等按照皇帝的旨意,把内官省简至六百四十员。[②] 李世民因说:"吾以此待天下贤才,足矣。"[③] 事实说明,改革的基本原则是少而精,这样做可以大大提高行政效率。当然,这六百多人的编制是就文武官员而言,至于吏职不在此数,否则国家机器将难以运转起来。此外,地方行政机构也大加简化。隋文帝时,把东汉末年以来的州、郡、县三级制改为州、县二级制,改变了"十羊九牧"的状况。但隋末大业年间,"豪杰并起,拥众据地,自相雄长"。李渊起兵占据长安前后,他们相率归附唐朝,遂"为之割置州县,以宠禄之。由是州县之数倍于开皇、大业之间"。直至武德末年,仍未革除这一弊政。李世民即位之初,深感"民少吏多,思革其弊",因于贞观元年"大加并省"州县。[④] 这就使隋文帝简化地方政权的政策断而复继,延续下来。

[①] 《通典》卷19《职官典·官数》。

[②] 《贞观政要》卷3《择官》。《通鉴》作六百四十三员。《通典》作六百四十二员。《新唐书·百官志》作七百三十员。《贞观政要》成书最早,今从之。《通典》卷19《职官典》系此事于贞观六年,可能是讹"元"为"六",因二字形近。

[③] 《新唐书》卷46《百官志》。

[④] 《通鉴》卷192贞观元年二月。《旧唐书》卷36《地理志》亦称:"自隋季丧乱,群盗初附,权置州县,倍于开皇、大业之间。贞观元年,悉令并省。"

李世民精简中央、地方各级政权机构，大大节省了财政开支，有利于减轻劳动人民的负担。据贞观十三年（639）大簿记载，当时全国共有州府三百五十八，县一千五百五十一。次年（640）灭高昌后又增置二州六县。① 大致并省州县后每州每县的辖区有所扩大，为了加强中央对地方的监督，所以在贞观元年（627）又设置监察区，因山川把全国划分为十道：关内道、河南道、河东道、河北道、山南道、陇右道、淮南道、江南道、剑南道和岭南道。当年四月就发诸道简点使四出巡察。贞观八年（634）又遣观察使"巡省天下"，他们的任务是"观风俗之得失，察政刑之苛弊"。② 以后还不断遣诸道黜陟大使及巡察使、按察使、巡抚使等考察地方官的善恶，并根据其政绩好坏加以进退。③ 隋代和唐初没有发生过严重的地方割据，估计李世民置十道的主要意图，是了解地方官的利病得失，对他们进行赏罚，这和他一贯重视吏治的政策是相一致的；至于防止产生据地自雄、尾大不掉的地方势力，在当时只能居于次要的地位。

李世民的另一项改革是进一步完善府兵制，使之臻于全盛。西魏、北周所建立的这一新兵制，至隋代本来已经渐趋完备，但经过隋末的天下大乱，又基本上破坏了。唐初李渊曾力图恢复府兵制，在中央重建了十六卫；在关中置十二军，每军统辖一道，诸道均有骠骑府和车骑府。但戎马倥偬之际，这一军事制度仍带有战时性质，极不完备，如：十六卫的军将变动频繁，十二军下面的府称亦不固定（如骠骑府后来在武德七年改称统府）；军户仍驻于城坊，由于征调不时而居无定处，他们与农业生产的结合是不稳固的。贞观十年（636），李世民下令改革兵制，更号统军为折冲都尉，（副职）别将为果毅都尉，"诸府总曰折冲府"④。这一改革的意义在于：第一，降低了府级军官的地位和名称，加强了中央集权。折冲府在隋代称鹰扬府，长官为鹰扬郎将，秦汉以来郎将为中央级军官的称号。北魏以来统军亦为仅次于都督的职务，名位不低。现在

---

① 《旧唐书》卷38《地理志》。
② 《唐会要》卷77《观风俗使》。
③ 《唐会要》卷78《黜陟使》、卷77《巡察按察巡抚等使》。
④ 《新唐书》卷50《兵志》。

改为都尉，其地位沦为郡县级武官了。第二，骠骑府、车骑府在武德年间直属中央诸卫，改称折冲府后中央发府兵时"皆下符契，州刺史与折冲勘契乃发"。① 出现了与地方政府相互牵制的情况，这样一方面加强了中央对地方兵权的控制，一方面说明军队已由战时体制改为平时体制，府兵有了固定居处，不再经常征战了。贞观时期他们"出征多不逾时，远不经岁"，② 就足以说明此点。第三，李世民于贞观十年（636）改革时很可能增设了一批折冲府，大致关中是最多的地区，开始形成了"举关中之众，以临四方"③ 的局面。第四，府兵从受田农民中拣点，他们三时务农，一时讲武，与农业的结合更加全面了。④ 第五，拣点之法，"财均者取强，力均者取富，财力又均，先取多丁"⑤ 的原则，当亦开始于贞观十年，说明地主亦有兵役义务。至于拣点卫士时"贫弱先充"，"富强获免"，⑥ 那是以后的情况，在李世民统治时期起码不很严重。总之，贞观十年的改革在唐朝府兵制的发展史上是不容忽视的一件大事。

府兵制是镇压劳动人民的暴力机器之一，充当卫士又是一项沉重的负担。但府兵平日均从事农业生产，不仅增加了劳动力，而且节省了国家的养兵之费，所以欧阳修说："畜兵府卫之制，故兵虽多而无所损。"⑦ 这有利于减轻其余农民的课役负担。由于府兵制具有加强中央集权的"居重驭轻之意"，"举天下不敌关中"，⑧ 唐代前期没有发生严重割据和战乱，这就为发展生产提供了一个和平安定的政治环境。自高宗、武后以后，"府兵之法寖坏"，⑨ 可见贞观年间是府兵制最完善的

---

① 《新唐书》卷50《兵志》。
② 《玉海》卷138引《邺侯家传》。
③ 《唐会要》卷72《府兵》。
④ 关于府兵制是否兵农合一的问题，史学界尚有分歧意见，但我认为实际情况是：凡农皆兵是言过其实，不但非军府州的农民不服兵役，就是军府州的农民未被拣点者亦大有人在；但凡兵皆农却是事实。所以说府兵制是"寓兵于农"比较准确。当然"农"中既有农民也有地主。
⑤ 《唐律疏议》卷16《擅兴律》。
⑥ 《唐大诏令集》卷82《申理冤屈制》。
⑦ 《新唐书》卷51《食货志》。
⑧ 《陆宣公集》卷11《论关中事宜状》。
⑨ 《新唐书》卷50《兵志》。

极盛时期。后来尽管折冲府的数目仍在增加，制度本身却开始走上了下坡路。①

李世民在很多方面表现出了杰出的政治才能，不知道为什么在分封宗室和功臣的问题上却一再提出错误意见，企图进行不正确的改革。裂土封邑的观念一直在他的脑海里萦绕回旋，长达十年。② 最初，李世民提出这样的问题暗示臣下："朕欲使子孙长久，社稷永安，其理如何？"侍臣萧瑀回答说：

> 臣观前代国祚所以长久者，莫不封建诸侯，以为磐石之固。秦并六国，罢侯置守，二世而亡；汉有天下，众建藩屏，年逾四百；魏晋废之，不能永久。封建之法，实可遵行。

李世民对此立即表示赞成，于是"始议分封裂土之制"，从此就挑起了一场长期的争论。李世民不仅要裂土分封，而且后来竟然要使宗室诸王任刺史者，子孙"世世永袭"，③ 还要把功臣长孙无忌、房玄龄、杜如晦、李靖和高士廉等十余人封为世袭刺史，使子孙世袭，"非有大故，无或黜免"④。这样的意见显然是大错特错的，果然实行这一制度，唐朝前期也许就会重演汉代的吴楚七国之乱和西晋的八王之乱，社会安定就有可能遭到严重破坏。

在这场大争论中，只有李世民本人和萧瑀是赞成分封的一派，其他绝大多数大臣都持反对意见。李百药从总结历史经验出发，认为"祚之长短，必在天时；政或盛衰，有关人事"，同实行分封制与否并无重大关系。如果在唐代恢复商、周古制，那无异于"以结绳之化，行虞夏之朝；用象刑之典，理刘、曹之末"，这实际是"锲船求剑，未见其可"。而且分封"数代之后"，必然导致"王室寖微，自藩屏化为仇敌"，引起"疆

---

① 本书府兵制部分撰写时大量参考了谷霁光《府兵制度考释》和岑仲勉《府兵制度研究》二书。
② 关于分封宗室的几次辩论，究竟发生在哪几年，各书记载颇不一致。因此议最后没有见诸实施，故不一一考证年代，仅略事介绍各派的观点而已。
③ 《唐会要》卷46《封建杂录》上。
④ 《唐会要》卷47《封建杂录》下。

场彼此，干戈相寻"。更何况受封者"藉庆门资，忘先业之艰难"，"莫不代增淫虐，时益骄侈"，日趋腐化。李百药不愧是一个著名的历史学家，不但能追溯往史，而且还对未来加以预测，其议论打中了要害。魏徵没有站在这样的高度观察问题，只是指出唐初承大乱之余，经济凋敝，国力不足，如因封国而在工程兴建、礼乐文物方面浪掷财物，必然由于"厚敛"而引起"人不堪命"。他根据"圣人举事，贵在相时"的原则，指责当时封疆裂土是不合时宜之举。魏徵虽然没有从根本上反对分封，也没有抓住关键所在，但其观点也不无一定的道理。较晚的马周认为，"以尧、舜之父，犹有（丹）朱、（商）均之子，倘有孩童嗣职，万一骄愚，则兆庶被其殃，而国家受其败"。他根据举人唯才的原则主张宗室仅可"赋以茅土，酬其户邑"，不能授以政柄，只有其中真正有才干的人，方可随器任官。这样从根本上反对世官制是很有道理的，对贵族特权是一个限制。颜师古可算作一个折中派，他在《论封建表》中以为，"当今之要，莫如量其远近，分置王国；均其户邑，强弱相济；划野分疆，不得过大；间以州县，杂错而居；互相维持，永无倾夺；使各守其境，而不能为非"①。这是一种比较迂腐的见解，等于是明知分封会产生问题，却还要封疆裂土，人为地制造问题后再加以防范。这种主张实际是让皇帝走钢丝，设想得很美妙，做起来不出现问题却很不容易。

由于坚持分封制的大臣只有萧瑀一人，折中派也只有一个书呆子颜师古，绝大多数人都持反对意见，所以李世民的主张受到了有力地抵制。贞观十一年（637）李世民以长孙无忌、房玄龄、杜如晦、李靖等十余人为各州刺史，并宣布让子孙世袭时，长孙无忌故意"谬出怨言"，以激怒皇帝，声称："臣披荆棘，以事陛下，今海内宁一，乃令世牧外州，复与迁徙何异？"于志宁也上疏，以为"今古事殊，恐非久安之道。"② 李世民只得接受大家的建议，收回成命。这场长达十年的争议就戏剧性地结束了。唐太宗确实是聪明一世，糊涂一时，在这个问题上要不是群臣的苦谏和抵制，不知道会闹出多大的政治笑话来。

---

① 均见《唐会要》卷46《封建杂录》上。
② 《唐会要》卷47《封建杂录》下。

第三节 修定《唐律》

《唐律》是中国历史上一部保留至今的重要法典。贞观年间恰恰是《唐律》定型的关键时期，这显然与李世民的重视有密切的关系。

李渊入关中之初，"约法十二条，唯制杀人、劫盗、背军、叛逆者死，余并蠲除之"，① 显然，采取的是临时性措施。即位以后，令刘文静等"因开皇律令而损益之"；后又令裴寂、萧瑀和殷开山等人"撰定律令"，但仍"大略以开皇为准"，原因是"于时诸事始定，边方尚梗，救时之弊，有所未暇。惟正五十三条格，入于新律，余无所改"。② 据《唐六典》载，《武德律》"篇目一准隋开皇之律……又除苛细五十三条"③。可见李渊的《武德律》基本上是照抄隋文帝的《开皇律》，稍有损益，但改进不大。所谓"五十三条格"，《新唐书·刑法志》作："武德二年，颁新格五十三条，唯吏受赇，犯盗、诈冒府库物，赦不原。凡断屠日及正月、五月、九月不行刑。"如与《六典》所载"五十三条"系一事，则所谓"除苛细五十三条"云云是错误的，因《新志》已列举了其中数条，并不属于除去苛繁的内容，很可能是除隋律苛细后，定为"五十三条格"，是知《六典》不仅所载不准确，而且脱一"格"字。然则武德朝的所谓"损益"，不过如此而已。

李世民即位后，命长孙无忌、房玄龄等厘改《武德律》，尽管十二篇的篇名④没有变动，内容方面却有所发展。大致主要的改革是比隋律"降大辟为流者九十二，流为徒者七十一"，定令一千五百四十六条。"又取尚书省列曹及诸寺、监、十六卫计帐以为式。"⑤ 此外，李世民又于贞观

---

① 《通典》卷165《刑典》卷3《刑制》下。《新唐书》卷56《刑法志》略同。
② 《旧唐书》卷50《刑法志》。
③ 《唐六典》卷6《刑部郎中员外郎》。
④ 《名例》《卫禁》《职制》《户婚》《厩库》《擅兴》《贼盗》《斗讼》《诈伪》《杂律》《捕亡》《断狱》等十二篇。
⑤ 《新唐书》卷56《刑法志》。《唐会要》卷39《定格令》及《通鉴》卷194及《旧刑法志》均作九十二条，唯《六典》作"九十三条"，可能讹"二"为"三"。《旧志》脱"入流"二字。《会要》亦脱"减"字及"入流"二字。《旧志》定令一千五百九十条，《通鉴》作一千五百九十余条，均误，当从《新志》《六典》之一千五百四十六条。

十年（636）下令删武德、贞观以来的制敕三千余件，"定留七百条，以为格十八卷，留本司施行"①。自房玄龄等人"更定律、令、格、式，讫太宗世，用之无所变改"②。这就为《唐律》奠定了基础。

高宗李治即位后，对律令又作了一些改动，但他自己也承认："太宗文皇帝拨乱反正，恤狱慎刑……道臻刑措二十余年。玉几遗训，重令刊改，朕仰遵先旨，旁求故实，乃诏太尉扬州都督无忌……爰逮朝贤，详定法律。"③事实说明，《永徽律》仍然是秉承李世民的"遗训"，在其立法原则指导下按照《贞观律》的基本精神修订的。而且参与其事并于以后撰定《律疏》的主要人物，仍然是厘定《贞观律》的领衔人物长孙无忌。直至唐玄宗时，人们仍然认为《贞观律》与永徽《律疏》是"至今并行"的。④唐末宣宗在《修大中刑法总要格后敕》中还指明所修刑法总要格是"起贞观二年六月二十日"⑤。由此可见，《唐律》实际上是定型于贞观时期，李世民对修订唐朝的律、令、格、式起了重要作用。

《唐律》不仅通行于李唐一代，而且对后世也有深远影响。清人孙星衍认为这部法典自唐初修订后，"宋、元皆因其故"⑥。在空间方面，《唐律》的影响逾越我国国界，及于朝鲜、日本等东方各国，甚至在世界法律中成为独树一帜的一大法系。因此，就法制史的意义而言，李世民也是一个具有历史地位的重要人物。

李世民制定刑律的基本目的是对劳动人民进行暴力镇压，这一点是不言而喻的。除此之外，唐初立法还贯彻了下述一些原则：

首先，李世民认为"教令失度则政有乖违"⑦，所以特别强调明法，即要求律文简明划一，相对稳定。他曾对侍臣一再说：

> 国家法令，惟须简约，不可一罪作数种条。格式既多，官人不

---

① 《旧唐书》卷50《刑法志》。
② 《新唐书》卷56《刑法志》。
③ 《唐大诏令集》卷82《永徽二年颁行新律诏》。
④ 《唐六典》卷6《刑部郎中员外郎》。
⑤ 《旧唐书》卷50《刑法志》。
⑥ 《重刻故唐律疏议序》。
⑦ 《帝范》卷3《赏罚》。

能尽记，更生奸诈，若欲出罪即引轻条，若欲入罪即引重条。数变法者，实不宜道理。宜令审细，毋使互文。

诏令格式，若不常定，则人心多惑，奸诈益生。①

李世民之所以能够留心此点，是由于接受了隋朝"损益不定，疏舛尚多"，"微文曲致，览者惑其浅深；异例同科，用者殊其轻重"；遂致"奸吏巧抵（诋），任情与夺"②的教训。只有做到明法，才能执法有所准绳；朝令夕改，必然导致法制破坏。李世民立法特别审慎，非常严肃，对日后法制的坚持，提供了重要的前提。

其次，李世民从隋文帝"不悦儒术，专尚刑名"③和隋炀帝"法令滋章，教绝四维"④的弊政中也从反面吸取了教训，强调"威惠并驰，刚柔两用"⑤的原则，提倡以儒教为宗，以刑罚为辅，进行统治。他在即位之初就明确表示："朕看古来帝王以仁义为治者，国祚延长；任法御人者，虽救弊于一时，败亡亦促。"⑥李世民并不认为任刑尚法在任何时期都不能施行，而是肯定不能行之于升平之世。如说："周、孔儒教，非乱代之所行；商、韩刑法，实清平之秕政。道既不同，固不可一概也。"⑦唐太宗一生的政绩主要是在天下太平的贞观年间，自然就只能以教化为宗、刑罚为辅了。他即位之初，有一些不识时务的大臣建议"以威刑肃天下"，结果遭到了皇帝和魏徵的抵制。⑧在这个问题上，魏徵说得更加清楚："圣哲君临，移风易俗，不资严刑峻法，在仁义而已。""然则仁义，理之本也；刑罚，理之末也。"所以圣人应当"尊德礼而卑刑罚"⑨。这一点，甚至可以看成李世民进行统治的政治理论的基础。

最后，在崇仁政而卑刑罚的思想指导下，李世民立法的另一个原则

---

① 《贞观政要》卷8《赦令》。
② 《唐大诏令集》卷82《武德七年颁新律令诏》。
③ 《隋书》卷75《儒林传序》。
④ 《隋书》卷4《炀帝纪》史臣曰。
⑤ 《帝范》卷4《务农》。
⑥ 《贞观政要》卷5《仁义》。
⑦ 《魏郑公谏录》卷3《对周孔儒教商韩刑法》。
⑧ 《新唐书》卷56《刑法志》。
⑨ 《贞观政要》卷5《公平》。

是以轻代重，疏缓刑法。房玄龄、长孙无忌等人根据皇帝"务在宽简"①的精神拟订律文，故亦"意在宽平"②。与隋朝的旧律相比，"凡削烦去蠹，变重为轻者不可胜纪"。不但如前所述减大辟入流者九十余条，减流入徒者七十余条，而且改绞刑为断右趾，取消鞭背酷刑③等改革也都是在李世民建议下进行的。

总之，李世民在《唐律》的制定、刑罚的轻减等方面都有所贡献，尽管刑律体现了统治阶级镇压人民的意志，但《唐律》具有一定的进步性却是可以肯定的。

第四节　发展庠序，改革科举，修《氏族志》

李世民在培养封建人才、选拔官吏方面也做了不少的事，在唐朝教育史、科举史上留下了自己的足迹。

李渊即位之初，已着手恢复庠序，在朝廷建立了国子学、太学和四门学，在地方上建立了郡学和县学。④大致当时国家草创，学校仅粗具规模而已，生徒人数极其有限。李世民即位后，一再亲幸国子学和太学，对教育相当重视，遂增筑学舍一千二百间，增加国子学、太学和四门学的生员至三千二百六十人。不久，高丽、百济、新罗等国及高昌、吐蕃等地的酋长亦皆遣子弟入国学，"于是国学之内，八千余人，国学之盛，近古未有"⑤。贞观年间可以说是唐代教育事业发展的黄金时代，也是中外文化交流的重要时期。高宗永淳（682）以后，国子两监"乃废"，⑥庠序就走向衰落了。此外，李世民还在门下省别置弘文馆，在东宫特置崇文馆，皆置诸生习业，⑦也是发展教育的一个补充措施。李世民大兴学校的目的是培养贵族、官僚、地主的子弟，以便通过科举制向各级政府

---

① 《贞观政要》卷8《刑法》。
② 《大唐新语》卷1《匡赞》。
③ 《旧唐书》卷50《刑法志》。
④ 《旧唐书》卷189上《儒学传序》。
⑤ 《唐会要》卷35《学校》。
⑥ 《唐摭言》卷1《两监》。
⑦ 《新唐书》卷44《选举志》。

输送官员，但在客观上也对文化的发展、传播和交流起了一定的作用。隋文帝晚年，以各级学校"徒有名录，空度岁时"，未能培养出"德为代范，才任国用"的人才为理由，大加裁废庠序，① 是犯了幼稚病。与他相比，唐太宗大兴学校，"锐意经籍"，使"四方儒士，多抱负典籍，云会京师"，② 以教化佐刑法，就显得成熟和高明得多了。

从南北朝起，门阀世族走向衰落，寒门庶族逐渐兴起，适应这种阶级状况的变动，北周及隋朝早已"官无清浊"③。隋唐之际，顺应历史发展的进步潮流，发生了两件大事：一是科举制形成和逐步完善，二是谱牒的编选有所变化。李世民在这两方面都有所贡献。

唐承隋制，进一步发展科举制，而进士科是科举制的核心。此科开始被重视，是在贞观年间。武德七年（624），李渊曾依北周、北齐的旧制，每州置大中正一人，"以本州门望高者领之"，任务是"掌知州内人物，品量望第"。④ 虽然以后没有发现这一措施发生过什么具体作用，但可以看出，李渊思想中仍有很多落后于时代的东西，所以他不可能在发展科举制方面做出较大的成绩。当时"秀才科等最高"，⑤ 进士科与之相比，就不免显得瞠乎其后了。武德四年（621），李渊敕诸州学士及白丁有明经及秀才、俊士为乡曲所称者，"委本县考试，州长重覆"，荐于中央。次年十月，诸州共贡明经一百四十三人，秀才六人，俊士三十九人，进士三十人，可以证明秀才最少，确实居于其他各科之上，特别见重于时。考功员外郎申世宁考试贡士的结果，只录取了秀才一人，俊士十四人，其余均下第还乡。⑥ 可见进士科的地位不但不能与秀才科相比，亦远在俊士科之下。武德七年，李渊在置大中正的同时，"诏诸州有明一经以上未仕者，咸以名闻"，⑦ 仍未涉及进士科。李世民即位以后，情况发生了显著变化。首先，贞观年间，秀才科"有举而不第者，坐其州长，由

---

① 《隋书》卷2《高祖纪》。
② 《旧唐书》卷189上《儒学传序》。
③ 《隋书》卷72《陆彦师传》。
④ 《通鉴》卷190武德七年正月。
⑤ 《通典》卷15《选举典·历代制下》。
⑥ 《唐摭言》卷15《杂记》。
⑦ 《通鉴》卷190武德七年二月。

是废绝。自是，士族所趣响唯明经、进士二科而已"。最初进士只试策，贞观八年（634）"诏加进士试读经史一部"。秀才科的独尊地位遂为明经、进士二科所取代。特别强调进士加试经史，说明此科的地位又驾乎明经科之上。正因为进士科地位开始突出，遂有这样的记载："进士科始于隋大业中，盛于贞观、永徽之际。""故有诗云：太宗皇帝真长策，赚得英雄尽白头。"① 这里只提大业、贞观、永徽而不及武德，不是出于疏漏，确实反映了真实的情况。李世民有一次私幸端门，看见榜下的进士鱼贯而过，高兴地对侍臣说："天下英雄入吾彀中矣！"② 传说他还亲笔用飞白书在进士榜头上写了"礼部贡院"四个大字。上述史实说明，隋代创建进士科后，到唐初武德年间有中衰的现象，而此科跃居独尊地位是贞观年间的事。

贞观时期，进士科仅试策论和经史，还不重视诗赋取士。杜佑说："炀帝又变前法，置进士等科，故后生复相仿效，皆以浮虚为贵。有唐纂历，渐革前弊。"③ 可见由"浮虚"而趋向务实，是一个改革。词赋取士的缺点是："安行徐言，非德也；丽藻芳翰，非才也。"沈既济指出，"是以文皇帝病其失而将革焉"。④ 唐代后来专以诗文取士，那是永隆（680）以后的事了，与武则天的"好雕虫之艺"⑤ 有一定的关系。按道理讲，试策论和经史，远比诗赋取士更符合选拔官员的实际需要。

李世民发展科举制是为了替地主政权选拔官员，对人民进行统治和压迫；不过科举制在当时是取代了九品中正制以后的新生事物，而且有利于改革吏治，使之趋向清明，具有一定的进步性，这一点也是应当加以肯定的。李世民在这方面的作用不容抹杀。

李渊、李世民以关中为根据地，逐步统一了全国，而且他们伪托出自陇西李氏，所以对山东士族不免怀有此畛彼界的观念。李世民即位后有一次对侍臣张行成"言及山东、关中人，意有同异"。行成立即跪奏：

---

① 《唐摭言》卷1《散序进士》。
② 《唐摭言》卷1《述进士上篇》。
③ 《通典》卷17《选举典·杂议论中》。
④ 《通典》卷18《选举典·杂议论下》。
⑤ 《通典》卷15《选举典·历代制下》。

"臣闻天子以四海为家，不当以东西为限，若如是，则示人以隘狭。"李世民虽然"善其言"，① 但对崔、卢、李、郑、王这些衔鬻门第的世族仍不免有点反感，因而萌动了修《氏族志》的念头。

从李渊到李世民，在对待门阀士族的问题上，是发生了微妙变化的。高祖即位之初，曾对窦后的从父兄窦威说："比见关东人崔、卢为婚，犹自矜伐；公世为帝戚，不亦贵乎！"过了两年，又对裴寂说：

> 我李氏，昔在陇西，富有龟玉；降及祖祢，姻娅帝王……公复世胄名家，历职清要，岂若萧何、曹参起自刀笔吏也！惟我与公，千载之后，无愧前修矣。②

可见李渊对山东士族是既羡慕而又推崇的，毫无加以贬抑的意图。李世民对"山东人士，好自矜夸，虽复累叶陵迟，犹恃其旧地，女适他族，必多求聘财"的现象甚"恶之"，认为这种卖婚陋习"甚伤教义"③，于是令高士廉、韦挺、岑文本、令狐德棻及"四方士大夫谙练族姓者"④ 刊正姓氏。于是"普责天下谱牒"，并"凭据史传考其真伪，忠贤者褒进，悖逆者贬黜"，撰成《氏族志》上之。不料李世民对此志大为不满，发了一通议论：

> 我与山东崔、卢、李、郑旧既无嫌，为其世代衰微，全无冠盖，犹自云士大夫，婚姻之间，则多邀钱币。才识凡下，而偃仰自高；贩鬻松槚，依托富贵。我不解人间何为重之。祇缘齐家惟据河北，梁、陈僻在江南，当时虽有人物，偏僻小国，不足可贵。至今犹以崔、卢、王、谢为重。我平定四海，天下一家，凡在朝士，皆功效显著，或忠孝可称，或学艺通博，所以擢用。见居三品以上，欲共衰代旧门为亲，纵多输钱帛，犹被偃仰。我今特定族姓者，欲崇重

---

① 《旧唐书》卷78《张行成传》。
② 《唐会要》卷36《氏族》。
③ 《旧唐书》卷65《高士廉传》。
④ 《唐会要》卷36《氏族》。

今朝冠冕，何因崔（民）干犹为第一等？昔汉高祖止是山东一匹夫，以其平定天下，主尊臣贵。卿等读书，见其行迹，至今以为美谈，心怀敬重。卿等不贵我官爵耶？不须论数世以前，止取今日官职高下作等级。①

高俭等遵照上述指示精神，于贞观十二年（638）正月重修成贞观《氏族志》一百卷，合共二百九十三姓，一千六百五十一家，分为九等，崔民干被降至第三等。李世民正式下令，"颁于天下"。②

从贞观《氏族志》的撰成可以看出：第一，门阀世族早已"累叶陵迟"，一蹶不振了，他们借婚姻之机多索"陪门财"，也是其经济地位衰落的反映。尤其是隋唐科举制的兴起更剥夺了他们"平流进取，坐至公卿"的特权。李世民此举进一步抑制崔、卢、王、谢等高门，是顺应了时代的进步潮流。第二，魏晋南北朝的世族特权和社会风尚，主要表现在婚、宦两个方面，现在科举制兴起，他们在宦的方面失去了过去的地位，但在婚的方面还能在社会上打出姓族的旗号，"多求聘财"。不过在这一方面，也说明他们的经济、社会地位已不能与过去同日而语了。在东晋、南朝时期，世族连寒门出身的皇帝和大臣都看不在眼里，不肯轻与通婚；到唐初一般人出点陪门财就可以高攀望族，可见他们已经是大为降格了。实际上，"多邀钱币"就是拍卖门阀的金字招牌，希望借助婚事来克服一下自己的经济困窘。李世民现在就对这一点也颇不以为然，认为是"甚伤教义"，说明几百年来世族炫耀的礼法门风也难于维持了。第三，李世民重视重修《氏族志》，一则反映谱牒之风在当时还严重存在；一则反映他本人也还受这种风气的熏陶，不能完全摆脱它，因为，李世民在这里不是要从根本上废除谱牒本身，而是要用新的谱牒代替旧的谱牒。新谱牒的原则是"重今朝冠冕"，即以李氏皇族和当今的高官显

---

① 《旧唐书》卷65《高士廉传》。
② 《唐会要》卷36《氏族》。《昭陵碑录》卷中《高士廉茔兆记》载："错综人论，发明优劣，铨量世系，考正高卑……表定嘉名，称为《大唐氏族圆》□□廿二卷，诏颁四海。"所缺字可能是"凡百"二字。则卷数与《会要》所载不同。百廿二卷可能是第一次撰成以崔氏为第一等之《氏族志》，因碑铭溢美墓主，掩盖了忤旨重修一事，故不涉及后来重修成之百卷《氏族志》。谨作如此推断，存疑于此。

宦挤入士族的行列。因此，李世民重修《氏族志》，既有抑制旧门阀的一面，也有保留阀阅观念的一面。不过随着列入《氏族志》的姓族增加，门阀也就越来越不值钱，实际上等于在一定程度上把世族消化在社会中了。当然这种后果是李世民下令修《氏族志》时始料所不及的。重修《氏族志》既具有一定的进步性，也具有明显的局限性，这是社会风气使然，要求李世民当时就与谱牒之风一刀两断是不现实的。社会风气有相当的惯性，其改变往往比政治改革更缓慢，更艰巨。

贞观十六年（642）六月，李世民下诏：

> 氏族之盛，实系于冠冕；婚姻之道，莫先于仁义。自有魏失御，齐氏云亡，市朝既迁，风俗陵替。燕赵右姓，多失衣冠之绪；齐韩旧俗，或乖德义之风。名虽著于州间，身未免于贫贱。自号膏粱之冑，不敦匹敌之仪。问名惟在于窃赀，结褵必归于富室。乃有新官之辈，丰财之家，慕其祖宗，竞结婚媾，多纳财贿，有如贩鬻。或贬其家门，受屈辱于姻娅；或矜其旧族，行无礼于舅姑。积习成俗，迄今未已；既紊人伦，实亏名教。朕夙夜兢惕，忧勤政道，往代蠹害，咸已惩革，惟此弊风，未能尽变。自今以后，明加告示，使识嫁娶之序，各合典礼，知朕意焉。其自今年六月禁卖婚。①

这道诏书实际是《氏族志》的继续，目的都是在"婚"字上大作文章，裁抑士族的余威，不同的是一则见之于谱牒方面，一则表现为直接禁止卖婚。李世民在这里再次打出儒家"仁义"和"名教"的旗号，确实反映这些已经褪了色的门阀不但经济上的"身未免于贫贱"与政治上的"矜其旧族"已经发生尖锐的矛盾，而且过去所矜持的礼法门风已遭到了卖婚制的严重破坏。

李世民在抑制门阀方面比李渊向前迈了一大步，具有明显的进步性，但对这些措施的效果却不能估计过高，因为数百年积累下来的陋习远非

---

① 《唐会要》卷83《嫁娶》。

一朝一夕所能扫除尽净。如贞观朝的重臣魏徵、房玄龄和李勣等人都盛与"山东之族""为婚"。① 天宝初年，李彭年也"慕山东著姓为婚姻，引就清列，以大其门"②。直到唐朝后期，唐文宗还愿意以公主降士族，并且对宰相说："民间修婚姻，不计官品而尚阀阅，我家二百年天子，顾不及崔、卢邪？"③ 不过，这种风气越是顽强地对抗历史潮流，挣扎着苟延残喘地生存下来，就越能说明李世民的上述措施是多么具有明显的进步性，多么难能可贵。把这些措施称为改革，是当之无愧的。

---

① 《通鉴》卷200显庆四年十月。
② 《旧唐书》卷90《李怀远附彭年传》。
③ 《旧唐书》卷146《杜兼传》。

第五章 贞观之治

李世民即位后于次年（627）改元贞观，崩于贞观二十三年（649），对全国统治达二十余年之久，在这段时间里，执行轻徭薄赋、疏缓刑法的让步政策，在政治上知人善用，坚持法制，虚怀纳谏，以史为镜，取得了显著的政绩，对社会经济的发展起了促进作用。历代人盛赞太宗一朝的成功，因而称之为"贞观之治"。

第一节 明于知人，善于任使

李世民之能够知人善用，是由于他对用人的重要性有深刻的认识。他在晚年所写的《帝范》一书中特置《求贤》一篇，开宗明义地指出："夫国之匡辅，必待忠良；任使得人，天下自治。""黄金累千，岂如多士之隆，一贤之重？"[1] 此外他还一再强调，举贤任能，斥退邪佞，是朝廷政治生活中的基本原则之一，如说："为国之要，在于进贤退不肖，赏善罚恶，至公无私。"[2] "朕今勤行三事，亦望史官不书吾恶。一则鉴前代成败事，以为元龟；二则进用善人，共成治道；三则斥弃群小，不听谗言。"[3] 在他的心目中，甚至宰相的主要职责，也应当是为皇帝"大开耳目，求访贤哲"，并曾就此批评杜如晦："比闻听受词诉，日不暇给，安能为朕求贤哉？"[4] 贞观十三年（639），李世民对侍臣概括地指出："能

---

[1] 《帝范》卷1《求贤》。
[2] 《通鉴》卷197贞观十九年三月。
[3] 《贞观政要》卷6《杜谗邪》。
[4] 《大唐新语》卷1《匡赞》。

安天下者，惟在用得贤才。"他把"官不得其人"比作"画地作饼，不可食也"。① 李世民一生"孜孜求士，务在择官"，② 是贞观之治的主要内容之一。

李世民不但是这样说的，也是照此原则身体力行的。早在即位之前，他已广为搜罗人才，兹举数例以明之。褚亮其人曾经是薛秦的太常博士，并没有被付以重任。李世民平薛仁杲后，因"素闻亮名，乃于众中访之，深加礼接"，并云："寡人受委专征，喜于克敌得俊。"③ 一语道破了网罗贤俊是他东征西讨的辅助目的。著名的史学家李百药曾经因参与辅公祐的反唐起兵，被李渊配为泾州司户，李世民当时是秦王，"尝至泾州召百药，因赐诗云：项弃范增善，纣妒比干才；嗟此二贤没，余喜得卿来"④。秦王府的人才济济，是与李世民有意识地招贤纳俊分不开的。即位以后，也发生过这方面的戏剧性事迹，发现和重用马周，就是一个生动的例子。贞观三年（629），马周到长安住在中郎将常何的家里，当时皇帝正下令让百官"上书言得失"，他替常何写了奏疏，"陈便宜二十余事，令奏之，事皆合旨"。李世民觉得常何写不出这样的奏疏，怪而问之，常何只好如实地说："此非臣所发意，乃臣家客马周也。"李世民立即派人去召马周，没有来到之前，"凡四度遣使催促"。后来加以不次擢用，累除中书舍人，又摄吏部尚书。李世民曾一再说："我于马周，暂时不见，则便思之"。"周见事敏速，性甚慎重……朕比任使之，多称朕意。既写忠诚，亲附于朕，实藉此人，共康时政也。"⑤ 求贤若渴的心情，于此跃然纸上。正是在上述的认识和行动的基础上，贞观一朝出现了多士盈廷的盛况，正如文学家卢照邻所说：

> 贞观年中，太宗外厌兵革，垂衣裳于万国，舞干戚于两阶，留心政涂，内兴文事。虞（世南）、李（百药）、岑（文本）、许（敬

---

① 《贞观政要》卷3《择官》。
② 《贞观政要》卷1《政体》。
③ 《册府元龟》卷97《帝王部·礼贤》。
④ 《册府元龟》卷97《帝王部·礼贤》。
⑤ 《贞观政要》卷2《任贤》。《政要》作"五年"，从《通鉴考异》作"三年"。

宗）之俦以文章进；王（珪）、魏（徵）、来（济）、褚（遂良）之辈以材术显。咸能起自布衣，蔚为卿相，雍容侍从，朝夕献纳。我之得人，于斯为盛！①

这样的评论虽然不免有溢美的成分，但基本上是符合历史事实的。

李世民选拔官吏的用人标准是什么呢？魏徵曾经为皇帝提出了十二条识别官员的标准，并为李世民所"嘉纳"，② 即《说苑》所说的"六正"和"六邪"。所谓"六正"是：

> 一曰，萌芽未动，形兆未见，昭然独见存亡之机，得失之要，预禁乎未然之前，使主超然立乎显荣之处，如此者，圣臣也。二曰，虚心尽意，日进善道，勉主以礼义，谕主以长策，将顺其美，匡救其恶，如此者，良臣也。三曰，夙兴夜寐，进贤不懈，数称往古之行事，以厉主意，如此者，忠臣也。四曰，明察成败，早防而救之，塞其间，绝其源，转祸为福，使君终以无忧，如此者，智臣也。五曰，守文奉法，任官职事，不受赠遗，辞禄让赐，饮食节俭，如此者，贞臣也。六曰，家国昏乱，所为不谀，敢犯主之严颜，面言主之过失，如此者，直臣也。

在这六类大臣中，"良臣""忠臣""贞臣"和"直臣"都是就其德行而言的，只有"智臣"是就其才能而言，而"圣臣"则两个方面兼而有之。所谓"六邪"是：

> 一曰，安官贪禄，不务公事，与世浮沉，左右观望，如此者，具臣也。二曰，主所言者皆曰善，主所为者皆曰可，隐而求主之所好而进之，以快主之耳目，偷合苟容，与主为乐，不顾其后害，如此者，谀臣也。三曰，内实险诐，外貌小谨，巧言令色，妒善嫉贤，

---

① 《幽忧子集》卷6《南阳公集序》。
② 《贞观政要》卷3《择官》。

> 所欲进则明其美、隐其恶，所欲退则明其过、匿其美，使主赏罚不当，号令不行，如此者，奸臣也。四曰，智足以饰非，辩足以行说，内离骨肉之亲，外构朝廷之乱，如此者，谗臣也。五曰，专权擅势，以轻为重，私门成党，以富其家，擅矫主命，以自贵显，如此者，贼臣也。六曰，谄主以佞邪，陷主于不义，朋党比周，以蔽主明，使黑白无别，是非无间，使主恶布于境内，闻于四邻，如此者，亡国之臣也。

这六种邪臣没有一种是由于无才，全部是由于无德。因此，李世民用人坚持"举行能之人"，① 要求官吏"才行兼备"，② 但实际上他是把德行置于才能之上的，即首先看一个人在政治上是否正派，至于工作能力，则属于第二位。贞观三年（629），他对杜如晦说："比见吏部择人，惟取其言词刀笔，不悉其影行，数年之后，恶迹始彰，虽加刑戮，而百姓已受其弊。如何可获善人？"关于此点，魏徵说得更清楚：

> 知人之事，自古为难，故考绩黜陟，察其善恶。今若求人，必须审访其行。若知其善，然后用之，设令此人不能济事，只是才力不及，不为大害。误用恶人，假令强干，为害极多。但乱世惟求其才，不顾其行。太平之时，必须才行具兼，始可任用。③

在实践中，李世民确实是按照"才行兼备"的原则选拔任命官员的，如他曾称赞虞世南是"博闻、德行、书翰、词藻、忠直，一人而已，兼是五善"④ 的全面人才。擢拔卢祖尚是由于他"才兼文武，廉平正直"⑤。有一次李世民问侍臣："梁、陈名臣，有谁可称，复有子弟堪引进否？"岑文本回答说："顷日隋师入陈，百司奔散，莫有留者，惟袁宪独坐，在

---

① 《旧唐书》卷70《杜正伦传》。
② 《通鉴》卷194 贞观六年十二月。
③ 《贞观政要》卷3《择官》。
④ 《隋唐嘉话》中。
⑤ 《旧唐书》卷69《薛万彻附卢祖尚传》。

后主之傍。王（世）充将受禅，群僚劝进，宪子承家托疾，独不署名。此之父子，足称忠烈。承家弟承序，清贞雅操，实继兄风。"李世民因拜袁承序为晋王友记。①

在黜退贬降官吏方面，也是按照"正""邪"标准行事的。隋末江都之变时，裴虔通曾亲擒隋炀帝，进行犯上作乱。就像杨广这样的暴君，李世民认为臣下也不应这样对待他，因为违反了忠君的政治原则，对此曾发议论称："君虽不君，臣不可以不臣。裴虔通，炀帝旧左右也，而亲为乱首，朕方崇奖敬义，岂可犹使宰民训俗？"因而免去了他辰州刺史的职务，下令"除名削爵，迁配驩州"②。再如苏威，是隋朝有名的重臣，隋亡后曾先后当过宇文化及的光禄大夫，越王杨侗的上柱国，王世充郑政权的太师，"所经之处，皆与时消息，以求容免"。李世民平王世充后，苏威请求谒见，却遭到这样的斥责："公隋朝宰辅，政乱不能匡救，遂令品物涂炭，君弑国亡。见李密、王（世）充皆拜伏舞蹈。今既老病，无劳相见也。"③ 对于这种缺乏政治品德的人，他是拒而不用的。

君子、小人应当加以区别，不如此不能正确地进退百官，但正如魏徵所说，"君子、小人，貌同心异"，④ 识别起来并不那么简单，李世民也知道："用人之道，尤为未易。己之所谓贤，未必尽善；众之所谓毁，未必全恶。"⑤ 所以他又说："朕比读书，所见善事，并即行之，都无所疑。至于用人，则善恶难别，故知人极为不易。"⑥ 作为封建皇帝，由于地位特殊，就更容易为臣下所欺骗，李世民对此有相当清醒的估计：

> 人主惟有一心，而攻之者甚众。或以勇力，或以辩口，或以谄谀，或以奸诈，或以嗜欲，辐辏攻之，各求自售，以取宠禄。人主少懈而受其一，则危亡随之，此其所以难也。⑦

---

① 《大唐新语》卷6《举贤》。
② 《旧唐书》卷2《太宗纪》。
③ 《隋书》卷41《苏威传》。
④ 《贞观政要》卷5《诚信》。
⑤ 《全唐文》卷10太宗《金镜》。
⑥ 《魏郑公谏录》卷4《对读书善事》。
⑦ 《通鉴》卷196贞观十七年二月。

这样的认识太深刻了，因而他特别强调"则哲为难，良可慎也"①。确实是"知人则哲"，一个封建皇帝是否英明，能不能明辨贤佞是重要标志之一。李世民在知人方面，是有一些经验和原则的，兹一一加以介绍。

辨别一个臣下是否奸邪，首先要看他是否对皇帝阿谀奉承。有一次李世民止于一棵树下，十分欣赏地说："此嘉树。"宇文士及立即"从而美之，不容口"。李世民正色而尖锐地说："魏徵尝劝我远佞人，我不悟佞人为谁矣，意常疑汝而未明也。今乃果然。"②李世民还明确地指出，"谄佞之徒"的重要特征就是"以其谄谀之姿，恶忠贤之在己上"，以及"巧言令色，以亲于上；先意承旨，以悦于君"。③能够像李世民这样，居帝位之尊而能自觉抵制对自己的"先意承旨"，确实是难能可贵的。皇帝做不到这一点，必然要受骗上当。

其次，君主要看一个臣下怎样向他反映别人的善恶，然后据以识别奸臣。魏徵曾说："君子不能无小恶，恶不积无妨于正道；小人或时有小善，善不积不足以立忠。"④确实是，每一个人都有优点和缺点。如何向上反映一个人的善恶呢？魏徵认为，"君子掩人之恶，扬人之善"，⑤小人则专事告讦，而"告讦者进，遏恶者不齿，君子苟免，小人遂志"。李世民本人也发现，"告讦之言，案验多谬"。⑥这种人"告讦百官"时"务行谗毁，交乱君臣，殊非益国"，因而李世民下令，以后"有上书讦人小恶者，当以谗人之罪罪之"。⑦"隐恶扬善"是一种封建道德，具有片面性，正确的做法应当是实事求是地向皇帝全面反映。但可以肯定的是，一味对别人进行攻讦的人，肯定是佞臣，他们的汇报有两个特点：一是片面地扬恶隐善，二是所扬之"恶"也多不符合事实。如果皇帝听信这种攻讦，小人就会得志。李世民在这一点上头脑清醒，因而能区别忠奸，伸张正气。

---

① 《帝范》卷2《审官》。
② 《大唐新语》卷9《谀佞》。
③ 《帝范》卷2《去谗》。
④ 《旧唐书》卷71《魏徵传》。
⑤ 《贞观政要》卷5《诚信》。
⑥ 《魏郑公谏录》卷2《谏案验告讦》。
⑦ 《贞观政要》卷6《杜谗》。

复次，既然君子亦有小恶，小人也有小善，皇帝在识别贤佞时就须抓住主流，否则就会以偏概全，仍然认不清忠贤和奸邪。关于此点，魏徵说得最为中肯：

> 为人君者，在乎善善而恶恶，近君子而远小人……小人非无小善，君子非无小过。君子小过，盖白玉之微瑕；小人小善，乃铅刀之一割。铅刀一割，良工之所不重，小善不足以掩众恶也；白玉微瑕，善贾之所不弃，小疵不足以妨大美也。善小人之小善，谓之善善，恶君子之小过，谓之恶恶，此则蒿兰同臭，玉石不分，屈原所以沉江，卞和所以泣血者也。既识玉石之分，又辨蒿兰之臭，善善而不能进，恶恶而不能去，此郭氏所以为墟，史鱼所以遗恨也。

李世民认为魏徵的上述议论是"切至之意"，因赐绢三百匹以示奖励。① 统治者不但要明辨君子和小人，严格划分"六正"和"六邪"，而且要在行动上去恶用善，不然就有郭氏那种亡国破家的危险，这是极其深刻的认识。

最后，为了鉴别忠奸，还必须防止左右日伴君王的人蒙蔽皇帝，否则国君就难以洞悉幽隐。有一次宦官出使还朝，"妄有所奏"，李世民大怒，魏徵借机进奏："阉竖虽微，狎近左右，时有言语，轻而易信，浸润之潜，为患特深。以今日之明，必无所虑；为子孙教，不可不杜其源。"李世民笑着说："非公，朕安得闻此言？"② 唐玄宗以后不少唐朝的皇帝为宦官所蒙蔽，不辨忠奸，就生动地证明了此点。只可惜李世民抑斥阉宦的做法没有为后代所继承，致使朝政日非，民不聊生。

皇帝是否明于知人，是国家安危所系，所以魏徵认为："知臣莫若君，知子莫若父。父不能知其子，则无以睦一家；君不能知其臣，则无以齐万国。"③ 李世民作为明君，不但有辨别忠奸的标准，而且对当时的每个大臣所具备的优点和缺点了如指掌。有一次他对长孙无忌等人说：

---

① 《贞观政要》卷5《公平》。
② 《魏郑公谏录》卷2《谏阉竖妄有所奏》。
③ 《贞观政要》卷3《择官》。

"朕闻主贤则臣直,人苦不自知,公宜面论,攻朕得失。"长孙无忌不敢直陈,反而对皇帝歌功颂德一番。李世民大失所望,因而面论群臣得失,并且首先提到长孙无忌:

> 善避嫌疑,应对敏速,求之古人,亦当无比;而总兵攻战,非所长也。高士廉涉猎古今,心术聪悟,临难既不改节,为官亦无朋党;所少者,骨鲠规谏耳。唐俭言辞俊利,善和解人,酒杯流行,发言启齿;事朕三十载,遂无一言论国家得失。杨师道性行纯善,自无愆过;而情实怯懦,未甚便事,缓急不可得力。岑文本性道敦厚,文章是其所长;而持论常据经远,自当不负于物。刘洎性最坚贞,言多利益;然其意上然诺于朋友,能自补阙,亦何以尚。马周见事敏速,性甚贞正,至于论量人物,直道而行,朕比任使,多所称意。褚遂良学问稍长,性亦坚正,既写忠诚,甚亲附于朕,譬如飞鸟依人,自加怜爱。①

对臣下了解得这样全面和准确,可以称得起是"知臣莫若君"了。

知人是善用的前提,但怎样驾驭臣下,合理地使用人才,并且能充分调动他们的积极性,是一件不容易的事。李世民在善用方面也做得相当成功。

既然人人各有优点和缺点,才智各有大小,行能互见高低,究竟怎样具体使用人才呢?李世民认为,"人才有长短,不必兼通",重要的是应当"舍短取长,然后为美"。②他在批评萧瑀性格狷介,对同僚求备寡合时,也曾指出:"人不可以求备,必舍其所短,取其所长。"③李世民在临终前所著的《帝范》一书中有一段极其精辟的议论:

> 明主之任人,如巧匠之制木,直者以为辕,曲者以为轮,长者以为栋梁,短者以为拱角,无曲直长短,各有所施。明主之任人,

---

① 《旧唐书》卷65《长孙无忌传》。
② 《全唐文》卷10 太宗《金镜》。
③ 《通鉴》卷198 贞观二十年九月。

亦由是也，智者取其谋，愚者取其力，勇者取其威，怯者取其慎，无智愚勇怯，兼而用之。故良匠无弃材，明主无弃士。不以一恶忘其善，勿以小瑕掩其功，割政分机，尽其所有……今人智有短长，能有巨细，或蕴百而尚小，或统一而为多，有轻才者不可委以重任，有小力者不可赖以成职。委任责成，不劳而化，此设官之当也。①

按照这样的原则使用人才，当然能使百官各得其所，人尽其才，而皇帝则可以垂拱而治了。魏徵的主张与李世民相同，也认为"中智之人，岂无小慧，然才非经国，虑不及远，虽竭力尽诚，犹未免于倾败"②。所以大材小用、小材大用都是错误的。房玄龄和杜如晦正是遵照李世民的原则行事，故能"不求备以取人，不以己长格物"，因而成为唐代著名的"良相"。③贞观时期，在这方面君臣都做得比较出色。

如何调动臣下的积极性，防止他们渎职尸位，是每一个皇帝需要认真对待的另一个重要问题。对此，李世民特别强调要利用赏罚这个有力的杠杆，奖善止恶，因说："国家大事，唯赏与罚。"④至于如何进行赏罚，他也规定了原则：

> 仁爱下施则人不凋敝，教令失度则政有乖违。防其害源，开其利本。显罚以威之，明赏以化之；威立则恶者惧，化行则善者劝。适己而妨于道，不加禄焉；逆己而便于国，不施刑焉。故赏者不德君，功之所致也；罚者不怨上，罪之所当也……此赏罚之权也。⑤

国君进行赏罚，不能以臣下是"适己"还是"逆己"为根据，而是看他对地主阶级的国家是有功还是有罪。皇帝庆赏不是为了使臣下"德君"，

---

① 《帝范》卷2《审官》。
② 《全唐文》卷139魏徵《论时政第四疏》。
③ 《大唐新语》卷1《匡赞》。
④ 《旧唐书》卷68《尉迟敬德传》。
⑤ 《帝范》卷3《赏罚》。

而是借此来调动他们的积极性，使之竭力尽职。这一思想非常深刻，而且与韩非的原则完全吻合。在李世民的心目中，用人本身也是一种赏罚的手段，有一次就此对魏徵说："用得正人，为善者皆劝；误用恶人，不善者竞用。赏当其劳，无功者自退；罚当其罪，为恶者戒惧。故赏罚不可轻用，用人弥须慎择。"①确实是，朝廷上什么样的人得势，政治风气怎样，主要取决于皇帝在进行赏罚和用人时鼓励什么。不过，在君主专制的条件下，皇帝个人的感情能够在这些方面有严重干扰，应当尽力加以排除；否则，国君的喜怒无常能导致赏罚失当。所以魏徵明确地提醒李世民，要做到"恩所加则思无因喜以谬赏，罚所及则思无因怒而滥刑"②。尤其要注意防止"憎者唯见其恶，爱者唯见其善。爱憎之间宜详审。若爱而知恶，憎而知善，去邪勿疑，任贤勿贰，可以兴化矣"③。国君只有做到不以感情代替原则和政策，才能真正赏罚得当。李世民进行赏罚也出现过一些缺点和过失，但就总的方面说，错赏滥罚的事不占支配地位。他说即位以后，"正直之士，比肩于朝，未尝黜责一人"④。虽不免有夸大之处，但也可以说基本上符合实际情况。

一个人之兼有功过，犹如兼有优点和缺点，是不可避免的，如何根据一个人身上并存的功过进行赏罚呢？对此，李世民的主要做法是抓住主流，舍其支流。房玄龄、杜如晦和温彦博是当时的重臣，功绩卓著，但御史大夫萧瑀却因数人"尝有微过"而"劾之"，李世民对此事置而不问。后来有一次批评萧瑀："卿之守道耿介，古人无以过也；然而善恶太明，亦有时而失。"⑤恐怕所指的就是弹劾房、杜的那件事。李靖征东突厥，"拓境至于大漠"，立了大功，御史大夫温彦博弹劾他"军无纪纲，突厥宝货，乱兵所分"。李世民对这件事同样是"舍而不问"，并亲自对李靖说："隋将史万岁破突厥，有功不赏，以罪致戮。朕则不然，当舍公之罪，录公之勋也。"⑥侯君集平定高昌后曾擅自"配没无罪人"，"私取

---

① 《贞观政要》卷3《择官》。
② 《旧唐书》卷71《魏徵传》。
③ 《魏郑公谏录》卷5《太宗临朝诏群臣》。
④ 《通鉴》卷198 贞观二十一年五月。
⑤ 《旧唐书》卷63《萧瑀传》。
⑥ 《大唐新语》卷7《容恕》。

宝货"，不禁将士"竞来盗窃"，并因此被劾下狱。岑文本认为如果以此治罪，就会被天下人看作"唯录其过，似遗其功"，并且指出："古之人君出师命将，克敌则获重赏，不克则受严刑。是以当其有功也，虽有贪残淫纵，必蒙青紫之宠；当其有罪也，虽勤躬洁己，不免铁钺之诛。"李世民接受文本的意见，最后"乃释"君集。① 此外，对薛万彻也曾有"录功弃过"的事。② 因有大功而放纵臣下贪残不问，自然不免失之过宽；但李世民不以细过而忘大功，则是抓住了事物的主流，因而赢得大臣的赤胆忠诚，愿为皇帝舍生效命。

对于那些罪大于功的渎职贪官，素以行"仁政"著称的李世民则从来不肯因小功而舍大罪，毫不宽容，坚决打击。他一贯"深恶官吏贪浊，有枉法受财者，必无赦免"③。贞观二十年（646），李世民遣孙伏伽等二十二人巡察天下，一次就有"罪死者七人，流罪以下及免黜者数百人"④。唐政权当时能够对贪官污吏进行有力的打击，正是它具有生命力的生动表现。历代到了高官显宦贪墨成风而皇帝对他们又无可奈何的时候，说明这个王朝已经岌岌可危了。当然李世民并不是单纯进行打击的唯惩罚论者，他深知"不教而诛"是错误的，对百官经常谆谆教导，讲明利害，告诫他们不要因贪纵而自陷刑网。⑤ 李世民实际是把赏罚与教育结合起来双管齐下的，因而曾经借评论古人而大发议论："夫贤之立身，以功名为本；士之居世，以富贵为先。然则荣利，人之所贪；祸辱，人之所恶。故居安保名，则君子处焉；冒险履贵，则哲士去焉。"⑥ 这样做是收到了一定效果的，如长孙顺德"素多放纵，不遵法度"，以致其"监奴受人馈绢"。李世民发现后"于殿庭赐绢数十匹，以愧其心"，结果此人转变作风，以后"折节为政，号为明肃"，"称为良牧"。⑦ 不过，教育不是万能的，对于那些明知故犯的贪官污吏，以赐绢愧其心的做法未必能收效，

---

① 《旧唐书》卷69《侯君集传》。
② 《旧唐书》卷69《薛万彻传》。
③ 《贞观政要》卷1《政体》。
④ 《唐会要》卷77《巡察按察巡抚等使》。
⑤ 《贞观政要》卷6《贪鄙》有不少有关记载。
⑥ 《晋书》卷54《陆机传》末制曰。
⑦ 《旧唐书》卷58《长孙顺德传》。

恐怕唯一的办法是严惩不贷。

为了在任人和赏罚等方面做到进者贤、退者佞，赏当其功、罚当其罪，执政者必须出于公心；如果心术不正，出自私情，就会出现黜陟失当，赏罚不公。李世民在这方面也保持着冷静的头脑，做得相当出色。如他曾说："朕之授官，必择才行。若才行不至，纵朕至亲，亦不虚授，襄邑王神符是也。若才有所适，虽怨仇而不弃，魏徵等是也。"① 贞观初年，李世民对功臣以勋行赏，并声称"恐不能尽当，各许所言"。一时如丘师利等不识大体的人"咸自矜其功，或攘袂指天，以手画地"，闹得不可开交，连皇叔淮安王李神通也不服房玄龄、杜如晦和长孙无忌等人所受的封赏，并大言不惭地说自己"义旗初起，臣率兵先至。今房玄龄、杜如晦等刀笔之吏，功居第一，臣窃不服"。李世民这时严肃地历数神通的疆场败绩，大摆房、杜等人"筹谋帷幄、定社稷之功"，然后提高到原则上对他进行批评："叔父于国至亲，诚无所爱，必不可缘私，滥与功臣同赏耳。"这样一来，丘师利等顿时觉得滋味不对头，互相说："陛下以至公行赏，不私其亲，吾属何可妄诉？"② 上面皇帝的作风正派，下面的歪风邪气就泛滥不起来，一场纷争就这样自行消失了。还有一件事也值得一提，李世民的姐姐长广公主是杨师道之妻，有一次师道因鞫狱失当获罪，这时李世民亲自向姐姐解释："赏不避仇雠，罚不阿亲戚，此天下至公之道，不敢违也，以是负姊。"③ 这样做，于情于法兼而允当，非常得体。李世民不但不私亲属，对于秦王府的旧属部下，亦不以故情滥事升迁。玄武门之变结束不久，就有人建议秦府旧兵并授予武职，李世民却说："朕以天下为家，不能私于一物，惟有才行是任，岂以新旧为差？"并且指出这种错误的建议"非益政理"。他对古人所谓"内举不避亲，外举不避仇"的原则非常欣赏，认为"但能举用得才，虽是子弟及有仇嫌，不得不举"④。即令有大功殊勋的人，犯了重罪，那也必须绳之以法，不能宽贷。尉迟敬德是玄武门之变时的关键人物之一，"负其功"，攻讦房、

---

① 《旧唐书》卷65《长孙无忌传》。
② 《旧唐书》卷66《房玄龄传》。
③ 《通鉴》卷197贞观十七年四月。
④ 《贞观政要》卷5《公平》。

杜等元老重臣,甚至动手殴打任城王李道宗,几乎把眼睛打瞎,李世民就此事对他严重警告:"朕览《汉史》,见高祖功臣获全者少,意常尤之。及居大位以来,常欲保全功臣,令子孙无绝。然卿居官辄犯宪法,方知韩(信)、彭(越)夷戮,非汉祖之愆。"① 李世民确实没有在登极之后大杀功臣,表现了宽大的胸怀;同时又对元老功臣严格要求,毫不放纵。这方面可以说是做到了两全其美。能不能以公心用人,李世民把这一点看作君道的重要内容之一,所以他称赞晋武帝:"刘毅、裴楷以质直见容;嵇绍、许奇虽仇雠不弃。仁以御物,宽而得众,宏略大度,有帝王之量焉。"② 这实际上是在进行自况。

李世民为了广泛搜罗人才,还注意不因政治身份及家世地望的不同而厚此薄彼,强调"明君旁求俊乂,博访英贤,搜扬侧陋,不以卑而不用,不以辱而不尊"③。有一次他谈到山东人和关中人时,"意有异同",说明还有些此畛彼界的观念,张行成当即谏称:"臣闻天子以四海为家,不当以东西为限,若如是,则示人以隘狭。"李世民"善其言"。④ 对这一意见李世民肯定是由衷接受了的。李渊时期,偏重任用关陇集团的人士,而到贞观一朝,则情况发生了变化,形成山东微族及各集团人士并用的局面。⑤ 这就是有力的证明。房玄龄实际是根据李世民所定的原则办事的,所以实行的是"随能收叙,无隔卑贱"⑥的政策。李世民所信任的张亮,就是一个"素寒贱,以农为业"⑦的社会下层人物。

封建社会是一个具有等级特权的社会,要想充分做到以行能举人是根本不可能的,皇族子弟、功臣后代多能凭仗父辈的通显身份平流进取,获得官职。对于这些人,李世民也有所警惕,希望李氏子孙借鉴历史上"侯王能自保全者甚少,皆由生长富贵,好尚骄逸,多不解亲君子远小人"的教训,因命魏徵等"录古来帝王子弟成败事",编成《自古诸侯王

---

① 《旧唐书》卷68《尉迟敬德传》。
② 《晋书》卷3《武帝纪》末制曰。
③ 《帝范》卷1《求贤》。
④ 《旧唐书》卷78《张行成传》。
⑤ 参阅《汪籛隋唐史论稿》所收《唐太宗拔擢山东微族与各集团人士之并进》一文。
⑥ 《旧唐书》卷66《房玄龄传》。
⑦ 《旧唐书》卷69《张亮传》。

善恶录》，以赐诸王，并且对他们说："此宜置于座右，用为立身之本。"①此外，他还发现，"功臣子弟，多无才行，借祖父资荫，遂处大官，德义不修，奢纵是好"，遂责令诸大臣"戒勖子弟，使无愆过"。② 房玄龄临终前曾告诫诸子："必不可以地望凌人。"③ 恐怕就是遵照李世民的上述指示教诲子弟。遗憾的是李世民在这里只强调对王侯和功臣子弟的教育，而不敢把"以行能举人"的原则贯彻到底，从根本上剥夺寡行鲜能的显贵子孙的政治特权。

为了充分调动臣僚的积极性，李世民还特别替君臣关系确定了以诚信待下的原则。他在《帝范》中肯定，"立国制人，资股肱以合德"，"俟明贤而寄心"。④ 魏徵对这一点发挥得最为充分，认为皇帝"待之不尽诚信，何以责其忠恕哉？"如果"上下相疑，则不可以言至治"，只有上下以诚信相待，才能做到"君臣契合，寄同鱼水"。⑤ 他在另一篇奏疏中又说："君能尽礼，臣得竭忠，必在于内外无私，上下相信。上不信则无以使下，下不信则无以事上，信之为道大矣。"⑥ 但在这个问题上，李世民的认识远远赶不上魏徵。有人攻讦魏徵"阿党亲戚"，温彦博奉帝命进行案验，结果并没有发现什么罪证，却仍然说魏徵"不能远避嫌疑"，"虽情在无私，亦有可责"。李世民竟因此糊里糊涂地面责魏徵："自今后不得不存形迹"。过了几天，魏徵就此事坦率地奏称："臣闻君臣协契，义同一体。不存公道，唯事形迹，若君臣上下，同遵此路，则邦之兴丧，或未可知。"李世民立即改容说："吾已悔之。"⑦ 虽然如此，从总体上看，玄武门之变以后，他对东宫、齐府的不少人"引居左右近侍，心术豁然，不有疑阻"，⑧ 做得还是不错的。最突出的例子，莫过于信任魏徵。李世民在执政之初，就派他去"安辑河北，许以便宜从事"，实际上是去检查

---

① 《贞观政要》卷4《教戒太子诸王》。
② 《贞观政要》卷3《君臣鉴戒》。
③ 《旧唐书》卷66《房玄龄传》。
④ 《帝范》卷1《审官》。
⑤ 《贞观政要》卷3《君臣鉴戒》。
⑥ 《贞观政要》卷5《诚信》。
⑦ 《旧唐书》卷71《魏徵传》。
⑧ 《贞观政要》卷1《政体》。

赦原东宫、齐府官属的政策执行得怎样。魏徵原来就是李建成的太子洗马，以这样的身份完成这样的任务，虽然说明皇帝对自己的信任不疑，但一般人处此地位总不免感到为难。魏徵却能正确地对待这个问题，觉得"上既以国士见待，安可不以国士报之乎？"① 终于在国君诚信的感召下大胆地、出色地完成了任务，以此深受李世民的赞赏。再举一个突出的例子，尉迟敬德原来是刘武周的属将，与寻相等人降于李世民，不久寻相等又叛唐而去，唐将屈突通、殷开山等人于是把敬德囚于军中，主张加以杀害。李世民知道尉迟敬德如果打算叛逃，不会在寻相等以后，相信他必无二心，因下令军中释放了他，并"引入卧内，赐以金宝，谓曰：'丈夫以意气相期，勿以小疑介意。寡人终不听谗言以害忠良，公宜体之。必应欲去，今以此物相资，表一时共事之情也。'"就在同一天，李世民被王世充的部将单雄信所围，异常危急，尉迟敬德奋勇出击，刺雄信坠马，把李世民救出敌围，并大败王世充军。李世民遂对敬德说："比众人证公必叛，天诱我意，独保明之，福善有征，何相报之速也。"② 这个故事太生动了，它有力地证明以诚待人会收到多么显著的效果。正因为李世民一生强调"诚信"二字，所以他从原则上反对君主对臣下施展权术，曾经就此批评过曹操："朕常以魏武帝多诡诈，深鄙其为人，如此，岂可堪为教令？"③ 在封建主义时代，皇帝不可能完全摒绝权术，但运用得过多必然使政治生活走向病态。贞观时期朝廷中政治空气比较健康和正常，恐怕李世民与魏徵强调诚信是重要的原因之一。

要想做到君臣之间以诚信相待，必须防止不正派的人插足其间，进行离间。李世民即位不久就对侍臣指出，"谗佞之徒"得势，"若暗主庸君，莫不以之迷惑，忠臣孝子所以泣血衔冤"。魏徵接着说："臣尝观自古有国有家者，若曲受谗谮，妄害忠良，必宗庙丘墟，市朝霜露矣。"④ 贞观元年（627），监察御史陈师合上状论事，攻击杜如晦等权势过大，不应当一人总知数职，李世民就此事对戴胄说：

---

① 《旧唐书》卷71《魏徵传》。
② 《旧唐书》卷68《尉迟敬德传》。
③ 《贞观政要》卷5《诚信》。
④ 《贞观政要》卷6《杜谗邪》。

> 朕以至公治天下，今用（房）元龄、（杜）如晦，非为勋旧，以其有才故也。此人妄事毁谤，上状欲离间我君臣。昔蜀后主昏弱，齐文宣狂悖，然国称治者，以任诸葛亮、杨遵彦不猜之故也。朕今任如晦等，亦复如此。①

不但没有接受陈师合的离间，并且因此事把他流于岭外。由于李世民能够排除这种干扰，所以贞观一朝能够做到君臣契合。

李世民调动百官积极性的另一个重要办法，是放下国君的架子，却又以皇帝的身份屈尊礼贤，关心下面的生活和疾苦。史书上有这样的记载："太宗燕见卫公（李靖），常呼为兄，不以臣礼。初嗣位，与郑公（魏徵）语，恒自名。由是天下之人归心焉。"② 这样平易近人的作风，在历代帝王身上是太少见了。李勣晚年得了暴病，验方上说须服用"须灰"方可治疗，李世民知道后"乃自剪须，为其和药"。李勣被感动得"顿首见血，泣以恳谢"，李世民却说："吾为社稷计耳，不烦深谢。"③ 这样做的目的性是很明确的。马周患了糖尿病，"弥年不瘳"，李世民不但派名医、中使去探望，而且"躬为调药"，让皇子"亲临问疾"。④ 可谓关怀无微不至。贞观末年唐朝发动对外战争，李思摩在出征中为弩矢射中，李世民"亲为之吮血。将士闻之，莫不感动"⑤ 甚至普通士卒有了病，他也要"召至御榻前存慰，付州县疗之"。因此"士卒莫不感悦"。⑥ 李世民为了自己的政治利益而这样做，并且能做到如此程度，真是不愧为一个杰出和成功的政治家。

李世民之所以能够采取上述种种手段调动臣下的积极性，是由于他充分认识到得天下、治天下均非自己一人之功，是群策群力的结果。他在原则上反对皇帝大权独运，认为只要选贤任能，就可以"任之斯逸"。⑦

---

① 《唐会要》卷53《委任》。
② 《隋唐嘉话》上。
③ 《旧唐书》卷67《李勣传》。
④ 《旧唐书》卷74《马周传》。
⑤ 《通鉴》卷197贞观十九年五月。
⑥ 《通鉴》卷197贞观十九年三月。
⑦ 《帝范》卷1《求贤》。

他不赞成像隋文帝那样,"每事皆自决断",觉得这样做的结果是"虽则劳神苦形,未能尽合于理",主张国君只要"广任贤良,高居深视,法令严肃"① 就行了。放手发挥群臣的才干,是由于对大家的作用有正确的认识。李世民曾一而再、再而三地反复强调:

> 当今远夷率服,百谷丰稔,盗贼不作,内外宁静,此非朕一人之力,实由公等共相匡辅。②
> 中外乂安,皆公卿之力。③
> 朕端拱无为,四夷咸服,岂朕一人之所致,实赖诸公之力耳!④

只有不把功劳全归于自己的政治家才能真正认识群众的作用,并注意调动广泛的积极性。如果只看到自己的作用,漠视群众的力量,就必然要威权独运,造成下面人怀苟且的不健康状况。李世民作为一个打天下中立了殊勋、治天下中非常成功的封建皇帝,犹能不迷信自己,清醒地看到和主动发挥群臣的作用,在中国历史上可以称得起是罕见的杰出政治家。

在专制主义制度下,能否做到以行能举人,人尽其才,关键在于国君是否明智,李世民在这一点上也具有一定的自觉。有一次他问侍臣:"自古或君乱而臣治,或君治而臣乱,二者孰愈?"魏徵回答说:"君治则善恶赏罚当,臣安得而乱之?苟为不治,纵暴愎谏,虽有良臣,将安所施?"⑤ 话说得相当中肯。其实李世民本人对此也比较清楚,他虽然有时说"君虽不君,臣不可以不臣",⑥ 同时却更加强调"主贤则臣直"⑦。在《金镜》一文中更深刻地指出:

---

① 《贞观政要》卷1《政体》。
② 《贞观政要》卷10《慎终》。
③ 《通鉴》卷194 贞观六年七月。
④ 《贞观政要》卷10《慎终》。
⑤ 《通鉴》卷196 贞观十六年十二月。
⑥ 《旧唐书》卷2《太宗纪》。
⑦ 《旧唐书》卷65《长孙无忌传》。

予思三代以来，君好仁，人必从之；在上留心台榭，奇巧之人必至；致精游猎，驰骋之人远臻；存意管弦，郑、卫多进；降怀粉黛，燕、赵斯来；塞切直之路，为忠者必少；开谄谀之道，为佞者必多。①

因此，李世民特别注意自己的好恶，不能掉以轻心，曾说："为帝王者，必须慎其所与"，"邪佞忠正，亦在时君所好"。②他深深懂得"社稷安危，国家治乱，在于一人而已"，③知道"朕今行一事，则为天下所观；出一言，则为天下所听"④。权力越是集中，皇帝越是应当小心翼翼，如临深渊，如履薄冰。但在君主专制的制度下，由于权力非常集中，也往往出现像隋炀帝那样滥用权力的现象。对同一事物，两种截然相反的态度为明君和昏君画出了一条明显的界限。

当然，李世民作为地主阶级的封建皇帝，在选任人才、奖惩官吏、驾驭群臣方面也不可能做得十全十美，缺点和错误还是存在的。在进用人才上他虽然注意"不限尊卑"，但严格规定："工商杂色之流，假令术逾侪类，止可厚给财物，必不可超授官秩，与朝贤君子比肩而立，同坐而食。"⑤这就使以行能举人的原则不能彻底贯彻，受到了限制。李世民的阶级地位决定了他不能越过等级的鸿沟。在统治阶级内部，也由于"心存好恶，或众善举而用之，或一人毁而弃之；或积年任而用之，或一朝疑而远之"。有时甚至表面上"轻亵小人，礼重君子"，而实际上却"重君子也，敬而远之；轻小人也，狎而近之。近之则不见其非，远之则莫知其是"。致使"守道者日疏，干求者日进，所以人思苟免，莫能尽力"。⑥在赏功罚过方面也出现了"屈伸在乎好恶"，"轻重由乎喜怒"⑦

---

① 《全唐文》卷10《金镜》。
② 《魏郑公谏录》卷3《对古来帝王皆欲国祚长久》。
③ 《贞观政要》卷10《慎终》。
④ 《贞观政要》卷3《择官》。
⑤ 《旧唐书》卷177《曹确传》。
⑥ 《贞观政要》卷10《慎终》。
⑦ 《贞观政要》卷8《刑法》。

的情况，因而"小人之恶不惩，君子之善不劝"①。李世民虽然注意以诚信待臣下，不以"权谲小数"对人，但这一点也做得并非尽善尽美。从原则上讲，他并不完全反对法家的"术"，肯定"设分悬教，以术化人"，而"术以神隐为妙"。② 在这里我们仿佛看到了申不害的影子。李世民临终前，恐怕李勣"屡更大任"，"不厌伏"太子李治，于是授李勣叠州刺史，并且对太子布置："今若即发者，我死后，可亲任之。如迟疑顾望，便当杀之。"③ 这样做的目的是使李勣将来荷太子拔擢之恩，"必致其死力"④。显然是在玩弄权术。就连宋代的史臣范祖禹也对此事大不以为然：

> 太宗以李世勣为何如人哉？以为愚也，则不可以托孤幼而寄天下矣；以为贤也，当任而勿疑。何乃忧后嗣之不能怀服，先黜之而后用之邪？是以犬马畜之也。夫欲夺其心而折之以威，欲得其力而怀之以恩，此汉祖所以驭黥（布）、彭（越）之徒，徂诈之术也，五伯之所不为也，岂尧、舜亲贤之道乎？⑤

几千年的私有制社会，伴随着产生了权力私有的观念，而只要拥有这种观念，施展权术就是不可避免的。只有彻底废除了私有制，用彻底的民主制彻底消除权力私有的观念，才能从政治生活中永远消灭权术的运用。李世民受历史时代的局限，不可能完全避免这种缺点；不过就他一生来说，正派的政治作风毕竟占支配地位。与历代帝王相比，他的这一病态是症状最轻的，能做到这样的程度也就很不容易了。

第二节 务在宽简，严格执法

立法、执法务在宽简，严格坚持法制，是贞观之治的另一项主要

---

① 《旧唐书》卷71《魏徵传》。
② 《帝范》卷1《建亲》。
③ 《隋唐嘉话》中。
④ 《旧唐书》卷67《李勣传》。
⑤ 《唐鉴》卷6《太宗》。

内容。

前面已经指出，李世民在改革和制定《唐律》时曾经注重贯彻"变重为轻"的精神，把大量的大辟罪减为流刑，把大量的流刑改为徒刑，不再重复介绍于此。唯改革肉刑方面的情节，非常生动，不妨详细加以描述。贞观元年（627），房玄龄与蜀王府法曹参军裴宏献上奏，认为古代有五刑，其中之一是刖刑，后来废肉刑改五刑为死、流、徒、杖、笞，现在"复设刖刑"，就变成了六刑，不符合立法宽减的原则，李世民让八座（左右仆射及六部尚书合称八座）进行研究后，终于决定废除了断趾之法，"改为加役流三千里，居作二年"①。这是刑罚上的一个进步。李世民暇日观看明堂上悬挂的"孔穴图"，发现"五脏之系，咸附于背"，而现实中也往往有执行鞭背之刑时把人打死的情况，因而叹气说："夫箠，五刑之最轻者也，岂容以最轻之刑而或致之死。古帝王不悟，不亦悲夫！"于是在贞观四年（630）十一月即日下令："决罪人不得鞭背。"② 这两件事生动地说明了贞观时期刑罚疏缓的情况。由于李世民比较注意恤刑，所以贞观四年全年天下只有二十九人被断死刑，③ 终贞观一朝，"道臻刑措二十余年"④。在这一方面，只有汉代的文、景时期可以与此相比，其他各代就不免相形见绌了。

李世民之所以能够做到这一点，原因是多方面的。首先，隋末农民起义是对隋炀帝"益肆淫刑"的有力回答，有鉴于此，李世民执政后自然不得不改弦更张，反其道而行之。其次，一次大规模的农民战争刚刚过去，阶级斗争比较缓和，正处于低潮时期，唐初"官民奉法，盗贼日稀"，⑤ 为疏缓刑罚提供了客观条件；否则，统治者即令想实行"宽简"政策也是不可能的。最后，李世民个人品格杰出，又认真推行儒家的"仁政"，也是一个不可忽视的原因。李世民宽缓刑罚，不但没有危及地主阶级的统治，而且对缓和阶级矛盾、巩固封建统治起了一定的作用，

---

① 《唐会要》卷39《议刑轻重》。
② 《唐会要》卷40《君上慎恤》。
③ 《贞观政要》卷8《刑法》。
④ 《唐大诏令集》卷82《永徽二年颁行新律诏》。
⑤ 《贞观政要》卷5《仁义》。

最终有利于地主阶级的根本、长远利益。

　　律令格式制定、颁布以后，能否得到严格的执行，是一个十分重要的问题；如果立法者本身就破坏法制，或司法官上下其手，违律行事，法律定得再完备也只不过是具文而已。隋文帝立法也多"以轻代重，化死为生"，但他在执行中却"不复依准科律"，"每尚惨急"。隋炀帝即位之初制定的《大业律》亦"并轻于旧"，但后来执法的实际情况是"益肆淫刑"，司法官"生杀任情"。①李世民在这一方面也接受了亡隋的教训，很注意以身作则，严格守法。他曾说："君不约己而禁人为非，是犹恶火之燃，添薪望其止焰；忿池之浊，挠浪欲止其流，不可得也。"②李世民之所以有这样的自觉，是与他对法律的正确、深刻的认识分不开的，他在思想上非常明确："法者，非朕一人之法，乃天下之法。"③在这方面，有很多具体事例。

　　侍御史张玄素有一次弹劾乐蟠县令叱奴骘"盗官粮"，李世民大怒，立即下令处斩，大臣张文瓘认为"据律不当死"。李世民怒气未消，仍坚持说："仓粮事重，不斩恐犯者众。"魏徵进谏说："陛下设法，与天下共之，今若改张，人将法外畏罪。且复有重于此者，何以加之？"一旦把问题提到"与天下共之"的原则高度，李世民就只能依法免除了犯人的死罪，收回成命。④

　　另一次，广州都督党仁弘因"交通豪酋，纳金宝"，"擅赋夷人"，犯了重罪，"法当死"。⑤但此人在太原起兵及唐朝统一全国的战争中立过战功，李世民既念其旧功，又不忍见其白首就戮，于是曲法免死。不过，这样做破坏了法制，为了挽回影响，维护法律的尊严，他召集五品以上的官员当众宣布："法者，人君所受于天，不可以私而失信。今朕私党仁弘而欲赦之，是乱其法，上负于天。欲席藁于南郊，日一进蔬食，以谢罪于天三日。"并且自称："朕有三罪：知人不明，一也；以私乱法，二

---

① 《隋书》卷25《刑法志》。
② 《帝范》卷4《务农》。
③ 《贞观政要》卷5《公平》。
④ 《大唐新语》卷4《持法》。
⑤ 《新唐书》卷56《刑法志》。

也;善善未赏,恶恶未诛,三也。"房玄龄等人觉得皇帝自罚有点不成体统,劝李世民说:"生杀之柄,人主所得专也,何至自贬责如此!"经过再三苦谏,李世民才答应不去南郊谢天。① 不能不承认这样做对维护法制有一定的作用,对臣下违法也无异于一次严重的告诫。

还有一次,李世民下令"大开选举",规定凡是"诈伪阶资"的人必须自首,否则被查出来就要判处死罪。果然有人暴露了这样的罪行,当时大理少卿戴胄"据法断流以奏之",判决与皇帝的敕令发生了矛盾。李世民最初表示:"朕初下敕,不首者死,今断从法,是示天下以不信矣。"法令与皇帝的信用相抵触,这确实是个难题,怎么办呢?戴胄坚持说:"陛下当即杀之,非臣所及;既付所司,臣不敢亏法。"李世民仍然固执地说:"卿自守法而令朕失信耶?"戴胄最后进行辩解:"法者,国家所以布大信于天下;言者,当时喜怒之所发耳。陛下发一朝之忿,而许杀之,既知不可,而置之以法,此乃忍小忿而存大信(据文意,此句有误),臣窃为陛下惜之。"这就化法与信的矛盾为大信与小信的矛盾,实质上揭示了"守法"与"亏法"的矛盾,李世民最后认了输,只得自解称:"朕法有所失,卿能正之,朕复何忧也?"② 虽然有些勉强,李世民还是能根据小道理服从大道理的原则做到了从法和守法。

国君执法是否能严格遵守法制,关键还在于能否做到公允无私,不以私害公,即在地主阶级内部做到法律面前人人平等。李世民在这一方面也有所留意。他首先从原则上肯定:"朕以至公临天下,法之所行,无舍亲昵。"③ 这同他一贯强调的"赏不避仇雠,罚不阿亲戚"是完全一致的。濮州刺史庞相寿因"贪浊有闻"而被"追还解任",但由于他原来是秦王府的旧官属,李世民"深矜之",遂改变决定,不再解官,并且对他说:"尔是我旧左右,今取他物,祇应为贫,赐尔绢百匹,即还向任,更莫作罪过。"这显然是破坏法制的徇私之行。魏徵当即提出异议:"今以故旧私情,赦其贪浊,更加以厚赏,还令复任。然相寿性识,未知愧耻。幕府左右,其数甚多,人皆恃恩私,足使为善者惧。"李世民"欣然"采

---

① 《通鉴》卷196 贞观十六年十二月。
② 《贞观政要》卷5《公平》。
③ 《册府元龟》卷157《帝王部·诫励二》。

纳了这一意见，于是对庞相寿"赐物而遣之"。① 这样做虽然还不免带有一些感情的色彩，但贪官还是终于被解免了职位。此事发生在贞观三年(629)，② 大致由于接受了这次教训，所以贞观九年(635)岷州都督高甑生因违李靖节度和诬告李靖谋逆而被判处"减死徙边"，有人因为他是"旧秦府功臣"，请求"宽其过"时，李世民断然说：

> 虽是藩邸旧劳，诚不可忘。然理国守法，事须画一，今若赦之，使开侥幸之路。且国家建义太原，元从及征战有功者甚众，若甑生获免，谁不觊觎？有功之人，皆须犯法。我所以必不赦者，正为此也。③

确实，坚持法制必须把好关，一旦开了破坏法制的端，以后再想坚持也不容易了。李世民不赦高甑生的罪，其他秦府旧属就能遵法、守法。不仅对秦府旧属如此，即令宗室子弟，李世民也不允许他们居于法律之上，无法无天。他"以子弟成长，虑乖法度"，派遣正派的人做他们的长史、司马，诸王"有亏违，皆遣闻奏"。④ 凉州都督长乐王李幼良曾因"侵暴百姓"于贞观元年(627)赐死。⑤ 江夏王李道宗亦曾"坐贼下狱"，"免官、削封邑"。⑥ 对于执法以公的重要性，李世民的谏臣魏徵曾有一段精彩的议论："公之于法，无不可也，过轻亦可；私之于法，无可也，过轻则纵奸，过重则伤善。圣人之于法也，公矣。"⑦ 不免有些偏激，过轻过重都是不对的，但强调一个"公"字却完全正确，不如此就根本谈不上什么法制。只有执法公允，才能真正使罪犯心服。贞观六年(632)，李世民亲录囚，被判死刑的罪犯有三百九十人，他全部纵使还家，约定次年秋季再来"即刑"，出乎预料的是"及期，囚皆诣朝堂，无后者"。⑧

---

① 《魏郑公谏录》卷1《谏复庞相寿任》。
② 《通鉴》卷190 贞观三年闰十二月。
③ 《贞观政要》卷8《刑法》。
④ 《旧唐书》卷76《庶人祐传》。
⑤ 《通鉴》卷182 贞观元年闰三月。
⑥ 《旧唐书》卷60《江夏王道宗传》。
⑦ 《全唐文》卷140 魏徵《理狱听谏疏》。
⑧ 《新唐书》卷56《刑法志》。

这是中国历史上绝无仅有的奇迹，但它只能是执法持平的结果。李世民对这一点非常重视，所以大加赞扬诸葛亮的"尽忠益时者，虽雠必赏；犯法怠慢者，虽亲必罚"。并以此鼓励臣下："卿等岂可不企慕及之？"①在皇帝这样的提倡和身体力行下，贞观一朝徇私枉法和官官相护的现象自然就比较少，宦风基本正常。

立法中"变重为轻""意在宽平"的精神是否能在执法中得到有效贯彻，量刑是否允当，是坚持法制的另一个重要问题。为了贯彻上述立法精神，李世民首先注重"审刑"。他在贞观元年（627）说："古者断狱，必讯于三槐、九棘之官，今三公、九卿即其职也。自今以后，大辟罪皆令中书、门下四品已上及尚书、九卿议之，如此，庶免冤滥。"②后来因为错杀了几名大臣，有所悔悟，又于贞观五年（631）特别规定："死刑虽令即决，仍三覆奏，在京五覆奏。"③此外，还下令实行新制度，即司法官定罪之后，还须"门下覆理，有据法合死而情可宥者，宜录状奏"。由于决狱如此审重，"自是全活者甚众"。④这些措施对立法精神的贯彻起了一定的保证作用。

其次，司法官的素质如何，国君对他们如何驾驭和使用，也牵涉法制能否坚持的问题。李世民即位之初，曾问侍臣："死者不可再生，用法务在宽简……今法司核理一狱，必求深刻，欲成其考课。今作何法，得使平允？"王珪建议："但选公直良善人，断狱允当者，增秩赐金，即奸伪自息。"诏从之。⑤这里提出了两个问题：第一，司法官必须是"公直良善"的正派人，如果他们心术不正，就不免上下其手，破坏法治。第二，皇帝鼓励什么，对司法官执法起很大作用。正是在这两点认识的指导下，李世民把"形若死灰，心如铁石"的唐临擢拔为御史大夫，他断狱"必无枉滥"。⑥虽然重视人选，但天下司法官遍布各地，难保其中有不正派的人，怎样引导他们按照立法原则办事呢？李世民本人也确实感

---

① 《贞观政要》卷5《公平》。
② 《贞观政要》卷8《刑法》。
③ 《唐会要》卷40《君上慎恤》。
④ 《旧唐书》卷50《刑法志》。
⑤ 《贞观政要》卷8《刑法》。
⑥ 《大唐新语》卷4《持法》。

到这是一个难题,故对大理卿孙伏伽说:

> 夫作甲者欲其坚,恐人之伤;作箭者欲其锐,恐人不伤。何则?各有司存,利在称职故也。朕常问法官刑罚轻重,每称法网宽于往代。仍恐主狱之司,利在杀人,危人自达,以钓身价,今之所忧,正在此耳。①

"意在深刻""利在杀人"确实是唐朝司法官的职业病,大臣刘德威对症开了一个药方:"诚在君上,不由臣下。主好宽则宽,好急则急。律文失入减三等,失出减五等;今则反是,失入无辜,失出则获戾,所以吏各自爱,竞执深文,畏罪之所致也。"一语说中了要害,李世民"深纳其言"。②贞观一朝司法官执法宽平,是与李世民从上面提倡和鼓励用法宽简分不开的。

李世民立法、执法以轻代重,审刑宽缓,是以地主阶级的根本利益得到充分保证为限度的,一旦超出了这个界限,他就会板起统治者的铁青面孔,毫不留情地进行严刑镇压。如他曾公开声称:"比有奴告主谋逆,此极弊法,特须禁断。"因下令:"自今奴告主者,不须受,尽令斩决。"③"谋逆"尚不许告发,主人的其他罪行奴婢就更无权控告了。陈仓县的折冲都尉鲁宁,"坐事系狱,自恃高班,谩骂陈仓尉刘仁轨",被刘仁轨杖杀。李世民听说以后大怒,命追刘仁轨到长安加以面诘,打算处斩。刘仁轨在皇帝面前辩解说:"鲁宁对臣百姓辱臣如此,臣实忿而杀之。"魏徵插进来问道:"陛下知隋所以亡乎?"李世民问:"何也?"魏徵说:"隋末百姓强而凌官吏,如鲁宁之比是也。"李世民恍然大悟,不但不再问罪,反而把刘仁轨提升为栎阳丞。④可见在他的心目中,不但不允许百姓辱官员,甚至他们在百姓面前受其他人的污辱也不行。在阶级镇压阶级这个致命的问题上,李世民与魏徵是铁面无情的,儒家仁政的

---

① 《贞观政要》卷8《刑法》。
② 《大唐新语》卷4《持法》。
③ 《贞观政要》卷8《刑法》。
④ 《魏郑公谏续录》。

面纱于此剥落尽净了。

此外，在君主专制体制下，李世民完全不破坏法制也是不可能的。贞观六年（632），李世民亲自承认："朕比来决事或不能皆如律令。"①贞观十一年（637），魏徵指出他已有"意渐深刻"，"法无定科，任情以轻重"②的情况，这无异于自乱其法。张亮、张蕴古与卢祖尚等人就是在这种喜怒任刑的条件下被轻刑重判而处死的，连李世民本人也对其中的几件事深为追悔。在中国封建社会专制主义制度下，集立法权、司法权与行政权于皇帝一身，皇帝居于法律之上，诏令就是法权渊源，所以君主破坏法制是司空见惯的事，不能从根本上加以避免。自古就有这样的口头禅："法之不行也，自上犯之。""只许官家放火，不许百姓点灯。"在这种体制下，法制坚持得如何，取决于皇帝个人的作风，而即令像唐太宗这样注意维护法制的皇帝，也难免一再破坏法制。由此可见，只有使立法权、司法权从行政权、军事权彻底独立出来，政治上没有任何人能居于法律之上，建立了真正健全的司法制度，法制的坚持才能从根本上得到保证。

第三节　以人为镜，以明得失

唐太宗的"从谏如流"，③在中国历史上非常突出，可以说还没有任何一个皇帝在这一点上可以与他媲美。他与魏徵二人，一个虚怀若谷，一个犯颜逆鳞，往往争执得面红耳赤，最后多能按照儒家治道的原则而纳谏，这样的情况在贞观一朝一个接着一个出现，传为千古佳话。魏徵卒后，李世民悲痛地说："夫以铜为镜，可以正衣冠；以古为镜，可以知兴替；以人为镜，可以明得失。今魏徵殂逝，遂亡一镜矣！"④实际上，这三镜中最重要的一镜是"以人为镜"，它对贞观之治的治绩，起了极其重要的作用。

---

① 《通鉴》卷193贞观六年十二月。
② 《贞观政要》卷5《公平》。
③ 《贞观政要》卷1《政体》。
④ 《贞观政要》卷2《任贤》。

李世民对纳谏的重要意义，有很深刻的认识，这是在实践中能够做到虚怀听纳的思想基础。贞观四年（630），他在批评隋文帝的"每事皆自决断"，"未能尽合于理"时，曾经这样说："岂得以一日万机，独断一人之虑也。且日断十事，五条不中，中者信善，其如不中者何？以日继月，至于累年，乖谬既多，不亡何待？"① 其实，即令这句话也是从张玄素的谏疏中学来的。② 在李世民的思想中很明确，纳谏的主要目的就是防止乖谬和改正错误，以利于地主阶级的"长治久安"。有一次君臣讨论"守天下难易"的问题，李世民简洁地说："任贤良、受谏诤，即可，何谓为难？"③ 说话得有点过头，"受谏诤"本身就不是一件容易的事，但从这句概括性很强的话却可以看出，他把纳谏摆到了何等重要的地位。李世民不仅自己留心纳谏，而且要求臣下既能在皇帝面前面折廷争，也能在其下级面前虚心接受意见。他曾对房玄龄等人说："公等亦须受人谏语，岂得以人言不同己意，便即护短不纳？若不能受谏，安能谏人？"④ 李世民对纳谏的重要性的认识，还基于他肯定这样的前提：国君并不是一贯正确的上智，臣属并不是事事不如皇帝的下愚。他在唐朝建立和统一的过程中立下了显赫的功勋，却并不承认自己是一个没有缺点、从不犯错误的完人，经常就此对人说：

> 自知者为难。如文人巧工，自谓己长，若使达者大匠诋诃商略，则芜辞、拙迹见矣。天下万机，一人听断，虽甚忧劳，不能尽善。⑤
> 顾谓（魏）徵曰："玉虽有美质，在于石间，不值良工琢磨，与瓦砾不别。若遇良工，即为万代之宝。朕虽无美质，为公所切磋，劳公约朕以仁义，弘朕以道德，使朕功业至此，公亦足为良工。"⑥

---

① 《贞观政要》卷1《政体》。
② 《大唐新语》卷1《匡赞》载，贞观初，玄素谏："万乘之主，欲使自专庶务，日断十事而有五条不中者，何况万务乎？以日继月，以至累年，乖谬既多，不亡何待？"
③ 《贞观政要》卷1《君道》。
④ 《贞观政要》卷2《求谏》。《唐会要》卷56《起居郎起居舍人》亦载李世民称："为长官不可自专，自专必败。临天下亦尔，每事须在下量之。"
⑤ 《新唐书》卷132《吴兢传》。
⑥ 《贞观政要》卷1《政体》。

公(指王珪)独不见金之在矿,何足贵哉?良冶锻而为器,便为人所宝。朕方自比于金,以卿为良工。①

李世民在这里自比石间之玉,在矿之金,把进谏的人比作良工和良冶,等于承认臣下有比国君高明的地方。所谓琢磨、锻冶,就是指去掉石玉、金矿中的杂质而言,可见他并不认为皇帝是天生的纯玉、赤金,实际上缺点很多。而对于自己身上的这些缺陷,又"苦不能自见",②并且知道国君深居九重,"不能尽见天下事",③设法行政就不可能完全符合社会实际,因而他特别强调广开言路,倾听逆耳之言。正因为李世民对纳谏的意义有正确、深刻的认识,所以不但在行动上求谏、听纳,而且在即位之初就从制度上规定,宰相入内平章国事,"必使谏官随入,预闻政事"④。

在李世民的倡导和鼓励下,二十余年间谏臣盈庭,讽谏成风,据不完全统计,前后向李世民进谏的人不下三十人,除最著名的魏徵以外,还有刘洎、岑文本、马周、褚遂良等人。⑤其中魏徵一人"所谏前后二百余事",⑥凡数十万言,能切中皇帝之失,奏多称旨。而且他"素有胆智,每犯颜进谏,虽逢王赫斯怒,神色不移"。他能做到此点,与其本人的政治品格有密切的关系,所谓"身正而心劲,上不负时主,下不阿权幸,中不移亲族,外不为朋党,不以逢时改节,不以图位卖忠",因而称得起"前代诤臣,一人而已"。李世民甚至把贞观时期政绩的取得说成是"皆魏徵之力也"。⑦不仅大臣谏诤不绝,像长孙皇后亦不断有所进谏,所以卒后李世民凄然地追念她:"每能规谏,补朕之阙,今不复闻善言,是内失一良佐。"⑧甚至贤妃徐氏也上过数百言的谏疏,批评"军旅亟动,宫

---

① 《贞观政要》卷2《任贤》。
② 《贞观政要》卷3《君臣鉴戒》。
③ 《贞观政要》卷1《政体》。
④ 《贞观政要》卷2《求谏》。
⑤ 《旧唐书》卷74《刘洎传》载,李世民说:"自朕临御天下,虚心正直,即有魏徵朝夕进谏。自征云亡,刘洎、岑文本、马周、褚遂良等继之。"
⑥ 《贞观政要》卷2《任贤》。
⑦ 《旧唐书》卷71《魏徵传》及传末史臣曰。
⑧ 《旧唐书》卷51《太宗文德皇后长孙氏传》。

室互兴，百姓颇倦劳役"的弊政，李世民"善其言"而纳之。① 有一次李世民大怒，欲杀苑西监穆裕，太子李治"遽犯颜进谏"，李世民"意乃解"，长孙无忌因此事感动地说："自古太子之谏，或乘间从容而言。今陛下发天威之怒，太子申犯颜之谏，诚古今未有。"② 可见谏诤的风气已经渗透进了皇帝家庭中的夫妻、父子之间，在历史上确实是罕见的。

正如李世民在任人方面不限贵贱一样，在纳谏方面也同样强调："有人上封事献直言，能益于时以裨政要者，朕倾耳而听，拭目而览，合于务者，不以舆皂而废其言也。"③ "言之而是，虽在仆隶刍荛，犹不可弃也。"④ 这种不因人废言、广听博纳的精神，非常可贵。

为什么李世民在纳谏方面能做得如此出色呢？原因是多方面的。

首先，隋末农民起义的铁拳把隋王朝砸得粉碎，李世民亲见亲闻其事，深知国君犯错误而又不加改正会招来怎样的严重后果，所以在他的意识中可以说是"怕"字当头。李世民教育太子说："舟所以比人君，水所以比黎庶，水能载舟，亦能覆舟。尔方为人主，可不畏惧！"⑤ 还有一次对侍臣说："天子者，有道则人推而为主，无道则人弃而不用，诚可畏也！"⑥ 他还特别令起居郎在笏板上写上"居安思危"四个大字，嘱咐他们："朕若不思，即向朕道。"⑦ 怎样才能使"覆舟"的人民变"载舟"的人民，防止"无道"而坚持"有道"呢？重要的办法之一就是听纳谏诤，李世民认为自古以来国家兴灭无常，关键就在于是否能通过纳谏防止和改正过错。国君"短于自见，不闻逆耳之言，故至于灭亡，终身不悟，岂不惧哉！"⑧ 这就把"怕"字和纳谏直接联系在一起了。有一次，李世民得到一只鹞，非常喜爱，看见魏徵来了，就把它藏在怀中，不料魏徵早已看到这个动作，他就故意借机"讽谏"，没完没了地啰唆。李世

---

① 《旧唐书》卷51《贤妃徐氏传》。
② 《贞观政要》卷2《纳谏》。
③ 《册府元龟》卷102《帝王部·招谏一》。
④ 《帝范》卷2《纳谏》。
⑤ 《贞观政要》卷4《教戒太子诸王》。
⑥ 《贞观政要》卷1《政体》。
⑦ 《魏郑公谏录》卷4《对帝王不能长理》。
⑧ 《全唐文》卷10太宗《金镜》。

民既"惜鹞且死",又"素严敬"魏徵,还是一直熬到他把话说完,结果"鹞死怀中"。① 还有一次李世民打算出幸山南,已经"装束悉了",却没有成行,魏徵知道后询问原因,李世民回答说:"当时实有此心,畏卿嗔,遂停耳。"② 作为一国的皇帝而畏惧大臣,在封建专制的时代似乎是不可理解的。在李世民如临深渊、如履薄冰的战战兢兢的心情中,我们明显地看到了隋末农民大起义的作用的折光。

其次,李世民之所以能倾听逆耳的忠言,还在于他看到了隋炀帝的刚愎拒谏招来了一场多么深重的灾难。为了生动地论证这个问题,不妨简略地回顾一下隋末的历史。史称:"隋炀帝骄矜自负,以为尧、舜莫己若,而讳亡憎谏,乃曰:'有谏我者,当时不杀,后必杀之'。"③ 他还对虞世南说过:"我性不欲人谏。若位望通显而来谏我,以求当世之名者,弥所不耐。至于卑贱之士,虽少宽假,然卒不置之于地。汝其知之!"④ 杨广不但不喜欢听纳谏诤,甚至不允许臣下反映社会上的真实情况。虞世基知道他"恶闻"农民起义的消息,看到有人来汇报这方面的状况,必"抑损表状,不以实闻"。东都的越王杨侗被瓦岗军打得狼狈不堪,派元善达赴江都告急,虞世基为迎合皇帝而奏称:"越王年小,此辈诳之。若如所言,善达何缘来至?"隋炀帝大怒:"善达小人,敢廷辱我!"因逼令外出催运,为起义农民所杀。⑤ 重臣苏威"欲令帝知天下多盗",婉转地反映了一点情况,佞臣裴蕴乘机奏称:"此大不逊,天下何处有许多贼!"隋炀帝因说:"老革(指苏威)多奸,将贼胁我,欲搭其口,但隐忍之,诚极难耐。"⑥ 有个宫女不知趣地向皇帝汇报:"外闻人人欲反。"竟因此而被杀。宿卫者亦"往往偶语谋反",萧皇后知道后说:"天下事一朝至此,势已然,无可救也。何用言之,徒令帝忧烦耳。"从此"无复言者"。⑦ 由于郡县反映农民军状况的奏表多人为地减报"贼数""故出师

---

① 《隋唐嘉话》上。
② 《大唐新语》卷9《从善》。
③ 《新唐书》卷132《吴兢传》。
④ 《隋书》卷22《五行志上》。
⑤ 《隋书》卷67《虞世基传》。
⑥ 《隋书》卷67《裴蕴传》。
⑦ 《隋书》卷36《萧皇后传》。

攻讨，多不克捷"。① 隋炀帝迫使所有周围的人用谎言来蒙蔽他自己时，他在政治上的总崩溃就仅仅是个时间问题了。李世民既亲见亲闻上述政治病态，自然不能不从中汲取教训，他曾明确地说："隋炀帝暴虐，臣下钳口，卒令不闻其过，遂至灭亡。"② 此外，如魏徵和长孙无忌等人也都看到了此点，不乏类似的议论。如上所述，根据隋唐之际的史实，以农民起义为触媒，以杨广为反面教员，所以"憎谏"转化成了"求谏"，"臣下钳口"转化成了谏臣满朝，上下壅隔转化成了下情上达。在这一点上毋宁可以说，没有隋炀帝就不会有唐太宗。

在专制体制下，"天皇圣明，臣罪当诛"是政治上信奉的原则，这种空气笼罩下要做到君臣之间群策群力，广开言路，上下无所阻隔，是很不容易的。因为客观上存在很多谏诤和纳谏的思想障碍，不认识和扫除这些绊脚石，就不可避免地导致皇帝刚愎拒谏、臣下唯诺钳口。贞观一朝君臣之间对这一方面也有比较清醒的认识，能够在实践中排除障碍，使政治生活趋向健康。

首先谈谈从皇帝方面如何主动排除这些障碍。几千年的阶级社会，尤其是具有等级制的封建社会，使人们的思想意识中形成了一种恶习，即批评别人尽管不容易，但接受批评，尤其是接受自下而上的批评，就更显得困难。皇帝本人居于社会等级的宝塔尖，与臣属处于不平等的地位，在接受意见方面就极其困难了。因此，为了纳谏，首先要扫除皇帝方面所特有的障碍。李世民在这方面颇有自知之明，曾在晚年进行总结："逆耳之辞难受，顺心之说易从。彼难受者，药石之苦喉也；此易从者，鸩毒之甘口也。明王纳谏，病就苦而能消；暗主从谀，命因甘而致殒。"③ 有了这样的自觉，就先从认识上清除了障碍。其次，君尊臣卑的朝廷威仪容易使谏者知而不敢言，言而不能尽，李世民确实发现自己"威容俨肃，百僚进见者，皆失其举措"，奏事的人"多有怖慑，言语致失次第。寻常奏事，情犹如此，况欲谏诤，必当畏犯逆鳞。"为了扫除这一障碍，他注意从本身做起，"每见人奏事，必假颜色"，并且说"纵不合朕心，朕

---

① 《隋书》卷41《苏威传》。
② 《贞观政要》卷2《求谏》，卷3《君臣鉴戒》。
③ 《帝范》卷2《去谗》。

亦不以为忤。若即嗔责，深恐人怀战惧，岂肯更言！"① 不仅如此，对于"谠言直谏"的大臣，还特别强调要"拭目以师友待之"。② 这就在一定程度上减少了君臣之间的身份隔阂。复次，既要纳谏，就不能要求谏臣的意见完全正确，提意见的方式完全得体，必须坚持无则加勉、言者无罪的原则。即使谏者稍微说了一些过头话，也不能求全责备，轻易加上谤讪的罪名。贞观八年（634），陕县丞皇甫德参上书"忤旨"，李世民以为是"讪谤"，将加以治罪，魏徵说："自古上书，率多激切，若不激切则不能起人主之心。激切即似讪谤，惟陛下详其可否。"李世民接受这一意见，不但没有加罪于德参，而且赐帛二十段以资鼓励。过了十年，刘洎又批评李世民对上书"辞理不称者，或对面穷诘，无不惭退，恐非奖进言者"。李世民当即表示："当为卿改之。"③ 他在晚年总结出了这样的原则："其义可观，不责其辩；其理可用，不责其文。"④ 这一措施自然大大减少了谏臣的顾虑，有利于畅所欲言。最后，既要君臣论辩，集思广益，就不能因人废言，不应当首先看谏者是什么人，而要注意建议、批评本身是否正确；不能偏听偏信，而要全面斟酌。李世民曾对侍臣说："言之而是，虽在仆隶刍荛，犹不可弃也；言之而非，虽在王侯卿相，未必可容。"⑤ 有一次他问："何谓明君、暗君？"魏徵说："君之所以明者，兼听也；其所以暗者，偏信也。""人君兼听纳下，则贵臣不得壅蔽，而下情必得上通也。"李世民"甚善其言"。⑥ 只有意见来得广泛，国君兼听博纳，才能做出正确的、符合实际情况的决策。李世民上述几项原则，对广开言路有明显的作用。

从臣下方面来说，要做到勇于犯颜直谏，也有不少障碍须加以扫除，在这一方面，李世民也有不少论述。他深知"人臣事主，顺旨甚易，忤情尤难"⑦。魏徵认为大臣谏君，有种种原因不敢逆鳞："人之才器，各有

---

① 《贞观政要》卷2《求谏》。
② 《贞观政要》卷1《政体》。
③ 《贞观政要》卷2《纳谏》。
④ 《帝范》卷2《纳谏》。
⑤ 《帝范》卷2《纳谏》。
⑥ 《贞观政要》卷1《君道》。
⑦ 《贞观政要》卷10《慎终》。

不同。懦弱之人，怀忠直而不能言；疏远之人，恐不信而不得言；怀禄之人，虑不便身而不敢言。所以相与缄默，俯仰过日。"① 这些障碍集中表现在一点上，即臣下有私心杂念，不能从本阶级的根本利益出发，勇敢地在皇帝面前坚持正确的政治原则。为了克服这种私虑，李世民君臣在大讲君道的同时也非常强调臣道，即所谓"君虽不君，臣不可以不臣"。中国古代历来有"天子有争臣七人，虽无道，不失其天下"（《孝经》语）的说法，李世民很知道这一点的重要性，因而总结隋亡的教训说："隋氏倾覆者，岂惟其君无道，亦由股肱无良。如宇文述、虞世基、裴蕴之徒，居高官，食厚禄，受人委任，惟行谄佞，蔽塞聪明，欲令其国无危，不可得也。"② 他不但批评过苏威的"不能匡救"隋朝，而且用"事君之义，有犯无隐"的原则批评杜淹不谏阻隋炀帝南幸江都，杜淹解释说："臣尔日不居重任，又知谏必不从，徒死无益。"李世民反问道："若以主之无道，何为仍仕其世？既食其禄，岂得不匡其非？"③ 发挥得可谓淋漓尽致了。李世民不仅从道理上讲清臣下有谏诤的义务，而且用事实来动以利害，举出隋朝官员对炀帝"面从背言"的结果是"家国俱丧"，④"君失其国，臣亦不能独全其家"，像虞世基这样的谄佞之徒，就不免于"寻亦诛死"。⑤ 中国古代有句老话："伴君如伴虎。"纵观历史上的宰相、公卿，日伴君王而能善终，可以算作一件幸事，因忤旨而遭贬、杀者比比皆是。因此，单纯用隋亡的事例以利害告诫大臣，说服力并不强，关键的问题是君主要主动为臣下解除顾虑。李世民对此点并不是不知道，他确实懂得，"臣欲进谏，辄惧死亡之祸，与赴鼎镬、冒白刃亦何异哉？故忠贞之臣，非不欲竭诚，乃是极难"。因此主动向他们一再宣布："朕今开怀抱，纳谏诤，卿等无劳怖畏，遂不极言。"⑥ "终不以犯颜忤旨，妄有诛责。"⑦ 终贞观一朝，李世民错杀大臣的事是有的，但因直

---

① 《贞观政要》卷1《求谏》。
② 《贞观政要》卷10《行幸》。
③ 《旧唐书》卷66《杜如晦附淹传》。
④ 《贞观政要》卷1《政体》。
⑤ 《贞观政要》卷3《君臣鉴戒》。
⑥ 《魏郑公谏续录》。
⑦ 《贞观政要》卷1《政体》。

谏而被杀者却从未一见，倒是像高士廉那种"所少者，骨鲠规谏"的人，反而受到了批评。① 正是在皇帝这种作风的影响下，贞观时期才出现了谏臣的胆略。贞观四年（630），李世民下令发卒修洛阳的乾元殿，张玄素谏疏中有这样尖锐的话："臣闻阿房成，秦人散；章华就，楚众离；乾元毕工，隋人解体。且以陛下今时功力，何如隋日？承凋残之后，役疮痍之人，费亿万之功，袭百王之弊，以此言之，恐甚于炀帝远矣！"李世民追问一句："卿以我不如炀帝，何如桀、纣？"张玄素理直气壮地回答："若此殿卒兴，所谓同归于乱。"李世民不但没有治他以谤讪之罪，反而说："众人之唯唯，不如一士之谔谔。"并赐绢二百匹。连魏徵也叹服："张公遂有回天之力。"② 正是在这件事的影响下，贞观十一年（637）李世民作飞山宫时，魏徵奏疏中竟敢说如不罢此役，唐之代隋无异于"以乱易乱，殃咎必至"③。上述事实说明，李世民在解除谏臣的思想顾虑方面，是做得很出色，取得了明显的效果。

君臣开诚布公地进行谏诤，如不冷静，就会受第三者的从中挑拨，这也是一种从旁边来的阻力，需要警惕。魏徵与李世民往往因争论不休，双方面红耳赤，应该说这是一种很健康的现象，但当时有的"权贵"因疾恨魏徵，却对李世民说："魏徵凡所谏争，委曲反复，不从不止，意以陛下为幼主，不同于长君。"李世民对此保持极其清醒的头脑，给予有力的反驳：

> 朕少不学问，惟好弓马，至于起义，即有大功，偏蒙偏爱，理道政术，都不留心……唯魏徵与王珪导我以礼，弘我以道，勉强从之，大觉利益，遂力行不息，以致太平，并魏徵等之力。④

不对阴沟里吹来的这股冷风给予当头棒喝，在朝廷上就不可能很好地开展谏诤。为了防止小人的挑拨，李世民特别强调要把意见公开摆在桌面

---

① 《册府元龟》卷148《帝王部·知臣》。
② 《贞观政要》卷2《纳谏》。
③ 《通鉴》卷194贞观十一年正月。
④ 《魏郑公谏录》卷5《权贵疾公》。

上开诚布公地进行议论，臣下不得于后宫对皇帝擅发私议，故规定凡宰相奏事，不但谏官、史官随之，而且"诸司皆于正牙奏事"。这样就使"大臣不得专君而小臣不得为谗慝"。① 由于当时邪佞不能得逞，君臣上下契合同心，所以后人把李世民与魏徵间的关系作如下的描写：

> 郑国文贞魏公，运属昌期，时逢睿后。乃神乃武，亟虚襟以待谏；将之明之，遂竭诚而荐说。事有必犯，知无不为，故能契协云龙，义均鱼水，成百代之模楷，固一时之准的。②

虽然不免有夸张之处，但大体上符合事实，"虚怀"与"竭诚"相遇，因而能在政治舞台上演出了一幕又一幕的成功的喜剧。

如果说，纳谏与进谏，君臣都须各自扫除一些障碍，那么哪一方是主导的方面呢？当时君臣一致认为国君居于主导地位，起决定性作用。李世民有一次表扬魏徵的"犯颜切谏"，魏徵却说："陛下导臣使言，臣所以敢言。若陛下不受臣言，臣亦何敢犯龙鳞、触忌讳也？"③ 李世民还问过魏徵："比来朝臣都不论事，何也？"魏徵说："陛下虚心采纳，诚宜有言者。"④ 可谓一语打中了要害。不久，魏徵又奏，如果皇帝"昏暴于上，忠谏不从，虽百里奚、伍子胥之在虞、吴，不救其祸，败亡亦继"⑤。这确实是至理名言。在君主专制的体制下，关键在于皇帝有没有雅量，贞观时期谏臣盈庭，主要不是由于这些大臣品格出众，而是由于李世民的开明作风对他们进行了熏陶和培养。

李世民的从谏如流，对当时的政治生活起了巨大而明显的作用和影响，主要表现在以下几个方面。

首先，避免和防止了很多错误，因而唐政权能够较正确地制定和执行有利于地主阶级的政策。李世民对此点有深刻的感受，认为自己登极之后，"每商量处置，或时有乖疏，得人谏诤方始觉悟。若无忠谏者为

---

① 《通鉴》卷211 开元五年九月。
② 王綝《魏郑公谏录序》。
③ 《贞观政要》卷2《任贤》。
④ 《贞观政要》卷2《求谏》。
⑤ 《贞观政要》卷1《政体》。

说，何由行得好事？"① 这等于承认他自己经常在犯错误，如没有自下而上的忠谏，就很难行善避谬。尽管李世民处处以亡隋为鉴，但随着斗转星移，沉痛的教训还是可能逐渐淡忘，因而需要谏臣随时提醒。李世民有一次东巡洛阳，次于显仁宫，曾因宫苑官吏供顿不精、不为献食而大加责罚，这时魏徵提醒他："隋主先命在下多作献食，献食不多，则有威罚，上之所好，下必有甚，竞为无限，遂至灭亡。此非载籍所闻，陛下目所亲见。"李世民如大梦猛醒，吃惊地说："非公，朕不闻此言。自今已后，庶几无如此事。"② 不仅李世民本性中奢侈腐化的倾向一再受到谏诤的制约而有所收敛，更重要的是像分封宗室、行世袭刺史等错误主张也在群臣的苦谏下未能付诸实施。正因为充分认识到纳谏的意义，从中尝到了甜头，李世民才能经常留意群臣的意见。贞观八年（634），他要派遣诸道黜陟使出去巡察，恰好畿内道没有合适的人选，李靖建议由魏徵担任黜陟使，李世民作色说："朕今欲向九成宫，亦非小，宁可遣魏徵出使？朕每行不欲与其相离者，适为其见朕是非得失。公等能正朕不？"③可见他把纳谏当成了不可一时或缺的事，所以魏徵作为谏臣不能片刻离其左右。就是一般臣属上书言事"有所裨益"，也"必令粘于寝殿之壁，坐卧观览焉"。④ 关于李世民在这方面的成效，唐朝后期的宪宗皇帝曾说："朕览国书，见文皇帝行事，少有过差，谏臣论诤，往复数四。"⑤ 这是有目共睹的事。

其次，李世民通过广开言路，改变了隋炀帝上下阻隔、闭目塞听的缺点，因而能够了解下情，使决策更加符合客观实际，有利于推行和收效。他曾对朝廷侍臣说："朕既在九重，不能尽见天下事，故布之卿等，以为朕之耳目。"并且规定京官五品以上"更宿中书内省"，每次召见，"皆赐坐与语，询访外事，务知百姓利害，政教得失"。⑥ 贞观时期国家政策都比较切实可行，与此点有很密切的关系。

---

① 《贞观政要》卷4《教戒太子诸王》。
② 《贞观政要》卷10《行幸》。
③ 《贞观政要》卷5《忠义》。
④ 《隋唐嘉话》上。
⑤ 《旧唐书》卷14《宪宗纪上》。
⑥ 《贞观政要》卷1《政体》。

再次，皇帝虚怀纳谏，还在培养"直臣"方面起了一定的作用。裴矩其人，本来并非佞臣，在隋朝"用事文武，多以贿闻"的时代，尚能"守常，无赃秽之响"。但在炀帝大逞淫威的情况下，终于变成了"承望风旨，与时消息"的庸人，① 甚至最后也与宇文述、裴蕴等人一样，在参掌选事时"多纳贿赂"，引起"士流嗟怨"。② 他还建议从驾骁果强娶江都境内的寡妇、未嫁女及尼姑、女冠。但到李世民即位后，裴矩的面貌又发生变化。有一次李世民密使左右贿赂司门令史以进行试探，果然有人受绢一匹，他打算处死此人，以戒贪官污吏，裴矩就此事进谏："为吏受赂，罪诚当死；但陛下使人遗之而受，乃陷人于法也。恐非所谓'道之以德，齐之以礼'。"李世民立即召见五品以上的文武官说："裴矩能当官力争，不为面从，倘每事皆然，何忧不治！"司马光在《通鉴》中写到这里，不由得大发议论：

> 古人有言：君明臣直。裴矩佞于隋而忠于唐，非其性之有变也。君恶闻其过，则忠化为佞，君乐闻直言，则佞化为忠，是知君者表也，臣者景也，表动则景随矣。③

这话说得相当中肯。

复次，在封建帝制下，即令最杰出的皇帝也难免逐渐走向专横和腐化，李世民在一步一步走向蜕化的过程中，正是由于经常纳谏，大大缓慢了走下坡路的进程，才使他身上的消极因素受到约束，未能恶性发展，直至临终前尚能看到自己"居位以来，不善多矣"，有不少"深过"。④ 否则，他会完全走向反面。

最后，李世民"以人为镜"的开明作风，还对政治生活趋向健康和正常起了不容忽视的作用。在皇帝比较开明的情况下，君臣之间、大臣之间就容易做到开诚布公，各抒己见；再加上忠臣、直臣满朝，邪佞之

---

① 《隋书》卷67《裴矩传》及传论。
② 《旧唐书》卷62《杨恭仁传》。
③ 《通鉴》卷192 武德九年十二月。
④ 《通鉴》卷198 贞观二十二年正月。

徒就难以得逞。贞观时期上层统治集团内部为争权夺利而施展阴谋诡计的事，虽然不能完全避免，但毕竟没有掀起什么轩然大波。政治生活比较健康的生动事例之一，是大臣间竟然能够当面互相谈论各人的优点和缺点。有一次李世民对王珪说："卿识鉴精通，尤善谈论，自玄龄等，咸宜品藻。又可自量孰与诸子贤？"王珪坦率而自然地说：

孜孜奉国，知无不为，臣不如玄龄。每以谏诤为心，耻君不及尧、舜，臣不如魏徵。才兼文武，出将入相，臣不如李靖。敷奏详明，出纳惟允，臣不如温彦博。处繁理剧，众务必举，臣不如戴胄。至如激浊扬清，嫉恶好善，臣于数子，亦有一日之长。

不但李世民"深然其言"，被点名的各位大臣"亦各以为尽己所怀，谓之确论"①。在封建社会，君臣间能这样相互批评，谈论此长彼短，确实是历史上罕见的事。

隋唐两代政治生活的变化，还反映在臣下之间能否正常交往的方面。隋炀帝统治时期，"政刻刑烦，上怀猜阻，下无和畅，致使朋友游好，庆吊不通，卿士联官，请问斯绝"，人与人之间的这种不正常关系是政治生活极端反常的反应，也是杨广在政治上极其虚弱的表现。李世民深知其弊，所以即位后下令："自今已后，宜革前弊，庶上下交泰，品物咸通。布告天下，使知朕意。"这样一来，"由是风俗一变，浇漓顿革矣"②。这不仅是李世民的个人作风问题，而且是他在政治上具有自信的表现。

李世民统治二十三年，政治上比较稳定，开明的作风是重要的原因之一。

李世民尽管以"从谏如流"垂名青史，但即令在这一方面他也不是一个十全十美的完人。早在贞观六年（632）就发生过一件非常危险的事，经过是这样的：有一天罢朝之后，李世民怒气冲冲地说："会须杀此田舍翁。"长孙皇后忙问所指的是谁，他回答说："魏徵每廷辱我。"长孙

---

① 《贞观政要》卷2《任贤》。
② 《大唐新语》卷10《厘革》。

氏连忙换着朝服，李世民问她要干什么，她说："妾闻主明臣直。今魏徵直，由陛下之明故也，妾敢不贺！"这后宫一谏具有戏剧性效果，李世民因此霁威而悦，免除了杀机。① 可见他的纳谏有时是很勉强的，大臣在这样一个杰出的皇帝面前谏诤，仍有逆鳞之险。后来李世民有的时候"不悦人谏，虽俛俛听受，而终有难色"②。甚至发展到"渐恶直言"，"谓忠说者为诽谤"③的程度。还发生过这样的情况，由于他"营缮微多"，有的谏者"颇有忤旨"。④ 这样就"正臣不得尽其言"了。⑤

李世民纳谏不能尽善尽美，其根源盖出于皇帝专制的政体。魏徵曾经指出，"自古帝王受图定鼎"，必然讲究治道，但"稍安之后，多反之而败俗"，原因在于"居万乘之尊，有四海之富，出言而莫己逆，所为而人必从，"所以他最后总结称："非知之难，行之惟难；非行之难，终之斯难。"⑥ 皇帝这种"出言而莫己逆，所为而人必从"的独尊地位，是滋长拒谏饰非的温床。

综观李世民的一生，既有虚怀纳谏的一面，又有饰非拒谏的一面，但全面来衡量，毕竟以前者为主。即令在他的暮年，尽管有每况愈下的趋势，但在临终前仍能进行比较客观的自我解剖，还不能说后一方面已经成为主流。中国封建社会两千年中，李世民与其他开明皇帝相比，在纳谏方面是名列前茅的。但从大臣的进谏中也可以看出，李世民一生中的错误主张也不少，如果广封宗室及世袭刺史制付诸实施，如果不是长孙皇后的朝服一谏而错杀了魏徵，如果没有张玄素和徐惠妃等人的苦谏而遍修离宫别馆……恐怕唐太宗在中国历史上至多也只不过是一个平庸的皇帝，绝不会比汉高祖、隋文帝更加杰出。因此毋宁说，李世民在政治上并不是一个天生的绝代佳人，只是由于纳谏作为美容师修饰了他面庞上的雀斑与黑痣，才使他最终显得像一个政治上的国色天香。饰非拒谏是为了维护个人的威信，却不免因此而有损威信；暴露缺点、克服错

---

① 《通鉴》卷194 贞观六年三月。
② 《魏郑公谏录》卷1《谏听谏与贞观初不同》。
③ 《贞观政要》卷5《诚信》。
④ 《通鉴》卷194 贞观六年十二月。
⑤ 《贞观政要》卷5《诚信》。
⑥ 《贞观政要》卷10《慎终》。

误，表面上好像有损尊严，却反而大大提高了自己的威信。这就是事物发展的辩证法。

通过李世民的纳谏可以看出：对任何阶级的政治家都是一样，他越能在本阶级的群众中接受批评，改正错误，实行开明政治，就越能正确地、更好地代表本阶级的利益，制定和执行正确的政策。通过李世民在纳谏方面的局限性可以看出：一个阶级的利益通过他的代表人物在政治上得到正确的体现，群众的积极性能够被充分调动起来，收到群策群力的实效，只有靠建立本阶级的民主制度才能真正得到比较充分的保证；把群众意志和智慧的集中建立在个人政治作风是否开明的基础上，那无异于拿阶级的命运进行赌博，成败毫无把握。

第四节　以古为镜，以知兴替

李世民不但在"以人为镜"方面垂名青史，而且对"以古为镜"也非常重视，做得相当出色。他经常把历史当成一面镜子，对照自己的言行，研究当今朝政的得失利弊。为了从历史上吸取各个王朝"兴替"的经验和教训，李世民曾对褚遂良说："朕行有三：一，鉴前代成败，以为元龟；二，进善人，共成政道；三，斥远群小，不受谗言。"① 把"鉴前代成败"列为"三行"之首，可见对以史为鉴是何等的重视。李世民深以自己少长军旅，在学业方面"不能该览经史"为恨事，② 即位后于机务之暇，经常与侍臣"访以古今"，③ "共观经史"④。有的时候一个人"披玩书籍，中宵乃寝"，于是更加懂得了"事弗师古，无以为政"⑤ 的道理。为了更好地学习历史，他曾令萧德言"裒次经史"，⑥ 撰成《群书治要》一书，⑦

---

① 《新唐书》卷105《褚遂良传》。
② 《册府元龟》卷58《帝王部·勤政》。
③ 《贞观政要》卷4《尊敬师傅》。
④ 《贞观政要》卷2《求谏》。
⑤ 《册府元龟》卷157《帝王部·诫励二》。
⑥ 《新唐书》卷198《萧德言传》。
⑦ 据《新唐书·萧德言传》及《唐会要》卷36《修撰》所载，撰此书者尚有魏徵、虞世南、褚亮等人，但《四库全书总目》则认为成于萧德言一人之手。（中华书局1965年版，第1852页）姑从后者。

该书"爰自六经，讫乎诸子；上始五帝，下尽晋年"，广泛搜集了历史资料。魏徵在序言中声明，古代为君的得失功过，书中"莫不备载"，目的在于"以著为君之难"。这本书"用之当今，足以鉴览前古；传之来叶，可以贻厥孙谋"①。书成之后，李世民表彰萧德言："使我稽古临事不惑者，公等力也。"②并且下令"诸王各赐一本"，③以供学习。这件事可以说明，李世民由于重视"以古为镜"，认真学习历史达到了何等地步。

不同的阶级有不同的借鉴历史的方法，地主阶级重视攻研史籍，目的在于"资治"。但同是地主阶级中的成员，借鉴的方法也不一定完全一样。那些心术不正的皇帝也读史书，但其重点在于吸取玩弄权术、施展阴谋诡计的经验；像李世民与当朝的忠贤之臣，则主要是从史实中正面吸取成功的经验，反面吸取失败的教训。用魏徵的话说，也就是"鉴国之安危，必取于亡国"④。李世民所谓"前事不远，吾属之师也"，⑤意思是相同的。

虽然说"以古为镜"是为了"知兴替"，但在贞观一朝君臣的心目中，重点是一个"替"字，"兴"的方面只居从属地位，因为他们借鉴历史，主要是以亡隋为鉴。贞观二年（628），李世民即位不久就对侍臣说：

> 朕今临御天下，子养生民，思弘君道，以安百姓。卿等岂不见隋主为君，不恤民事，君臣失道，民叛国亡，公卿贵臣，暴骸原野，毒流百姓，祸及其身？朕每念及于斯，未尝不忘寝辍食，所以师古作法，不敢任情……⑥

魏徵也一再指出："当今之动静，必思隋氏以为殷鉴，则存亡治乱，可得

---

① 魏徵《群书治要·序》。
② 《新唐书》卷198《萧德言传》。
③ 《唐会要》卷36《修撰》。
④ 《贞观政要》卷8《刑法》。
⑤ 《通鉴》卷192 贞观二年六月。
⑥ 《册府元龟》卷58《帝王部·勤政》。

而知。"① 贞观一朝，君臣强调"亡隋之辙，殷鉴不远"，② 就是因为一个统一寰宇，兵锐甲强的隋帝国，仅仅历时三十余年就突然之间覆灭了，这样的历史教训太直接了，值得令人深思。李世民之所以在"知兴替"中突出一个"替"字，原因就在于此。

以此为出发点，李世民在放眼古代时，也同样是主要从破家亡国的惨痛史实中"以古为镜"的。与隋朝最相似的莫过于秦朝，二者都是二世而亡的短命王朝，因而他一再把这两个朝代相提并论，用以警惕自己："秦始皇平定六国，隋炀帝富有四海，既骄且逸，一朝而败，吾亦何得自骄也？"③ 魏徵在谈到兼听则明、偏听则暗的道理时，同样也举出类似的事例："秦二世隐藏其身，以信赵高，天下溃叛而不得闻；梁武帝信朱异，侯景向关而不得闻；隋炀帝信虞世基，贼遍天下而不得闻。"④ 李世民对各代亡国的历史还进行了总结，指出"末代亡国之主，为恶多相类也"，其共同点是"深好奢侈"，横征暴敛。⑤ 有一次宴群臣于积翠池，他即席赋诗一首：

> 日昃玩百篇，临灯披五典。
> 夏康既逸怠，商辛亦沉湎。
> 恣情昏主多，克己明君鲜。
> 灭身资累恶，成名由积善。⑥

这样的认识不仅入于篇什，而且上升到了规律性的概括，可以说是达到了铭心刻骨的程度。

不仅重视亡国之君，就是对那些开国皇帝及有雄才大略的成功君主，李世民也往往从他们的缺点中吸取教训。譬如曾指斥"秦始皇营宫室而

---

① 《贞观政要》卷8《刑法》。
② 《贞观政要》卷8《务农》。
③ 《贞观政要》卷10《灾祥》。
④ 《新唐书》卷97《魏徵传》。
⑤ 《贞观政要》卷8《辩兴亡》。
⑥ 《大唐新语》卷8《文章》。

人怨叛者，病人以利己"；① 批评隋文帝"性至察而心不明"，"至察则多疑于物"，致使朝臣"不敢直言。宰相以下，惟即承顺而已"；② 肯定汉武帝"征役不息，户口减半，中途能改，还得传祚子孙。向使隋主早悟，亦当不至于灭。前事不远，朕与公辈当思自勉"③。

为什么李世民能够这样认真地注意吸取历史教训呢？与他的虚怀纳谏相同，都是由于隋末农民大起义的沉重一击，使他思想上"怕"字当头，才把过去亡国破家的历史当作警钟，经常对自己敲撞，如他一再说：

　　朕昨阅《帝系略》，有八十余君，亡国丧身者多，兴邦利物者少。览此兴亡，极怀战惕。④

　　如秦始皇，亦是英雄之主，平定六国已后，才免其身，至子便失其国。桀、纣、幽、厉，亦皆丧亡。朕为此不得不惧。⑤

　　观近古帝王，有传位十代者，有一代两代者，亦有身得身失者，朕所以常怀忧惧。⑥

李世民越是害怕隋末农民起义时的那场地主阶级的噩梦，就越是要攻读历史，而越读历史越加惧怕。在贞观前期，他实际上是在战战兢兢中做到了兢兢业业的。为了防止破家亡国悲剧的重演，就需要随时警惕"骄"字的产生和滋长，所以李世民对古代开国君主的骄矜也特别敏感。如他曾特别指出"晋武帝平吴已后，务在骄奢，不复留心政治"，⑦ 故不免"失慎于前，所以贻患于后"。李世民对此遂深为叹息："殷勤史策，不能无慷慨焉！"⑧ 他也看到隋文帝"伐陈已后，心逾骄奢，自矜诸己，臣下不敢复言，政道因兹弛紊"，⑨ 亦深引以为戒。正是在这种思想的支配下，

---

① 《通鉴》卷192贞观元年十二月。
② 《贞观政要》卷1《政体》。
③ 《册府元龟》卷157《帝王部·诫励二》。
④ 《册府元龟》卷157《帝王部·诫励二》。
⑤ 《魏郑公谏录》卷4《对有天下者皆欲子孙万代》。
⑥ 《魏郑公谏续录》。
⑦ 《贞观政要》卷1《君道》。
⑧ 《晋书》卷1《武帝纪》末制曰。
⑨ 《贞观政要》卷1《政体》。

李世民在贞观十五年（641）以一则以喜一则以惧的心情承认自己有"二喜一惧"，"比年丰稔"和"北虏久服，边鄙无虞"是二喜，但"治安则骄侈易生，骄侈则危亡立至，此一惧也"。①

李世民不仅注意自己和当代人要以史为鉴，而且自觉到他本人的一言一行也就是历史，因此执意要谨言善行，写好自己的历史，以为后人之镜。有一次韦挺上书陈得失，李世民赐书称："若能克全此节，则永保令名。如其怠之，可不惜也。勉励终始，垂范将来，当使后之视今，亦犹今之视古，不亦美乎？"② 这话说得非常中肯，颇有高瞻远瞩的气概。马周也有类似的观点，故曾奏称：

>……是以殷纣笑夏桀之亡，而幽、厉亦笑殷纣之灭；隋炀帝大业之初又笑齐、魏之失国。今之视炀帝，亦犹炀帝之视齐、魏也。故京房谓汉元帝云："臣恐后之视今，亦犹今之视古。"此言不可不诫也。③

确实，历史是一条流不尽的长河，每个人都只不过是一个历史舞台上的匆匆过客，他的言行就是在历史长河中留下的足迹，对后人不是留下成功的经验，就是留下惨痛的教训。李世民深知此中奥妙，因而在《晋书》中借题发挥：

>古人有云："积善三年，知之者少；为恶一日，闻于天下。"可不谓然乎！虽自隐过当年，而终见嗤后代。亦犹窃钟掩耳，以众人为不闻；锐意盗金，谓市中为莫睹。故知贪于近者则遗远，溺于利者则伤名。④

事实确实如此，即令最有权威的皇帝，无论在世时怎样文过饰非，压制

---

① 《通鉴》卷196贞观十五年八月。
② 《贞观政要》卷2《求谏》。
③ 《旧唐书》卷74《马周传》。
④ 《晋书》卷1《宣帝纪》末制曰。

谏臣、史官，也难逃身后的评论功罪。李世民知道只有用自己正确的言行给自己写下光辉的历史，才能免于后人的指斥，故力求守道"勿失"，以达到"欲史氏不能书吾恶"①的目的。不仅他本人知道此中道理，下面史官亦以此进谏，如给事中杜正伦兼知起居注，就曾奏称："君举必书，言存左史。臣职当修起居注，不敢不尽愚直。若陛下一言乖于道理，则千载累于圣德，非直当今损于百姓。愿陛下慎之。"李世民闻之大悦，赐正伦绢二百段。②正因为李世民重言行而轻浮名，强调用自己的嘉言善行作为身后令名的基础，反对人为地大树虚名，所以著作佐郎邓世隆建议编辑李世民的文章为专集时，他却说：

    朕若制事出令，有善于人者，史则书之，足为不朽。若事不师古，乱政害物，虽有词藻，终贻后代笑，非所须也。只如梁武帝父子及陈后主、隋炀帝，亦大有文集，而所为多不法，宗社皆须臾倾覆。凡人主惟在德行，何必要事文章耶？③

这完全是一个现实主义政治家的正确态度。

  李世民不但自己重视"以古为镜"，而且他还特意把历史当作教科书，用以对子弟和大臣进行必要的教育。开国君主尚难做到"慎终如始"，继嗣之君和功臣的后代没有亲自领略过农民起义的铁拳，就更容易走向骄矜和奢侈，对他们如何加强教育，确实是一个严重的问题。李世民对此有清醒的预料，曾对房玄龄说过："朕历观前代拨乱创业之主，生长民间，皆识达情伪，罕至于败亡。逮乎继世守文之君，生而富贵，不知疾苦，动至夷灭。"④ 他也知道"功臣子弟，多无才行，藉祖、父资荫遂处大官，德义不修，奢纵是好"⑤。所以强调对这些人要进行教育，而教育的方法，除了让他们读传统的儒家经典外，就是要学习历史。李世

---

① 《新唐书》卷105《褚遂良传》。
② 《旧唐书》卷70《杜正伦传》。
③ 《贞观政要》卷7《文史》。
④ 《贞观政要》卷4《教戒太子诸王》。
⑤ 《贞观政要》卷3《君臣鉴戒》。

民晚年为太子所写的《帝范》一书,既包括他个人政治经验的总结,也是"以古为镜"的结晶,故在序言中特别指出:"自轩、昊已降,迄至周、隋,以经天纬地之君,纂业承基之主,兴亡治乱,其道焕焉,所以披镜前踪,博览史籍,聚其要言,以为近诫云耳。"① 为了教诫太子及诸王,李世民除令他们研读《群书治要》外,还令魏徵"录古来帝王子弟成败事",撰成《自古诸侯王善恶论》,用意在于"考览载籍,博求鉴镜,贻厥孙谋"。魏徵照皇帝的意旨进行撰辑,并在序中着重写了下面一段议论:

> 子孙继体,多属隆平,生自深宫之中,长居妇人之手,不以高危为忧惧,岂知稼穑之艰难?昵近小人,疏远君子。绸缪哲妇,傲恨明德……虽梁孝、齐冏之勋庸,淮南、东阿之才俊,摧摩霄之逸翮,成穷辙之涸鳞,弃桓、文之大功,就梁、董之显戮。垂为炯戒,可不惜乎?

这里用先秦、汉、晋的生动史实,结合所要说明的道理进行教育,显得很有说服力。书成之后,李世民令诸王"置于座右,用为立身之本"②。这无异于一本皇族子弟的政治历史教科书。此外,李世民还以荀悦《汉纪》一书赐大臣李大亮,让他从中学习"为政之体","君臣之义"。③ 李世民即位之初,有一次君臣间讨论"为政之道,唯在得人",王珪说:"人臣若无学业,不识前言往行,岂堪大任?"李世民接着说:"信如卿言。"④ 可见他们把有无历史知识看成了一个臣属能否重用的主要条件之一,这反映对"以古为镜"的教育作用的极度重视。

李世民强调以史为鉴,不仅收到了警钟长鸣的效果,而且有时候简直是立竿见影。这里举两个有趣的例子。贞观元年(627),李世民"欲营一殿,材用已具",这时突然想到秦始皇因广营宫室而引起天下"怨叛",于是"鉴秦而止"。⑤ 前赵刘聪打算给刘皇后兴建鹓仪殿,廷尉陈

---

① 《帝范·序》。
② 《贞观政要》卷4《教戒太子诸王》。
③ 《贞观政要》卷2《纳谏》。
④ 《唐会要》卷55《谏议大夫》。
⑤ 《通鉴》卷192 贞观元年十二月。

元达谏阻，聪大怒，下令杀元达，这时刘后手疏苦谏，言辞"甚切"，聪遂怒解而深感羞愧。李世民于贞观十六年（642）在蓝田买了木料，"将别为一殿，取制两仪，仍构重阁"。恰好这时他读到《刘聪传》中的上述故事，于是"远想聪事，斯作遂止"①。这两件事说明，历史对李世民奢侈浪掷的抑制作用，与张玄素谏修乾元殿的"回天之力"有异曲同工之妙。

纵观李世民一生，多能从正确的角度出发借鉴历史，但他偶然也有错误地总结历史经验的时候。譬如他根据萧瑀"前代国祚所以长久者，莫不封建诸侯，以为磐石之固；秦并六国，罢侯置守，二世而亡；汉有天下，众建藩屏，年逾四百；魏、晋废之，不能永久"的谬论，一再企图裂土分封，甚至实行世袭刺史制，② 就是明显的一个例子。他的这个错误主张，既不能用历史的局限性，也不能用阶级的局限性来加以解释，只能用他的一时糊涂给予说明，因为处于同一时代、同属一个阶级的李百药、长孙无忌与马周就都能批驳萧瑀的主张，尤其李百药也是以往古的史实为鉴，却得出了与李世民、萧瑀完全相反的结论。此外，李世民不顾一贯的优良传统，一再要求违例亲看起居注和国史，这对史官的秉笔直书非常不利。李世民在玄武门之变中是一个胜利者，逼父退位，诛杀兄、弟，却又违反封建道德，史官为了回护唐太宗，在编纂《高祖实录》和《太宗实录》时就不免歪曲历史，掩恶扬善，这也是李世民阶级局限性必然导致的结果。剥削阶级尽管也强调史官的"直笔"，但他们要彻底做到这一点是根本不可能的。

第五节　锐意经史，怡神艺文

李世民在少年时代并非完全没有研读过传统的典籍，在太原曾于张后胤处就受《春秋左氏传》，③ 但就总的情况看却是自幼"不精学业"。④ 加之晋阳起兵之后，连年过着戎马生涯，就更"不暇于《诗》、

---

① 《册府元龟》卷56《帝王部·节俭》。
② 《唐会要》卷46《封建杂录上》、卷47《封建杂录下》。
③ 《旧唐书》卷189上《张后胤传》。
④ 《大唐新语》卷9《著述》。

《书》"了。① 不过，他却不像隋文帝那样甘心当一辈子素无学术的老粗，而是在全国基本平定之后，就在偃武修文的形势下"博览群书"，使自己的文化修养达到了相当的水平，"遒文丽藻，一时冠绝"②。李世民之所以能够做到此点，是与他对文武二途的下述认识分不开的：

> 朕虽武功定天下，终当以文德绥海内，文武之道，各随其时。③
> 夫功成设乐，治定制礼，礼乐之兴，以儒为本……至若长气亘地，成败定乎锋端，巨浪滔天，兴亡决乎一阵，当此之际，则贵干戈而贱庠序。及乎海岳既晏，波尘已清，偃七德之余威，敷九功之大化，当此之际，则轻甲胄而重《诗》、《书》。是知文武二途，舍一不可；与时优劣，各有其宜；武士、儒人，焉可废也？④

在这样的思想指导下，李世民即位之后，不但大兴庠序，而且"锐意经籍"，⑤ 大力组织人力，进行搜求经籍、修撰史书的工作，并且取得了显著的成效。

早在平定郑、夏之初，李世民就在秦王府"开文学馆，广引文学之士"，对十八学士"给五品珍膳"，⑥ 备加优礼。他们不仅同李世民商略古今，而且也是日后整理经史典籍的基本队伍。李世民政治思想的核心是儒家的仁政与仁义，所以即位后立即改尊孔子为"先圣"，⑦ 不久又封孔子裔孙孔德纶为"褒圣侯"，⑧ 可见他留心古籍整理，侧重点是儒家的经书，其他典籍和史书只是旁及而已。

隋朝统治者"喜聚逸书"，当时"简编最为博洽"，但在大业末年天

---

① 《旧唐书》卷73《邓世隆传》。
② 《册府元龟》卷40《帝王部·文学》。
③ 《唐会要》卷33《破阵乐》。
④ 《帝范》卷4《崇文》。
⑤ 《册府元龟》卷97《帝王部·礼贤》。
⑥ 《旧唐书》卷189上《儒学传序》。
⑦ 《唐会要》卷35《褒崇先圣》。
⑧ 《全唐文》卷4太宗《封孔德纶为褒圣侯诏》。《册府元龟》卷50《帝王部·崇儒术二》作"孔德伦"。按《册府》一书错字特别多，今从《全唐文》。

下纷扰中"丧失者多"。① 李世民平王世充后，唐朝命宋遵贵负责把东都的藏书监运长安，不幸溯河西上行经底柱时发生翻船事件，所载典籍"多被漂没，其所存者，十不一二，其《目录》亦为所渐濡"。② 李渊在位时期，令狐德棻以"丧乱之余，经籍亡逸"，建议"购募遗书，重加钱帛，增置楷书，令缮写"。③ 数年之间，规模粗具。玄武门之变后不久，唐朝于武德九年（626）九月在宏文殿聚四部群书二十余万卷，并于殿侧置宏文馆，"精选天下贤良文学之士"虞世南、褚亮、姚思廉、欧阳询等人以本官兼学士，并令褚遂良检校馆务，号为"馆主"。④ 但学士的主要任务是与皇帝讲论经史，商略政事，还没有对典籍进行整理。贞观二年（628），秘书监魏徵"以丧乱之后，典章纷杂"，奏引学者"校定四部书"。经过几年的伏案整理，"秘府粲然毕备"。⑤ 当时李世民以经籍"去圣久远，文字讹谬"，特诏颜师古于秘书省考定《五经》，并集中诸儒重加详议，最后产生了一个标准本，因颁其书于天下，以为学习的定本。此外，李世民还因"文学多门，章句繁杂"，诏颜师古与孔颖达二位硕儒撰成《五经正义》，凡一百八十卷，"付国学施行"。⑥《五经》因得到诠释注解，更加便利了学习经书的儒生。

采取上述措施虽然是为了统治阶级的利益，但对保留、传播文化遗产也起了一定的作用。一时国内各族及高丽、新罗等国的统治者均遣子弟到长安国子学研读这些经籍，"几至万人"，无怪乎有人惊呼："儒学之兴，古昔未有也。"⑦ 可见李世民的"锐意经籍"，对文化交流具有深远的影响。

---

① 《旧唐书》卷46《经籍志上》。
② 《隋书》卷32《经籍志一》。
③ 《旧唐书》卷73《令狐德棻传》。
④ 《唐会要》卷64《宏文馆》。
⑤ 《唐会要》卷35《经籍》。《旧唐书》卷46《经籍志上》作："贞观中，令狐德棻、魏徵相次为秘书监，上言经籍亡逸，请行购募，并奏引学士校定，群书大备。"《新唐书》卷57《艺文志》亦作："贞观中，魏徵、虞世南、颜师古继为秘书监，请购天下书，选五品以上子孙工书者为书手，缮写藏于内库，以宫人掌之。"实则购求逸书是高祖时事，二书均置于"贞观中"，疑有意没去李渊之功，溢美李世民。大致购求事主要在武德中，缮写、校定则为太宗时事。
⑥ 《贞观政要》卷7《崇儒》。
⑦ 《贞观政要》卷7《崇儒》。

李世民重视"以古为镜",必然留心史籍的纂修。在他的思想中非常明确,修史是为当时的政治需要服务的,如他曾对监修国史的房玄龄说:

> 比见前后汉史,载扬雄《甘泉》、《羽猎》,司马相如《子虚》、《上林》,班固《两都》赋,此既文体浮华,无益劝戒,何暇书之史策?今有上书论事,词理可裨于政理者,朕或从或不从,皆须备载。①

这样的看法未免过于狭隘,但李世民重视修史的政治目的却说得十分露骨。正是在这种观点的指导下,他大力倡导编修史书。

李渊统治时期,本来已在令狐德棻等人的建议下诏令令狐德棻与萧瑀、陈叔达、封德彝、颜师古、裴矩、魏徵等人分别主持修《魏史》《周史》《隋史》《梁史》《齐史》《陈史》等书,大概由于皇帝重视不够,措施不力,所以"绵历数载,竟不就而罢"②。李世民即位以后,大力抓修史工作,于贞观三年(629)在中书特置秘书内省,专门负责修周、齐、梁、陈、隋五代的历史。当时的史馆仍因隋之旧,隶属于秘书省的著作局。这年闰十二月,李世民下令移史馆于门下省之北,由宰相监修。后来大明宫建成,又移史馆于门下省之南。③ 著作局罢史任,史馆归于门下省,由宰相亲自主持修史,说明李世民对修史的重视远远超过了以往的统治者。隋文帝虽然早已下令"禁绝"私人"撰集国史,臧否人物",④ 但官修史书还没有粗具规模,而且成果很微,无可称道者。隋唐之际,官修史书作为新生事物,是在贞观年间才真正完备起来的。宰相监修的制度行之久远,对我国史学以后的发展有一定的影响。当然,史书全由官修,也有不利于史学发展的一面,不能忽视。

我国古代史书,最主要的是所谓纪传体的正史,在《二十四史》中就有六部成书于贞观年间,它们是:《晋书》《北齐书》《周书》《梁书》《陈书》和《隋书》。不仅如此,李世民曾亲自为《晋书》的《宣帝纪》

---

① 《大唐新语》卷9《著述》。
② 《唐会要》卷63《修前代史》。
③ 《唐会要》卷63《史馆移置》。
④ 《隋书》卷2《高祖纪下》。

《武帝纪》和《陆机传》《王羲之传》撰写了传论，因而该书竟署以"唐太宗文皇帝御撰"。李延寿所著《南史》与《北史》，虽非官修，系成于个人之手，书成后亦于显庆四年（659）奏上于高宗，但修书历时达十六年之久，早在贞观年间已经开始，可见此书撰成亦与李世民的提倡有一定的关系。尽管唐代史学的最高成就当推刘知几的《史通》和杜佑的《通典》，二者与李世民无涉，然贞观一朝大量涌现纪传体史书，亦为一大盛事，不容忽视。在修周、齐、梁、陈、隋五代史书时，魏徵"受诏总加修撰，裁定去取，咸资笔削，多所损益"，并亲自为《隋书》写了序、论，为《梁书》《陈书》和《北齐书》写了总论。① 这些史论反映了李世民和魏徵的基本政治理论和历史观点。李世民让他最信任的大臣总其成，亦说明了他对修史的重视远非李渊可比。

李世民不仅"锐意经籍"，而且还"怡神于艺文"，② 有不少篇什之作。但在他的作品中，精华不多，糟粕不少，譬如他曾写过宫体诗，并令侍臣"赓和"，虞世南当即对此进行抵制："圣作诚工，然体非雅正，上之所好，下必有甚者。臣恐此诗一传，天下风靡，不敢奉诏。"李世民只得自行解嘲："朕试卿耳。"③ 作为一代英主而在"艺文"上有这样的劣作，只能用他的阶级局限性来解释，即宫体诗的创作，是帝王生活中奢侈腐化的阴暗面在文学上的反映。此外，李世民在诗文的创作及倡导方面成就很少，还与他对文艺的政治社会意义认识不足有关，如他在贞观二年（628）曾说："礼乐之作，盖圣人缘物设教，以为撙节，治之隆替，岂此之由？"这等于说文学、艺术与政治的好坏没有什么关系。他还说：

夫音声能感人，自然之道也，故欢者闻之则悦，忧者听之则悲，悲欢之情，在于人心，非由乐也。将亡之政，其民必苦，然苦心所感，故闻之则悲耳，何有乐声哀怨能使悦者悲乎？④

---

① 《魏郑公谏录》卷5《进五代史》。
② 《册府元龟》卷97《帝王部·礼贤》。
③ 《新唐书》卷102《虞世南传》。
④ 《旧唐书》卷28《音乐志一》。

这就连乐曲本身所要表达的感情也从根本上否定了。由此可见，李世民虽然也能写点诗赋，但在文学和音乐上纯系外行，因此不可能在这方面有所成就。所谓"遒文丽藻，一时冠绝"，是古人对皇帝的谀辞，并不符合实际。

在艺术方面，李世民唯一可称道的是他的书法。听政之余，他很努力学习书法，认为"书学小道，初非急务，时或留心，犹胜弃日"。只要肯努力钻研，"未有学而不得者也，病在心力懈怠，不能专精耳"。这确实是经验之谈，也是至理名言。他本人"既工隶书，又好飞白"，贞观十八年（644）所写"鸾""凤""螭""龙"等字，"笔势惊绝"。① 李世民一生尤其喜欢王羲之的书法，潜心临写，"穷尽体致"。② 自称：

> 详察古今，研精篆素，尽善尽美，其惟王少逸乎！观其点曳之工，裁成之妙，烟霏露结，状若断而还连，凤翥龙蟠，势如斜而反直。玩之不觉为倦，览之莫识其端，心慕手追，此人而已！③

由于对王氏书法酷爱，李世民曾出御府金帛大量搜购王羲之的书迹，"天下争赍古书诣阙以献"④。所收藏的王氏真迹以数千纸计，"率以一丈二尺为一轴"，李世民"宝惜者独《兰亭》为最"，所以把《兰亭序》"置于座侧，朝夕观览"⑤。他之特意为《晋书》王羲之本传撰写传论，就是出于对王氏书法的这种偏爱。李世民不仅善于握毫挥洒，而且在书法理论上也有所阐发，曾亲自写了《笔法论》《指法论》《笔意论》等文章。⑥唐代书法家辈出，贞观朝的褚遂良、虞世南等人就是著名的人物，恐怕李世民的倡导在其中起了一定的作用。不过把他的草书说成是"笔力遒劲，为一时之绝"，⑦ 则不免有溢美之失，与褚遂良、虞世南等人相比，

---

① 《册府元龟》卷43《帝王部·多能》。
② 《册府元龟》卷40《帝王部·文学》。
③ 《晋书》卷80《王羲之传》末制曰。
④ 《旧唐书》卷80《褚遂良传》。
⑤ 李绰《尚书故实》。
⑥ 均见《全唐文》卷10。
⑦ 《册府元龟》卷43《帝王部·多能》。

他毕竟略逊一筹。

第六节　吉凶在人，不好祥瑞

我国从西汉以来，随着儒家思想独尊地位的确立和巩固，董仲舒的"天人感应"论在地主阶级的意识形态中占据了绝对的支配地位，尤其被历代的封建皇帝奉为神圣的信条。但是到了唐初，李世民尽管推崇儒家的仁政、仁义观念，却一反过去的传统，对"天人感应"的思想提出了异议，这是需要大书特书的重要历史现象，值得给予足够的重视。

李世民在即位之初就强调："安危在乎人事，吉凶系于政术。若时主昏虐，灵贶未能成其美；如治道休明，咎征不能致其恶。"认为那些申奏符瑞的表章是"苟陈虚饰，徒致浮词"，而且每见此类奏疏，"惭恶增怀"①。贞观四年（630），李世民对萧瑀说："前代帝王以麟、凤、龟、龙为嘉瑞，朕以民安年丰为上瑞。"② 这句话充分反映了他重实际而不务虚名的观点和作风。两年之后，李世民对侍臣有一次讲话，可谓发挥得淋漓尽致：

> 朕比见众议以祥瑞为美事，频有表贺庆。如朕本心，但使天下太平，家给人足，虽无祥瑞，亦可比德于尧、舜；若百姓不足，夷狄内侵，纵有芝草遍街衢，凤凰巢苑囿，亦何异于桀、纣……若尧、舜在上，百姓敬之如天地，爱之如父母；动作兴事，人皆乐之；发号施令，人皆悦之；此是大祥瑞也。自此后，诸州所有祥瑞，并不用申奏。③

这就不仅宣布了自己不尚祥瑞的观点，而且还下令禁止下面的人再搞这一套形式主义的、不切实际的"虚饰"和"浮词"，态度十分鲜明和坚决。

君唱臣和。在皇帝这样的倡导下，贞观时期有不少大臣也先后发表

---

① 《唐大诏令集》卷114《诸符瑞申所司诏》。
② 《册府元龟》卷70《帝王部·务农》。
③ 《贞观政要》卷10《灾祥》。

第五章 贞观之治 ◆◇◆

了类似的看法。贞观八年（634），有彗星见于南方，李世民问："是何妖也？"虞世南回答说："陛下若德政不修，虽麟、凤数见，终是无益。但使朝无阙政，百姓安乐，虽有灾变，何损于德？愿陛下勿以功高古人而自矜大，勿以太平渐久而自骄逸，若能终始如一，彗星未足为忧。"三年以后，谷水泛滥，冲洛城门，进入洛阳宫，平地水深五尺，毁宫寺十九处，漂没百余家，李世民借机让百官上封事言得失，岑文本在封事中说：

> 伏惟陛下览古今之事，察安危之机，上以社稷为重，下以亿兆在念。明选举，慎赏罚，进贤才，退不肖。闻过即改，从谏如流……凡此数者，虽为国之恒道，陛下之所常行。臣之愚昧，惟愿陛下思而不息，则至道之美与三五比隆，亿载之祚与天地长久。虽使桑谷为妖，龙蛇作孽，雉雊于鼎耳，石言于晋地，犹当转祸为福，变灾为祥，况雨水之患，阴阳恒理，岂可谓天谴而系圣心乎？①

这是对皇帝的安慰，也是对李世民的勉励，但这样的观点本来符合他的一贯信念，所以他们敢于尽情而谈。

直到李世民的晚年，尽管在政治上已经每况愈下，但这种朴素唯物主义的观点一直没有改变，他仍旧认为："祸福无门，唯人所召。"② 李世民不仅自己不崇尚符瑞，而且对历史上那些求仙信神的政治家还进行了尖锐的讥讽：

> 神仙事本是虚妄，空有其名。秦始皇非分爱好，为方士所诈，乃遣童男童女数千人，随其入海求神仙。方士避秦苛虐，因留不归，始皇犹海侧踟蹰以待之，还至沙丘而死。汉武帝为求神仙，乃将女嫁道术之人，事既无验，便行诛戮。据此二事，神仙不烦妄求也。③

这正是李世民超过秦皇、汉武的高明之处。有一天，寝殿前的槐树上有

---

① 《贞观政要》卷10《灾祥》。魏徵也有类似的言论，见同书卷。
② 《帝范》卷4。
③ 《贞观政要》卷6《慎所好》。

白鹊构巢,"其巢合欢如腰鼓",左右大臣"拜舞称贺",却没有想到讨了无趣,李世民就此事借题发挥:"我常笑隋炀帝好祥瑞,瑞在得贤,此何足贺!"① 这一事实说明,李世民处处反炀帝之道而行,而杨广时的祥瑞丝毫不能挽救隋政权的覆灭,这对他的启示是太深刻了。秦始皇、汉武帝、隋炀帝的愚蠢行为,在李世民的心目中成为一个又一个的笑柄,因而只能对他们报之以嘲讽。

李世民不仅基本上不相信神仙符瑞,而且对佛教宣扬的唯心主义的善恶施报的迷信思想也持否定态度。萧瑀其人以佞佛为人所知,有一次因诬蔑房玄龄"朋党不忠"而忤旨,李世民劝他落发为僧,手诏称:

> 至于佛教,非意所遵,虽有国之常经,固弊俗之虚术。何则?求其道者,未验福于将来;修其教者,翻受辜于既往。至若梁武穷心于释氏,简文锐意于法门,倾帑藏以给僧祇,殚人力以供塔庙,及乎三淮沸浪,五岭腾烟,假余息于熊蹯,引残魂于雀鷇,子孙覆亡而不暇,社稷俄顷而为墟,报施之征,何其谬也!②

李世民的目光异常尖锐,在他看来,像梁武帝那样三次舍身同泰寺,竟最后落了个饿死台城的下场,可以说是一幕滑稽剧。在这里,李世民不仅从意识形态的角度批判了佛教,而且从经济、财政的角度出发,指出了寺院经济的危害之深。

李世民之所以能够一反传统的崇尚祥瑞的陋习,是由于他本人是一个杰出的实践家,而不是一个坐享其成的一般皇帝。在统一全国的战争中,他知道每一次胜利的取得,都是由于自己的英明判断和正确指挥,由于士卒的英勇奋战,而不是来自天佑神助。李世民正式登基之后也深深懂得,政治上的成就主要来源于自己的虚怀纳谏、坚持法制、知人善用,而不是由于天命符箓。李世民能够具有这样的朴素唯物主义思想,还因为他在政治上是一个强者,具有充分的自信心,毫不感到虚弱。

---

① 《酉阳杂俎》卷1《忠志》。
② 《旧唐书》卷63《萧瑀传》。

这种不尚符瑞、重视实践的思想不仅来源于李世民的成功和胜利，而且还能反过来进一步推动他实行进步的政策。如贞观五年（631）太子李承乾将要举行冠礼，有司上言"宜用二月为吉"，李世民却说："今东作方兴，恐妨农事。"令改到十月举行。太子少保萧瑀迂腐地坚持："准阴阳家，用二月为胜。"不料遭到皇帝的反驳："阴阳拘忌，朕所不行，若动静必依阴阳，不顾义理，欲求福佑，其可得乎？若所行皆遵正道，自然常与吉会。且吉凶在人，岂假阴阳拘忌？农时甚要，不可暂失。"① 这样，不拘忌阴阳的思想就对当年的春播起了有利的作用。

作为封建皇帝，李世民不可能是一个彻底的唯物主义者，他既要统治全国的多数劳动人民，就不可能不在某种程度上利用神权来论证皇权的神圣性，而他也确实发表过一些唯心主义的言论。如曾说：

> 自非克明克哲，允武允文，皇天眷命，历数在躬，安可滥握灵图，叨临神器？是以翠妫荐唐尧之德；元圭锡夏禹之功；丹字呈祥，周开八百之祚；素灵表瑞，汉启重世之基。由此观之，帝王之业，非可以力争者矣。②

皇帝本人必须"克明克哲"，但同时也离不开"皇天眷命"，这就把人事同天命巧妙地结合在一起了。至于那些上天没有"眷命"的普通人，既无"丹字"之瑞，又缺"素灵"之祥，就不要违反天命，枉费心机，"力争""帝王之业"了，那是没有希望的。贞观十七年（643），李治初立为太子，有雄雉飞集于东宫显德殿前，李世民问褚遂良："是何祥也？"遂良回答说：

> 昔秦文公时，有童子化为雉，雌者鸣于陈仓，雄者鸣于南阳。童子言曰："得雄者王，得雌者霸"。文公遂以为宝鸡祠。汉光武得雄，遂起南阳，而有四海。陛下旧封秦王，故雄雉见于秦地，此所

---

① 《贞观政要》卷8《务农》。
② 《帝范·序》。

以彰表明德也。"

李世民"大悦",并且说:"立身之道,不可无学。"① 在这里,显示了对君权神授观点的赞赏。李世民虽然有这样的唯心主义思想,但不崇符瑞的唯物主义色彩毕竟显得更加鲜明,而且以此特点使自己从一般庸俗的帝王中超凡脱俗出来。

李世民尽管不尚祥瑞,对灾异却具有一种唯心主义的本能畏惧。需要特别强调的是,对这种思想也不应简单地加以完全否定,而应当承认它确能起一定的积极作用。贞观二年(628)关中遭了旱灾,闹大饥荒,李世民对侍臣说:"水旱不调,皆为人君失德。朕德之不修,天当责朕,百姓何罪,而多遭困穷!闻有鬻男女者,朕甚愍焉。"于是遣杜淹巡检,出御府金宝赎出被卖者,"还其父母"。② 贞观八年(634),陇右山崩,大蛇屡见,山东及江、淮大水横溢,虞世南认为山东之雨"阴潜过久,恐存冤狱,宜断省系囚,庶或当天意。且妖不胜德,修德可以销变"。李世民"以为然,因遣使者赈恤饥馁,申理冤讼,多所原宥"③。贞观十五年(641),李世民下诏,欲往泰山封禅,走到洛阳的时候,"有星孛于太微,犯郎位",褚遂良因奏:"陛下拨乱反正,功超前烈,将告成东岳,天下幸甚。而行至洛阳,彗星辄见,此或有所未允合者也。且汉武优柔数年,始行岱礼。臣愚伏请详择之。"李世民果然因此下诏"罢封禅之事"④。上述事实说明,李世民在某种程度上畏惧"天谴",实际上成了促使他去恶修德的一个动力。这就是我们对"天人感应"思想不能全盘否定的主要原因。其实李世民是经常以此来鞭策自己的,如贞观十八年(644)山南献木连理,臣下"相率拜贺",他却说:"朕观古之帝王,睹妖灾则惧而修德者,福自至;见祥瑞则逸而行恶者,祸必臻。今瑞应之来,朕当劳心劳力以答天地耳,何烦致贺!"⑤ 这样的态度虽不符合唯物

---

① 《唐会要》卷28《祥瑞上》。
② 《贞观政要》卷6《仁恻》。
③ 《贞观政要》卷10《灾祥》。
④ 《旧唐书》卷80《褚遂良传》。
⑤ 《唐会要》卷28《祥瑞上》。

主义的精神，却有利于历史的发展。

西汉董仲舒以来，"天人感应"思想的产生和流行，一方面固然与皇帝和地主阶级的保守性有关，另一方面也与专制主义政治体制有关。在这种制度下，皇帝集立法权、司法权、行政权、军事权于一身，他本人处于法律之上，在民间除了农民起义能够打击皇权之外，在一般情况下再也找不到任何力量能够限制皇帝的作威作福、骄奢淫逸，于是就只能假手于上天的谴罚来警戒国君："你虽然无法，却不可以无天。"如果既没有法制限制皇权，又不信"天谴"，那么皇帝就会在作恶的道路上走得更远。对历代儒家的"天人感应"说应当这样看，对李世民因"天谴"而止恶从善，也应当作如是观。

第七节　轻徭薄赋，民殷财阜

经过十年左右的社会大动荡，战乱之余，唐初经济一片萧条，出现了"自伊、洛之东，暨乎海、岱，萑莽巨泽，茫茫千里，人烟断绝，鸡犬不闻，道路萧条"①的残破景象。唐高祖李渊在位九年，但当时战争仍在持续，社会经济并未得到很好的恢复，故李世民"践祚之始"，仍然是"霜旱为灾，粟价腾起，突厥侵抄，州县骚然"②。直到贞观十一年（637），岑文本还说当时的情况是"户口减损尚多，田畴垦辟犹少"，人民"疮痍未复"，"资产屡空"。③ 高昌王麴文泰在贞观十四年（640）入朝的时候发现，"秦陇之北，城邑萧条，非复有隋之比"④。这一带在隋唐之际并不是战火集中的地区，尚且如此，中原、江淮一带的情况就更可想而知了。

在这种条件下，出现了下述两方面的问题：首先是人民生活困苦。贞观四年（630），李世民狩猎时就发现"野人多蓝缕"。⑤ 不设法恢复生

---

① 《贞观政要》卷2《纳谏》。
② 《册府元龟》卷18《帝王部·帝德》。
③ 《旧唐书》卷70《岑文本传》。
④ 《通鉴》卷195贞观十四年八月。
⑤ 《册府元龟》卷115《帝王部·搜狩》。

产，农民生活就不能有所改善，阶级矛盾就无从缓和。关于此点，岑文本说得很清楚："今之百姓……常加含养，则日就滋息；暂有征役，则随而凋耗；凋耗既甚，则人不聊生；人不聊生，则怨气充塞；怨气充塞，则离叛之心生矣。"① 对唐政权来说，能不能从根本上缓和阶级矛盾，确实是一个生死攸关的问题。此中道理，对李世民来说是一清二楚的。贞观四年房玄龄奏称："今阅武库甲仗，胜隋日远矣。"李世民却借此大发议论："饬兵备寇，虽是要事，然朕唯欲卿等存心理道，务尽忠贞，使百姓安乐，便是朕之甲仗。隋炀帝岂为甲仗不足，以至灭亡？正由仁义不修，而群下怨叛故也。宜识此心。"② 这话可以说是入木三分，非常深刻。其次是国家财政处于左支右绌的严重拮据状况，正如戴胄所说，"每岁纳租，未实仓廪，随即出给，才供当年"③。一遇水旱就更无力赈贷，穷于应付了。为了改善人民的生产、生活条件，缓和阶级矛盾，为了改变捉襟见肘的财政状况，李世民所面临的当务之急，只能是大力恢复和发展社会经济。

农业是封建社会的主要生产部门，农民是最重要的生产者，因此恢复、发展农业和改善农民的经济状况是关键中的关键。李世民对农业的重要性有足够的认识，在《帝范》一书中特置《务农》一篇，吴兢所撰的《贞观政要》一书也有一篇《务农》，足可说明此点。兹列举两次最典型的言论以供了解李世民在这方面的基本观点：

> 国以民为本，人以食为命，若禾黍不登，则兆庶非国家所有。④

> 夫食为人天，农为政本，仓廪实则知礼节，衣食足则志廉耻，故躬耕东郊，敬授人时。国无九岁之储，不足备水旱；家无一年之服，不足御寒暑。……劝穑务农，则饥寒之患塞。⑤

> 育物济人，必资于食；家给人足，本藉于农。纵使瓦砾尽作隋珠，

---

① 《旧唐书》卷70《岑文本传》。
② 《贞观政要》卷5《仁义》。
③ 《旧唐书》卷70《戴胄传》。
④ 《贞观政要》卷8《务农》。同书卷又称："凡事皆须务本。国以人为本，人以衣食为本，凡营衣食，以不失时为本。"
⑤ 《帝范》卷4《务农》。

沙石皆为和璧，珍宝满目，何解饥寒？①

朕为兆民之主，皆欲使之富贵……若家给人足，朕虽不听管弦，乐在其中矣。②

这里虽然有些话是自古以来的老生常谈，但把谷帛看得重于珠璧，用"家给人足"代替管弦之乐，确实说得生动得体，反映其情趣的格调是比较高雅的。正因为李世民特别重视农业生产和农民生活，所以每次"诸方使人"回朝，他都要"先问田苗善恶，百姓疾苦"。③ 贞观二年（628）发生了一件非常有趣的事，这年京师一带大旱，蝗灾严重，李世民入苑视禾，捉住几只蝗虫，对之进行咒诅："人以谷为命而汝食之，是害于百姓。百姓有过，在于一人，尔其有灵，但当蚀我心，无害百姓。"说着就要吞食手中的蝗虫，左右大臣急忙进谏："恐成疾，不可。"他却说："所冀移灾朕躬，何疾之避！"遂吞下蝗虫。④ 这尽管是一种收买民心的政治表演，但能够表演到这样的程度，也确实反映他对农业生产的重视。自汉、魏以来，国家每逢大庆之日，皇帝一定要赐牛、酒大酺，贞观十七年（643）李世民一反这种传统，下诏天下："牛之为用，耕稼所资，多有宰杀，深乖恻隐。其男子年七十以上，令州县量给酒、米、面，并以官物充。"⑤ 这显然不是出于对牛的"恻隐"，而是由于认识到"牛之为用，耕稼所资"。这一措施既反映了对农业的重视，也有利于农耕的发展。

唐初恢复农业生产的最大困难之一，是劳动力的严重不足。隋代极盛时全国户数近九百万，而到贞观时期，骤降至"户不满三百万"⑥。若以每户平均五口人计算，全国口数仅一千余万。对于偌大的国土，这点劳动力是太不够用了。为了尽快增加户口，繁殖人口，李世民采取了一系列有效的政策和措施。

---

① 《册府元龟》卷157《帝王部·诫励二》。
② 《通鉴》卷196 贞观十六年十一月。
③ 《册府元龟》卷58《帝王部·勤政》。
④ 《贞观政要》卷8《务农》。
⑤ 《文馆词林》卷667《贞观年中获石瑞曲赦凉州诏》。
⑥ 《册府元龟》卷486《邦计部·户籍》。

首先，招徕、赎还隋唐之际没落入沿边各少数民族的汉人和被掠去的汉人。这项工作，终贞观之世，一直在进行。玄武门之变后仅仅三个月，李世民就在武德九年（626）九月下诏突厥颉利可汗，一面表示拒受所献羊、马，一面让他归还所掠去的汉族户口。① 这件事抓得如此及时和迅速，说明他对人口问题的极度重视。贞观三年（629），据户部所奏，汉人有的自塞外来归，突厥前后内附的及开边为州县所增的人口，总共有男女一百二十余万口。② 这个数字约占全国总人口数的十分之一，值得重视。贞观五年（631），李世民又遣使以金帛从突厥赎还汉人男女八万口，尽还其家属。③ 直到贞观二十一年（647），李世民还再次遣使以财物赎还没落入铁勒的汉人，"远给程粮，送还桑梓"④。虽然前后从周边各族回来的汉人总数不得而知，但相当可观是毋庸置疑的。

其次，大力奖励男女嫁娶及时，提倡鳏寡婚配，以达到繁殖人口的目的。贞观元年（627），李世民即位之初就下诏：

> 其庶人男女无室家者，并仰州县官人以礼聘娶，皆任其同类相求，不得抑取。男年二十，女年十五已上，及妻丧达制之后，孀居服纪已除，并须申以婚媾，令其好合。若贫窭之徒，将迎匮乏，仰于亲近乡里富有之家，裒多益寡，使得资送。……刺史、县令以下官人，若能婚姻及时，鳏寡数少，量准户口增多，以进考第；如导劝乖方，失于配偶，准户减少附殿。⑤

理学在唐初还远未形成，所以寡妇再醮并不受社会舆论的谴责，但统治者像这样鼓励鳏寡婚配，在历史上还是绝无仅有的。把部内户口增减作为地方官考绩的依据，自然大大提高了他们执行诏书中各项政策的积极性。李世民即位后一再释放宫女，先后达数千人，除为了减少宫廷费用

---

① 《册府元龟》卷42《帝王部·仁慈》。
② 《旧唐书》卷2《太宗纪上》。
③ 《旧唐书》卷3《太宗纪下》。
④ 《册府元龟》卷42《帝王部·仁慈》。
⑤ 《唐会要》卷83《嫁娶》。

外，恐怕也带有繁殖人口的目的。再如贞观三年（629）李世民下诏："妇人正月以来生男，赐粟一石。"① 其目的也是完全相同的。

通过上述措施，在社会安定、经济恢复的条件下，人口迅猛增加。李世民崩后的第三年，即永徽三年（652），全国户数增加到了三百八十万之多，② 估计口数已接近二千万。这说明贞观一朝历时二十余年，人口增加了50%左右，这是一个非同小可的成就。

均田制的推行是唐初社会经济恢复和发展的重要物质条件之一。武德七年（624）是唐朝各项重要制度正式颁行的一个重要年头，均田令亦于是年颁布。当时李世民正忙于外抗突厥，内斗李建成、李元吉，无暇过问朝政，不可能成为均田制的奠基人，但他即位以后在推行和推广均田制方面也做了一些事。有一次李世民幸壶口村落，询问农民受田多寡，得知每丁受田仅仅三十亩，"遂夜分而寝，忧其不给"，因下诏："雍州录尤少田者，给复，移之宽乡。"③ 从这件事可以看出，李世民对均田制的推行是非常认真和严肃的，因而能采取具体措施部分地解决受田过少的问题。为了解决类似的问题，他还一再减缩苑囿，以增加农民的耕地。贞观十一年（637），洛州遭了水灾，百姓资产大量漂失，李世民一面下令赈济，一面宣布废明德宫之玄圃苑院及飞山宫之园囿，以分给洛阳附近的"遭水之家"④。这样就化苑囿为农民的受田了。隋朝在洛阳置有会通苑，又名上林苑，武德初改名芳华苑，李世民即位后"嫌其广，毁之以赐居人"。该苑"周一百二十六里"，⑤ 占地相当可观，赐居人后不可能大部为宅第所占，恐怕还是主要用于补充农民的受田。唐朝官府掌握着大量的职田，李世民有时也把其中的一部分授给均田农民，如贞观十年（636）的诏书宣布："有司收内外官职田，除公廨田园外，先给逃还贫下户及欠丁田户（当作欠田丁户）。其职田以正仓粟亩率二升给之。"以后虽然在贞观十八年（644）又恢复了京官的职田，但并没有收夺已经分配

---

① 《册府元龟》卷42《帝王部·仁慈》。
② 《唐会要》卷84《户口数》。
③ 《册府元龟》卷42《帝王部·仁慈》。
④ 《唐会要》卷30《诸宫》、《册府元龟》卷105《帝王部·惠民一》。
⑤ 《元河南志》卷4。

给农民的受田，而是规定"以京兆及岐、同、华、朔方等州空闲地及陂泽堪佃食者充之"。① 唐代耕种职田的农民是国家佃农，所受的剥削比均田农民重得多，所以把一部分职田变成永业、口分田授给均田农民，大大缓和了农民受田不足的紧张状况，有利于均田制的有效推行。在皇帝认真施行均田制的影响下，地方官中也出现了类似的情况，如长孙顺德新除泽州刺史，发现前任刺史张长贵、赵士达等"占部中腴田数十顷"后，遂"夺之以给贫单"。② 可以肯定，这些田都是按照均田令的规定向贫单户进行分配的。实际上，不抑制、打击张、赵这些贪官和有势力的大姓豪猾，他们就必然要侵损百姓，破坏均田制。为此，李世民曾告诫地方官："平法宪，安黎元，使老弱穷独皆得其所，豪家富室，不有侵渔。"③ 唐初均田制与府兵制相辅而行，士卒亦兵亦农，他们从军出征时往往影响农业生产，不利于均田制的维护。为了解决这一问题，李世民于贞观二十二年（648）令孙伏伽与张行成分别到河北、渭州等地"存恤百姓"，下令"从军之家，州县为之营农"。④ 这一措施对均田制与府兵制的推行都有好处。贞观时期，随着唐朝疆域的扩大，均田制推行的范围也远远超过了以往各王朝。贞观十四年（640）侯君集平高昌（详后）之后，李世民旋即下诏："彼州（即西州，今新疆吐鲁番东南）所有官田，并分给旧官人、首望及百姓等。"⑤ 现在大量的吐鲁番出土文书可以证明，这次分田是按照均田令规定实行的。按西域一带在贞观十四年以前长期不隶属于中原王朝，推行均田制的记载从未一见，内地的这一田制肯定没有远播高昌，所以这次把均田制首次推广到新疆一带，具有重要意义，对边境农业的发展起了一定的作用。上述事实反映，贞观年间是唐朝均田制实行得最有效的时期，高宗、武后以后土地兼并逐渐发展，逃户日益增加，均田制的推行就不能与李世民统治时同日而语了。

---

① 《册府元龟》卷505《邦计部·俸禄一》。
② 《新唐书》卷105《长孙无忌附顺德传》。
③ 《册府元龟》卷157《帝王部·诫励二》。
④ 《册府元龟》卷135《帝王部·愍征役》。
⑤ 《文馆词林》卷664《贞观年中巡抚高昌诏》。

在土地制度方面，李世民对屯田的推行亦有所贡献。武德初年，在并州大总管府长史窦静的建议下，唐朝在太原附近开始实行屯田，岁收数十万斛。武德六年（623）秦王李世民"又奏请益置屯田于并州界"，高祖李渊接受了这一建议，并州屯田遂又有所发展。贞观初年，朔州（治所在今山西朔县）刺史张俭在朔州"广营屯田，岁致数十万斛，边粮益饶"①。同时，代州（治所在今山西代县）都督张公谨亦在代州"置屯田，以省馈运"②。以后，瀚海都护李素立于北边广大地区建立廨舍，"开屯田"，③ 发展边境生产。这些地方军、政官员都在贞观年间大兴屯田，恐怕与李世民的提倡与支持有密切的关系。

隋炀帝的横征暴敛严重地破坏了社会生产，激化了阶级矛盾，是导致隋朝覆灭的重要原因。李世民对此亲见亲闻，故能从中吸取教训，反其道而行之，采取轻徭薄赋政策。他曾明确地说："隋炀帝求觅无已，内则淫荡于声色，外则剿人以黩武，遂至灭亡。朕睹此，但以清净（静）抚之。今百姓自言安乐，岂知朕之力也。"④ 所谓"以清净抚之"，也就是另一道诏书中所说的"轻徭薄赋，务在劝农，必望民殷物阜，家给人足"⑤。李世民曾反复说明徭赋轻重对农业生产的重大影响："今省徭赋，不夺其时，使比屋之人，恣其耕稼。"⑥ 这样就可改善农民的生产、生活条件，使国家的财政收入建立在生产发展的基础之上。如果不顾生产状况，一味敲骨吸髓地聚敛，那最终是要自食恶果的，李世民深知此理，因而认为："为君之道，必须先存百姓，若损百姓以奉其身，如割胫以自啖，腹饱而身毙。"⑦ 实际上，"存百姓"是手段，使自己免于"身毙"才是目的。李世民刚刚登上皇帝的宝座就与群臣讨论"止盗"问题，有人主张"重法以禁之"。李世民却说："民之所以为盗者，由赋繁役重，官吏贪求，饥寒切身，故不暇顾廉耻耳。朕当去奢省费，轻徭薄赋，选用

---

① 《册府元龟》卷503《邦计部·屯田》。
② 《新唐书》卷89《张公谨传》。
③ 《旧唐书》卷185上《李素立传》。
④ 《魏郑公谏录》卷3《对隋炀帝求觅无已》。
⑤ 《唐大诏令集》卷111《温彦博等检行诸州苗稼诏》。
⑥ 《贞观政要》卷8《务农》。
⑦ 《魏郑公谏录》卷3《对为君之道先存百姓》。

良吏，使民衣食有余，则自不为盗，安用重法耶？"① 这实际是用釜底抽薪的办法对付阶级矛盾，借此巩固封建统治。为了彻底贯彻轻徭薄赋政策，李世民还针对官吏的聚敛邀功特别规定："税纳逾数，皆系枉法。"② 即令"事不获已，必藉人功"以"缮治器械，修葺城隍"及修建堤防和桥梁，他也指出必须"慰彼民心，缓其日用"，③ 不允许不顾民力，程限迫促。隋文帝杨坚已经有"不怜百姓而惜仓库"④ 的缺点，暴君杨广进一步执行过头的储粮于官的政策，甚至向农民"逆折十年之租"，⑤ 致使隋末官仓所积之谷"得供五六十年"。李世民深知"炀帝失国，亦此之由"，因而规定：

> 凡理国者，务积于人，不在盈其仓库。古人云："百姓不足，君孰与足？"但使仓库可备凶年，此外何烦储蓄？后嗣若贤，自能保其天下；如有不肖，多积仓库，徒益其奢侈，危亡之本也。⑥

从隋炀帝的竭泽而渔发展到唐太宗的轻徭薄赋，不能不说是经过隋末农民起义的沉重一击，地主政权赋敛政策所发生的巨大变化。李世民在这方面的成就相当突出。

要想省徭减赋，就必须节约国家的财政开支。李世民并省州县、精简吏员、完善府兵制等多项措施都能在这方面起显著的作用。除此之外，他还特别注意从如下两个方面厉行节约：第一，提倡俭朴，力戒奢靡，以纠正隋炀帝时的腐化恶习。李世民平夏、郑后入洛阳观看隋朝的宫殿，"嗟后主罄人力以逞奢侈"，⑦ 因下令撤端门楼，焚毁了乾阳殿等建筑，收到了"天下翕然，同心欣仰"⑧ 的效果。玄武门之变后，李世民即位之初，

---

① 《通鉴》卷192武德九年十一月。
② 刘崇远《金华子杂编》。
③ 《全唐文》卷4太宗《缓力役诏》。
④ 《贞观政要》卷8《辩兴亡》。
⑤ 《旧唐书》卷53《李密传》。
⑥ 《贞观政要》卷8《辩兴亡》。
⑦ 《旧唐书》卷73《薛收传》。
⑧ 《旧唐书》卷75《张玄素传》。

立即"命纵禁苑鹰犬,罢四方贡献",因此"天下大悦"。① 将作大匠窦琎曾因修葺洛阳宫时"凿池起山,崇饰雕丽,虚费功力",被李世民免官,而且在他一怒之下,"遽令毁之"。② 就连一再释放宫人,也是由于吸取了隋朝的教训,如贞观二年(628)李世民对侍臣说:

> 隋氏末年,求采无已,至于离宫别馆非幸御之所,多聚宫人,皆竭人财力,朕所不取。且洒扫之余,更何所用?今将出之,任求伉俪,非独以惜费,亦人得各遂其性。③

两年之后他又对侍臣说:

> 崇饰宫宇,游赏池台,帝王之所欲,百姓之所不欲。帝王所欲者放逸,百姓所不欲者劳弊……劳弊之事,诚不可施于百姓。朕尊为帝王,富有四海,每事由己,诚能自节,若百姓不欲,必能顺其情也。

魏徵接着加以发挥:

> 陛下本怜百姓,每节己以顺人,臣闻:"以欲从人者昌,以人乐己者亡。"隋炀帝志在无厌,惟好奢侈,所司每有供奉营造,小不称意,则有峻罚严刑。上之所好,下必有甚,竞为无限,遂至灭亡,此非书籍所传,亦陛下目所亲见。为其无道,故天命陛下代之。陛下若以为足,今日不啻足矣;若以为不足,更万倍过此亦不足。④

君臣二人都知道皇帝的奢侈本性与劳动人民的愿望是针锋相对的,帝王必须"自节""节己",即自觉抑制这种本性,才能达到长治久安的目的。

---

① 《通鉴》卷191武德九年六月。
② 《旧唐书》卷61《窦威附琎传》。
③ 《旧唐书》卷2《太宗纪》。
④ 《贞观政要》卷6《俭约》。

李世民在这方面对自己也有相当的警惕,如有一次对侍臣说:

> 朕富有四海,士马如林,欲使辙迹周宇内,游观无休息,绝域采奇玩,海外访珍羞,岂不得耶?劳万姓而乐一人,朕所不取也。人心无厌,唯当以理制之。①

处于至尊的地位而能经常这样克制自己,确实是难能可贵的。正因为由俭而奢如水之走下,是自然之势,故防微杜渐就显得特别重要,有一次李世民问褚遂良:"舜造漆器,禹雕其俎,当时谏舜、禹者十有余人,食器之间,苦谏何也?"遂良解释说:"雕琢害农事,纂组伤女工,首创奢淫,危亡之渐。漆器不已,必金为之;金器不已,必玉为之。所以诤臣必谏其渐。及其满盈,无所复谏。"李世民"以为然"。② 帝王对自身欲望的克制,也是千里之行,始于足下,从小处着手。大概李世民尝到了这方面纳谏的甜头,因而曾对杜楚客说:"人君欲奇服异器以散府藏,当谏而勿为也。"③ 唐太宗提倡俭朴还表现在崇尚薄葬方面,他认为"以厚葬为奉终,以高坟为行孝"是一种"侈靡而伤风"的恶习,其后果是"富者越法度以相尚,贫者破资产而不逮,徒伤教义,无益泉壤,为害既深,宜为惩革。"甚至对帝王本身的厚葬,也提出非议,他曾指斥秦始皇营骊山墓,奢侈无度,最后不免"因多藏以速祸,由有利而招辱",讥笑这一类皇帝"岂不悲哉!"④ 李世民在克俭自持方面的言论和行动不胜枚举,兹不一一胪列。值得特别指出的是,这样的俭朴作风确实在社会、政治方面收到了良好的效果,所以开元年间有人说:"隋氏纵欲而亡,太宗抑欲而昌。"⑤ 上行下效,在李世民的提倡下,贞观一朝"二十年间,风俗素朴,公私富给"⑥。

第二,减省国用的另一个重要手段是尽量避免和减少不必要的战争,

---

① 《旧唐书》卷60《江夏王道宗传》。
② 《唐会要》卷55《谏议大夫》。
③ 《册府元龟》卷157《帝王部·诫励二》。
④ 《贞观政要》卷6《俭约》。
⑤ 《通鉴》卷210开元元年三月。
⑥ 《唐会要》卷58《尚书省诸司·左右丞》。

以紧缩军费开支。李世民从原则上肯定："夫兵甲者，国之凶器也。土地虽广，好战则人凋；邦国虽安，亟战则人殆。凋非保全之术，殆非拟寇之方，不可以全除，不可以常用。"① 他之所以能有这样的认识，一方面固然由于接受了"兵凶战危"的传统观念；一方面也由于从隋朝三征高丽的后果中吸取了惨痛的教训。他曾说，杨广"东西征讨，穷兵黩武，百姓不堪，遂致亡灭，此皆朕所目睹。故夙夜孜孜，惟欲清净，使天下无事"②。李世民不但从原则上尽量避免战争，而且经常按照这一原则办事。贞观四年（630），有司因林邑国"表疏不顺"，建议发兵征讨，李世民却说："兵者凶器，不得已而用之。……自古以来，穷兵极武，未有不亡者也。……隋主亦必欲取高丽，频年劳役，人不胜怨，遂死于匹夫之手。"次年，又借康国请归附的机会发表议论："前代帝王，大有务广土地以求身后之虚名，无益于身，其民甚困。假令于身有益，于百姓有损，朕必不为，况求虚名而损百姓乎？"③ 大致到贞观十八年（644）发兵征高丽以前，李世民基本上没有发动过战争。这样的政策自然有利于农民安居垅亩，发展农业生产。

由于李世民采取种种措施进行财政上的节流，所以当时"用物有节而易赡"。隋朝虽然修凿了大运河，贞观时却并没有利用它大量进行漕运，水陆所运"岁不过二十万石，故漕事简"④。这就大大节省了人力和物力。

在经济、财政方面，李世民还采取了一些其他具体措施，进行过一些改革，兹简略介绍如下。

隋文帝时曾创立社仓，储粮以赈灾民，但到暴君炀帝即位后，因大肆挥霍浪费，"国用不足，并取社仓之物以充官费"，社仓变成了剥削人民的手段，最后仓粮用尽，"无以支给"，⑤ 这一制度遭到彻底破坏。李渊统治时期，唐朝没有来得及恢复社仓。李世民即位后，于贞观二年

---

① 《帝范》卷4《阅武》。
② 《贞观政要》卷1《政体》。
③ 《贞观政要》卷9《征伐》。
④ 《新唐书》卷53《食货志》。
⑤ 《旧唐书》卷70《戴胄传》。

(628) 在戴胄建议下建立义仓，性质与隋代社仓基本相同，制度规定王公以下所占土地，每年每亩纳粟二升，贮于州县义仓，"以备凶年"①。从此，"每有饥馑则开仓赈给"，②收到了"仓储衍溢，亿兆赖焉"③的显著效果。义仓之设，不失为取之于民，用之于民，并无剥削性质，有利于帮助农民抵抗天灾，维持再生产。至于义仓征敛转变为地税，即成为剥削手段，那是后来的事，与李世民无涉。

武德九年（626）九月，李世民即位之初就下令置常平监官，职掌是"均天下之货，市肆腾踊，则减价而出；田穑丰羡，则增籴而收"。采取这一措施的目的是"使公私俱济，家给人足，抑止兼并，宣通拥滞"。④贞观十三年（639），李世民又下诏置常平仓于洛州、相州、幽州、徐州、齐州、并州、秦州及蒲州等地，把这一制度推行到更广阔的范围。常平仓的设置是战国时李悝平籴法的继续和发展，能够缓慢、抑制商人兼并农民的过程，在一定程度上可以减轻谷贱伤农、谷贵伤民的破坏作用。

李世民在户等的划分上也有所改革。李渊在武德六年（623）正式宣布定户等第，"天下户量其赀产定为三等"⑤。李世民统治时期，感到三等划分"未尽升降"，于是在贞观九年（635）下诏改革，每等再分为上、中、下，遂正式划成九等。⑥改革户等划分的目的是使之更加符合贫富状况，以便据以进行课敛，这符合李世民的一贯主张。如武德九年十月，裴矩奏请于突厥残暴之处每户"给绢一匹"，李世民对此表示："户有大小，各须存济，给物雷同，岂公思之未至也？"因决定"计口为率"以给绢。⑦这些措施的基本精神都是一致的。

---

① 《唐会要》卷88《仓及常平仓》。
② 《通典》卷12《食货典·轻重》。
③ 《册府元龟》卷502《邦计部·常平》。
④ 《唐大诏令集》卷111《置常平监官诏》。
⑤ 《唐会要》卷85《定户等第》。
⑥ 《唐会要》卷85《定户等第》、《册府元龟》卷486《邦计部·户籍》均载武德六年定三等户，"至九年三月二十四日"改三等户为九等。《通典》卷6《食货典·赋税下》略同，唯仅载"三月"，漏载"二十四日"。但《旧唐书》卷3《太宗纪下》及《通鉴》卷194均系此事于贞观九年三月庚寅。按武德九年三月己丑朔，庚寅为初二。贞观九年三月丁卯朔，庚寅恰好是二十四日。可见《旧纪》《通鉴》的记载是正确的，《唐会要》《册府元龟》及《通典》等书于"九年"前均脱漏"贞观"二字。
⑦ 《唐会要》卷58《户部尚书》。

第五章 贞观之治

隋代承北朝余风,仍然大肆赏赐奴婢,动辄以千百数。唐初武德年间,没有发生根本的改变,河间王李孝恭一次受赐竟达七百口之多。但到贞观年间,情况开始有明显的转变,最多的一次是赐李大亮奴婢一百五十人,①此外就再也没有发现赐奴婢百人以上的记载了。贞观二年(628)关中大旱,发生了"鬻男女"的事,李世民知道后立即遣杜淹出去巡检,令"出御府金宝赎之,还其父母"②。贞观十九年(645),唐军从高丽前线班师,临行前李世民下诏,把攻辽东城时顽抗的俘虏一万四千口不再当作奴婢分赏将士,而是"命有司平准其值,以布及钱赎为编户"。一时"其众欢叫之声三日不息"。③这种削弱掠战俘为奴、减少鬻男卖女的措施符合历史发展的进步趋势,劳动人民身份的提高有利于提高他们的生产积极性。

李世民一系列开明、进步的经济、财政措施对社会生产的发展起了巨大的作用,隋唐之际残破不堪的农村经济因而得以在废墟上逐渐恢复起来,并为以后的进一步发展奠定了坚实的基础。当时社会上出现了"商旅野次,无复盗贼","马牛布野,外户不闭","频致丰稔,斗米三四钱"④的景象。在这二十多年的升平时代,总的情况是"风调雨顺,年登丰稔,人无水旱之弊,国无饥馑之灾"⑤。这些记载虽然不免有粉饰溢美的成分,但仍然可以说是基本上反映了当时的社会面貌。

李世民毕竟是一个封建皇帝,不可能不具有地主阶级的奢靡浪掷、好大喜功的阶级本性,有时甚至暴露了对劳动人民的敌视态度。有一次他竟失口说出了一句这样的话:"百姓无事则骄逸,劳役则易使。"连魏徵也觉得这句话不是"兴邦之至言",并且批评李世民"顷年已来,意在奢纵,忽忘卑俭,轻用人力"。"虽忧人之言不绝于口,而乐身之事实切于心。""好尚奇异,难得之货,无远不臻;珍玩之作,无时能止。"致使劳动人民"疲于徭役,关中之人,劳弊尤甚"⑥。马周也指出,当时百姓

---

① 《旧唐书》卷62《李大亮传》。
② 《贞观政要》卷6《仁恻》。
③ 《册府元龟》卷42《帝王部·仁慈》。
④ 《贞观政要》卷1《政体》。
⑤ 《贞观政要》卷9《征伐》。
⑥ 《贞观政要》卷10《慎终》。

"供官徭役,道路相继,兄去弟还,首尾不绝,远者往来五六千里,春秋冬夏,略无休时",由此引起了人民的"怨嗟之言"。① 隋炀帝时由于徭役、兵役繁重,劳动人民有人自残肢体,称之为"福手""福足",以逃避服役,想不到在历史上艳称的"贞观之治"时期,这种"遗风犹存"。李世民发现后不但不肯蠲减徭役,反而下令:"自今有自伤残者,据法加罪,仍从赋役。"② 这就无异于扬汤止沸了。李世民晚年为了发动对外战争,在江南十二州大肆制造战船,州县官"督迫严急",剑南人民"至卖田宅、鬻子女不能供,谷价踊贵,剑外骚然"③。李世民的这些过错也是昭然若揭的,不容忽视。

不过,就他的一生而言,俭朴自持,力避战争,轻徭薄赋,还是主要的方面,即令像晚年兴建的玉华宫,虽然被徐贤妃指为浪掷民力,但在建筑时也仍然是"务从俭约","正殿瓦覆,余皆茸之以茅"④ 而已,所以李世民生活腐化的倾向始终没有占支配地位。

"贞观之治"是历史上艳称的治世之极,与汉代的"文景之治"相比亦有过之而无不及。李世民的治绩不但在国内影响很大,甚至令誉扬于异域,玄奘赴天竺时,中天竺王尸罗逸多曾问:"吾闻中国有圣王出,作《秦王破阵乐》,试为我说秦王之为人也。"玄奘"具言圣德"后,天竺王说:"信如所言,我当自朝也。"后来果然在贞观十五年(641)遣使朝贡于唐,李世民乃遣梁怀王李敬"往通其国"⑤。政治影响促进了中印两国之间的友好交往,足见"贞观之治"在当时有多高的威望。

---

① 《贞观政要》卷6《奢纵》。
② 《通鉴》卷196 贞观十六年七月。
③ 《通鉴》卷199 贞观二十二年九月。
④ 《唐会要》卷30《玉华宫》。
⑤ 《唐会要》卷100《天竺国》。

第六章 天可汗及其民族政策

第一节 平定东突厥,被尊天可汗

隋唐之际,突厥社会虽然已经出现了封建生产关系的因素,但奴隶社会并未最终崩溃,其上层统治者作为奴隶主阶级的代表,还在不断向南发动战争,以俘获奴隶和掠夺财物,所以唐初武功(治所在今陕西武功东南)遭战争洗劫时,"郡县多失户口"①。当时突厥非常强大,"东自契丹、室韦,西尽吐谷浑、高昌诸国,皆臣属焉。控弦百余万,北狄之盛,未之有也。高视阴山、有轻中夏之志"②。隋朝末年北方的武装集团如薛举、窦建德、王世充、刘武周、梁师都、李轨及高开道等,"俱北面称臣,受其可汗之号"③。就连晋阳起兵的李渊,也不例外。唐朝建立以后,在李渊统治时期,突厥铁骑动辄卷土而来,有时竟直逼长安左近,确实是一个严重的威胁。李世民即位之初,梁师都尚未平定,他自感穷蹙危殆,朝不保夕,于是往朝突厥颉利可汗,"为陈入寇之计。自此频致突厥之寇,边州略无宁岁"④。如何解除北方的边患,确实是玄武门之变以后摆在李世民面前的一个突出问题,需要认真对待。他一方面感到"往者国家草创",其父"称臣于突厥"是耻莫大焉,尤其是自己曾在李渊的面前夸下了假期数年必系颉利于阙下的海口,所以"痛心疾首,志灭

---

① 《旧唐书》卷75《苏世长传》。
② 《旧唐书》卷194《突厥传上》。
③ 《通典》卷197《边防典十三·突厥上》。
④ 《旧唐书》卷56《梁师都传》。

匈奴"；①另一方面又深知国力单薄，需要通过轻徭薄赋政策休养生息，不便大肆用兵。这就决定了在两难之间，李世民最初采取的是比较克制的态度。

武德九年（626）八月，东突厥的颉利可汗和突利可汗合兵十余万骑攻泾州（治所在今陕西泾州南），进至武功，京师戒严。接着又攻高陵（治所在今陕西高陵），离长安仅有七十里之遥，从东北、北面、西面威胁唐朝的京师。李世民虽然派骁将尉迟敬德小挫敌军于泾阳（治所在今陕西泾阳），但这样的前哨战并没有能够从根本上阻止突厥大军向前推进，故颉利可汗很快就到了渭水便桥的岸边，并派其心腹执失思力到长安充当使者。他到长安后一面窥探形势，一面威胁说："二可汗总兵百万，今已至矣！"②当时唐朝所发诸州的军队尚未开到，"长安居人胜兵不过数万"，③形势十分险恶。在这紧急关头，李世民坚定地回答执失思力的挑战：

> 我与突厥面自和亲，汝则背之，我实无愧。又义军入京之初，尔父子并亲从，我赐汝玉帛前后极多，何故辄将兵入我畿县？尔虽突厥，亦须颇有人心，何故全忘大恩，自夸强盛？我当先戮尔矣。④

并执系思力于门下省。接着李世民与高士廉、房玄龄等六骑驰至渭水岸，与颉利隔水对话，责其负约。关于此事，《旧突厥传》有如下的描写：

> 其酋帅大惊，皆下马罗拜。俄而众军继至，颉利见军容大盛，又知思力就拘，由是大惧。太宗独与颉利临水交言，麾诸军却而阵焉。萧瑀以轻敌固谏于马前，上曰："吾已筹之，非卿所知也。突厥所以扫其境内直入渭滨，应是闻我国家初有内难（指玄武门之变），朕又新登九五，将谓不敢拒之。朕若闭门，虏必大掠，强弱之势，

---

① 《大唐新语》卷7《宽恕》。
② 《旧唐书》卷194《突厥传上》。
③ 《通鉴》卷191武德九年八月《考异》。
④ 《旧唐书》卷194《突厥传上》。

在今一策。朕故独出，以示轻之；又耀军容，使知必战。事出不意，乖其本图；虏入既深，理当自惧；与战则必克，与和则必固。制服匈奴，自兹始矣！"是日，颉利请和，诏许焉。……乙酉，又幸城西，刑白马与颉利同盟于便桥之上，颉利引兵而退。

对这一记载，当提出以下疑窦：第一，突厥倾国而来，兵力远过唐师，颉利可汗怎么可能因李世民亲临渭滨和执失思力被执就"大惧"呢？即令援军已至，唐师"军容大盛"，恐怕也仍居劣势，否则萧瑀不会认为李世民出战是"轻敌"。第二，果如李世民所说，长安闭门，突厥必大掠，但在城外又能掠获多少子女玉帛呢？实则敌军掳掠目标主要还在城内。何况突厥兴师十余万，城外即令得点财物，亦不抵师行千里之费。第三，突厥倾国南下，没有经过较量就轻易退兵，白白浪掷了出师的巨额军费，这可能吗？可见上述记载不近情理，有不完全之处。

据刘𝗑[①]《小说》载："太宗初亲庶政，驿召卫公（李靖）问策……靖请倾府库赂以求和，潜军邀其归路。帝从其言，胡兵遂退。于是据险邀之，虏弃老弱而遁。获马数万匹，金帛一无遗焉。"[②]"倾府库赂以求和"是事实，透露了一点真实消息，大概突厥因为得到了唐朝的大量赂遗，才接受李世民的"求和"而退兵的。但这件事并不光彩，所以在两《唐书》及《通鉴》中仅偶然有所流露，并未大书特书。《通鉴》卷191武德九年八月条又有如下记载：

突厥引兵退，萧瑀请于上曰："突厥未和之时，诸将争请战，陛下不许，臣等亦以为疑。既而虏自退，其策安在？"上曰："吾观突厥之众虽多而不整，君臣之志，唯赂是求。当其请和之时，可汗独在水西，达官皆来谒我，我若醉而缚之，因袭击其众，势如拉朽。又命长孙无忌、李靖伏兵于幽州（《旧李靖传》作"豳州"，是。《通鉴》误。）以待之。虏若奔归，伏兵邀其前，大军蹑其后，覆之

---

① "𝗑"原误作"𝗒"。——编者注
② 《通鉴》卷191《考异》引。

如反掌耳。所以不战者，吾即位日浅，国家未安，百姓未富，且当静以抚之。一与虏战，所损甚多。虏结怨既深，惧而修备，则吾未可以得志矣。故卷甲韬戈，啗以金帛。彼既得所欲，理当自退，志意骄惰，不复设备，然后养威伺衅，一举可灭也。将欲取之，必固与之，此之谓矣！"

这段议论说明：第一，从这次战局总的情况看，李世民是采取了克制态度，并未逞强而战，把他描写得英勇万分，慑服颉利，根本不符合史实。李世民有时说些大话，在情理上可以理解，却不能信以为真。第二，"啗以金帛""必固与之"正是唐朝以大量金宝赂遗颉利的自供，突厥"既得所欲，理当自退"说明他们是不战而达到了获取财物的目的。第三，刘餗《小说》所说"据险邀之……获马数万匹，金帛一无遗焉"是不符合事实的，果如刘餗所言，这次盟约在突厥撤军时已被唐朝撕毁，颉利可汗怎么可能在九月间又献马三千匹、羊万口呢？况且这样做从根本上违背李世民的战略考虑，是不可能的。《旧李靖传》所载"靖倍道趋豳州，邀贼归路，既而与虏和亲而罢"才是事实的真相。应当说，在这次事件中，李世民并不是胜利者，他仅仅是委曲求全地避免了一场战祸。那些溢美的记载不可全信。不过，根据当时唐朝的具体经济、政治条件，必须承认，李世民采取这样的对策是现实主义的，完全正确。

贞观元年（627），突厥形势严重恶化。所属薛延陀、回纥、拔野古诸部族相率起来反抗其统治，颉利、突利二可汗间亦相互"怨望"，再加上天灾的袭击，"其国大雪，平地数尺，羊、马皆死，人大饥"①。这时唐朝有的大臣向皇帝建议，乘此良机出击突厥，李世民思想上也举棋不定，因问萧瑀与长孙无忌等人："颉利君臣昏虐，危亡可必，今击之则新与之盟；不击，恐失良机，如何而可？"长孙无忌说："虏不犯塞而弃信劳民，非王者之师也。"李世民遂打消了出兵的念头。② 据《旧突厥传》，李世民于此还有一段宏论：

---

① 《旧唐书》卷194《突厥传上》。
② 《通鉴》卷192贞观元年七月。

> 匹夫一言，尚须存信，何况天下主乎！岂有亲与之和，利其灾祸而乘危迫险以灭之耶！诸公为可，朕不为也。纵突厥部落叛尽，六畜皆死，朕终示以信，不妄讨之。待其无礼，方擒取耳。

这些话实际上是在打官腔，从最后灭东突厥时一面派唐俭前往谈判，一面搞突然袭击的情况（详下）可以看到，李世民并不一贯坚持以信义待突厥的原则。此时不肯"乘危迫险"而大举出兵，真正的原因仍然是内难初平，国力不足，根本没有发动大规模战争的物质条件。

在北方各族的大纷扰中，突厥内部发生了严重的分裂。在各部族先后叛离突厥、降附于唐朝的声浪中，颉利可汗遣突利可汗讨伐这些部族，不料出师不利，吃了败仗，于是颉利拘系突利而加以鞭挞，并在突利所统部众中征兵，但遭到抵制。这样，突利的不满情绪越来越滋长，遂于贞观二年（628）奉表唐朝，表示愿意归附。颉利知道后发兵攻突利，后者遣使于唐乞援，"奏言与颉利有隙，奏请击之"①。李世民认为时机已到，遂一面诏秦武通以并州兵马相机应接，一面征求左右大臣的意见："朕与突利为兄弟，有急不可不救，然颉利亦与之有盟，奈何？"杜如晦以"取乱侮亡，古之道也"为理由，主张"因其乱而取之"。但李世民这次仍没有大举出兵，只是利用"突厥政乱，不能庇梁师都"的机会一举平定了梁氏割据势力而已。② 可以想见，这次不肯大规模用兵突厥的原因，与去年完全相同。

大致李世民即位后的最初两年中所采取的基本战略是：一方面在内部休养生息，恢复经济，增强国力，做好最后与突厥决一雌雄的准备；一方面先灭梁师都，以蚕食突厥卵翼下的力量，并拉拢突厥北面的薛延陀族，以孤立颉利可汗。当时北方很多叛离突厥的部族纷纷归附于薛延陀，共推其俟斤夷男为可汗，李世民"方图颉利"，乃遣乔师望间道赍册书前往薛延陀，拜夷男为真珠毗伽可汗，赐以鼓纛。"夷男大喜，遣使入贡"于唐。当时薛延陀建牙于大漠之郁都军山下，"东至靺鞨，西至西突

---

① 《通典》卷197《边防典十三·突厥上》。
② 《通鉴》卷192贞观二年四月。

厥，南接沙碛，北至俱伦水，回纥、拔野古、阿跌、同罗、仆骨、霫诸部皆属焉"①。唐朝与薛延陀结成联盟，就使突厥处于南北两面同时受敌的地位，异常不利。

在突厥内外交困的形势下，李世民大举出兵、剪灭颉利势力的条件终于逐渐成熟。贞观三年（629）八月，薛延陀毗伽可汗遣其弟统特勤至长安入贡，李世民赐予宝刀，并对他说："卿所部有大罪者斩之，小罪者鞭之。"② 颉利可汗听到唐朝与薛延陀的关系发展到如此密切的消息后，孤立感更加突出了，开始产生了恐惧情绪，于是遣使于唐表示愿意称臣，并请尚唐朝公主，修子婿之礼。这时代州都督张公谨③奏"突厥可取之状"称：

> 颉利纵欲肆情，穷凶极暴，诛害良善，昵近小人，此主昏于上，其可取一也；又其别部同罗、仆骨、回纥、延陀之类，并自立君长，将图反噬，此则众叛于下，其可取二也；突厥（当作利）被疑，轻骑自免，拓设出讨，匹马不归，欲谷（设）丧师，立足无地，此则兵挫将败，其可取三也；塞北霜早（旱），粮糇乏绝，其可取四也；颉利疏其突厥，亲委诸胡，胡人翻覆，是其常性，大军一临，内必生变，其可取五也；华人入北，其类实多，比闻自相啸聚，保据山险，师出塞垣，自然有应，其可取六也。④

当时突厥之所以陷于分崩离析的状况，是历史的必然，有深刻的社会原因。在奴隶制社会行将崩溃的时候，生产关系同生产力的矛盾极度激化，社会生产遭到破坏，奴隶主阶级严重腐化，凡此种种都是不可避免的，所以出现了一派衰败景象。此外，突厥上层多信用西域的粟特人，这些胡人势力很大，组成所谓"胡部"，颉利可汗"亲委"西域胡人，疏斥宗族，不仅有"必生内变"的危险，而且激化了旧贵族与商胡之间的矛盾，

---

① 《通鉴》卷193 贞观二年十二月。
② 《通鉴》卷193 贞观三年八月。
③ "谨"原误作"瑾"。——编者注
④ 《旧唐书》卷68《张公谨传》。

第六章 天可汗及其民族政策

大大加剧了政治危机。① 至于汉人聚众反抗，别部自立君长，则反映奴隶社会即将崩溃的时候不但民族矛盾尖锐化了，阶级矛盾也达到了白热化的程度，也就是所谓"颉利用度不给，复重敛诸部，由是下不堪命，内外多叛之"②。看来李世民出兵的外部条件是完全成熟了。唐朝内部的条件怎样呢？玄武门之变以后经过将近三年的时间，政局已经完全稳定，而且贞观三年（629）"关中丰熟"，百姓"咸自归乡"，③ 政治、经济两方面都可以做到应付裕如了。在这种形势下，李世民遂接受张公谨的建议，以颉利可汗曾"请和后复援梁师都"为借口，发动了大规模的战争。④

贞观三年十一月，李世民命兵部尚书李靖为行军总管，以张公谨为副，出定襄道；并州都督李勣、右武卫将军丘行恭出通漠道；⑤ 左卫大将军柴绍出金河道；幽州都督卫孝节出恒安道；薛万彻⑥出畅武道；任城王李道宗出大同道；"凡总管师十余万"，皆受李靖"节度以讨之。"一时"捷书日夜至"。⑦ 在唐朝大军压境的形势下，突厥俟斤九人及拔野古、仆骨、同罗、奚等族首领皆来归降。十二月，突利⑧可汗入朝。郁射设亦帅所部降唐。次年（630）李靖大破突厥于白道（道路名，在今内蒙古呼和浩特市西北）。颉利奔于铁山（在今内蒙古阴山北），自己感到已至穷途末路，于是派执失思力到唐朝谢罪，请求举国内附。李世民一面遣唐俭等前往慰抚突厥，一面令李靖将兵迎颉利可汗。李靖与李勣利用颉利接待唐俭的机会，不顾信义，遂乘雾突然袭击，大败颉利于阴山。二月，突厥沙钵罗设苏尼失执颉利欲降，为奄至唐军所俘。这次战役，唐军共俘众数十余万而还，"斥地自阴山北至大漠"⑨。东突厥亡，"漠南遂

---

① 参阅马长寿《突厥人和突厥汗国》，第42—43页。
② 《旧唐书》卷194《突厥传上》。
③ 《贞观政要》卷1《政体》。
④ 《通典》卷197《边防典十三·突厥上》。
⑤ 《旧突厥传》及两《唐书》李勣本传均作"通漠道"。唯《通典》误作"通汉道"。
⑥ 《旧突厥传》误作"薛万淑"。
⑦ 《旧唐书》卷194《突厥传上》。《通典》及《唐会要》卷94《北突厥》均作受李靖节度，唯《通鉴》误作"李勣"。
⑧ 《通鉴》误作"厥利"。
⑨ 《通鉴》卷193贞观四年二月。

空"。① 北朝以来直至唐初北方的严重边患至此基本上解除了。

在唐军节节胜利的过程中，唐朝声威远播，各族、各国纷纷遣使至长安朝贡，他们"服装诡异"，颜师古奏请"图写以示后"，绘《王会图》以作纪念，李世民从之。② 贞观四年（630）三月平东突厥后，"四夷君长"诣阙请求尊李世民为"天可汗"。李世民说："我为大唐天子，又下行可汗事乎？"群臣及各族君长皆呼万岁。从此以后，凡以玺书赐西北君长，皆称"天可汗"③。

颉利可汗执送长安后，李世民任命他为右卫大将军，"赐以田宅"，④加以安置。东突厥余众除少数北附薛延陀、西奔西域外，其余降附于唐朝的还有约十万口，如何安置、处理这些人口是李世民所面临的一个紧迫的问题。在他召开的御前会议上，大臣们大体上提了三种不同的方案。第一种方案主张徙其众于黄河以南兖州（治所在今山东兖州）、豫州（治所在今河南汝南）一带，以便"分其种落，散居州县，教之耕织，可以化胡虏为农民，永空塞北之地"⑤。显然，这是要把突厥融合在汉族之中。第二种方案以魏徵的意见为代表，他以西晋代魏时"诸胡与民杂居中国"，晋武帝不用郭钦、江统"驱出塞外"的建议，酿成永嘉之乱为殷鉴，主张突厥降众"宜纵之使还故土"；否则"今降者众近十万，数年之后，蕃息倍多，必为腹心之疾"。⑥ 总之，他反对置突厥于河南，认为这样做后患无穷。这种意见是对突厥敬而远之，不敢收容降众，但没有预料这样做，若干年后是否又会形成新的民族矛盾。颜师古、李百药及窦静等人大体同意魏徵的意见，但又认为置之河北以后，应当按照"国分则弱而易制，势敌则难相吞灭"的原则，"分其种落、散居州县"，各部立其酋长，"领其部落"，这样就可以达到"分其土地，析其部落，使其权弱势分，易为羁制，可使常为藩臣，永保边塞"

---

① 《唐会要》卷94《北突厥》。
② 《通鉴》卷193 贞观三年闰十二月。
③ 《通鉴》卷193 贞观四年三月。
④ 《通典》卷197《边防典十三·突厥上》。
⑤ 《通鉴》卷193 贞观四年四月。
⑥ 《通鉴》卷193 贞观四年四月。

第六章 天可汗及其民族政策

的目的。① 第三种方案以温彦博的主张为代表，其基本内容是："请于河南处之，准汉建武时置降匈奴于五原塞下，全其部落，得为捍蔽，又不离其土俗，因而抚之。一则实空虚之地，二则示无猜之心，是含育之道也。"至于如何对他们进行统辖和管理，他主张还是要使各部自立酋长，使之"不相统属，力散势分"，不能"为害"。② 这实际是第一、第二方案的折中。经过剧烈的往复争论，李世民因"方务怀柔"，故"卒用彦博策"。③

最后安置突厥降众的具体措施是：在东自幽州（治所在今北京城西南）西至灵州（治所在今宁夏灵武西南）的广大地域，把原来由突利统辖的地区分置顺、祐、化、长四州，以四州都督府统辖突厥人；把原来由颉利统辖的地区分置北开、北宁、北抚、北安、丰等六州，④ 并分之为左右二部，左置定襄都督府，右置云中都督府，以统辖突厥人。⑤ 同时任命突利为顺州都督，⑥ 使率部落还蕃。临行前李世民对他说：

> 昔尔祖启民亡失兵马，一身投隋，隋家竖立，遂至强盛。荷隋之恩，未尝报德。至尔父始毕反为隋家之患，自尔已后，无岁不侵扰中国。天实祸淫，大降灾变，尔众散乱，死亡略尽。既事穷后，乃来投我，我所以不立尔为可汗者，正为启民前事故也。改变前法，欲中国久安，尔宗族永固。是以授尔都督。当须依我国法，整齐所部，不得妄相侵掠。如有所违，当获重罪。⑦

这一席话就封建时代的皇帝而言，对战败的民族能够采取这样的政策，也就算相当开明了。另外，李世民以阿史那思摩为北开州都督，

---

① 《通鉴》卷193贞观四年四月。
② 《贞观政要》卷9《安边》。
③ 《贞观政要》卷9《安边》。
④ 《通鉴》所载缺一州名，无从查考。
⑤ 《通鉴》作"分颉利故所统之地置顺、祐、化、长四州都督府，又分颉利之地为六州"。误。按《旧突厥传》所载，突利居东方，颉利居西方，故知四州都督所辖为突利故地。且《旧突厥传》还特别载明："剖颉利故地左置定襄都督，右置云中都督二府。"更可证明《通鉴》之误。
⑥ 《通鉴》此处亦误"突利"为"颉利"，据《旧突厥传》改正。
⑦ 《旧唐书》卷194《突厥传上》。

使统辖颉利旧众。还有一些东突厥酋长大批内徙长安，拜将军、中郎将，"布列朝廷，五品以上百余人，殆与朝士相半"。随他们"入居长安者近万家"。①

上述事实说明，李世民采取温彦博方案的主要考虑是：首先，全部南徙中原，确实有西晋的前车之覆，深恐再一次出现以胡乱汉；若全部纵还塞外荒漠，则怕失去控制，将来突厥贵族再袭隋代始毕可汗的故伎，重酿边患。采取这样的折中方案可以兼取上述两个方案之利而并弃其弊。其次，以突利与阿史那思摩东西分统原来的突厥故地，而又互不统摄，同时并立十州，确实是为了离析突厥势力，避免过去颉利、突利二可汗动辄联兵南攻的重演，可见李世民实际上也接受了"分其土地，析其部落，使其权弱势分，易为羁制"的意见。再次，在不内徙中原的情况下，如果仅仅派一名汉人去做都督，实际上也难于控制，任命突厥首领分统本族之众，既有政策开明的一面，也有不得不这样做的苦衷。最后，全部降附者不过十万口，迁居长安的竟至万家，如以一家五口计算，长安的突厥人占总降附人口的一半左右，李世民这样做也是为了把突厥势力化整为零，便于控制。虽然这样的政策是以防范为主，以分而治之为辅，但毕竟比一味地残酷镇压、掠为奴婢等传统的民族压迫方式开明得多，确实有超越前人的地方。李世民通过这样的措施，基本上解除了北方来自突厥贵族的威胁，正如开元年间毗伽可汗追述此事时所说，"遂服从唐皇，臣事之者五十年"②。

在唐朝破亡东突厥的重大影响下，东北的奚、霫和室韦等族皆内附；西域的伊吾（今新疆哈密）城主及高昌王麴文泰亦先后入朝，唐于伊吾置伊州。贞观七年（633）底，太上皇李渊令颉利起舞，命南蛮酋长冯戴智咏诗，在歌舞声声中，他不由得陶醉地说："胡越一家，自古未有也！"③ 这的确是李世民所开创的亘古以来未有的新局面。

在皇帝开明政策的倡导下，唐朝边境上的地方官也多能够留心缓和民族矛盾，对突厥首领以诚相待。如朔州（治所在今山西朔县）刺史张

---

① 《通鉴》卷193 贞观四年五月。
② 《阙特勤碑》。
③ 《通鉴》卷194 贞观七年十二月。

俭,曾于东突厥破亡后立即招集其"部落贫穷离散"者,加以安集。突厥中也有一部分仍居碛北,"既亲属分住,私相往还",张俭"并不拘责,但存纲纪羁縻而已"。后来有人说突厥将要叛唐,他又"单骑推诚,入其部落,召诸首领,布以腹心",解除了疑虑和隔阂。张俭还把一部分突厥人徙往代州(治所在今山西代县),"劝其营田,每岁丰熟",并"表请和籴,拟充贮备",结果"蕃人喜悦,边军大收其利"。① 这样的政策和措施对突厥的生产和社会进步都有好处,得到当地各族人民的拥护。

贞观十三年(639)发生了一件意外的事。突利的弟弟阿史那结社率当时是中郎将,因与突利有私怨,竟诬告其兄图谋反叛唐朝,李世民由此"薄之",故久不进秩。这年四月间,李世民幸九成宫,结社率阴结故部落四十余人,拥突利之子贺逻鹘进犯行营,弓矢乱发,皇帝的卫士死者数十人。乱事很快就平定了,却引起了朝臣间新的争论,有的人重唱"突厥留河南不便"的老调,否定温彦博的安边策。李世民此时也产生了懊悔的情绪,对侍臣说:"中国,根干也;四夷,枝叶也。割根干以奉枝叶,木安得滋荣?朕不用魏徵言,几致狼狈。"遂诏以右武候大将军、化州都督、怀化郡王李思摩(即阿史那思摩,赐姓李)为乙弥泥孰俟利苾可汗,徙诸州突厥北渡河还其旧部,"俾世作藩屏,长保边塞"②。其实,这次事变纯属偶然事件,李世民改变安置突厥的办法,并非单纯因这次事件而小题大做,更重要的是为了让突厥北迁去抵御日益强大起来的薛延陀。

东突厥灭亡后,北方薛延陀势力勃兴,原来颉利可汗被俘以前,在唐朝的挑拨下突厥与薛延陀本来就矛盾重重,此时突厥被迫北徙故地,"咸惮薛延陀,不肯出塞"。李世民特别赐薛延陀玺书,声明:"尔薛延陀受册在前,突厥受册在后,后者为小,前者为大。尔在碛北,突厥在碛南,各守土疆,镇抚部落。其逾分故相抄掠,我则发兵各问其罪。"经过这样的调停,突厥得以还河北建牙。李思摩临行,对李世民表示:"奴等破亡之余,分为灰埌,陛下存其骸骨,复立为可汗,愿万世子孙,恒事

---

① 《旧唐书》卷83《张俭传》。
② 《通鉴》卷195 贞观十三年四月、六月、七月。

陛下。"同时，李世民还以左屯卫将军阿史那忠为左贤王，左武卫将军阿史那泥熟为右贤王，并以宗女妻后者。出塞之后，泥熟"怀慕中国，见使者，必泣涕请入侍"。李世民答应了他的请求。① 这些生动的事实说明，李世民对东突厥的怀柔、安抚政策相当成功。现在唐朝放还突厥而不怕再出现一个隋代的始毕可汗，是由于北面有薛延陀的牵制，突厥有后顾之忧，不敢大举南下。与过去不同的是，东突厥灭亡以前，唐朝是拉拢薛延陀而孤立、打击突厥，现在则是支持突厥抵抗薛延陀，因为这时薛延陀的势力大大超过突厥，唐与突厥的矛盾已经大为缓和，李世民所面临的主要威胁来自薛延陀。

第二节 平定吐谷浑，和亲吐蕃

东突厥覆亡之后不久，李世民立即着手处理西南地区的民族问题，即解决唐朝与吐谷浑的矛盾，同吐蕃建立和亲睦邻关系。

吐谷浑属鲜卑族的一支，西迁青海一带后，"有地方数千里"，② 建都于伏俟城（故址在今青海省青海湖西岸布哈河河口附近），是唐朝西南的一大势力。隋唐之际，慕容伏允在位，一度被隋炀帝所败，逃依于党项族，故地皆空。大业末年，伏允乘隋朝天下大乱的机会"复其故地"，③ 其子慕容顺曾为质于隋朝，唐初李渊应伏允之请乃遣顺归国。

藏族在西藏高原所建立的王朝名吐蕃，唐初时已建立了奴隶制国家。杰出的赞普松赞干布定都逻些（今拉萨），统一了整个西藏高原，对藏族的社会进步作出了贡献。左近各族"并宾伏之"，④ 形成了吐蕃"雄霸"西南⑤的局面。

唐朝、吐谷浑、吐蕃三大势力并峙，吐谷浑却处于两大势力之间，因而成为双方争夺的对象。就其内部而言，大多数统治者倾向于吐蕃，

---

① 《通鉴》卷195 贞观十三年七月。
② 《通典》卷190《边防典六·吐谷浑》。
③ 《通典》卷190《边防典六·吐谷浑》。
④ 《旧唐书》卷196 上《吐蕃传》。
⑤ 《唐会要》卷97《吐蕃》。

慕容顺则为亲唐朝的势力。他之所以采取这样的态度，有两方面的原因：一则伏允曾立顺之弟为太子，慕容顺由此意"常鞅鞅，自以失位"，①遂成为一种异己力量；一则他长期为质于汉族王朝，久居长安，故不免具有亲唐倾向。② 就是在这样的背景下，唐朝、吐蕃、吐谷浑之间形成了极其复杂的关系，各方的统治者均不可避免地施展一些纵横捭阖的手段。

当时慕容伏允年事已高，由下面的天柱王用事，"数入塞侵盗"③。李世民即位后尽量避免战争，不顾伏允坚不通好的态度，努力建立睦邻关系。伏允一面遣使来朝，一面又大掠鄯州（治所在今青海乐都），李世民从中看出他态度犹豫不定，乃征伏允入朝，打算与他面约和好，不料伏允称疾不至。贞观八年（634），伏允为其子请婚于唐，李世民再一次借机邀请伏允亲自来迎接公主，欲"羁縻之"④。伏允又没有来，并且扣押了唐朝的使臣赵德楷。李世民多次遣使交涉，并且亲自对吐谷浑的使者"谕以祸福"，但伏允的基本态度是倾向吐蕃，"终无悛心"⑤。恰好这时鄯州刺史李玄运建议："吐谷浑良马悉牧青海，轻兵掩之，可致大利。"⑥李世民遂决定乘此机会大举出兵。

大致李世民下决心用兵吐谷浑的基本目的有二：首先是唐初"民乏耕牛"，吐谷浑为畜牧民族，唐朝过去同突厥、吐谷浑互市，因得"杂畜被野"，⑦ 这次用兵打算掠取牛、马，解决耕畜不足的问题。这一点从下面介绍的战争情况可以得到证明。其次，李世民企图征服吐谷浑后扶植一个亲唐派执政的政权，以解决整个西南边境上的安宁问题。

贞观八年六月，李世民遣段志玄与樊兴等率边兵及附近各族兵大举兴师，于十月间破吐谷浑，"追奔八百余里"，⑧一直打到离青海湖三十里

---

① 《新唐书》卷221上《吐谷浑传》。
② 参阅王忠《新唐书吐蕃传笺证》，第28页。
③ 《唐会要》卷94《吐谷浑》。
④ 《旧唐书》卷198《吐谷浑传》。
⑤ 《通鉴》卷194 贞观八年五月。
⑥ 《旧唐书》卷198《吐谷浑传》。
⑦ 《唐会要》卷94《吐谷浑》。
⑧ 《旧唐书》卷3《太宗纪》。

的地方。吐谷浑只得驱青海牧马而遁。唐朝亚将李君羡接着在青海湖南面的悬水镇又打败吐谷浑军，"虏羊、马二万头而还"①。李世民不满足于已取得的胜利，又命李靖为西海道行军大总管，率侯君集、李道宗、李大亮和高甑生②等再度大举征讨。贞观九年（635）五月，在唐军节节胜利的形势下，亲汉族的大宁王慕容顺起兵斩杀天柱王举国降唐。伏允创败之余，悲愤自缢。慕容顺由此立为可汗，对唐朝"称臣内附"③。在最后剪灭吐谷浑的战役中，唐军先后共收杂畜约三十万头。④ 李世民因封慕容顺为西平郡王，仍授趆胡⑤吕乌甘豆可汗。慕容顺在吐谷浑族内势单力薄，唐朝恐怕他"不能静其国"，李世民乃遣李大亮率精兵数千为之声援。⑥ 至此，唐朝用兵吐谷浑的两个目的就全部达到了。

慕容顺在吐谷浑内部并无威信，"国人不附"，不久就被臣下所弑。其子燕王诺曷钵嗣立，年幼无知，朝臣争权，"国中大乱"。李世民为扶持这个亲唐政权，遂遣兵声援诺曷钵，同时晋封他为河源郡王，授乌地也拔勒豆可汗之号。⑦ 贞观十年（636）三月，诺曷钵遣使请唐朝颁历，行唐朝年号，还遣子弟入侍。三年之后，他又亲自来朝拜唐朝皇帝，并请求通婚，贞观十四年（640）李世民以弘化公主和亲，"资送甚厚"，⑧并派淮阳王李道明送公主入吐谷浑。不久，吐谷浑内部又发生动乱，丞相宣王⑨起来反对诺曷钵，唐朝的鄯州刺史杜凤举助平内乱，李世民乃遣唐俭前往进行抚慰。大致丞相宣王也是亲吐蕃势力，与亲唐派发生斗争，唐朝协助吐谷浑平定内乱，实际上具有扶助亲唐政权的目的。

吐蕃与汉族王朝之间，直到唐朝初年，仍无官方的正式往来。贞观八年（634），松赞干布遣使于唐，李世民命冯德遐报聘，"往抚慰之"⑩。

---

① 《旧唐书》卷198《吐谷浑传》。
② 《新唐书》卷221上《吐谷浑传》误作"高既僧"。
③ 《旧唐书》卷198《吐谷浑传》。
④ 《新唐书》卷221上《吐谷浑传》。
⑤ 《通鉴》作"故"，他书均作"胡"。
⑥ 《旧唐书》卷198《吐谷浑传》。
⑦ 《旧唐书》卷198《吐谷浑传》。
⑧ 《旧唐书》卷198《吐谷浑传》、《旧唐书》卷3《太宗纪》。
⑨ 《新吐谷浑传》作"其相宣王"。《旧传》作"丞相王"，可能脱一"宣"字。
⑩ 《旧唐书》卷196《吐蕃传》。

第六章　天可汗及其民族政策

这是两族正式发生政治交往的开端。松赞干布见到冯德遐，大为喜悦，听说突厥和吐谷浑皆尚唐朝公主，所以也遣使随德遐入朝，"多赍金宝，奉表求婚"。但李世民没有答允和亲。① 吐蕃使者回去以后，向松赞干布做了如下的汇报："初至大国，待我甚厚，许嫁公主。会吐谷浑王入朝，有相离间，由是礼薄，遂不许嫁。"② 这里"会吐谷浑王入朝"一语可能衍一"王"字，因诺曷钵入朝是贞观十三年（639）的事，而吐蕃由此攻吐谷浑却发生在十二年，年代不相吻合。贞观十一年（637），吐谷浑又向唐朝献羊、马一万三千头。③ 诺曷钵是吐谷浑上层中的亲唐派，对吐蕃持敌对态度，所以他离间唐朝同吐蕃的关系是完全合情合理的。对于唐朝来说，为了支持亲唐势力在吐谷浑的统治，也难于同他们的敌对力量吐蕃通婚；否则就会加强吐谷浑内部亲吐蕃、反诺曷钵的集团。松赞干布得到这一消息后，遂于贞观十二年（638）八月大举出兵进攻吐谷浑，并同时致书唐朝称："若不许嫁公主，当亲提五万兵，夺尔唐国，杀尔，夺取公主。"④ 接着吐蕃果然以二十万众进犯松州（治所在今四川松潘），唐朝"边人大扰"⑤。李世民挑拨吐谷浑上层与吐蕃的关系的目的是达到了，但没有想到弄巧成拙，最后把战火引到自己头上来了。无奈之余，只得命侯君集为当弥道行军大总管，率步骑五万出击，于九月间在松州

---

①《旧唐书》卷 196《吐蕃传》。按吐谷浑求婚于贞观十三年（639），次年弘化公主入吐谷浑，则知此处所谓吐谷浑求婚，系指贞观八年（634）伏允为其子求婚事，但这次因伏允不肯亲迎而未果。唐与突厥通婚事系指贞观八年李世民许婚西突厥统叶护可汗之举。王忠在《新唐书吐蕃传笺证》一书中认为吐蕃请婚当在贞观十年（636），理由是：第一，《旧唐书》卷3《太宗纪》载："十年十二月壬申，吐谷浑河源郡王慕容诺曷钵入朝。"据此认为"请婚是贞观十年，即公元636年事。本传下文有'会吐谷浑王入朝'之言，似吐蕃与吐谷浑请婚约为同时之事。"第二，"又《新唐书》卷 110《阿史那社尔传》云：'突厥处罗可汗之次子……十年入朝……诏尚衡阳公主。'是突厥得尚公主亦为吐蕃请婚时事。"（第 27 页）我觉得这两个根据都不确凿，因为：第一，伏允曾为其子请婚于贞观八年，与封德遐使吐蕃的年代正相吻合，舍八年说而取十年说，没有充足的理由。第二，据《阿史那社尔传》，他在贞观十年已归降唐朝，为驸马都尉，"典卫屯兵"，所以他是以唐朝将的身份尚公主，根本无两族和亲的性质。王忠同志忽略了贞观八年唐朝和亲于统叶护事，故解释不免牵强。据此，松赞干布开始请婚一事，以置于八年为长。

②《旧唐书》卷 196 上《吐蕃传》。
③《册府元龟》卷 970《外臣部·朝贡三》。
④《世系明鉴》，转引自王忠《新唐书吐蕃传笺证》，第 29 页。
⑤《册府元龟》卷 978《外臣部·和亲一》。

城下打败了吐蕃军。松赞干布无意于发动大规模战争，用兵目的只在于施加压力以求通婚，这时看到形势趋向严重，而且吃了败仗，遂机智地撤回军队，遣使谢罪，"因复请昏"。李世民吃了苦头，自然也乐于顺水推舟，所以最后同意和亲。

协议达成以后，松赞干布遣其相禄东赞到长安，向李世民"礼献金五千两，自余宝玩数百事"①。贞观十五年（641）正月，李世民遣礼部尚书江夏王李道宗持节亲送文成公主入藏。松赞干布大喜，亲自到柏海（今青海省鄂陵湖或札陵湖）迎接公主，于河源（治所在今青海兴海东南）遇见道宗等，"执子婿之礼甚恭"，并十分赞叹唐朝"服饰礼仪之美"。回到吐蕃以后，他对亲近的人说："我祖、父未有通婚上国者，今我得尚大唐公主，为幸实多！"他还特地为文成公主筑一城，以"夸示后代"。②

从此，汉藏两族间建立了亲密的关系，经济、文化交流开始大踏步发展，汉族的书籍、工匠、技术等源源传入吐蕃，对其社会发展起了促进作用。李世民以文成公主和亲吐蕃，为以后两族间的友好关系开了先河，是值得大书特书的一件大事，也是他在民族关系方面的一个贡献。美中不足的是，在建立通婚关系的过程中，曾经一度兵戎相见，这是由各族统治者的阶级局限性所引起的，在那样的历史时代实属难免。

第三节　向西域挺进，平高昌、焉耆和龟兹

李世民征服吐谷浑以后，继续向西挺进，唐朝不久就又恢复了对西域的统治。

唐初西域受西突厥控制。隋代射匮可汗时西突厥管辖的范围已相当辽阔，其弟统叶护可汗继位后，"北并铁勒，西拒波斯，南接罽宾，悉归之，控弦数十万，霸有西域"③。今新疆境内的西域各国中，以高昌最为

---

① 《册府元龟》卷978《外臣部·和亲一》。
② 《册府元龟》卷978《外臣部·和亲一》。
③ 《通典》卷199《边防典十五·突厥下》。

第六章　天可汗及其民族政策 ◆◇◆

重要，统治者麹氏是汉人，已传数世，该国胜兵万人，统辖二十一城，王都名高昌（今新疆吐鲁番）。① 武德二年（619），高昌王麹伯雅卒，其子麹文泰嗣位。李渊执政时期，麹氏曾向唐朝贡拂菻狗。李世民即位以后，又贡献过玄狐裘。② 高昌的西面是焉耆国，该国"横六百里，纵四百里"，③ 也是一个重要的国家。国王是龙突骑支，曾于贞观六年（632）遣使朝唐。焉耆之西有龟兹国，"横千里，纵六百里"，其王为白氏。唐初龟兹王苏伐勃䭶卒，子苏伐叠立，号时健莫贺俟利伐，曾于贞观四年（630）向唐朝献马，后臣于西突厥。④ 唐朝势力伸向西域，首先遇到的就是以上的几个国家。

贞观四年九月，李世民平定东突厥后，威震中华，伊吾城主摆脱西突厥的控制，以其城降唐，并亲自入朝长安。李世民于其地置西伊州。这是唐朝在西域打开的第一个缺口，下一步就是征服高昌的战争了。唐朝初年，高昌除献方物外，"西域诸国所有动静，辄以奏闻"。贞观四年麹文泰入朝，李世民对他"赐遗甚厚"，并赐其妻宇文氏姓李，封常乐公主。⑤ 从上述情况看，双方关系颇为协洽。为什么后来发生了变化呢？主要原因有二：其一，隋朝末年西域通内地的碛路闭塞，"西域朝贡者皆由高昌"。贞观六年（632）焉耆王龙突骑支遣使贡方物，"复请开大碛路，以便行李"。李世民许之。高昌王麹文泰闻之"大怒，遂与焉耆结怨"，并遣兵大掠该国。⑥ 这是由于重开碛路，高昌将损失过境贸易所带来的好处，所以麹文泰不但"遏绝西域商贾"，⑦ 而且打算进击已经内属的伊吾。李世民曾对"西藩往来行旅，皆被拥塞道路"的严酷现实深表不满。⑧ 其二，西突厥在咄陆可汗时期及咥利失可汗初期素与唐朝通好，后来内部发生分裂，西部于贞观十二年（638）另立乙毗咄陆（一作"六"）可

---

① 《新唐书》卷 221 上《高昌传》。
② 《旧唐书》卷 198《高昌传》。
③ 《新唐书》卷 221 上《焉耆传》。
④ 《新唐书》卷 221 上《龟兹传》。
⑤ 《旧唐书》卷 198《高昌传》。
⑥ 《旧唐书》卷 198《焉耆传》。
⑦ 《册府元龟》卷 985《外臣部·征讨四》。
⑧ 《文馆词林》卷 664《贞观年中慰抚高昌文武诏》。

汗，不但与咥利失发生过武装冲突，而且以伊犁水为界正式划分为两部分，以西属乙毗咄陆，以东属咥利失。① 这样在西突厥中就产生了一个与唐朝对立的力量，乙毗咄陆可汗遂与高昌麹氏结盟，共同阻挡往来西域的商贾和行李。在这种情况下，李世民终于对高昌发动了战争。

贞观十三年（639），唐廷征麹文泰入朝，文泰称疾不至。十二月，② 李世民遣交河道大总管侯君集率薛万彻、牛进达等出兵正式征讨。麹文泰本来以为唐朝离高昌有七千里之遥，沙碛阔约二千里，地无水草，唐朝不会以大军相加，此时事出意表，遂忧惧而卒，其子麹智盛袭位。实际上，李世民对这次战争是有所准备的，如曾把山东善于制造攻城器械的人"悉遣从军"，③ 对困难做了充分的估计。贞观十四年（640）八月，唐军以撞车、抛车等攻具攻下了田地城（今新疆鄯善西南鲁克沁）。④ 接着就直逼其都城高昌。本来麹文泰与西突厥可汗相约，有唐兵至，"共为表里"，这时唐军大至，可汗惧而西走，麹智盛失援，计无所出，遂开门出降。⑤ 侯君集继续分兵略地，共攻下三郡、五县、二十二城，得户八千四十六，口三万七千七百三十八，⑥ 马四千三百匹。

唐朝平定高昌之所以能够比较顺利地取得胜利，除了内部经过长期的休养生息，国力已相当充沛外，还与高昌统治者本身的弱点有关。当时麹氏统治集团"缮造宫室，劳役日兴，修营舆辇，僭侈无度，法令深刻，赋敛烦重"，"众力既尽，人财已竭"。⑦ 无怪乎在战争爆发以前，已经流行着这样的民谣："高昌兵如霜雪，唐家兵如日月。日月照霜雪，几何自殄灭！"⑧ 可见麹氏王朝不堪一击，不是没有原因的。

高昌平定以后，李世民欲以其地置为州县，魏徵和褚遂良等人持反

---

① 《旧唐书》卷194下《突厥传下》。
② 《通鉴》系于十二月壬申，该月己巳朔，壬申是三十，已为公元640年初。
③ 《册府元龟》卷985《外臣部·征讨四》。
④ 《册府元龟》脱一"田"字，《通鉴》卷195作"田城"，《考异》并云："《实录》作田地城，今从《旧传》。"实际上《实录》是正确的，《通鉴》误。今出土吐鲁番文书均作"田地"。
⑤ 《旧唐书》卷69《侯君集传》。
⑥ 《唐会要》《旧高昌传》均载此数，唯《通鉴考异》据《实录》定为口一万七千七百。按八千余户不可能只有一万余口，每户二人左右不合情理，以三万余口为长。
⑦ 《册府元龟》卷985《外臣部·征讨四》。
⑧ 《新唐书》卷221上《高昌传》。

对意见，他们认为遣兵远戍，河西一带必然"飞蒭輓粟，十室九空，数郡萧然"，而唐朝却从高昌得不到"撮谷尺布"之利，因主张援东突厥、吐谷浑之例，立麴文泰之子，使之"负戴洪恩，长为藩翰"。① 但李世民没有接受这样的意见，最后毅然决定以其地置西昌州（后改名西州），并将高昌所属各县并为安西都护府，置于交河城，留军镇守。两年之后西突厥进犯西州，李世民虽然表示悔不用魏、褚之策，但亦并未因此废罢西州。他做出这样的决定，原因有二：一则为了有效地确保中西交通孔道的畅通和安全，以利于唐朝进一步经营西域。一则也为了防止西突厥的卷土重来。魏、褚二人都没有就这两方面发表意见，所以始终无法打动皇帝。

侯君集平定高昌以后，唐朝"国威既震，西域大惧"，② 西突厥驻守可汗浮图城的叶护因而降唐，李世民以其地置庭州（治所在今新疆乌鲁木齐市东北）。

西突厥乙毗咄陆可汗在高昌覆亡后打败了亲唐朝的咥利失可汗，不久尽并其地，势力渐渐膨胀。他"自恃强大"，态度骄倨，因于贞观十六年（642）"拘留唐使者，侵暴西域"。③ 以后他又大肆破坏焉耆与唐朝的友好关系，使西域的形势发生了变化。侯君集平高昌之役，焉耆王龙突骑支曾请求声援唐军。君集把过去麴氏所掳掠的焉耆人全部纵遣返国，焉耆王对此"遣使谢恩，并贡方物"。说明双方关系相当融洽。后来乙毗咄陆可汗的重臣屈利啜为其弟娶焉耆王之女为妻，"由是相为唇齿"，焉耆对唐朝的朝贡遂缺。④ 为了应付这种新的形势，李世民采取了双管齐下的策略：一方面努力在西突厥内部寻找、扶植亲唐朝的势力，一方面令安西都护郭孝恪"伺其机便"，进攻西突厥。⑤ 当时乙毗咄陆同亲唐势力泥熟啜部之胡禄屋、弩失必、屋利啜等部发生内争，后者联合起来遣使长安，请求废乙毗咄陆可汗，李世民遂利用这一时机于贞观十六年九月

---

① 《贞观政要》卷9《安边》。
② 《唐会要》卷95《高昌》。
③ 《通鉴》卷196贞观十六年九月。
④ 《旧唐书》卷198《焉耆传》。
⑤ 《旧唐书》卷83《郭孝恪传》。

遣使册立乙毗射匮可汗。这样，唐朝就又在西突厥内部建立了一个亲唐政权。接着李世民又对焉耆用兵。贞观十八年（644），他以郭孝恪为西州道行军总管，①率步骑三千出击。焉耆王之弟颉鼻、栗婆准、叶护均为亲唐势力，这时乘机归降唐朝。郭孝恪以栗婆准为向导，最后在九月间一举攻破焉耆王城，俘龙突骑支，留栗婆准摄国事而还。于是在焉耆再度出现了一个亲唐朝的政权。李世民对这次战争的胜利颇有把握，曾对近臣说："孝恪以八月十一日诣焉耆，阅二旬可至，当以二十二日破之，使者今至矣。"不一会儿，果然传来了"捷布"。②

唐军撤退后，屈利啜囚栗婆准，西突厥遂乘机使其吐屯管辖焉耆，李世民没有答应。耆焉自行拥立栗婆准的从父兄薛婆阿那支为王，唐朝并没有对焉耆真正建立了有效的控制，但暂时无力用兵，继续开边只能俟诸异日了。

龟兹于唐初频遣使长安，"岁贡不绝"。③后来因为龟兹臣服于西突厥，情况发生了变化，所以郭孝恪征焉耆时，龟兹王遣兵"与焉耆影援，自是不朝贡"唐朝。④不久，龟兹王苏伐叠卒，其弟诃黎布失毕继立，又恢复了对唐朝的朝贡关系。但李世民为了彻底控制今新疆一带，重建汉武帝时的大帝国，终于在贞观二十一年（647）⑤十二月以阿史那社尔为昆丘⑥道行军大总管，以契苾何力为副总管，与安西都护郭孝恪等率唐朝大军，并发铁勒兵，合十余万骑，进攻龟兹。阿史那社尔于二十二年（648）十月打败西突厥别部处月、处密后，擒斩焉耆王薛婆阿那支，改立其从父弟龙伽利为焉耆王，"使修职贡"。⑦这样就在焉耆重建了一个亲唐政权。唐军接着于十二月打败龟兹，闰十二月攻拔其王都，擒龟兹王

---

① 《旧唐书·郭孝恪传》脱一"州"字。
② 《新唐书》卷221上《焉耆传》。
③ 《旧唐书》卷198《龟兹传》。
④ 《新唐书》卷221上《龟兹传》。
⑤ 两《唐》的《太宗纪》及《通鉴》均作二十一年，唯《旧唐书·龟兹传》误作二十年，脱"一"字。
⑥ 《旧龟兹传》误作"昆山"。
⑦ 《通鉴》卷199贞观二十二年十月。《通鉴》从《旧焉耆传》作"先那准"。《新焉耆传》作"婆伽利"，《册府元龟》卷966《外臣部·继袭一》作"龙伽利"。按焉耆王原为"龙突骑支"，以"龙伽利"为长。

布失毕，并攻下五大城，降者七十余城。阿史那社尔"宣谕威信，莫不欢服"①。遂另立叶护为龟兹王，勒石纪功而还。

焉耆、龟兹的征服及西突厥的受挫，使唐朝在西域站稳了脚跟，为以后进一步向纵深发展奠定了基础。

第四节　北平薛延陀

李世民在西、西南两面解决民族关系问题的同时，亦对北方的薛延陀连续发动战争，以求彻底安定北方。

隋唐之际，北方的强大民族除突厥之外，其次当推铁勒。在突厥势力极盛的时候，铁勒"诸部分散，众渐寡弱"，其各部有薛延陀、契苾、回纥、都播、骨利干……"散在碛北"。②所以薛延陀实际上是"铁勒之别部"。③其可汗姓壹利咄氏。④原来薛延陀受突厥控制和压迫，一度分裂为东西二部，并且以后发生内乱，夷男遂率部落七万余家东归突厥颉利可汗。到东突厥败亡之际，碛北铁勒诸部"多归夷男，共推为可汗"⑤。这样，薛延陀就取代了过去突厥的地位，成为唐朝北方最强大的势力。

东突厥未亡之前，唐朝在北方的主要敌手是突厥而不是薛延陀，所以李世民采取远交近攻的策略，拉拢薛延陀以孤立突厥，力图从南北两面同时威胁颉利可汗。贞观二年（628），李世民遣使册封夷男为真珠毗伽可汗，并赠鼓纛。夷男大喜，遂建庭于郁督军山（或作于都斤山、乌德鞬山，即今蒙古鄂尔浑河上游杭爱山的东支）下，其疆域"东至靺鞨，西至西突厥，南接沙碛，北至俱伦水"⑥。回纥、拔野古、阿跌、同罗、仆骨及霫等族"皆属焉"。⑦薛延陀俨然是北方的一个大国。次年，毗伽可汗向唐朝入贡，颉利可汗因之恐慌失据，亦连忙遣使称臣于唐。贞观

---

① 《新唐书》卷110《阿史那社尔传》。
② 《旧唐书》卷199下《铁勒传》。"诸部分散"之"部"字，《旧传》误作"郡"字。
③ 《通典》卷199《边防典十五·薛延陀》。
④ 《册府元龟》卷956《外臣部·种族》。
⑤ 《唐会要》卷96《薛延陀》。
⑥ 《旧唐书·铁勒传》误作"俱伦山"。
⑦ 《通鉴》卷193贞观二年十二月。

四年（630）东突厥灭亡，北方形势发生了重大变化，当时薛延陀乘"朔塞空虚"的机会，发展势力，尽据"古匈奴之故地，胜兵二十万"①。这样，唐朝与东突厥的矛盾基本上解决了，唐朝同薛延陀的矛盾却因此产生了，李世民对待两族的策略随之发生了根本的改变，即从过去拉拢薛延陀、打击东突厥的策略改变为利用突厥降众以抵御薛延陀的策略。

唐朝同薛延陀之间的矛盾上升为主要矛盾，现在李世民面临的首要问题是"以其强盛，恐为后患"。为了削弱对方，他乘夷男立其二子分主南、北二部的机会，于贞观十二年（638）遣使册二人为小可汗，用意在于"外示优崇，实欲分其势也"②。次年，李世民北徙东突厥降众于漠南，一方面固然是由阿史那结社率犯九成宫而引起；另一方面，更重要的恐怕还是想利用薛延陀与突厥的矛盾，借以减少前者对北面的威胁。故夷男对此举的反应是"心恶思摩，甚不悦"。③ 这是唐朝同薛延陀发生龃龉的开始。

贞观十五年（641）正月，突厥俟利苾可汗率部落济河，建牙于故定襄城，向李世民奏称："臣非分蒙恩，为部落之长，愿子子孙孙为国家一犬，守吠北门。若薛延陀侵逼，请从家属入长城。"④ 李世民许之。俟利苾可汗是准确地领会了李世民的意图，知道北徙后自己的职守就是"守吠北门"，防止"薛延陀侵逼"。只是由于突厥只有部落三万户，胜兵才四万，自感势单力薄，未必是薛延陀的对手，才在奏疏中表示了退一步的打算。不过这件事足以说明，此后唐与薛延陀的斗争必以薛延陀同突厥的战争为前哨战。果然就在这一年，薛延陀打算利用李世民将欲东封泰山、唐朝"边境空虚"的机会，攻打突厥。夷男认为"此时取思摩如拉朽耳"⑤。乃命其子大度设发铁勒诸部兵二十万南渡大漠进攻突厥。俟利苾可汗只得退避长城以南，同时急忙遣使向唐朝乞援。在这种形势下，李世民于十一月命李勣、张俭、李大亮、张士贵及李袭誉等东起营州

---

① 《旧唐书》卷199下《铁勒传》。
② 《旧唐书》卷199下《铁勒传》。
③ 《旧唐书》卷199下《铁勒传》。
④ 《通鉴》卷196贞观十五年正月。
⑤ 《旧唐书》卷199下《铁勒传》。

(治所在今辽宁朝阳)，西至凉州（治所在今甘肃武威），各道发兵十余万出击，临行亲诫诸将说：

> 延陀负其兵力，逾漠而来，途经数千（里，脱此字），马已疲瘦。夫用兵之道，见利速进，不利速退。其掩思摩，不能疾击；既入长城，又不能速退。吾先敕思摩烧剃秋草，粮食日尽，野无所获。顷者侦人来云，其马畜啮嗽林木，枝皮略尽。卿等犄角，思摩不须前战，俟其将退，一时奋击，制胜之举也。①

李世民在此按照自己一贯的战略思想进行了具体的部署。

李勣等并没有刻板地按照李世民的部署行事，突厥实际上也参加了战斗，结果唐军仍然大胜，斩首三千余级，获马万五千匹，甲仗辎重，不可胜计。恰好这时漠北大雪，薛延陀"人畜冻死者什八九"。十二月，战事结束，其使者将辞长安而还，李世民对他说：

> 吾约汝与突厥以大漠为界，有相侵者，我则讨之。汝自恃其强，逾漠攻突厥，李世勣所将才数千骑耳，汝已狼狈如此。归语可汗，凡举措利害，可善择其宜。②

这是唐朝与薛延陀之间发生的第一次大规模战争，对后者的打击相当沉重，次年夷男遣其叔父沙钵罗泥熟俟斤③来唐朝谢罪、请婚、献马，并表示愿与突厥和好。关于这件事，李世民对侍臣说：

> 北狄世为寇乱，今延陀崛强，须早为之所。朕熟思之，唯有二策：选徒十万，击而虏之，灭除凶丑，百年无事，此一策也；若遂其来请，结以婚姻，缓辔羁縻，亦足三十年安静，此亦一策也。未知何者为先？

---

① 《册府元龟》卷125《帝王部·料敌》。
② 《通鉴》卷196贞观十五年十二月。
③ 《旧唐书·铁勒传》误作"泥敦策斤"，今从《通鉴》。

房玄龄对称,"今大乱之后,疮痍未复,且兵凶战危,圣人所慎。和亲之策,实天下幸甚"。大概此奏正中下怀,所以李世民接着说:"朕为苍生父母,苟可以利之,岂惜一女?"遂许以新兴公主和亲,并宣布将亲赴灵州(治所在今宁夏灵武西南)与夷男相会。消息传来,夷男大喜,对其本族人说:"我本铁勒之小帅也,天子立我为可汗,今复嫁我公主,车驾亲至灵州,斯亦足矣!"于是税诸部羊、马以为聘财。这时有人劝阻夷男:"我薛延陀可汗与大唐天子俱一国主,何可自往朝谒①?如或拘留,悔之无及。"夷男说:"吾闻大唐天子圣德远被,日月所照,皆来宾服,我归心委质,冀得睹天颜,死无所恨!然碛北之地,必当有主,舍我别求,固非大国之计。我志决矣,勿复多言。"②后来薛延陀因素无府财,"羊马多死",不能按时备足聘财,唐朝有人向李世民建议,以此为理由绝婚,素以诚信相标榜的李世民竟然接受了这种意见,遂使和亲之事成为泡影。连褚遂良也有点看不过去,认为既已许婚于前,"今一朝生进退之意,有改悔之心",是"失口于人"。③为什么在这件事上李世民会如此轻易变卦呢?他亲自供称:

> 君等知古而不知今,昔汉家匈奴强而中国弱,所以厚饰子女嫁与单于;今中国强而北狄弱,汉兵千人堪击其数万。延陀所以扶服稽颡,悉我所为,不敢骄慢者,以新得立为君长,杂居非其本属,将倚大国,用服其众。彼同罗、仆骨等十余部落,兵可数万,足制延陀,所以不敢发者,以延陀为我所立,惧中国也。若今以女妻之,大国子婿,增崇其礼,深结党援,杂姓部落更尊服之。夷狄人岂知恩义?微不得意,勒兵南下,所谓养兽自噬也。今不许其女,使命颇简,诸姓部落知吾弃之,其争击延陀必矣。④

由此可以看出:第一,李世民绝婚是经过深思熟虑才做出的决定,并非轻率的变卦。第二,他遵循一贯的分化挑拨策略而行事,为此不惜撕下

---

① "谒"原误作"竭"。——编者注
② 《旧唐书》卷199下《铁勒传》。
③ 《旧唐书》卷80《褚遂良传》。
④ 《通典》卷199《边防典十五·薛延陀》。

儒家诚信的遮羞布，赤裸裸地玩弄伎俩。作为地主阶级的政治家，出现这样的问题不足为奇。

贞观十八年（644），真珠可汗利用唐朝用兵高丽的机会不断进攻突厥，从此，双方"数相攻"。俟利苾不善抚御其众，突厥人纷纷弃之而南渡黄河，请求唐朝置之于胜州（治所在今内蒙古准格尔旗东北十二连城）、夏州（治所在今内蒙古乌审旗南白城子）之间，李世民答应了这一请求。当时群臣顾虑重重，认为天子远征辽左，置突厥于河南，离长安不远，深恐发生不测，纷纷建议皇帝留镇洛阳，仅遣诸将东征，李世民却说：

> 夷狄亦人耳，其情与中夏不殊。人主患德泽不加，不必猜忌异类。盖德泽洽则四夷可使如一家，猜忌多则骨肉不免为雠敌。炀帝无道，失人已久，辽东之役，人皆断手足以避征役，玄感以运卒反于黎阳，非戎狄为患也……突厥贫弱，吾收而养之，计其感恩，入于骨髓，岂肯为患？且彼与薛延陀嗜欲略同，彼不北走薛延陀而南归我，其情可见矣。①

这样的估计是符合实际情况的，也是李世民具有自信心和对突厥政策比较成功的反映；但另一方面也应看到，这种信心的产生也与他一贯挑拨突厥与薛延陀的关系，使双方怨仇已深有关。不久，俟利苾因失掉群众，贫蹙无聊，最后遂轻骑入朝于唐，李世民以之为右武卫将军。

真珠可汗曾向唐朝请求准许以其庶长子曳莽为突利失可汗，居东方统治铁勒其他诸部；以嫡子拔灼为肆叶护可汗，居西方统治薛延陀本部。李世民答允了这一请求，目的恐怕仍旧是借此以"分其势"。贞观十九年（645），夷男卒，二子果然"不协"，拔灼最后杀死曳莽，自立为颉利俱利薛沙多弥可汗。② 他本人"性褊急，驭下无恩，多所杀戮"，引起"其下不附"的恶果。③ 大概为了转移族内民众的视线，遂乘李世民亲征高丽

---

① 《通鉴》卷 197 贞观十八年十二月。
② 《通鉴》卷 198 贞观十九年九月。
③ 《旧唐书》卷 199 下《铁勒传》。

的时机于十二月引兵十万渡河南攻。① 唐朝出兵东征高丽之始，李世民早已命执失思力率突厥兵屯于夏州之北，以加强边备；此时又遣田仁会与执失思力合兵迎击。次年（646）初，唐军大败薛延陀，"虏其众数万"，②执失思力追蹑六百里，多弥可汗轻骑遁走，部内骚然，"国中震恐，皆不自安"③。六月，李世民又诏李道宗，阿史那社尔、执失思力、契苾何力、薛万彻及张俭等再次发兵分道并进，大举进攻薛延陀。这次薛延陀不但前线失利，而且"诸俟斤互相攻击，争遣使来归命"。多弥遁走，不久就被回纥所杀，"并其宗族殆尽"④。余众七万余口⑤西归故地，立夷男的兄子咄摩支为酋帅，去可汗之号，遣使奉表于唐，请居郁督军山。李世民一面派崔敦礼前往安集，一面遣李勣与敕勒族共图薛延陀。临行李世民戒李勣说："降则抚之，叛则讨之。"李勣率军到郁督军山后大举击其部众，"斩五千余级，虏男女三万余人"⑥。咄摩支无奈，只得降唐。七月，至京师，李世民授右武卫大将军。⑦

薛延陀共历三主，凡二十年，至此宣告最后灭亡，唐朝终于取得了"北荒悉平"⑧的战果。

平定薛延陀以后，李世民为招抚铁勒诸部，动身亲往灵州，走到泾阳（治所在今甘肃平凉西北）的时候，铁勒诸部十一姓各遣使入贡，并且请求唐朝在他们各部"置官司"以统辖之。李世民大喜，赐宴回纥等族使者，颁赉拜官，并赐其酋长玺书。走到汉朝甘泉宫故址时，他踌躇志满，陶醉在胜利声中，因下诏称：

> 戎狄与天地俱生，上皇并列，流殃构祸，乃自运初。朕聊命偏

---

① 《新唐书》卷110《执失思力传》。
② 《旧唐书》卷199下《铁勒传》。《通鉴》作"二千余人"。
③ 《唐会要》卷96《薛延陀》。
④ 《通鉴》卷198贞观二十年六月。
⑤ 《通鉴》及《旧铁勒传》均作"七万余口"，唯《唐会要》作"其余尚存五万"。
⑥ 《通鉴》卷198贞观二十年六月。《旧唐书》卷3《太宗纪》亦作"三万余人"。唯《册府元龟》卷985《外臣部·征讨》作"斩首五十余级，虏男女三十万人"。盖误"千"为"十"，衍一"十"字，此书舛错特多。
⑦ 《唐会要》《旧传》均无"大"字。
⑧ 《旧唐书》卷3《太宗纪》。

师，遂擒颉利；始弘庙略，已灭延陀。铁勒百余万户，散处北溟，远遣使人，委身内属，请同编列，并为州郡。混元以降，殊未前闻，宜备礼告庙，仍颁示普天。①

九月，李世民至灵州，铁勒诸部俟斤遣使数千人朝诣，都表示："愿得天至尊为奴等天可汗"，李世民因即席赋诗："雪耻酬百王，除凶报千古。"② 此一诏、一诗是他对自己一生开边功业的总结。

贞观二十一年（647）初，李世民下诏，以回纥部为瀚海府，仆骨为金微府，多滥葛为燕然府，拔野古为幽陵府，同罗为龟林府，思结为卢山府，浑③为皋兰州，斛薛④为高阙州，奚结为鸡鹿州，⑤ 阿跌为鸡田州，⑥ 契苾为榆溪州，思结别部为蹛林州，白霫为寘颜州，"各以其酋长为都督、刺史"，诸酋长临行前奏称："臣等既为唐民，往来天至尊所，如诣父母，请于回纥以南、突厥以北开一道，谓之'参天可汗道'。"这条大道建成后，唐朝于沿途置六十八驿，以便往来使节"岁贡貂皮，以充租赋"。他们还请求李世民派"能属文"的汉人替他们典疏表，均蒙应允。⑦ 这样，北鄙长期宁谧，各族同唐朝的紧张关系大为缓和，经济、文化的交流得到了相当有利的政治环境。

四月，李世民又置燕然都护府，统瀚海等六都督、皋兰等七州，以扬州都督府司马李素立为都护，他莅任后能对各族"抚以恩信"，所以各族"怀之，共率马牛为献。素立唯受其酒一杯，余悉还之"⑧。此外，李世民还下令，把室韦、乌罗护、靺鞨等族过去被薛延陀抄失的家口，"为其赎取"⑨。这就更加得到了东北各族的拥戴。

---

① 《通鉴》卷198贞观二十年八月。
② 《通鉴》卷198贞观二十年九月。
③ 《册府元龟》卷170《帝王部·来远》作"吐谷浑"。
④ 《册府元龟》作"斛萨"。
⑤ 《册府元龟》误作"鸡鹿山"。
⑥ 《册府元龟》作"阿铁部置鸡鹿州"。
⑦ 《通鉴》卷198贞观二十一年正月。
⑧ 《通鉴》卷198贞观二十一年四月。
⑨ 《册府元龟》卷42《帝王部·仁慈》。

第五节　处理民族关系的原则和措施

李世民一生在处理民族关系方面的成就是非常突出的，他所制定的民族政策亦相当开明，在中华民族形成的过程中，这个杰出的封建皇帝确实成就了前人所未曾成就的事业。

综观李世民的民族政策，有两条根本的指导原则。一条是："中国百姓，天下根本，四夷之人，犹于枝叶。扰其根本以厚枝叶，而求久安，未之有也。"① 这条原则在贞观一朝的大臣魏徵、褚遂良、李大亮等人的奏疏中已经成了口头禅。另一条是："人主之体……非威德无以致远，非慈厚无以怀人。抚九族以仁……此乃君之体也。"② 他曾经说："传云：'己所不欲，勿施于人'。朕今每事颣己，诚能自节，岂独百姓不欲而必顺其情，但四夷不欲亦能从其意耳。"③ 这实际是把儒家的"仁政"原则推广运用到少数民族身上的政策。李世民在处理民族关系方面的一切积极因素，都是从这两条原则中派生出来的。

根据"中国根本，四夷枝叶"的原则，在唐初社会经济急待恢复，人民需要休养生息的条件下，李世民对边疆各族除了在不得已的情况下被迫武装抵抗其来犯以外，很少主动发起不必要的大规模战争，穷兵黩武的事在贞观年间比较少见。即令像有燃眉之急的东突厥之患，也是直到唐朝建立达十三年之久以后才大动干戈，做彻底的解决。在此以前，甚至不惜"倾府库赂以求和"，采取克制的态度。李世民之所以能够坚持这条原则，避免发动很多不必要的战争，一则是从隋炀帝身上吸取了反面的教训，一则是慑于隋末农民起义的打击，不敢轻举妄动。譬如他一再说：

> 为政之要，务全其本，若中国不静，远夷虽至，亦何所益？隋炀帝篡祚之初，天下强盛，弃德穷兵，以取颠覆……朕虽不能远慕尧、

---

① 《贞观政要》卷9《安边》。
② 《帝范》卷1《君体》。
③ 《册府元龟》卷18《帝王部·帝德》。

舜、禹、汤之德，目睹此辈，何得不戒惧乎？①

　　隋后主欲开葱岭已西，镇守俱未当，死者道路相继。如闻流沙已西，仍有隋破坏车毂，其边即有白骨狼籍。北筑长城，东渡辽水，征伐不息，人无聊生，天下叛之，聚而为盗，炀帝安然，恣其所欲，遂至灭亡。……朕以此事永为鉴戒。②

这样的政策同对内的让步政策相辅相成，对唐初生产的恢复有莫大的好处。

　　尽管力图减少民族战争，但对咄咄逼人的东突厥，李世民却并不一味退让，而是能够力排众议，奋起抗击，捍卫民族利益，与李渊、李建成的烧城迁都的逃跑主义相比，不能不说是有霄壤之别。可以说，李世民在这一方面确实做到了不亢不卑，恰到好处。

　　根据"抚九族以仁"的原则，李世民对那些已经被打败的少数民族，不像一般的封建帝王，一味强调统治和镇压，而是在一定程度上减少大汉族主义的色彩，多多少少具备了一些民族平等的思想，能够比较开明地对他们加以安置。在这一点上，他有相当高的自觉，知道"自古帝王虽平定中夏，不能服戎狄，朕才不逮古人而成功过之"的原因是："自古皆贵中华、贱夷狄，朕独爱之如一，故其种落皆依朕为父母。"③贞观末年他曾亲自对诣阙朝见的铁勒诸姓说：

　　汝来归我，领得安存，犹如鼠之得窟，鱼之得水。不知夫我窟及水能容汝否？纵令不能容，我必为汝大作窟、深作水，以容受汝等。

同时又说："我今为天下主，无问中国及四夷，皆养活之。不安者，我必令安；不乐者，我必令乐。"④这样的原则具体加以运用，就建立了唐代大量的羁縻府州。颉利可汗败亡之后，在沿边设都督府及所辖诸州，是设置羁縻府州的开始，以后在贞观时期继续有所增加，唐代推广此建制，

---

① 《全唐文》卷10 太宗《政本论》。
② 《魏郑公谏录》卷3《对西蕃通来几时》。
③ 《通鉴》卷198 贞观二十一年五月。
④ 《册府元龟》卷170《帝王部·来远》。

共置府州八百五十六,其具体办法是以各族"首领为都督、刺史,皆得世袭。虽贡赋版籍,多不上户部"①。这种制度的好处是:首先,唐朝对各族的剥削、压迫微乎其微,具有一些民族自治的色彩;其次,各族区域又正式入于唐朝的版图,有利于多民族国家的形成。

李世民对各族能够采取比较开明的措施,在某种程度上以民族平等的态度对待各族,其原因有二:一则由于他能对汉族、对少数民族都肯认真推行儒家的所谓"仁政",二则由于他也从隋炀帝那里吸取了反面教训。杨广其人"大忌胡人,乃至谓胡床为交床,胡瓜为黄瓜,筑长城以避胡"。② 在这样极端的大汉族主义思想影响下,隋代的民族矛盾自然被大大激化了。针对此点,李世民反其道而行之,故能取得突出的成就。

为了避免发生民族战争,李世民一贯采取在各族内部扶植亲唐势力的策略。在东突厥内部,他拉拢突利可汗;在吐谷浑内部,他支持慕容顺父子;在西突厥内部,他接近咥利失可汗。在封建主义时代,采取这样的手段无可非议,而且这种策略使各族对唐朝产生了向心力,也有利于我国多民族国家的形成。

李世民用战争的手段大掠吐谷浑的牲畜,以和亲为借口搜刮薛延陀的羊马;并且有时在各少数民族间制造矛盾,挑起互斗,以抵消他们的力量,企图借此减少边患。这些都是不可取的。大汉族主义的意识在他言论中也经常有所流露。作为地主阶级的政治家,李世民不可避免地具有上述局限性。产生民族矛盾的根源是私有制和人剥削人的制度,只有无产阶级革命的胜利,才能使民族矛盾随着阶级矛盾的消失而解决,正如马克思和恩格斯所说:"人对人的剥削一消灭,民族对民族的剥削就会随之消灭。""民族内部的阶级对立一消失,民族之间的敌对关系就会随之消失。"③ 因此,我们不应当给唐太宗的民族政策涂上玫瑰颜色,必须看到其不足之处。

虽然李世民的民族政策也存在阴暗面,但就总体而言,其光明面和进步性毕竟是主要的,占支配地位。正是由于他先后"北殄突厥颉利,

---

① 《新唐书》卷43下《地理志》。
② 《贞观政要》卷6《慎所好》。
③ 《马克思恩格斯选集》第1卷,人民出版社1972年版,第270页。

西平高昌",才在唐代又重建了一个"东西九千五百十里,南北万六千九百十八里"① 的多民族国家。尤其是文成公主的和亲吐蕃,不仅在当时加强了汉、藏两族之间的经济、文化交流,密切了唐朝和吐蕃的关系,而且在我国历史上成为光辉的一页,传为千古佳话。

---

① 《通典》卷172《州郡典二·序目下》。

第七章　每况愈下的晚景

第一节　以骄易惧，政治上未能慎终如始

人无完人，金无足赤。李世民作为杰出的政治家英挺卓荦，但在一生中也犯了不少错误，暴露了很多缺点，而其中最集中的表现，莫过于在晚年沿着政治上的下坡路滑行，而且越滑越远，直至生命的终点。

李世民即位后曾问侍臣："帝王之业，草创与守成孰难？"房玄龄说："草创为难。"魏徵却对称：

> 帝王之起，必承衰乱，覆彼昏狡，百姓乐推，四海归命，天授人与，乃不为难。然既得之后，志趣骄逸，百姓欲静而徭役不休，百姓凋残而侈务不息，国之衰弊，恒由此起。以斯而言，守成则难。

对于这两种意见，李世民巧妙地加以折中：

> 玄龄昔从我定天下，备尝艰苦，出万死而遇一生，所以见草创之难也。魏徵与我安天下，虑生骄逸之端，必践危亡之地，所以见守成之难也。今草创之难，既已往矣；守成之难者，当思与公等慎之。①

我们不打算在这里探讨创业与守成孰难的问题，只想分析一下守成不易的关键究竟在哪里。从李世民与魏徵之间的一问一答可以看出，皇帝是

---

① 《贞观政要》卷1《君道》。

第七章 每况愈下的晚景

否由"骄"而"逸",也就是放松对自己的要求而走下坡路,是问题的要害所在。魏徵曾就此点进一步加以发挥:

> 凡百元首,承天景命,莫不殷忧而道著,功成而德衰;有善始者实繁,能克终者盖寡。岂取之易而守之难乎?昔取之而有余,今守之而不足,何也?夫在殷忧,必竭诚以待下;既得志,则纵情以傲物。竭诚则胡越为一体,傲物则骨肉为行路。①

实际上,功成而"德衰"的主要表现还不仅仅在于"傲物",即表现在君臣关系方面,更重要的是政治上全面走向蜕化。

纵观贞观一朝,皇帝也好,大臣也好,"慎终如始","有始有卒",几乎是庙堂之上经常挂在嘴边的口头禅,魏徵、岑文本、王珪一再以此相戒诫,连李世民本人也反复地说:

> 安不忘危,治不忘乱,虽知今日无事,亦须思其终始。
> 自古人君为善者,多不能坚守其事。……朕所以不敢恃天下之安,每思危亡以自戒惧,用保其终。②

这样的议论在《贞观政要》一书中连篇累牍,确实反映能否做到这一点,在当时是摆在李世民面前的一个严肃的课题。

从道理上认识,或者说在口头上承认,是一回事;真正把这一原则贯彻到行动中去,坚持到底,就并不是什么容易的事了。李世民的政治生活和行动每况愈下,就生动地说明了此点。

贞观六年(632),群臣劝李世民行封禅之礼,魏徵持反对意见,李世民连连逼问魏徵:"朕功不高耶?""德未厚耶?""年谷未登耶?""华夏未安耶?""远夷未慕耶?"魏徵承认皇帝在这些方面确实取得了辉煌的成就,但同时却指出:"陛下功高矣,民未怀惠;德厚矣,泽未旁流;华

---

① 《贞观政要》卷1《君道》。
② 《贞观政要》卷10《慎终》。

夏安矣，未足以供事；远夷慕矣，无以供其求；符瑞虽臻，而罻罗犹密；积岁丰稔，而仓廪尚虚。此臣所以窃谓未可。"① 从君臣的问答可以看出，李世民此时已经产生了自满情绪，因而陶醉在胜利和成功之中，忽略了不足之处。这种情绪正是促使他走下坡路的思想基础。登上皇位刚刚六年，李世民就已经有些飘飘然了，时间越久，这种情绪越滋长，因而政治上下滑的速度也就越快。

贞观十年（636），魏徵尖锐地指出，李世民在"威加海外，万国来庭，仓廪日积，土地日广"的胜利声中，"道德未益厚，仁义未益博"，"虽有善始之勤，未睹克终之美"。具体地说，"昔贞观之始，乃闻善惊叹"，到贞观八、九年（公元634、635年）间，"犹悦以从谏"，但"自兹厥后，渐恶直言，虽或勉强有所容，非复曩时之豁如"。甚至"谓同心者为擅权，谓忠谠者为诽谤"，致使"便佞之徒，肆其巧辩"，"正臣不得尽其言"。② 这说明缺点首先在纳谏和用人方面有所暴露。

贞观十一年（637），魏徵不但继续批评李世民"喜闻顺旨之说"，"不悦逆耳之言"，而且进一步指出，在用人方面，"私嬖之径渐开，至公之道日塞"；在法制方面，不再如"贞观之初，志存公道，人有所犯，一一于法"，而是转变为"意渐深刻，虽开三面之网，而察见渊中之鱼，取舍在于爱憎，轻重由乎喜怒"。③ 同年马周也委婉地说："诚欲励精为政，不烦远求上古之术，但及贞观之初，则天下幸甚。"④ 可见今不如昔的情况已经有目共睹，日益明显了。

大概李世民缺点的大暴露，主要是在贞观十年前后，所以这几年侍臣们连续批评这种不良趋势。贞观十三年（639），魏徵奏上他那篇古今闻名的《十渐疏》，对皇帝展开了全面的批评，就是由于这种趋势已相当严重才引发的。在这篇奏疏中，虽然指出了十个方面不能克终尽美的情况，但归纳起来，主要表现为以下三个方面：首先，在生活方面，"意在奢纵，忽忘卑俭"，追求珍奇，"不复专心治道"；其次，在用人方面，

---

① 《贞观政要》卷2《纳谏》。
② 《贞观政要》卷5《诚信》。
③ 《贞观政要》卷5《公平》。
④ 《贞观政要》卷6《奢纵》。

对君子"敬而远之",对小人"狎而近之",对臣下"轻为之臧否",于是"使守道者日疏,干求者日进";最后,在纳谏方面"欲有所为,皆取遂意,纵或折情从谏,终是不能忘怀",臣下"欲言则颜色不接",阻碍了下情上达。魏徵认为产生这几方面的缺点,根源在于:"顷年已来,微有矜放,恃功业之大,意蔑前王,负圣智之明,心轻当代。此傲之长也。"① 这个"傲"字可以说是抓得很准的,打中了要害。

大臣们一而再、再而三地指出李世民的蜕化进行苦谏,是否真正能把他从下坡路上挽救回来呢?答复是否定的。这些谏诤至多只能起减慢皇帝下滑速度的作用,却不可能使他从根本上离开这条不祥的道路,所以到李世民的晚年终于出现了"军旅亟动,宫室互兴,百姓颇有劳弊"的状况。连徐充容也因此指出其根源是"守初保末,圣哲罕兼,是知业大者易骄"②。事业上越是成功,骄傲情绪越容易找到滋长的土壤,而骄傲本身却能使成功中产生失败的因素,这就是历史发展的辩证逻辑。

综观李世民当皇帝的二十三年,真正朝气蓬勃的时间超不过十年,从贞观十年(636)以后就在下坡路上越滑越远了。为什么李世民做不到"善始令终"呢?主要原因是:首先,他之所以能够实行轻徭薄赋政策,宽简刑法,任人唯贤,从谏如流,本来是由于惧怕隋末农民起义的再现,深恐"水可覆舟";随着时间的推移,升平景象的长期持续,隋唐之际的那场噩梦在他的记忆中逐渐变得淡漠了,在一片歌功颂德的赞声中,"怕"字日益为"骄"字所代替,在这种情况下放纵自己是必然的。其次,在君主专制的制度下,皇帝有无上的权威,他的权力几乎是不受限制的,长期处于这样的地位,李世民必然为绝对的权力所腐化。关于此点,魏徵在《十渐疏》中开宗明义地指出:

> 臣观自古帝王受图定鼎,皆欲传之万代,贻厥孙谋。故其垂拱岩廊,布政天下,其语道也必先淳朴而抑浮华,其论人也必贵忠良而鄙邪佞,言制度也则绝奢靡而崇俭约,谈物产也则重谷帛而贱珍

---

① 《贞观政要》卷10《慎终》。
② 《贞观政要》卷9《征伐》。

奇。然受命之初,皆遵之以成治;稍安之后,多反之而败俗。其故何哉?岂不以居万乘之尊,有四海之富,出言而莫己逆,所为而人必从,公道溺于私情,礼节亏于嗜欲故也。①

所谓"出言而莫己逆,所为而人必从",就是这种绝对君权的具体表现。处于这样的地位而思想发生变化,符合存在决定意识的规律,因而李世民也跳不出这样的逻辑。最后,也是最重要的一条,就是皇位终身制所引起的不良后果。即令品质再高、修养再好的人,长期地、终身地处于权力的顶峰和永远沉浸在讴歌与颂声之中,也必然会变得不再习惯于听逆耳的谏诤,不再愿意俭朴自持,个人品格中的某些消极因素自然就因此得到了滋长的土壤。基于上述原因,我觉得对李世民晚年在政治上的每况愈下,不能过多地责怪他个人,主要应该由专制主义和皇位终身制来负责。

当我们强调李世民晚年在政治上走下坡路的时候,必须同时指出,尽管他的缺点暴露得越来越全面,越来越严重,但即令在垂暮之年,他的优点仍然占主要地位,这些消极面只占从属地位。譬如对魏徵《十渐疏》那样尖锐的批评,也还能够表示接受,并因此疏赐魏徵黄金十斤,厩马二匹,以示鼓励。不仅如此,李世民还把《十渐疏》"列为屏障,朝夕瞻仰"②。即令到贞观十七年(643),还因高季辅上疏陈得失而赐予钟乳一剂,并对他说:"卿进药石之言,故以药石相报。"③李世民在临终前一年,还因徐充容上疏进谏而"甚善其言,特加优赐甚厚"④。在用人方面,直至贞观之末,忠臣、良臣、直臣仍然占绝大多数,明显的奸佞是极个别的。所建玉华宫虽然被批评为奢纵,但兴建时"务从俭约",说明生活上的腐化也没有发展到不可收拾的地步。由此可见,我们只能说李世民在后半生有每况愈下的不良趋势,还不能说他已发生了质的转化,即令在临终的前夕,积极的方面仍然是第一位的,消极因素并未取得支配地位。

---

① 《贞观政要》卷10《慎终》。
② 《贞观政要》卷10《慎终》。
③ 《贞观政要》卷2《纳谏》。
④ 《贞观政要》卷9《征伐》。

第二节　东征高丽，劳民伤财

隋唐之际，朝鲜半岛共有三个封建国家：北部是高句丽，简称高丽；南部偏东为新罗，偏西为百济。其中新罗国在真兴王统治时期，领土扩张，国力增强，占据汉江口后开辟了通往中国的贸易孔道，其执政者亦具有亲唐朝的明显倾向。三国间纵横捭阖，展开了变化无常的复杂斗争，后来新罗势力壮大，打破了均势，逐渐形成高丽与百济联合起来同新罗对抗的局面。贞观十六年（642），高丽国内发生政变，国王高建武被弑，其弟高藏嗣立，大权掌握在泉盖苏文手中，自任莫离支。盖苏文对唐朝采取强硬政策，这样就形成了这样的形势：以唐朝和新罗为一方，以高丽和百济为一方，相互对峙，虎视眈眈。

贞观初年，"高丽、百济同伐新罗，连兵数年不解，新罗遣使告急"①。李世民根据"中国根本，四夷枝叶"的原则，并没有进行军事干预。直到贞观十五年（641）他还说，征服高丽并不困难，"但山东州县凋瘵未复，吾不欲劳之耳"②。次年，泉盖苏文政变成功，营州都督张俭即时向唐廷做了汇报，有人主张乘机出征，李世民再次表示："山东凋弊，吾未忍言用兵也。"③又过了一年，他跃跃欲试，已经有点按捺不住了，对侍臣说："盖苏文弑其主而夺其国政，诚不可忍，今日国家兵力，取之不难，朕未能即动兵众，且令契丹、靺鞨搅扰之，何如？"房玄龄谏称："臣观古之列国，无不强凌弱、众暴寡。今陛下抚养苍生，将士勇锐，力有余而不取之，所谓止戈为武者也。昔汉武帝屡伐匈奴，隋主三征辽左，人贫国败，实此之由，惟陛下详察。"④当时唐朝虽然没有大动干戈，但李世民发动战争的迫切心情已经溢于言表。

贞观十七年（643），新罗遣使唐朝，反映其四十余城已为百济攻占，高丽、百济联合起来打算断绝新罗同唐朝间进行朝贡贸易的孔道，李世

---

① 《旧唐书》卷189上《朱子奢传》。
② 《通鉴》卷196贞观十五年八月。
③ 《通鉴》卷196贞观十六年十一月。
④ 《贞观政要》卷9《征伐》。

民遣相里玄奖持玺书至高丽,劝告高丽与百济"各宜戢兵",如果继续攻打新罗,表示"明年发兵击尔国矣"。① 不料泉盖苏文回答说:"高丽、新罗,怨隙已久。往者隋室相侵,新罗乘衅夺高丽五百里之地,城邑新罗皆据有之。自非反地还城,此兵恐未能已。"玄奖说:"既往之事,焉可追论?"但高丽不从。② 朝鲜半岛三国关系复杂,"怨隙已久",外人劝解化干戈为玉帛,确实难以奏效。

贞观十八年(644),相里玄奖向李世民奏报了出使的情况,李世民当即表示决心出兵,褚遂良却谏阻称:"今闻陛下将伐高丽,意皆荧惑。然陛下神武英声,不比周、隋之主,兵若渡辽,事须克捷,万一不获,无以威示远方,必更发怒,再动兵众,若至于此,安危难测。"③ 他只在胜败上做文章,动以利害,已经不敢谈论发动战争本身是否有必要性了。李勣比较能够迎合主上的意旨,表示赞成发动这次战争。④ 这反映李世民发动战争的意图已如箭在弦上,势在必发,所以臣下有的不敢逆鳞苦谏,有的则已经见风转舵了。到这年十月间,李世民为了统一朝臣的思想,消除他们的顾虑,公开进行动员:

> 夫去本而就末,舍高而取下,失近而之远,此三者谓之不祥。今国家经略高丽,亦犹是矣。然则察诸天时而观乎人事,夫严冬之月欲务稼穑,使八尧运粗,九舜布种,则不能使之生;青阳之月,土膏脉起,庸夫童子,堪成良稼。所谓天有其时而人有其功也。高丽逆弑其主,诛戮大臣而虐用其人,下无措手,而一方之人延颈思救,吊人伐罪,今也其时。议者云云,但不知耳。⑤

李世民此时之所以最后做出决定,是由于:第一,唐朝建立后已经历时近三十年,通过长期的休养生息,经济财政上出现了"家给人足,余粮

---

① 《通鉴》卷197 贞观十七年九月。
② 《旧唐书》卷199上《高丽传》。
③ 《贞观政要》卷9《征伐》。
④ 《通鉴》卷197 贞观十八年二月。
⑤ 《册府元龟》卷117《帝王部·亲征二》所载系《实录》原文,系于十月。《通鉴》所载简略,系于二月,未见允当。

栖亩，积粟红仓"①的局面，在这样的条件下发动大规模的战争，无论胜败，都不会引起国内阶级矛盾的严重激化，爆发农民起义。第二，唐朝在西方已经扶植了亲唐的乙毗射匮可汗，与唐为敌的乙毗咄陆可汗业已西奔吐火罗，向东用兵不再有后顾之忧了。第三，错误地估计了高丽政变后的政局，认为对方内部矛盾重重，局势不稳，有机可乘。最后，李世民知道"出师吊伐，须有其名"，认为泉盖苏文政变后"因其杀君虐下，取之为易"，②现在好容易找到了出师的借口。在这样的错误估计下，他就忘记了"去本而就末，舍高而取下，失近而之远"这一基本的不利因素。

李世民为发动大规模的远征，加紧进行准备，于七月间派人前往洪州（治所在今江西南昌市）、饶州（治所在今江西鄱阳）及江州（治所在今江西九江市）造船四百艘，供运输军粮之用。已经悬车致仕的郑元璹曾经亲自参加过隋炀帝征高丽的战争，这时李世民把他找来亲询过去的经验和教训，元璹奏称："辽东道远，粮运艰阻，东夷善守城，攻之不可猝下。"③短短一句话准确地概括出了高丽的主要长处和中国的主要致命弱点，并且预言了战事容易旷日持久的局势，这确实是经验之谈，其正确性也为日后的战争进程所证实。但遗憾的是，李世民并没有认真考虑这些意见，而是贸然轻率地大举发兵。

贞观十九年（645）四月，李世民下诏以张亮为使持节平壤道大总管、左难当为副总管，舟仁德、刘英、程名振等人为行军总管，率江淮岭硖劲卒四万，长安、洛阳招募兵三千，战舰五百艘，自莱州（治所在今山东掖县）泛海赴平壤；以李勣为使节度辽东道行军大总管，江夏郡王李道宗为副总管，④张士贵、执失思力、契苾何力与张俭等人为行军总管，率步骑六万及兰州（治所在今甘肃兰州市）、河州（治所在今甘肃和政西北）之"降胡"，趣辽东（今辽宁辽阳市），水陆两路分进合击高丽。大规模的战争从此正式开始了。

---

① 《册府元龟》卷117《帝王部·亲征二》。
② 《通典》卷186《边防典一·高句丽》。
③ 《通鉴》卷197贞观十八年十一月。
④ 《册府元龟》卷117《帝王部·亲征二》脱一"副"字，据《通鉴》等书补。

为了尽量动员人民的力量从事这次战争，建立必胜的信心，李世民在诏书中再次强调：

> 炀帝残暴其下，故众庶视之如仇雠，以思乱之军击安乐之卒，务其功也，不亦难乎！……朕缅怀前载，抚躬内省……略言必胜之道，盖有五焉：一曰以我大而击其小，二曰以我顺而讨其逆，三曰以我安而乘其乱，四曰以我逸而敌其劳，五曰以我悦而当其怨，何忧不克，何虑无摧！可布告元元，勿为疑惧耳。①

除了以大击小符合事实而外，其余各条都是李世民自己一厢情愿的臆度，毫无根据。尤其是唐军远行千里，得以逸待劳之利的恰恰是高丽而不是唐朝方面。就连以大击小，也是强词夺理，在战争史上以小胜大、以弱胜强的战例并不少见，隋炀帝三征高丽而三北，就是近在眼前的生动例子，更何况李世民发兵不过十余万，远不能与炀帝数百万之众相比，有什么必胜的道理？李世民对形势的估计违背了实事求是的精神，所以战争的结局如何就无待蓍龟了。

对唐朝来说，完全没有发动这次大规模战争的必要，朝鲜半岛三国的斗争，李世民根本不必主动卷入。他之所以决定兴师动众，关键原因是作为地主阶级的封建皇帝，必然在政治上的成功之余，走上好大喜功、扬威异域的道路。当局者迷，旁观者清，当"天可汗"热衷于更上一层楼时，大臣中像褚遂良这样头脑清醒的却大有人在。张亮不赞成出兵，但"频谏不纳"②。李大亮临终前上表，"请停辽东之役"③。房玄龄虽然未能谏阻首次东征，但在遗表中却表示反对再度兴师征高丽，其中有这样的话：

> 向使高丽违失臣节，而陛下诛之，可也；侵扰百姓，而陛下灭之，可也；久长能为中国患，而陛下除之，可也。有一于此，虽日

---

① 《册府元龟》卷117《帝王部·亲征二》。
② 《旧唐书》卷69《张亮传》。
③ 《旧唐书》卷62《李大亮传》。

杀万夫,不足为愧。今无此三条,坐烦中国,内为旧主(指隋炀帝)雪怨,外为新罗报雠,岂非所存者小,所损者大?①

可见即令按封建时代的道理来衡量,也完全没有发动这次战争的必要。但李世民此时执意在有生之年要偿此东征的夙愿,因而把大臣的苦谏都当作耳旁风,决定一意孤行到底。封建皇帝把开疆拓土当作一己的个人功业,就不再考虑中朝两国人民的苦难和死活了。

从四月开始,唐军先后攻占了盖牟城(今辽宁盖县)、辽东城(今辽宁辽阳市)和白岩城(今辽宁抚顺市南)②,以其地分别置盖州、辽州和岩州。张亮亦于同时袭破卑沙城(今辽宁金县东大黑山),③并进军至建安城(今辽宁营口东南)下。最后唐军苦攻安市城(今辽宁辽阳市西南)。李世民于六月间亦亲至城下指挥作战。泉盖苏文非常重视这次战役,从各地调十五万大军救援安市城,实际上是"倾国以拒"唐师。④李世民也对此役早有准备,攻下白岩城后他就对李勣说:"吾闻安市城险而兵精,其城主材勇……建安兵弱而粮少,若出其不意,攻之必克。公可先攻建安,建安下则安市在吾腹中。此兵法所谓'城有所不攻'者也。"李勣却认为:"建安在南,安市在北,吾军粮皆在辽东,今逾安市而攻建安,若贼断吾运道,将若之何?不若先攻安市,安市下,则鼓行而取建安耳。"李世民没有审慎地权衡利弊,就轻率地说:"以公为将,安得不用公策?勿误吾事。"⑤唐军最初曾一度取得一些战果,但安市城的城主杨万春能战善守,率领高丽军民全力奋战,造成了唐军久攻不下的局面。这时高丽降将高延寿和高惠真等向李世民建议分兵攻打乌骨城(今辽宁丹东市西北),因该城的城主年事已高,"移兵临之,朝至夕克",攻下此城可使其他小城"望风奔溃",唐军可"收其资粮",直取平壤。这和攻建安的意见大同而小异,都具有出奇制胜的性质。不料长孙无忌对此持

---

① 《贞观政要》卷9《征伐》。
② 两《唐书》的《李勣传》作"白崖"。《通鉴》作"白岩城"。
③ 《新唐书》卷94《张亮传》误作"沙卑"。
④ 《通鉴》卷198 贞观十九年六月。
⑤ 《通鉴》卷198 贞观十九年九月。

有异议，认为"天子亲征，异于诸将，不可乘危侥幸"，主张稳扎稳打，先破安市，继取建安，然后再长驱而下，把这说成是"万全之策"。李世民遂决定还是首先全力进攻安市城。① 结果，唐军久攻该城，"六旬不能克"②。这时已至秋末，眼看严冬将届，李世民也知道军食将尽，辽东的冬季来得比较早，草枯水冻，士马难久留，遂不得不在九月下令班师。归途中遇上暴风雪，士卒冻死的人很多。即令在这样的惨状下，李世民还吹嘘唐军"所向必摧"，"所攻无敌"，③ 可见作为一个成功的政治人物，承认自己的失败是多么不容易。

除了战争的性质不谈，李世民之所以不能取胜，主要原因在于：首先，如前所述，估计作战双方形势基本错误。其次，陈寅恪先生曾指出：

> 中国东北方冀辽之间其雨季在旧历六七月间，而旧历八九月至二三月又为寒冻之时期。故以关中辽远距离之武力而欲制服高丽攻取辽东之地，必在冻期已过雨季未临之短时间获得全胜而后可。否则，雨潦泥泞冰雪寒冻皆于军队士马之进攻馈粮之输运已甚感困难，苟遇一坚持久守之劲敌，必致无功或覆败之祸。④

这也就是郑元璹所说的那种不利情况。在这样短的时间里要想取胜，必须采取速战速决的战术，而李世民一再放弃舍安市而攻建安、取乌骨的战略，不能出奇制胜，则是因为第三，一旦当了皇帝，就不同于当年的秦王了，现在再也不敢乘危猛进，而是背上了"至尊"的包袱，战术趋于保守。回到京师以后，李世民曾问李勣："吾以天下之众，困于小夷，何也？"李勣说："此道宗所解。"圆滑地把球踢给了江夏王，李道宗坦率地指出了当时未乘虚远袭的失策。李世民怅然而叹："当时匆匆，吾不忆也。"元人胡三省尖锐地指出："是役也，不唯不用乘虚取平壤之策，乘虚

---

① 《通鉴》卷198贞观十九年九月。
② 《册府元龟》卷117《帝王部·亲征二》。
③ 《册府元龟》卷117《帝王部·亲征二》。
④ 《唐代政治史述论稿》，第140页。

取乌骨之策亦不用也。"① 尤其令人奇怪的是，李世民明明知道长孙无忌的缺点是"总兵攻战，非其所长"，② 却偏偏听从了他的错误意见。这些事实反映，作为军事家的李世民，在晚年已失去了当年的勇决、魄力和明断，军事方面也产生了每况愈下的倾向。最后，高丽统治者从公元631年开始，用十六年的时间筑成了自扶余城（今吉林四平市）东至渤海岸长达千余里的长城，该国军民早有准备，群起应战，造成了旷日持久的形势，而时间对高丽有利，对唐军不利。由此可见，对这次大规模的战争可以说，李世民是以错误的估计为前提，错误地选择了作战对象，在错误的地方，以错误的战略打了一次错误的战争。在班师的归途中，他扫兴地叹息："魏徵若在，不使我有是行也。"③ 其实当时尽管魏徵已经去世，犯颜苦谏的人并不少，李世民只是没有把褚遂良、张亮、李大亮等人的进谏放在心上，使追求个人功业的欲望迷住了自己的心窍而已。这句话既不足以证明诤臣魏徵的重要，也不能证明李世民本人的纳谏，实际上只是他心灰意冷中的一句自我解嘲。

几乎是战无不胜的常胜将军，竟以最后一次败仗结束自己的戎马生涯，不能不说是一个莫大的讽刺。

尽管碰了这样一个大钉子，李世民却并没有从中汲取足够的教训，而是刚愎自用，执拗不回，顽固地还要准备再一次发动征高丽的战争，在以后几年大练水师，制造战船，继续给人民带来一些苦难。但没有想到，生命的终点已经近在眼前，时间不允许再发动一次这样的战争了。

李世民在洛阳准备亲征高丽的时候发生了一个意义重大的事件，即玄奘赴天竺留学、取经后返国，因于贞观十九年（645）二月赴洛阳谒见皇帝于仪鸾殿。李世民"迎慰甚厚"，并敕玄奘法师修《西域记》。次年（646）七月书成，进表呈上，④ 即名著《大唐西域记》。

贞观二十二年（648），李世民一方面积极准备再度出兵高丽，同时

---

① 《通鉴》卷198 贞观二十年三月及胡注。
② 《旧唐书》卷65《长孙无忌传》。
③ 《通鉴》卷198 贞观十九年十月。
④ 《大慈恩寺三藏法师传》。

遣王玄策奉使天竺国，当时天竺分为北南东西中五国，其中以中天竺最强，此时适逢其王尸罗逸多卒，国中大乱，其臣阿罗那顺自立，发兵攻玄策。玄策初为所擒，后宵遁抵吐蕃西境，以书征得吐蕃精锐千二百人、泥婆罗国七千余骑，于五月间大破天竺军，擒阿罗那顺以归。① 李世民"大悦"，以玄策为朝散大夫，并对侍臣说："夫人耳目玩于声色，口鼻耽于臭味，此败德之源。若天竺不劫我使人，岂为俘虏耶？昔中山以贪宝取敝，蜀侯以金牛致灭，莫不由也。"② 李世民晚年，不但唐朝同高丽之间发生了大规模的战争，唐朝与天竺之间也发生了不快。

第三节　选立太子，一场风波

　　李世民一生共有子十四人，其中长孙皇后所生的有三子：长子李承乾，四子李泰，九子李治。

　　武德九年（626）八月，李世民即位，十月诏立嫡长子李承乾为太子，③当时李承乾年仅八岁。太子少年时"性聪敏"，其父"甚爱之"。但他深居九重，过着养尊处优的生活，因而"及长，好声色，慢游无度"，④"颇以游畋废学"，⑤在政治上也"不循法度"⑥。对于这样的事，李世民作为父亲，也是有责任的。李承乾的乳母遂安夫人认为"东宫器用阙少"，曾欲有所奏请，但为长孙皇后所拒绝。⑦ 但李世民晚年由于自己有奢靡腐化的倾向，因而下诏规定，以后皇太子出用库物，"所司勿为限制"⑧。结果，诏令下达"未逾六旬，用物已过七万"，正如张玄素所说，"骄奢之极，孰云过此！"当时东宫内部的情况是，"龙楼之下，惟聚工匠；望苑之内，不睹贤良"⑨。有一名太常乐人，年十余岁，"美姿容，

---

① 《通鉴》卷199 贞观二十二年五月。唯《唐会要》作"四月"。
② 《唐会要》卷100《天竺国》。
③ 《册府元龟》卷257《储宫部·建立二》。
④ 《旧唐书》卷76《恒山王承乾传》。
⑤ 《旧唐书》卷75《张玄素传》。
⑥ 《旧唐书》卷73《孔颖达传》。
⑦ 《旧唐书》卷51《太宗文德皇后长孙氏传》。
⑧ 《通鉴》卷196 贞观十六年六月。
⑨ 《旧唐书》卷75《张玄素传》。

善歌舞",李承乾对他"特加宠幸",号为"称心"。李世民知道这件事后,一怒之下处死了"称心",太子怀念不已,遂于宫中立其形象,在前面列置偶人车马,令宫人朝暮祭奠,他自己也往往到那里"徘徊流涕",①以抒发思念之情。辅弼太子的张玄素、于志宁、孔颖达等人一再劝诫,李承乾不但不能纳谏,反而欲迫害谏者,譬如他嫉玄素"数谏",曾"遣户奴夜以马楇击之,殆至于死"②。这样,就在李世民面前尖锐地提出了李承乾是否适于接班的问题。

就在李承乾失德日渐败露的过程中,李世民对魏王李泰的宠爱与日俱增。李泰"少善属文",由此甚得其父青睐,李世民因令就王府别置文学馆,听任自引学士,李泰遂召集著作郎萧德言、秘书郎顾胤等人撰写《括地志》,网罗了一些文士。魏王"腰腹洪大,趋拜稍难",李世民特许乘小舆至朝所,"其宠异如此"。③后来每月给魏王府的料物竟然超过东宫,李泰一时"宠冠诸王,盛修第宅"。④实际上,李世民"微有废立之意",⑤而且向杜正伦透露过这种心曲,正伦泄此语于太子,因而左迁。魏王泰也看到有机可乘,因而"潜怀夺嫡之计"。⑥他曾派杜楚客一类的人"友朝臣用事者,至有怀金以赂之,因说泰聪明,可为嫡嗣"。这种事传到李世民那里,他听了也仍然"隐而不言"。⑦实际上是正中下怀,所以用听之任之的态度放纵和支持魏王的行径。一般大臣虽不像杜正伦那样摸透了皇帝的真正意图,但也察言观色,看出一些苗头,从中猜到了几分心思。不过,李世民毕竟没有明确表过态,心中不免有所犹豫。大臣是随着皇帝的意旨旋转的,李世民的举棋不定必然引起朝廷的分裂,在李承乾失宠、魏王得幸的情况下,二人"各树朋党",⑧形成了敌对的营垒。大致魏王网罗的人有驸马都尉柴令武、房遗爱(房玄龄之子)等

---

① 《旧唐书》卷76《恒山王承乾传》。
② 《旧唐书》卷75《张玄素传》。
③ 《旧唐书》卷76《濮王泰传》。
④ 《旧唐书》卷70《岑文本传》。
⑤ 《旧唐书》卷77《韦挺传》。
⑥ 《旧唐书》卷76《恒山王承乾传》。
⑦ 《旧唐书》卷66《杜如晦附楚客传》。
⑧ 《旧唐书》卷76《恒山王承乾传》。

二十余人，对他们"厚加赠遗，寄以腹心"。其次如韦挺和杜楚客，还"俱为泰要结朝臣，津通赂遗，文武群臣，各有附托，自为朋党"①。双方斗争逐渐进入了紧锣密鼓的阶段。

贞观十六年（642），李世民问侍臣："当今国家何事最急？各为我言之。"有的说"养百姓最急"，有的说"抚四夷急"，有的说"礼义为急"，都不中意。只有褚遂良说："即日四方仰德，不敢为非，但太子、诸王须有定分，陛下宜为万代法，以遗子孙，此最当今之急。"李世民说："此言是也。朕年将五十，已觉衰怠。既以长子守器东宫，诸弟及庶子数将四十，心常忧虑在此耳。"② 四十多岁的人，按理说还不至于把皇位继承问题看得那么急迫，恐怕"已觉衰怠"是使李世民感到余年不多的原因。在这里，他一方面承认李承乾"守器东宫"，一方面也认为太子与诸王需要"定分"，这一情况恰恰说明，李世民心中并没有真正解决接班人问题。

褚遂良"宜为万代法"的说法反映，他是主张按照传统的嫡长子继承制，由太子李承乾嗣位，不赞成夺嗣换宗，所以对魏王泰物料超过太子的做法大不以为然，认为"昔圣人制礼，尊嫡卑庶，谓之储君"，只有坚持这一原则，才能"塞嫌疑之渐，除祸乱之源"；否则就会招致"佞巧之奸，乘机而动，私恩害公，惑志乱国"的恶果。李世民宠幸魏王，曾让他移居武德殿，魏徵也对此表示异议，认为不应让李泰"处嫌疑之地"。③ 大致唐初的元老宿臣多主张维持原状，不必进行废立，以免在宫闱中引起不测风波；一些侥幸冒进的人和轻浮的功臣子弟，则怀着各种各样的目的，想利用夺嗣改立的机会，从中捞点好处。在这政局动荡之际，"内外庶僚，并有疑议"，李世民"闻而恶之"，而他又比较尊重元老重臣的意见，所以于贞观十六年（642）拜魏徵为太子太师，"遣傅皇太子，用绝天下之望"④。大概经过褚、魏等人的苦谏，李世民回心转意，又打消了废立的念头，故于贞观十七年（643）对群臣说：

---

① 《旧唐书》卷76《濮王泰传》。
② 《贞观政要》卷4《太子诸王定分》。
③ 《旧唐书》卷76《濮王泰传》。
④ 《旧唐书》卷71《魏徵传》。

> 闻外间士人以太子有足疾，魏王颖悟，多从游幸，遽生异议，
> 侥幸之徒，已有附会者。太子虽病足，不废步履。且礼，嫡子死，
> 立嫡孙。太子男已五岁，朕终不以孽代宗，启窥窬之源也。①

这等于最后的明确表态。

尽管如此，这种宫闱内部的斗争犹如捉迷藏，谁也不能彻底摸清事态发展的真实趋向，未来对每一方都是一个未知数。这就决定了双方必然要暗中进行赛跑，以求先发制人，立于不败之地。太子李承乾眼看着魏王泰恩宠日隆，声望过己，而且已网罗了一批力量，估计其父已有废立的念头，遂谋效法他父亲发动玄武门之变的做法，加紧策划宫廷政变。侯君集、李安俨、汉王李元昌、赵节及杜荷（杜如晦之子）等人都纷纷劝李承乾立即发难，否则将落得隋代杨勇和唐初李建成的下场。这时恰好发生了齐州都督齐王李祐的未遂叛乱，太子借机对他的心腹纥干承基等人说："我西畔宫墙去大内可二十步来耳，此间大亲近，岂可并齐王乎？"② 事情很凑巧，纥干承基与齐王有勾结，此时暴露，系狱当死，遂于贞观十七年（643）四月告发了太子对他说这段话的情况。事情摆到桌面上来了，而且情况已很严重，李世民只得废李承乾为庶人，赐汉王元昌自尽，处斩了侯君集、李安俨、赵节及杜荷等人。一场酝酿中的政变没有来得及爆发就被扑灭了。

皇位继承人的问题怎样解决呢？事变刚刚结束，魏王泰入侍，李世民"面许立为太子"，并对侍臣说："昨青雀自投我怀，云'臣今日始得与陛下为子，更生之日也。臣唯有一子，臣百年之后，当为陛下杀之，传国晋王。'父子之道，故当天性，我见其如此，甚怜之。"③ "青雀"是魏王泰的小名，晋王即李世民之九子李治。这件事说明以下两点：首先，李世民于此前已经有立晋王治的念头，否则魏王泰不会在这时矫揉作态，进行戏剧性的表演；其次，李世民在废李承乾之初也确有立魏王之意，实际是在晋、魏二王之间举棋不定。其所以犹豫不决，是由于玄武门之

---

① 《通鉴》卷196贞观十七年正月。
② 《旧唐书》卷76《恒山王承乾传》。
③ 《旧唐书》卷80《褚遂良传》。

变时他不但诛兄杀弟,而且处死了李建成、李元吉诸子,这幕惨剧记忆犹新,他深知这次处理不慎,又会重演宫门喋血的悲剧,不利于皇族子孙。对于李世民的上述一段话,褚遂良透辟地奏称:

> 陛下失言,伏愿审思,无令错误也。安有陛下百年之后,魏王执权为天下之主,而能杀其爱子,传国于晋王者乎?陛下昔立承乾为太子而复宠爱魏王,礼数或有逾于承乾者,良由嫡庶不分,所以至此。殷鉴不远,足为龟镜。陛下今日既立魏王,伏愿陛下别安置晋王,始得安全耳。

这里只说到了晋王与魏王能否两全的问题,但已经有力地揭出了李世民心中的矛盾,使他感到再也无法回避,只得涕泗交下地说:"我不能。"① 实际上,这不仅是晋、魏二王的生死存亡问题,就是李承乾今后能否活下去,也未可预卜。李世民最初把李承乾幽禁起来的时候曾对他面加谴责,李承乾辩解说:"臣贵为太子,更何所求?但为泰所图,特与朝臣谋自安之道,不逞之人遂教臣为不轨之事。今若以泰为太子,所谓落其度内。"② 这句话合情合理,说明立嗣一事也牵涉今后李承乾与李泰能否两存的问题。大致李世民最初萌动立晋王的念头,就是因这句话引起的。现在,只剩下一条路可走,就是对李承乾与魏王采取两弃的态度,最后立第三者晋王李治。关于此事,《旧唐书》卷65《长孙无忌传》有如下一段记载:

> 太子承乾得罪,太宗欲立晋王,而限以非次,回惑不决。御两仪殿,群官尽出,独留无忌及司空房玄龄、兵部尚书李勣,谓曰:"我三子一弟(一弟指汉王元昌)所为如此,我心无憀。"因自投于床,抽佩刀欲自刺,无忌等惊惧,争前扶抱,取佩刀以授晋王。无忌等请太宗所欲,报曰:"我欲立晋王。"无忌曰:"谨奉诏。有异议者,臣请斩

---

① 《旧唐书》卷80《褚遂良传》。
② 《旧唐书》卷76《濮王泰传》。

之。"太宗谓晋王曰："汝舅许汝，宜拜谢。"晋王因下拜。

这段记载颇值得怀疑，首先，李承乾既废，立嫡以长的原则已被破坏，在此情况下立李泰、立李治无所不可，所谓"限以非次"并不值得那么重视，何至于因此而欲抽刀自刺。如果李世民一贯注意长幼之序，那就不会在立承乾之后又宠幸魏王而"嫡庶不分"了。其次，在择嗣未定，犹豫未决的情况下，当着李治的面讨论"回惑不决"的问题，尤其是进行投床自刺的表演，这太不成体统，可能性不大。最后，立李治为太子是出于李世民的宸衷独运，根本用不着让晋王向其舅父长孙无忌谢恩，按照惯例应当是向父皇叩谢，无忌本传所载此一情节不合情理。我怀疑这段描写可能是出于溢美长孙无忌，因而不免有失实之处。按许敬宗、敬播等所撰《太宗实录》为《今上实录》，止于贞观十四年（640）事，仅二十卷；高宗即位后令长孙无忌与史臣续十五年以后《太宗实录》。①长孙无忌处监修地位，自然易于美化自己。后来许敬宗虽然改定过《太宗实录》，但他死后高宗又"诏刘仁轨等改修国史，以许敬宗等所记多不实故也"②。即令许敬宗修改得不利于长孙无忌，后来也应恢复了原貌。大致决定立晋王为太子的时候举行过一次机密的会议，李治未必在场，最初李世民的态度不够明朗，长孙无忌、房玄龄与魏徵、褚遂良等同系元老宿臣，过去都主张保留承乾的太子地位，不赞成改立魏王，现在自然仍旧反对立李泰为嗣，这样，就选定了晋王李治。定策之后，李世民立即向朝臣表示："我若立泰，便是储君之位可经求而得耳。泰立，承乾、晋王皆不存；晋王立，泰共承乾可无恙也。"③ 这几句话把道理讲得再清楚不过了。这一决定对日后的政局稳定是有好处的，避免了可能发生的纷争和混乱，因而司马光就此发表议论："唐太宗不以天下大器私其所爱，以杜祸乱之原（源），可谓能远谋矣。"④ 表彰得未免有点过分，李世民正是因为"私其所爱"的魏王才引起了一场小小的风波，只是最后

---

① 《郡斋读书后志》卷1。
② 《通鉴》卷202 咸亨四年三月。
③ 《旧唐书》卷76《濮王泰传》。
④ 《通鉴》卷197 贞观十七年四月臣光曰。

的决定确实起了防患于未然的作用。

这件事过去以后,李世民松了一口气,但觉得从中不无值得深思之处,故对侍臣说:"自今太子不道,藩王窥嗣者,两弃之。传之子孙,以为永制。"①

从隋文帝开始,中经唐高祖,至于唐太宗,宫廷中连续发生了三次废立太子的重大事件,其根源在于,专制帝制下地主阶级不能选择自己的最高政治代理人,皇位的嫡长子继承制又难以保证太子的必圣必贤,夺嗣换宗的考虑经常发生,既有制度而又不能完全坚持制度,这就不可避免地会发生宫廷政变。李世民一生既是抢班夺权的秦王,也是因立太子而苦恼的皇帝,在他晚年实际又处于隋文帝、唐高祖的危险地位。不同的是,他的威信高于杨坚和李渊,政治才能超过两人,李承乾与李泰的政治能量都不如杨广和当年的秦王,而事变暴露得又比较及时,这就使李世民幸免了杨坚、李渊的下场。

第四节 自我总结,英主长逝

李世民的一生,前期风餐露宿,戎马倥偬,主要是在艰辛的战争年代里度过的,但当时风华正茂,身心的耗损还能加以弥补。即位以后,他殚心竭力,励精图治,健康状况不免每况愈下;东征高丽之役的败北,太子承乾与魏王泰之间的一场政争,对他精神上的打击都不会太小,"铒金石"②的坏习惯,也有损于他的健康,随着岁月的流逝和年龄的增加,他过早地衰老了。李世民自己也说:"朕年将五十,已觉衰怠。"③到五十三岁,这位文武兼备、雄才大略的政治家和军事家,就与世诀别了。

人之将死,其言也善。李世民在最后的十余年中虽然在政治上沿着下坡路滑行,但在临终前几年,并没有转化为昏君,还能够对自己的一生功业进行冷静地回顾和总结。贞观二十一年(647)五月,他问左右的侍臣:"自古帝王虽平定中夏,不能服戎狄;朕才不逮古人而成功过

---

① 《旧唐书》卷76《濮王泰传》。
② 《通鉴》卷198贞观二十一年正月。
③ 《旧唐书》卷80《褚遂良传》。

之，自不谕其故，诸公各率意以实言之。"群臣怎么好当面评价皇帝呢？纷纷打官腔说："陛下功德如天地万物，不得而名言。"李世民最后自己作答：

> 朕所以能及此者，止由五事耳：自古帝王多疾胜己者；朕见人之善，若己有之。人之行能不能兼备，朕常弃其所短，取其所长。人主往往进贤则欲寘诸怀，退不肖则欲推诸壑；朕见贤者则敬之，不肖者则怜之，贤不肖各得其所。人主多恶正直，阴诛显戮，无代无之；朕践阼以来，正直之士比肩于朝，未尝黜责一人。自古皆贵中华，贱夷狄；朕独爱之如一，故其种落皆依朕如父母。此五者，朕所以成今日之功也。①

每一条，李世民都没有做到位，但他具有上述五方面的优点则是确定无疑的。只是由于英雄史观在他头脑里作祟，看不到人民的历史作用，只是孤立地强调个人的成功。实际上应当再补充一条：李世民最善于从农民起义的打击中汲取隋亡的教训，没有这一条，其他优点都会在政治实践中落空。

临终之前，李世民并不是片面地陶醉在成功之中，认为自己是什么缺点都没有的完人，而是能够坦率地承认自己还有很多不足之处。贞观二十二年（648）他亲撰《帝范》一书，当作皇帝的政治教科书赐给太子李治，书中包括《君体》《建亲》《求贤》《审官》《纳谏》《去谗》《戒盈》《崇俭》《赏罚》《务农》《阅武》及《崇文》等十二篇。这是他一生政治经验的总结，也是对嗣君留下的政治遗嘱，当时他对太子说："修身治国，备在其中，一旦不讳，更无所言矣。"同时他又在李治面前进行了无情的自我解剖：

> 汝当更求古之哲王以为师，如吾，不足法也。夫取法于上，仅得其中；取法于中，不免为下。吾居位已来，不善多矣：锦绣珠玉，

---

① 《通鉴》卷198 贞观二十一年五月。

不绝于前；宫室台榭，屡有兴作；犬马鹰隼，无远不致；行游四方，供顿烦劳；此皆吾之深过，勿以为是而法之。顾我弘济苍生，其益多；肇造区夏，其功大；益多损少，故人不怨；功大过微，故业不堕。然比之尽美尽善，固多愧矣！汝无我之功勤，而承我之富贵，竭力为善则国家仅安，骄惰奢纵则一身不保。且成迟败速者，国也；失易得难者，位也。可不惜哉？可不慎哉？①

他完全是站在地主阶级的立场上从家天下的利益出发来谈论自己的"功"与"过"，同我们今天评价历史人物所持的功过观截然不同，但他能看到自己身上的缺点，并且公然承认，而没有文过饰非，被成功和胜利冲昏自己的头脑，这一点确实是难能可贵的。此外，说自己"益多损少""功大过微"，不论是从他个人的立场看，还是从我们今天历史唯物主义的观点看，也还是基本上符合事实的。

贞观二十一年（647），李世民患风疾，不久即愈。二十三年（649）三月，曾"力疾"至显道门外宣布大赦，说明又在患病，但还能勉强支撑着行走。当时他已自知生命垂危，因对太子李治说："汝于李勣无恩，我今将责出之。我死后汝当授以仆射，即荷汝恩，必致其死力。"乃出李勣为叠州都督。② 这是以权术辅助安排后事。

五月，腹泻增剧，病情恶化，李世民于弥留之际召长孙无忌和褚遂良至含风殿，嘱咐他们："朕今悉以后事付公辈，太子仁孝，公辈所知，善辅导之。"又对太子治说："无忌、遂良在，汝勿忧天下。"③ 褚遂良当即遵旨起草遗诏，不一会，一代英主溘然长逝了！

接着，太子和长孙无忌、褚遂良等大臣在太极殿为李世民发丧，宣布遗诏。在遗诏中李世民再一次肯定自己的功绩，"前王不辟之土，悉请衣冠；前史不载之乡，并为州县"。在地主阶级内部，"辛、李、卫、霍之将，咸分土宇；搢绅廊庙之材，共垂带绶"，"朕于天下士大夫，可谓无负矣"。至于百姓黎元，则"或赢金帛，或赉仓储"，"朕于天下苍生，可谓

---

① 《通鉴》卷198 贞观二十二年正月。
② 《旧唐书》卷67《李勣传》。
③ 《通鉴》卷199 贞观二十三年五月。

安养矣"。关于丧事,做了这样的安排,"属纩之后,七日便殡","陵园制度,务从俭约","诸营作土木之功,并宜停断"。① 尽管李世民晚年不免有享乐奢靡之短,但一直到生命的最后一刻,仍能坚持约己克俭的原则。

根据李世民遗诏,太子李治立即登极嗣位,是为唐高宗。不过李世民在遗旨中令长孙无忌同褚遂良等辅佐李治以稳定政局的安排则未能贯彻,权力之争是不以人们的意志为转移的,自有它本身的规律。高宗、武后时朝廷中的轩然大波,是李世民始料不及的。

八月,百官上谥号曰"文皇帝",庙号"太宗"。葬于昭陵。以后,高宗又于上元元年(674)改太宗尊号为"文武圣皇帝"。天宝八载(749),唐玄宗又改尊号为"文武大圣皇帝"。十三载(754),② 又改为"文武大圣大广孝皇帝"。③

---

① 《唐大诏令集》卷11《太宗遗诏》。
② 《旧唐书》卷3《太宗纪》无天宝八载改谥事,可能有脱漏。且改谥"文武大圣大广孝皇帝"事系于天宝"十二载"。《新唐书》卷2《太宗纪》增八载改谥,后一事系于十三载。《通鉴》与《新纪》全同,今从之。《旧纪》可能讹"三"为"二"。
③ 《新唐书》卷2《太宗纪》。

结束语

我们已经用不少的篇幅介绍了李世民这一历史人物一生的主要事迹，现在需要对他进行一些理论上的剖析，稍事总结。在前面，当谈到各个方面和各个问题时，曾经分别做过不少的评论，既肯定他的积极方面，也指出了一些不足之处，现在再对他进行全面评价，大谈其"功"与"过"，未免显得重复。在本书即将结束的时候，只打算就几个问题或方面进行总结性的论述。

与其他值得肯定的历史人物一样，对李世民进行评价，也可以一言以蔽之，曰功大于过，即基本肯定。但仅仅做出一个这样的简单评价，未免太一般化了。根据列宁主义具体事物具体分析的原理，须特别着重指出：李世民的进步性和对历史前进所起的促进作用，比一般应当肯定的历史人物更加突出；而他的阶级局限性和历史局限性，比一般人物表现得更加次要。这正是他的特别杰出之处。

李世民一生的"功业"，主要表现在以下两个方面：其一，在建立唐朝、统一全国过程中的武功；其二，贞观年间登极称帝以后的所谓文治。应该承认，前一方面在他的一生中只占次要的地位，因为它所决定的，只是在隋唐之际群雄逐鹿中鹿死谁手的问题。按照历史发展规律，在大规模农民起义沉重打击封建统治以后，无论是姓李的称帝，还是姓窦、姓杜、姓林的人称帝，都必然是"好皇帝"，因为当时历史条件不允许昏君暴主执政。就后一方面而言，则对李世民的历史地位起了决定性的作用，如果不是由于"贞观之治"在历史上放射出了夺目的光辉，李世民也就不成其为唐太宗了。

唐太宗之所以能够成为杰出的、进步的历史人物，是由于他很好地

结束语

顺应了历史发展的趋势。当时的历史潮流在向哪个方向发展呢？隋末农民战争是对隋炀帝杨广残暴统治的否定，针对隋末的横征暴敛，人民要求轻徭薄赋，而社会生产只有在剥削不十分苛暴的条件下才能恢复和发展；针对暴君隋炀帝的生杀任刑，人民要求减少压迫，而只有在宽缓刑罚下人心才能稳定，社会才能安定，经济发展才能得到一个有利的政治环境；针对隋炀帝的兵车岁动，东征西讨，人民要求尽量减少和避免不必要的民族战争和对外征讨，而只有在"兵凶战危"的思想指导下实行偃武修文的政策，才能做到休养生息。从唐太宗一生的设法行政可以看出，在这些方面他都做得相当出色，而他之所以能够很好地顺应这些历史发展的进步趋势，关键在于他能够充分认识和重视吸取亡隋的历史教训。唐太宗一生"怕"字当头，他所怕的正是农民起义的洪水能够"覆"封建统治的"舟"。李世民即位后不久对侍臣说：

  人言天子圣尊，无所畏惮；朕则不然，上畏皇天之监临，下惮群臣之瞻仰，兢兢业业，犹恐不合天意。①

对于"不好祥瑞"的李世民来说，"天意"并不是指上天的意志，实际就是说的历史潮流。他还有一句最出名的话：

  可爱非君，可畏非民。天子者，有道则人推而为主，无道则人弃而不用，诚可畏也。②

在军事上有胆有勇的唐太宗，能够在政治上战战兢兢，而且怕得那么厉害，在历史上确实是少见的。每个重大历史转折时期，每次大规模农民起义之后，都会出现一些顺应历史进步规律的杰出人物，但能同唐太宗平起平坐的人却只能是少数，正如《新唐书》所云：

---

① 《通鉴》卷192 贞观二年二月。
② 《贞观政要》卷1《政体》。

甚矣，至治之君不世出也。禹有天下传十有六王，而少康有中兴之业；汤有天下传二十八王，而其甚盛者号称三宗；武王有天下传三十六王，而成康之治与宣之功（此句有脱误），其余无所称焉。虽《诗》、《书》所载时有阙略，然三代千有七百余年，传七十余君，其卓然著见于后世者，此六七君而已。呜呼，可谓难得也！唐有天下传世二十，其可称者三君，玄宗、宪宗皆不克其终，盛哉，太宗之烈也！①

可见在古人心目中，唐太宗也是一个百年、千年难遇的卓绝人物。其实不但唐代的李隆基、李纯不能与李世民相齿列，就是后代的宋太祖、元世祖和明太祖，也都比唐太宗在政治方面略有逊色。应当承认，隋末农民大起义的作用在"贞观之治"时期得到了比较充分的发挥，我们不能不在这一意义上给唐太宗以足够的评价。

在中国封建社会的政治史上，唐太宗特别引人注目的地方，还在于他不但是一个政治理论家，而且是一个很好的政治实践家，他把二者密切地结合起来，取得了显著的效果，获得了极大的成功。翻阅一下《贞观政要》这部书，就可以突出地感觉到，贞观一朝二十余年中，君臣之间几乎每天都在研究、探讨"治道"，甚至可以说他们举办了一个常设的政治理论研究班。他们不但坐而论道，而且把这些"治道"付诸实施，用实践来检验其成败。宋人曾巩曾说：

> 有天下之志者，文帝而已，然而天下之材不足，故仁闻虽美矣，而当世之法亦不能放（仿）于三代……代隋者唐，更十八君，垂三百年，而其治莫盛于太宗之为君也。诎己从谏，仁心爱人，可谓有天下之志；以租庸任民，以府卫任兵，以职事任官，以材能任职，以兴义任俗，以尊本任众……可谓有天下之材；行之数岁，粟米之贱，斗至数钱，居者有余蓄，行者有余资，人人自厚，几致刑措，可

---

① 《新唐书》卷2《太宗纪》末赞曰。

结束语

谓有治天下之效。①

因此可以说，唐太宗是一个兼备理论、才能、效果的全面人物。他发展了自古以来的政治理论，垂训于后世；他以自己的理论和政绩垂范于将来，使他成为后代封建统治阶级心目中的模范皇帝。正是在这一点上，他显示了自己独特的历史地位，在中国政治史上留下了光辉的一页。

唐太宗的政治理论涉及很多方面，其最核心的部分是什么呢？大致可以概括为"君道"二字。吴兢在《贞观政要》一书中把《君道》列为首篇，不是没有道理的。实际上，其他各篇也都是围绕着"君道"这一中心思想而发挥的，即"君道"在各个方面的具体体现。宋人范祖禹特别称赞"太宗可谓知君道矣"，②可谓中肯之论。李世民晚年为教育太子还亲自撰成《帝范》一书，更是集中阐发为君之道的理论，而该书的首篇亦名《君体》。《贞观政要》和《帝范》二书可以说是以后历代帝王的政治教科书，"君道"也就成为我国封建社会政治思想中最重要的内容之一。历代统治者之所以特别重视这个问题，与我国封建社会实行专制主义政治有密切的关系，因为在君主专制制度下，皇帝的英明或昏聩对全国的政治生活、社会经济的影响太大了，政治权力越是高度集中，人们越是关心国君的素质。

唐太宗所说的"君道"，其核心内容又是什么呢？我认为就是传统的儒家"仁政""仁义"思想及政治原则。李世民一生非常尊崇儒家，重视儒学，如即位之初曾经说：

> 梁武帝君臣惟谈苦空，侯景之乱，百官不能乘马。元帝为周师所围，犹讲《老子》，百官戎服以听。此深足为戒。朕所好者，唯尧、舜、周、孔之道，以为如鸟有翼，如鱼有水，失之则死，不可暂无耳。③

---

① 《元丰类藁》卷9《论·唐论》。
② 《唐鉴》卷3《太宗一》。
③ 《通鉴》卷192 贞观二年六月。

在儒、佛、道三家之中,李世民独独选择了儒家,而且把儒学当作不能须臾以离的东西。对于佞佛的梁武帝和崇道的梁元帝,他则报之以无情的嘲讽,态度非常鲜明。在儒家与法家之间又如何进行抉择呢?李世民同样认为:

> 朕看古来帝王,以仁义为治者,国祚延长;任法御人者,虽救弊于一时,败亡亦促。既见前王成事,足是元龟,今欲专以仁义诚信为治,望革近代之浇薄也。①

有一次李世民问王珪:"近代君臣治国,多劣于前古,何也?"王珪回答说:"近代重武轻儒,或参以法律,儒行既亏,淳风大坏。"李世民"深然其言"。②他不是不要刑罚,也不是鄙薄法律,唐太宗本身就很讲求法制,但他把儒学置于首位,认为刑法毕竟是第二位的东西。正是在这种以儒御法,法服从"仁政"的思想指导下,才出现了"贞观之治"下的宽缓刑罚。魏徵一生谏皇帝二百余事,涉及的方面和问题很多,但李世民却归结到一点上,说魏徵是"约朕以仁义,弘朕以道德,使朕功业至此"③。即令在评论古人时,李世民也是以"仁义"作为衡量的尺度,如特别肯定晋武帝"仁以御物,宽而得众","有帝王之量焉"。④他所谓"抚九族以仁",⑤也就是把儒家的"仁政"推而广之,运用到了民族地区。唐太宗以前,国学中"以周公为先圣,孔子配享",为了提高孔圣人的地位,他特别下令停祭周公,"升夫子为先圣,以颜回配享",⑥并且还封孔子裔孙孔德纶为"褒圣侯",⑦以示崇孔。唐太宗规定"国胄"要以古代儒家的著作为教材,而且以左丘明、马融、郑玄、王肃、杜预等二十一人"配享尼父庙堂","其尊儒

---

① 《贞观政要》卷5《仁义》。
② 《贞观政要》卷1《政体》。
③ 《贞观政要》卷1《政体》。
④ 《晋书》卷3《武帝纪》末制曰。
⑤ 《帝范》卷1《君体》。
⑥ 《唐会要》卷35《褒崇先圣》。
⑦ 《册府元龟》卷50《帝王部·崇儒术二》。

重道如此"。①

不但唐太宗本人高擎儒家的旗帜,而且后代人也是把他当作模范的儒家皇帝来景仰推重的。唐朝人吴兢认为,"太宗时政化良足可观,振古而来,未之有也",声明编辑《贞观政要》的目的就是"庶乎有国有家者克遵前轨,择善而从,则可久之业益彰矣,可大之功尤著矣,岂必祖述尧、舜,宪章文、武而已哉"。② 意思是说,唐太宗可以代替儒家一贯推崇的理想君主,成为后代皇帝的楷模。宋人范祖禹不但把唐太宗的功业概括为"以武拨乱,以仁胜残"八个大字,并且同时感叹地说:"夫贤君不世出,自周武、成、康历八百余年而后有汉,汉历八百余年而后有太宗,其所成就如此,岂不难得哉?"③ 明清之际的王夫之也说:"以太宗为君,魏徵为相,聊修仁义之文而天下已帖然受治,施及四夷,解辫归诚。"④ 在古人的心目中,唐太宗的形象之所以显得特别高大,就在于他把儒家"仁政"的理想王国变成了活生生的现实王国,"贞观之治"是封建王朝的活样板,唐太宗是后代皇帝应当学习的榜样。

由此可见,唐太宗的"仁政"和"仁义"思想就是他推行让步政策的理论基础。当我们运用历史唯物主义的基本理论评价这个历史人物,肯定他所推行的进步而开明的政策时,如果对这些政策的理论基础全盘否定,就不免有方凿圆枘之嫌。实际上,对儒家政治思想的某些内容和方面,也应大胆地予以肯定,因为在封建社会的特定历史条件下,它们是横征暴敛的对立面,付诸实施有利于社会进步。

当我们肯定"仁政"和"仁义"思想时,当然应该看到,这些思想和政治原则并不是超阶级的东西,地主阶级不可能真正做到"爱民如伤",它们始终是统治阶级的阶级意识。唐太宗执行"仁政",实际也还是最终为了地主阶级的利益。正是在承认这一前提的情况下,我们才能承认"仁政"的存在。但既然"仁政"与"暴政"有区别,对历史发展可以起不同的作用,那就不能把二者混同起来,更不能说"仁政"比

---

① 《贞观政要》卷7《崇儒术》。
② 《贞观政要·序》。
③ 《唐鉴》卷6《太宗四》。
④ 《读通鉴论》卷20《太宗》。

"暴政"更坏。

唐太宗与一般的"好皇帝"相同，也不可避免地具有明显的阶级局限性和历史局限性。有一条记载是，贞观四年（630）他对公卿说："朕终日孜孜，非但忧怜百姓，亦欲使卿等长守富贵。"① 临终遗诏中所谓"朕于士大夫，可谓无负矣！"意思是相同的。"忧怜百姓"是表面上的"仁义"语言，而其真正的实质却是使公卿百官"长守富贵"。由于受时代的限制，他还不具备明确的阶级观点，只能把自己看作公卿百官的政治领袖，还不知道自己是整个地主阶级的总政治代表，但他实际上是在为这个剥削阶级履行政治职能的。唐太宗在谈到晋宣帝时又借题发挥：

> 古人有云：积善三年，知之者少；为恶一日，闻于天下。可不谓然乎？虽自隐过当年，而终见嗤后代，亦犹窃钟掩耳，以众人为不闻；锐意盗金，谓市中为莫睹。故知贪于近者则遗远，溺于利者则伤名；若不损己以益人，则当祸人而福己；顺理而举易为力，背时而动难为功。②

这一议论说明，唐太宗能够使当前利益服从长远利益，小的利益服从根本利益，最终还是要达到"易为功"的目的，即聪明地获得自己所要求得到的利益。因此这个杰出的皇帝并不是一个没有个人利益、不代表剥削者利益的"超人"，他始终是地主阶级中的一员。至于他在政治上的缺点和每况愈下的不良倾向，均属于局限性的内容，已详见于前，不再赘言。

作为封建皇帝，唐太宗不可能没有阶级局限性和历史局限性，但应当特别强调的是，与古代一般可以肯定的开明皇帝相比，他的这些局限性不是比别人多些，而是比别人少些，这正是值得珍视的地方。封建史臣说他"迹其听断不惑，从善如流，千载可称，一人而已"；③"自古功德兼隆，由汉以来，未之有也"；而对他的缺点则表示遗憾："然《春

---

① 《贞观政要》卷6《贪鄙》。
② 《晋书》卷1《宣帝纪》末制曰。
③ 《旧唐书》卷3《太宗纪》末史臣曰。

秋》之法，常责备于贤者，是以后世君子之欲成人之美者，莫不叹息于斯焉！"① 在阶级性方面，唐太宗虽然也剥削劳动人民，但"贞观之治"时期的徭赋恐怕轻薄到了历史上少见的程度；唐太宗虽然也压迫人民，但除了"文景之治"和"贞观之治"以外，恐怕再也找不到一个历史阶段可以称得上"几致刑措"；虽然他也有享乐奢侈的欲望，但像他这样能克制自己的皇帝并不多见；统治较久的皇帝都会在政治上走下坡路，但汉武帝和唐玄宗都比他走得更远；唐太宗也剥削、压迫少数民族，但他是大汉族主义色彩最淡漠的皇帝，而他的民族平等思想则为其他皇帝所望尘莫及。

为什么在唐代初年会出现唐太宗这样一个异常杰出、千古罕见的皇帝呢？是历史的必然，还是具有偶然性呢？回答这个问题，实质上也就是必须说明这个历史人物的基本特点产生的主客观原因。一般说来，大规模的农民战争以后，总是会连续出现几代"好皇帝"，李世民处于同样的历史条件下能够实行让步政策，减轻剥削和压迫，这原不足为怪。问题的关键恰恰在于他比一般的"好皇帝"还要"好"一些，显得特别杰出，在古人的心目中形象高大到那样的程度，这是值得令人深思之处。我觉得产生唐太宗这一历史人物的主要原因有如下几点。

首先，隋末农民起义不是一次一般的农民起义，它的规模是空前的大，对封建统治的打击空前沉重，这就使唐太宗头脑中的"怕"字更加铭心刻骨。他自己曾说："古来虽复时遭丧乱，未有如隋日者。"魏徵也认为："前代虽逢丧乱，皆有牧宰，割据不过数岁即有所归。至于隋末，天下鼎沸，百姓涂炭，经十余年。"② 张玄素同样说过："臣观自古已来，未有如隋室丧乱之甚。"③ 空前的打击产生了空前的畏惧，因而"居安思危""安不忘危"就成了贞观年间君臣的座右铭。隋末的一场噩梦经常浮现在他们的脑海中，就使唐太宗所具有的地主阶级奢侈腐化的本性大为收敛，这是贞观时徭赋能特别轻、刑罚能特别省的主要原因。

仅仅这一点还不能解决全部问题，因为元末农民大起义、明末农民

---

① 《新唐书》卷2《太宗纪》末赞曰。
② 《魏郑公谏录》卷3《对丧乱未有如隋日者》。
③ 《旧唐书》卷75《张玄素传》。

大起义的规模并不比隋末农民起义小，但明太祖、康熙帝的形象却不如唐太宗高大，所以还须另找其他充分、必要的因素加以说明。

其次，唐太宗的出现与隋朝灭亡的具体原因有关。在中国历史上，封建王朝覆灭的原因大致有以下两类：有的王朝亡于土地兼并剧烈，贫富悬殊严重，当时的封建统治已经一再削弱，即使出现一个"好皇帝"也无能为力，不可能有所作为；有的王朝在土地兼并还不十分严重的时候，由于暴君的突然登场，在他的淫威聚敛下民不聊生，引起农民战争爆发，造成改朝换代。在前一种情况下，继起王朝的统治者就未必能从前代君主身上吸取丰富的教训，譬如明思宗对清初的康熙能有多少政治上的启迪呢？但在后一种情况下，继起的统治者就会着重总结前朝皇帝的得失，从中吸取教训。秦、隋二代颇有相似之处，都是属于后一种类型，所以西汉初年和唐初贞观年间朝廷上下、君臣之间就大肆对前朝进行政治上的总结。具体到隋唐之际而言，隋文帝时期"仓廪实，法令行"，"人物殷阜，朝野欢娱"，① 但在暴君隋炀帝即位之后很快就把升平世界变成了一个"政刑弛紊，货贿公行"，"六军不息，百役繁兴，行者不归，居者失业"② 的鬼蜮地狱。这样的变化太突然了，不能不令人深思，而个人因素所起的作用又太显著了。魏徵敏锐地觉察到了这一点，曾说：

> 昔在有隋，统一寰宇，甲兵强盛，三十余年，风行万里，威动殊俗，一旦举而弃之，尽为他人之有。彼炀帝……恃其富强，不虞后患，驱天下以从欲，罄万物而自奉……上下相蒙，君臣道隔，民不堪命，率土分崩，遂以四海之尊，殒于匹夫之手……③

实行君主专制的政治制度而不讲"君道"，会招致多大的灾难，造成多么严重的恶果，是很难想象的。隋炀帝就是一个最不讲"君道"的暴君，所以唐太宗在贞观年间那么重视"君道"，是其来有自的。

---

① 《隋书》卷2《高祖纪下》史臣曰。
② 《隋书》卷4《炀帝纪》。
③ 《贞观政要》卷1《君道》。

西汉和唐初都重视吸取前朝的教训，但汉高祖和文帝、景帝在虚怀纳谏、知人善用、坚持法制和民族政策方面与唐太宗相比都不免显得望尘莫及，因此为了进一步挖掘唐太宗之所以成为唐太宗，还须再具体地进行分析。

复次，唐太宗的很多优点之所以产生，同隋炀帝的很多具体缺点有直接的关系。秦朝的统治者虽然也不讲儒家的"君道"，但秦始皇没有像杨广那样刚愎拒谏，嫉才害能，为奸佞所包围，荒淫的程度也远不能与杨广相比。唐太宗正是亲眼看到了隋炀帝身上的这些个人消极因素，有意识地反其道而行之，才能够在自己身上培养出那么多的优秀品质。因此我们可以说，根据对立物互相转化的规律，没有隋炀帝就没有唐太宗，李世民之于杨广如影随形，但不是相似的形影，而是一个头脚倒立的水中倒影。

以上谈的都是唐太宗这一历史人物产生的客观条件和必然性，是不是也存在一些主观因素和偶然性呢？答复是肯定的。譬如同是处于唐朝初年，高祖李渊也知道"周、隋之季，忠臣结舌，一言丧邦，良足深戒"①。高宗李治也知道"炀帝拒谏而亡，朕常以为戒"，②但这祖孙二人在纳谏方面却谁也不能与李世民相比，这就不能完全用客观原因来解释了，因为这三个人所处的历史环境基本上相同。又如武德年间"吏多受赇"，③"政刑纰缪，官方弛紊"，④官繁事剧，也略逊于贞观年间，道理也是相同的。李渊、李治之所以同李世民有所差别，只能用个人品质的高低来加以解释。宋人孙甫说：

> 太宗定天下之功，固天授神武英才，不待赞论，而赫赫于无穷矣。其朝廷之制又如是，宜乎正（贞）观之治也……
>
> 数者非太宗英睿，不能尽其道。人君资性，至此者鲜矣。⑤

---

① 《全唐文》卷1 高祖《颁示孙伏伽谏书诏》。
② 《通鉴》卷201 麟德二年二月。
③ 《通鉴》卷192 武德九年十二月。
④ 《旧唐书》卷57《裴寂传》。
⑤ 《唐史论断》上《定朝廷之制》。

所谓"天授神武英才"及个人"资性",就是指唐太宗本身所具备的品质而言,在这一方面,他确有超凡出众之处,所以可以说是"至此者鲜矣"。因为这种个人因素不是同时代的人所能人人具备的,李世民得天独厚地具备突出的素质,因此他能够使"贞观之治"显得那么光彩夺目,其形象在古人心目中高大到那样的程度,也具有偶然性。我们在看到李世民出现的必然性时也应当注意这种历史发展的偶然因素,正如马克思所说:

> 如果"偶然性"不起任何作用的话,那末世界历史就会带有非常神秘的性质。这些偶然性本身自然纳入总的发展过程中,并且为其他偶然性所补偿。但是,发展的加速和延缓在很大程度上是取决于这些"偶然性"的,其中也包括一开始就站在运动最前面的那些人物的性格这样一种"偶然情况"。①

我们应当运用这一观点正确认识"贞观之治"和唐太宗的出现。

唐太宗虽然在历史上起了显著的进步作用,但创造历史的真正动力仍然来源于劳动人民。人民群众创造历史,决定什么时候出现什么样的杰出人物,主要体现于三个方面:阶级斗争、生产斗争和由以上两项所决定的历史发展规律。没有隋朝末年的阶级大搏斗,没有唐初农民和手工业者的辛勤劳动,唐太宗就无法成就他的功业,不能起促进历史进步的作用;没有历史规律的制约,唐太宗的个人品质再优秀也无法成为杰出的历史人物。尽管历史舞台上观众看不到劳动人民扮演引人注目的显赫角色,但他们却是主角;唐太宗虽然粉墨登场,显得不可一世,但他所扮演的仍然是一个配角。这就是我们的结论。

---

① 《马克思恩格斯选集》第4卷,人民出版社1972年版,第393页。

附　李世民生平大事略表

年代	李世民年龄	大事
隋朝开皇十七年十二月十六日（598年1月28日）	生一岁	李渊妻窦氏生李世民于武功之别馆。
仁寿四年（604）	八岁	杨广于江都弑其父隋文帝杨坚，即位，是为隋炀帝。
大业七年（611）	十五岁	王薄于长白山开始起义。
大业九年（613）	十七岁	杨玄感起兵。李世民与长孙氏成婚。
大业十一年（615）	十九岁	突厥军围困隋炀帝于雁门，李世民向屯卫将军云定兴献策解围。
大业十三年义宁元年（617）	二十一岁	李渊为太原留守，被甄翟儿部农民军所围，李世民救其父突围。五月，李渊、李世民父子于晋阳开始起兵。六月，李建成、李世民攻下西河郡。李渊建三军，以李世民为敦煌公、右领军大都督，统率右三统军。七月，攻霍邑遇雨，李渊欲罢兵还太原，李建成、李世民劝阻之。八月，攻下霍邑，斩隋守将宋老生。九月，围河东城，李世民主张置之不攻，速渡黄河取关中。李氏军渡河之后李世民沿渭水北岸西进。十一月，李建成与李世民攻下长安。李渊拥代王杨侑即位，是为隋恭帝，改元义宁。渊任假黄钺使持节大都督内外诸军事、尚书令、大丞相，进封唐王。以李建成为世子。以李世民为京兆尹，改封秦国公。封李元吉为齐国公。十二月，李世民败薛举于扶风，追奔至陇坻而还。

续表

年代	李世民年龄	大事
义宁二年 唐朝武德元年 （618）	二十二岁	三月，李世民徙封赵国公。四月，李世民弃洛阳不攻，引兵西还关中。五月，李渊即位，是为唐高祖，建元武德，唐朝建立。六月，李世民任尚书令，改封秦王。李建成立为太子。李元吉封齐王。七月，李世民至高墌拒薛秦，卧病军中，刘文静主军机为秦军所败，唐军还长安。八月，薛举卒，子薛仁杲继位，发兵攻陇州，李世民任元帅西征，与秦军相持于高墌。十一月，李世民大败秦军，薛仁杲降，陇右平。十二月，李渊以李世民为太尉，使持节陕东道大行台，蒲州、河北诸府兵马并受节度。
武德二年 （619）	二十三岁	正月，李世民任左武候大将军、使持节凉、甘等九州诸军事、凉州总管。九月，李渊用裴寂之言杀李世民之心腹刘文静。刘武周攻并州，李元吉弃城走，河东大部为刘周攻陷。十一月，李世民率师渡河讨刘武周及宋金刚。
武德三年 （620）	二十四岁	四月，加李世民益州道行台尚书令。李世民大败刘武周、宋金刚，再度平定河东。七月，李渊遣李世民东攻中原。十一月，郑与夏结为联盟以抗唐师。
武德四年 （621）	二十五岁	二月，窦建德俘孟海公，发兵十余万援王世充。三月，李世民攻下虎牢。五月，李世民擒窦建德，夏亡。王世充降于李世民，郑亡。七月，窦建德故将刘黑闼起兵反抗唐朝。十月，李渊以李世民为天策上将，领司徒、陕东道大行台尚书令，以旌其灭夏、郑之功。李世民开文学馆，置十八学士，预其选者时人荣之，号"登瀛洲"。十二月，李渊遣李世民、李元吉东讨刘黑闼。
武德五年 （622）	二十六岁	三月，李世民决洺水堰大败刘黑闼，黑闼北走突厥。四月，李世民引军南击徐圆朗。七月，李世民班师回关中，使李神通等续攻徐圆朗。十月，李世民领左右十二卫大将军。
武德六年 （623）	二十七岁	正月，李建成讨平刘黑闼。二月，徐圆朗弃兖州夜遁，为野人所杀。

续表

年代	李世民年龄	大事
武德七年（624）	二十八岁	六月，李渊赴宜君仁智宫，李建成之心腹庆州都督杨文干起兵，旋败。李建成赴仁智宫谢罪。李渊欲废建成改立世民为太子，未果。七月，突厥频扰关中，李渊与李建成等议迁都以避其患，李世民力谏而止。
武德八年（625）	二十九岁	七月，李世民出屯蒲州以备突厥。十一月，李世民加中书令。李元吉加侍中。
武德九年（626）	三十岁	六月四日，玄武门之变爆发，李世民杀李建成、李元吉。李渊立世民为太子，军国庶务悉委之处决。七月，李世民任高士廉、房玄龄、萧瑀、封德彝、长孙无忌及杜如晦等人以要职。幽州大都督庐江王李瑗谋反，旋败被杀。八月，唐高祖李渊退为太上皇。李世民即位，是为唐太宗。李世民于渭桥退突厥兵。九月，于弘文殿侧置弘文馆，精选天下文学之士虞世南、姚思廉等以本官兼学士。十月，李世民立长子李承乾为太子。
贞观元年（627）	三十一岁	正月，制自今中书、门下及三品以上官员入阁议事皆命谏官随之，有失辄谏。命长孙无忌等更议定律令。二月，并省州县，因山川形势划分全国为十道。七月，君臣议实行封建。九月，以御史大夫杜淹参与朝政，他官参与政事自此始。十二月，命房玄龄并省中央文武官，留六百四十余员。
贞观二年（628）	三十二岁	四月，尚书左丞戴胄上疏建议立义仓，户部尚书韩仲良奏王公以下垦田亩纳谷二升，贮之州县，以备凶年，制可之。十二月，遣乔师望赍册书至薛延陀，拜夷男为真珠毗伽可汗，夷男遣使入贡于唐朝。
贞观三年（629）	三十三岁	正月，免裴寂官，流静州，旋卒。四月，重申旧制"五花判事"。六月，征用常何家客马周，令直门下省，寻除监察御史。八月，玄奘启程赴天竺。是岁，于中书置秘书内省，修周、齐、梁、陈、隋五代史。
贞观四年（630）	三十四岁	二月，李靖破突厥颉利可汗于阴山。三月，颉利可汗被俘，东突厥亡。四夷君长谒阙尊唐太宗为"天可汗"。四月，议安置东突厥降众之策，朝臣意见纷纭，终采温彦博之策，置之于河南，使各部自立君长以羁縻之。五月，突厥酋长大量内徙长安，拜将军、中郎将五品以上百余人，随入长安者近万家。六月，张玄素谏修洛阳宫。十二月，杜如晦卒。

续表

年代	李世民年龄	大事
贞观五年（631）	三十五岁	四月，遣使突厥以金帛赎还没落该族之汉人。九月，将作大将窦琎修洛阳宫，凿池筑山，雕饰华丽，命毁之，免窦琎官。
贞观六年（632）	三十六岁	正月，魏徵谏封禅，事遂寝。三月，李世民恶魏徵每犯颜直谏，欲杀之，长孙皇后谏止之。
贞观七年（633）	三十七岁	九月，去岁纵天下死囚三百九十人还家，约是岁秋返狱即刑，至此，皆如期诣朝堂，无一人亡匿。十二月，李世民从太上皇李渊置酒于故汉未央宫，颉利可汗起舞，南蛮冯智戴咏诗，李渊笑称："胡越一家，自古未有也！"
贞观八年（634）	三十八岁	六月，遣段志玄、樊兴等西征吐谷浑。十月，唐军大破吐谷浑，追奔八百余里。十一月，右仆射李靖因疾逊位，特令疾瘳后每三两日至中书、门下平章事，平章事之名始此。吐蕃松赞干布遣使入贡、请婚。十二月，遣李靖、侯君集等西征吐谷浑。
贞观九年（635）	三十九岁	三月，以户分三等未尽升降，自此改划为九等。五月，太上皇李渊崩。吐谷浑大宁王慕容顺斩天柱王举国请降于唐朝，伏允为左右所杀，李世民诏复其国，以慕容顺为西平郡王、趌胡吕乌甘豆可汗。十一月，慕容顺为其下所杀，子诺曷钵立。
贞观十年（636）	四十岁	二月，李世民以魏王李泰好文学，特命魏王府置文学馆，听自招引学士。三月，吐谷浑诺曷钵遣使于唐朝，请颁历、行年号。李世民以诺曷钵为河源郡王、乌地也拔勒豆可汗。六月，长孙皇后崩。十二月，改统军为折冲都尉，别将为果毅都尉，折冲府之名始此。
贞观十一年（637）	四十一岁	正月，房玄龄更定律成，是为《贞观律》。定令一千五百九十余条。删武德以来敕格，定留七百条，为格十八卷，颁于天下。六月，诏荆州都督荆王李元景等二十一王所任刺史咸子世袭。以功臣长孙无忌等十四人为刺史，亦令子孙世袭。八月，侍御史马周上疏论李世民得失。
贞观十二年（638）	四十二岁	正月，高俭等撰成《氏族志》，颁于天下，皇族为首，外戚次之，崔民干降为第三等。九月，吐蕃松赞干布因唐朝拒绝通婚，出兵攻松州。侯君集败吐蕃军于松州城下。松赞干布复遣使谢罪、请婚，许之。拜薛延陀真珠可汗二子为小可汗，以分其势。

续表

年代	李世民年龄	大事
贞观十三年（639）	四十三岁	二月，诏停世封刺史。四月，突厥突利可汗之弟阿史那结社率乘李世民幸九成宫之机犯行宫，事败被杀。五月，魏徵上《十渐不克终疏》。七月，诏右武候大将军化州都督怀化郡王李思摩为乙弥泥孰俟利苾可汗，使率突厥降众北渡河还其故地，并赐薛延陀玺书戒勿与突厥相抄掠。十二月，遣交河行军大总管侯君集、副总管薛万彻等将兵击高昌。吐谷浑王诺曷钵来朝，妻以宗女弘化公主。
贞观十四年（640）	四十四岁	正月，李世民幸国子监释奠，时学生满二千二百六十员，高丽、百济、新罗及我国高昌、吐蕃等族诸酋长亦遣子弟入国学，升讲筵者至八千余人。命孔颖达撰定《五经正义》。八月，高昌王麴文泰闻唐兵临碛口，忧惧而卒，子麴智盛立，旋降唐。侯君集分兵略地，得二十二城，户八千四十六，口一万七千七百。九月，以高昌地置西州。以可汗浮图城为庭州。置安西都护府于交河城。闰十月，吐蕃松赞干布遣禄东赞至长安请婚，许以宗女文成公主妻之。
贞观十五年（641）	四十五岁	正月，以吐蕃相禄东赞为右卫大将军，妻以琅邪公主外孙段氏。命礼部尚书、江夏王李道宗持节送文成公主赴吐蕃和亲。八月，陈大德使高丽还。十一月，薛延陀以二十万众渡漠攻突厥，俟利苾可汗告急，李世民命营州都督张俭、兵部尚书李勣、右卫大将军张士贵、凉州都督李袭誉等出兵击薛延陀，大破之于诸真水。
贞观十六年（642）	四十六岁	正月，魏王李泰招学士修成《括地志》，上之。六月，诏禁世族卖婚。七月，民间有自伤残肢体以避徭役者，制自今有自伤残者据法加罪，仍从赋役。九月，以魏徵为太子太师，用绝天下之疑。西突厥乙毗咄陆为部将胡禄屋所袭击，走保白水胡城，弩失毕诸部及乙毗咄陆余部遣使请更立可汗，李世民遣使立莫贺咄之子为乙毗射匮可汗。十月，许以新兴公主妻薛延陀。十一月，营州都督张俭奏高丽东部大人泉盖苏文弑其王。十二月，广州都督党仁弘坐赃论罪，李世念其旧功免死，但因亏法而自责。

续表

年代	李世民年龄	大事
贞观十七年（643）	四十七岁	正月，李世民向群臣表示终不易太子。魏徵卒。二月，命图功臣长孙无忌等二十四人像于凌烟阁。四月，太子李承乾与侯君集、汉王李元昌合谋图魏王李泰，事未发而败露，诏废承乾为庶人，赐元昌自尽，诛君集。诏立晋王李治为太子。诏以萧瑀为太保，李勣为詹事，并同中书门下三品，同中书门下三品自此始。闰六月，绝婚于薛延陀真珠可汗，褚遂良谏，不纳。七月，疑魏徵生前阿党侯君集、杜正伦，罢魏徵长子魏叔玉尚衡山公主，并踣御撰魏徵碑。亲睹《高祖实录》《今上实录》，涉玄武门之变处语多微隐。九月，新罗与高丽连兵攻百济，百济遣使于唐乞援，李世民遣相里玄奖赍玺书警告高丽。
贞观十八年（644）	四十八岁	七月，敕将作大将阎立德等往洪、饶、江等州造船四百艘，以备征高丽之用。八月，诏郭孝恪击焉耆，执其王龙突骑支，留栗婆准摄国事而还。十一月，李世民幸洛阳。以张亮为平壤道行军大总管，自莱州泛海趋平壤；以李勣为辽东道行军大总管，趋辽东。谕天下征高丽。薛延陀乘唐攻辽东之机数与突厥相攻。俟利苾可汗不能抚御其众，突厥部众弃之南渡河，请处于胜、夏二州之间，许之。
贞观十九年（645）	四十九岁	二月，玄奘谒李世民于洛阳仪鸾殿，世民迎慰甚厚，令修《西域记》。四月，李勣等攻下盖牟城。五月，李世民至辽东城下。李勣攻下辽东，以其城为辽州。九月，李世民以久攻安市不克，班师。
贞观二十年（646）	五十岁	正月，李世民至并州，遣孙伏伽等二十二人以六条巡察四方，黜陟官吏。二月，李世民还长安。六月，诏李道宗、阿史那社尔等分道击薛延陀。薛延陀诸部大乱，多弥可汗为回纥所杀，回纥尽据其地。薛延陀余众立真珠之侄咄摩支为伊特勿失可汗。李世民续遣李勣大败之。七月，咄摩支至长安，薛延陀亡。九月，李世民幸灵州，铁勒诸部俟斤遣使数千人诣灵州，咸称："愿得天至尊为奴等天可汗。"

续表

年代	李世民年龄	大事
贞观二十一年（647）	五十一岁	正月，诏以回纥为瀚海府，仆固为金微府，多滥葛为燕然府，拔野古为幽陵府，同罗为龟林府，思结为卢山府，浑为皋兰州，斛薛为高阙州，奚结为鸡鹿州，阿跌为鸡田州，契苾为榆溪州，思结别部为蹛林州，白霫为寘颜州，各以其酋长为都督、刺史，诸酋长请开参天可汗道。二月，将复征高丽，大臣谏亲征而止。四月，命营翠微宫。置燕然都护府统瀚海等六都督及皋兰等七州。五月，李世民自论成功过古人之原因。七月，命营玉华宫。八月，发江南十二州工人造大船数百艘，欲再征高丽。十二月，诏阿史那社尔、契苾何力、郭孝恪等击龟兹。
贞观二十二年（648）	五十二岁	正月，李世民作《帝范》十二篇以赐太子李治。五月，王玄策奉使至天竺，擒中天竺王阿罗那顺以归。七月，诏于剑南造舰以备再征高丽。房玄龄疾笃，谏征高丽，旋卒。九月，雅、邛、眉三州僚族苦造船之役而反抗。蜀人有卖田宅、鬻子女不能供役者，剑外骚然。十二月，阿史那社尔攻下龟兹王城，使郭孝恪守之，其王布失毕西遁。闰十二月，擒布失毕，凡得七百余城，立其王之弟叶护为王。
贞观二十三年（649）	五十三岁	五月，以同中书门下三品李勣为叠州刺史，欲使太子即位后擢拔为仆射，以收服之。李靖卒。李世民托孤于长孙无忌、褚遂良二人，旋崩。六月，太子李治即位，是为唐高宗。八月，百官上谥号"文皇帝"，庙号"太宗"，葬于昭陵。

（《李世民传》，中华书局 1984 年版）

唐末农民战争

商务印书馆出版

前　言

过去，我颇有志于研究唐末农民战争，但苦于摆不脱一般研究农民起义的下述公式："土地兼并——赋役苛繁——天灾——农民起义——让步政策——经济发展。"个人感到把每一次起义都凑点类似的史料填入这个框框，实在没有意思。后来读了恩格斯的光辉著作《德国农民战争》，觉得茅塞顿开，很受启发。恩格斯在这部经典著作中分析了起义前的具体社会政治状况，着重分析了各阶级、各阶层所处的地位和对待起义的态度，在起义过程中又分析了各阶级、各阶层的动态，最后指出经过起义哪些阶级、阶层占了便宜和哪些阶级、阶层吃了亏。于是我就萌动了运用这一方法研究唐末农民战争的念头。

但是，在具体研究的过程中，发生了如下两个困难：第一，史料中关于地主阶级的记载比较多，关于农民阶级的记载少，尤其是关于小手工业者的记载更少得可怜。第二，要想科学地、准确地说明各阶级、各阶层的状况，必须首先把这一时期的经济史、政治史搞清楚，而做到这一点，远非一蹴可几。在这两个难点上，个人掌握的材料既极贫乏，研究得又不深不透，所以这本小册子只能是一本极不成熟的东西。目前初步形成这样一个看法：从研究顺序来说，最好是先研究经济史、阶级关系史，然后再研究农民起义史；如果把顺序颠倒过来，农民起义的研究只能流于表面化，不深不透。因此，我希望将来对唐、五代时期的经济史、阶级关系史再深入钻研一番以后，回过头来重新修改这本小册子。现在，就只能把它当作敝砖抛出去，希望引出真正的美玉来。我热情地期待着史学工作者和广大读者的批评和指正！

本书初稿写竟后，承中华书局编辑部的同志们提出宝贵意见，使拙稿克服了一些缺点，在某些方面有所提高。特致谢意！

如雷于 1978 年 8 月 20 日

第一章　唐末农民战争的历史背景

重大的政治斗争、阶级斗争总是以经济关系中各阶级、各社会集团的利益冲突为其物质基础的。唐朝的黄巢大起义也是社会经济发展的必然产物，绝不是偶然出现在历史舞台上的一幕悲喜剧。为了科学地说明这次阶级大搏斗，必须首先探讨它由以爆发的深厚的社会历史根源。

第一节　社会政治的时代特点

中国封建社会的历史，可以划分为前期和后期两个历史阶段，其断限的界标以公元960年北宋的建立为宜。从"安史之乱"到北宋建立的二百年是由前期进入后期的过渡阶段，也就是社会发生巨大变革的转折阶段。唐末农民战争恰好发生在这个关键的时期，所以很多社会政治的时代特点对这次起义都发生了显著的影响，起义本身的特点也为以后一系列农民起义开了先河。

一　生产力水平的提高

历史上向来惯称"汉唐盛世"，唐代确实是继汉代之后的第二个鼎盛时期，生产力提高到了空前的水平。

农业是封建社会最基本的生产部门，唐代社会生产力的发展首先表现在农业方面。概括地说，唐代农业生产水平的提高，主要表现在以下几个方面：第一，开垦区域空前地扩大了。两汉时期，黄河流域得到了较好的开发，但其他地区还有很多自然条件较好的土地并未得到充分的利用，南方仍然流行"火耕水耨"的原始耕作方法。魏晋南北朝时期，发生了人口大流动，一批一批的劳动人民先后涌向江南、辽东和河西，尤其是徙往吴、会稽等地的情况更为突出，这就使黄河流域以外的不少地区既增加了劳动力，又传去了中原的先进技术，从而得到开发。即令在黄河流域，农业也在向纵深发展，山区逐渐得到垦辟。因此，到唐代出现了这样的新局面："鬻来榛棘之所，遍为秔稻之川。"① 开元、天宝之际，"四海之内，高山绝壑，耒耜亦满"②。第二，耕作技术有显著的提高。唐人陆龟蒙在《耒耜经》③中记录了江东犁的结构，这种犁由十一个铁、木部件组成，在历史上第一次出现了犁壁，不但可以起垄做亩，而且能够随意调节，深浅自如。犁辕由直辕改为曲辕，亦便于转弯或回头。第三，隋唐时期水利工程的兴修有突飞猛进的发展。据笔者粗略估计，隋唐两朝恢复、新建的水利事业，约二百项，其中尤以南方更为突出。第四，单位面积产量有很大提高，蒙文通同志推算，唐代的亩产量比汉代增加约一倍。④ 农业生产力的提高对土地制度、生产关系能够发生一定的影响，这是唐代大土地所有制发展、阶级矛盾进一步激化的物质前提。

唐代的手工业也比过去有长足的进展。阿斯塔那墓地发现的盛唐丝绸，品种增加，色彩绚丽，纺织工艺达到了新的水平。⑤ 同一地区发现的中唐织锦，有蓝、绿、浅红三色施晕绷，配色华丽，组织致密，反映了织造斜纹纬锦的高度技巧。⑥ 丝织品采用镂版印染的夹缬法，为印染术开辟了新天地。根据西安南郊何家村唐代金银器的发现，知道当时已发明了以手摇足踩为动力的金属切削车床。⑦ 用灰吹法提取的白银，纯度很高，

---

① 《册府元龟》卷497《邦计部·河渠》。
② 《元次山集》卷7《问进士》。
③ 《甫里先生集》卷19。
④ 参阅蒙文通《中国历代农产量的扩大和赋役制度及学术思想的演变》，《四川大学学报》（社会科学版）1957年第2期。
⑤ 参阅竺敏《吐鲁番新发现的古代丝绸》，《考古》1972年第2期。
⑥ 参阅新疆维吾尔自治区博物馆出土文物展览工作组《"丝绸之路"上新发现的汉唐织物》，《文物》1972年第3期。
⑦ 参阅陕西省博物馆、文管会革委会写作小组《西安南郊何家村发现唐代窖藏文物》，《文物》1972年第1期。

说明炼银技术已达较高水平。① 在铜器制造方面，扬州的"百炼镜""江心镜"非常驰名，素为古今学者所称道。特别值得提出的是瓷器制造在唐代有飞速的发展，其主要表现是：中国历史上第一次出现了著名的瓷窑，如邢窑、越窑都在唐代开始著称；白瓷和三彩陶器的产生为后代彩瓷的出现提供了前提。根据已发现的唐代瓷器，可以断定，釉料的调配、火焰的控制、对各种呈色金属原料特性的认识、化学技术的掌握和运用等，都已达到相当水平。瓷器在唐朝终于逐渐代替金银器，日益得到人们的喜爱和提倡。② 唐代南方造纸业的勃兴也是手工业的重大成就之一，韶州（广东韶关市）用竹造纸，为以后竹纸发展开了端倪。当时造纸原料大为增加，纸的品种较前增多，而且已有纸张染色的技术。凡此说明造纸技术在向新的阶段发展。③

农业、手工业发展的基础上，唐代的商业也逐渐趋向繁荣。汉末至南北朝，有时"钱货不行"，④ 经常"以谷帛为市"，自然经济的色彩特别浓重。一到唐朝，情况就发生了显著变化，不但富商巨贾辈出，繁华的城市星罗棋布于各地，而且商品货币关系大大加强了，因而有人说："如见钱流地上。"⑤ 邸店的增加、柜坊的出现都能在一定程度上反映商品经济的发展。商人参加农民起义，甚至成为农民军的领导者，这一现象的产生具有历史的必然性。

二 土地关系的演变

生产力的发展导致生产关系发生相应的变化，均田制在唐中叶最后破坏和地主土地所有制的空前膨胀，是生产关系演变的关键所在。

秦汉以后，隋唐之际以前，黄河流域以外不少自然条件较好的土地

---

① 参阅一冰《唐代冶银技术初探》，《文物》1972年第6期。
② 参阅李知宴《唐代瓷窑概况与唐瓷的分期》，《文物》1972年第3期。（此文原误作"《唐代瓷器的情况与唐窑的分期》"。——编者注）
③ 参阅王明《隋唐时代的造纸》，《考古学报》1956年第1期。
④ 《三国魏志》卷6《董卓传》。
⑤ 《新唐书》卷149《刘晏传》。

尚未开发，所以中原每发生战事或农民战争，就有大量世族、豪强率领宗党、部曲、客户数百家、数千家四散而逃，他们逃到江南等地后很容易占垦大片土地，不难"求田问舍"，所以中原的土地就大量抛荒，无人回来认领了。这就是秦汉统治者能够迁徙富豪，"利与田宅"[①] 及不断大量赐田[②]的原因；也是曹魏在中原大规模屯田、西晋实行占田制及从北魏到隋唐一再推行均田制的条件。经过魏晋南北朝的长期开发之后，江南、辽东及河西等地的土地已经基本上垦为良田，为地主所占有，在"四海之内，高山绝壑，耒耜亦满"的情况下，即使中原再发生战争或农民起义，暂时外逃的人也无法轻易地在流亡地区垦占大量土地，他们中的大部分必然在战事结束后要重返故籍，认领自己的土地，所以"安史之乱"以后，虽然南逃的地主也有，但不再看到他们率领大批宗族、佃客迁徙的记载了。规脱课役的逃户在唐代非常之多，但统治者往往下令在一定时期内保留逃户的土地所有权，如："（天宝）十四载八月制：天下诸郡逃户，有田宅产业妄被人破除，并缘欠负租庸，先已亲邻买卖，及其归复，无所依投。永言此流，须加安辑，应有复业者，宜并却还。""乾元三年四月敕：逃户租庸，据帐征纳，或货卖田宅，或摊出邻人，展转诛求，为弊亦甚。自今已后，应有逃户田宅，并须官为租赁，取其价直，以充课税，逃人归复，宜并却还。"[③]类似的记载连篇累牍，不一一胪列。这样，地主政权就再也无法处理大量无主荒地，实行均田制了。这是唐中叶以后地主土地所有制发展到了新的历史阶段的主要表现之一。

唐代亩产量比汉代猛增一倍，如果剥削率不变，仍为"见税什五"，则唐代维持一家地主生活所需要的最低地租量，只需汉代地主的一半土地就可以榨取出来。随着生产力水平的提高，取得地主资格的最低土地量大大降低了，这是地主土地所有制向新阶段发展的另一个重要表现。

地主土地所有制的空前发展伴随着土地兼并的空前严重，无怪乎杜佑慨叹地说："开元之季，天宝以来，法令（指均田令——引者）弛坏，

---

① 《汉书》卷1下《高祖纪》。
② 《汉书》卷6《武帝纪》、《汉书》卷7《昭帝纪》。
③ 《唐会要》卷85《逃户》。

兼并之弊，有逾于汉成、哀之间。"① 两汉时期"田连阡陌"的地主，如果同唐代那些良田、别业跨州连郡的大地主相比，就有如小巫之见大巫了。大土地所有制的恶性膨胀，必然使贫富两极分化空前严重，阶级矛盾空前尖锐，这是唐末农民起义能够针对贫富不均提出崭新的纲领性战斗口号的物质原因。

三　两税法和阶级矛盾

均田制的破坏和地主土地所有制的发展引起了税制改革，即所谓"口分、世业之田坏而为兼并，租庸调之法坏而为两税"②。均田制失去生命力，在唐中叶最后崩溃了，只问丁身、不问资产的租庸调法自然也就无法维持了。代之而起的两税法是根据土地多少征收"田亩之税"，按照户等高低征收"居人之税"，而户等主要是由财产决定的。税制改革的基本精神是"唯以资财为宗，不以丁身为本；资产少者则其税少，资财多者则其税多"③。两税法的产生是中国税制史上具有划时代意义的大事，宋代的二税制、明代的一条鞭法及清代的"摊丁入亩"都是遵循两税法的基本精神向前发展的。实行两税法，无地、少地的农民可以在一定程度上减轻其赋税负担，拥有大量土地的地主成了主要的征税对象，因此，税制改革本身具有进步性。

但是，狡猾的地主决不甘心在新税制下多纳租税，他们有的"或因宦游，遂轻土著，户籍既减，征徭难均"，有的是"本州百姓，子弟才沾一官，及官满后，移住邻州，兼于诸军诸使假职，便称衣冠户，广置资产，输税全轻，便免诸色差役"。④ 有的豪民"侵噬产业不移户，州县不敢徭役而征税皆出下贫"⑤。在农民无地少产的情况下，地主政权很难直

---

① 《通典》卷2《食货典·田制》。
② 《新唐书》卷51《食货志》。
③ 《陆宣公集》卷22《均节赋税恤百姓第一条》。
④ 《文苑英华》卷429《会昌五年正月南郊赦文》。
⑤ 《新唐书》卷52《食货志》。

接从劳动人民身上解决财政收入问题；地主拥有大量租谷，国家不在他们身上打主意就无法获得足够的粟帛。为此，统治者遂实行大量和籴、和市的办法。唐代首次大兴和籴是在开元二十五年（737），① 当时正值均田制濒于崩溃、土地兼并加速进行之际，二者间有必然的联系，并非出于巧合。两税法实行后，关于和籴的记载就更多了。② 唐政权进行和籴、和市，既须手中掌握足够的货币，又企图压低物价，购买廉价粟帛，统治者遂实行赋税大量征钱的政策。两税法的户税本来是"定税之数，皆计缗钱，纳税之时，多配绫绢"，③ 对钱绢比例并无硬性规定。但后来却征钱过多，造成市场上供过于求，物价下落。这样，户税钱额如旧，人民的负担却成倍地增加了，故当时有人说："自建中元年（780）初定两税，至今四十年矣。当时绢一匹为钱四千，米一斗为钱二百，税户之输十千者，为绢二匹半而足矣。今税额如故而粟帛日贱，钱益加重，绢一匹价不过八百，米一斗不过五十，税户之输十千者，为绢十有二匹然后可……是为比建中之初，为税加三倍矣。"④ 农民被迫"贱粜粟与麦，贱贸丝与绵"⑤ 的结果，"虽赋不增旧而民愈困矣"⑥。唐代后期，农民有倍输、三输之苦，大大激化了本来已经日趋尖锐的阶级矛盾。

赋税主要按土地、财产征收，国家进行大量和籴、和市，赋税中钱币的比重急剧上升，凡此种种，主要是由土地制度的变化引起的，也是唐宋以后历代司空见惯的事，而这些情况大都是从唐朝后期开始的。

四 榷盐与"淡食"

除户税外，榷盐、榷茶、榷酒是唐政权钱币收入的另一个重要来源。

---

① 《通鉴》卷214开元二十五年九月。
② 《册府元龟》卷502《邦计部·平籴》、《唐会要》卷90《和籴》。
③ 《陆宣公集》卷22《均节赋税恤百姓第一条》。
④ 《李文公集》卷9《疏改税法》。
⑤ 《白氏长庆集》卷2《赠友诗》。
⑥ 《新唐书》卷52《食货志》。

唐朝后期大兴榷利，同样是为了多收钱币、压低物价，以便进行和籴、和市。

"安史之乱"前后，盐钱不过每斗十文钱。乾元元年（758），第五琦开始榷盐，盐价猛升至每斗一百一十文。大历末年（766—779），盐利一项收入竟占一年总收入一千二百万贯的一半以上，[①] 即六百万贯左右。两税法实行后，盐价继续扶摇直上，每斗竟涨达三百七十文！宣宗时，"天下两税、榷酒茶盐钱，岁入九百二十二万缗"[②]。大肆增加榷利造成了以下两个恶果：一则是私盐贩大量产生，"私鬻不绝"；一则是盐价昂贵，劳动人民"困高估，至有淡食者"。[③] 这一政策既激化了阶级矛盾，又给唐政权树立了一个新的敌对力量——私盐贩。唐末农民战争中农民军与私盐贩合流，共同反抗统治者，不是没有原因的。

榷利大兴于唐代，发展于宋、明各代，固然与煮盐、植茶、酿酒业的发展有关，但更重要的是与土地制度、赋税制度的变化有关。王仙芝、黄巢以私盐贩的身份成为农民起义的领导者，绝非偶然现象，并且是此后一系列"盐寇""茶寇"反抗的预兆。

五 藩镇割据和藩镇战争

唐代后期，对社会经济和阶级矛盾有严重影响的另一个重要因素，是藩镇势力的发展与藩镇战争的连绵不绝。

唐中叶以前，均田制和租庸调制的推行从财政上保证了中央集权；在均田制基础上实行的府兵制，从军事上保证了中央集权。均田制破坏过程中，府兵制不能适应大土地所有制的空前膨胀，上层建筑的形式与经济基础的变动脱了节，所以到开元年间（713—741），亦兵亦农的旧兵制终于崩溃，代之而起的是从中央到边境普遍实行的募兵制。如何利用雇佣的职业兵来巩固中央集权呢？在新问题面前，毫无思想准备的统治

---

① 《新唐书》卷54《食货志》、《旧唐书》卷123《刘晏传》。
② 《新唐书》卷52《食货志》。
③ 《新唐书》卷54《食货志》。

者胸无成竹，感到不知所措。因此，职业兵逐渐被控制在军将私人手中，成了他们进行割据、发动叛乱的工具。这样，首先在边境，然后在全国各地，先后形成了藩镇割据的局面，节度使成了"既有其土地，又有其人民，又有其甲兵，又有其财赋"①的封建割据者。

从中央集权走向藩镇割据，对社会经济和阶级矛盾产生了明显的影响。

第一，藩镇战争是藩镇割据的伴侣。唐朝后期的节度使"喜则连衡而叛上，怒则以力而相并"，②战火连年，略无宁岁，使社会生产蒙受严重破坏，广大的人民群众经常不免兵燹之苦。不仅如此，在唐政权与藩镇并存的条件下，战争还往往人为地延长，不能在短期内结束。唐朝中央政府的力量不足以独立平定藩镇叛乱，常常采取"以方镇御方镇"③的策略，这就需要对借用的藩镇兵大量赏赐，并且还要给以"出界粮"。④节度使既贪图"出界粮"，又"幸灾养寇"，⑤"欲倚贼自免"，⑥因而在作战时，"每有小捷，虚张俘级，以邀赏赉，实欲困朝廷而缓贼也"⑦。本来可以速战速决的战争就因此而往往被长期拖延下来。藩镇战争是唐朝阶级矛盾趋向激化的重要原因之一。

第二，频仍的藩镇战争带来了大量养兵的恶果。一般节度使、观察使莫不完城缮甲，广蓄众兵，如淄青的李师道，"境内兵士数十万人"，⑧其他"聚兵数万"⑨的藩镇就更不胜枚举了。为了对付藩镇叛乱，唐朝中央政权也不得不在权力所及的地区部署大量驻军。宪宗时，天下养兵八十三万余，"大率二户资一兵"⑩。穆宗时，"户口凡三百三十五万，而兵额又约九十九万，通计三户资奉一兵"，⑪兵额有逐渐增加的趋势。一百

---

① 《新唐书》卷50《兵志》。
② 《新唐书》卷64《方镇表序》。
③ 《唐语林》卷8《补遗》。
④ 《国史补》上。
⑤ 《权载之集》卷47《淮西招讨事宜》。
⑥ 《通鉴》卷239元和十年九月。
⑦ 《旧唐书》卷143《李全略附同捷传》。
⑧ 《旧唐书》卷124《李正己附师道传》。
⑨ 《旧唐书》卷12《德宗纪》。
⑩ 《通鉴》卷237元和二年十二月。
⑪ 《旧唐书》卷17下《文宗纪》。

万左右的职业兵，不农而食，不织而衣，既加重了国家的财政负担，也是促使各级政权对农民加重赋敛的一个重要因素，大大加剧了阶级矛盾。

第三，藩镇割据使国家机构臃肿不堪，叠床架屋，大大加重了人民的负担。节度使虽然可以自立留后，父死子代，然而毕竟还须得到中央的节钺，才算取得了合法的地位。为此，他们纷纷"进奉市恩"，在当地加倍搜刮人民。企图做节度使的人，往往借债以贿赂宦官，到镇之后则"膏血疲民以偿之"，时人因称之为"债帅"。① 中央与藩镇的互相牵制，也成了对人民横征暴敛的条件。

第四，藩镇割据造成了阶级矛盾发展得极不平衡的状况。北方藩镇战争多于南方，南北经济不免呈现彼兴此衰的不平衡现象。各地藩镇割据的程度不一，同中央发生的关系有深浅之异，吏治的清浊也非常悬殊，因而"军兴已久，事例不常，供应有烦简之殊，牧守有能否之异，所在徭赋，轻重相悬"②。元稹也发现有类似的情形："前人以之理，后人以之扰；东郡以之耗，西郡以之赢。"③ 加之，统治集团间的政治、军事力量在全国各地的配置也此强彼弱，极不相同。政治、经济发展的极度不平衡必然使阶级矛盾、农民起义的发展也很不平衡。这一点在唐末农民战争中有明显的反应。

在唐朝中央政权已经一蹶不振的条件下，镇压农民起义的主要力量是藩镇，但藩镇与中央有矛盾，藩镇相互间也难于协调一致，所以在农民战争过程中，节度使的基本态度是：利用混乱局面浑水摸鱼，以达到保存自己、发展势力的目的。镇压起义有利于这一目的时，他们就积极出兵；否则，他们就保境自守，观望待机。这一形势使敌人的强大力量不易在短期内联合起来，是农民起义能够长期坚持斗争的一个有利的政治条件。

六　寺院经济的猖獗

唐朝大多数统治者把佛教和道教用作精神的鸦片烟，对劳动人民进

---

① 《旧唐书》卷162《高瑀传》。
② 《陆宣公集》卷22《均节赋税恤百姓第一条》。
③ 《元氏长庆集》卷34《钱货议状》。

行毒害和麻醉，以达到巩固反动统治的罪恶目的。在他们的支持和怂恿下，寺院大增，僧徒无算。开元年间，天下道观有一千六百八十七所，道士七百七十六人，女冠九百八十八人；佛寺有五千三百五十八所，僧七万五千五百二十四人，尼五万五百七十六人。① 南朝的"四百八十寺"与之相比，就显得微不足道了。

佛寺、道观在全国各地"广占田地及水碾硙，侵损百姓"，② 京畿一带的"丰田美利，多归于寺观"。③ 辛替否所说"十分天下之财而佛有其七八"，④ 虽不免有夸大之处，但寺院经济在全国所占的比重之大，却由此可以看出。僧侣地主是大规模吞噬土地的一支不容忽视的力量。武宗灭佛时曾"收膏腴上田数千万顷，收奴婢为两税户十五万人"，⑤ 就充分反映了僧侣地主经济实力之雄厚。寺院经济虽然暂时遭了一次沉重打击，但继起的唐宣宗又"崇奉释教"，下令恢复武宗所拆的废寺院，取消了全国禁建寺院的命令，⑥ 结果，天下寺院"建置渐多，剃度弥广，奢靡相尚，浸以日繁"。唐懿宗也是一个"志奉释氏，怠于朝政"⑦ 的皇帝。因此，经过宣、懿两朝的提倡，寺院经济又死灰复燃了。

寺院经济的膨胀对阶级矛盾的激化有如下几点影响：第一，僧侣地主"溪壑无厌，唯财是敛"，⑧ 不但"侵损百姓"的田宅，而且对庄客、雇农进行残酷剥削，肆情奴役大量奴婢。第二，统治者大肆兴建寺院、造佛像，浪掷了无穷的财物，如五台山的金阁寺，"铸铜为瓦，涂金于上，照耀山谷，计钱巨亿万"⑨。一般寺观也莫不穷极壮丽，拟于宫殿。唐懿宗迎佛骨时，"宰相以下施财不可胜计，百姓竞为浮图，以至失业"⑩。

---

① 《新唐书》卷48《百官志》及《唐会要》卷49《僧籍》所载观、寺数与《唐六典》卷4相同，可断言上述数字均系开元年间的统计结果。
② 《唐大诏令集》卷110《唐隆元年诫励风俗敕》。
③ 《旧唐书》卷118《王缙传》。
④ 《唐会要》卷48《寺》。
⑤ 《唐大诏令集》卷113《会昌五年拆寺制》。
⑥ 《唐会要》卷48《寺》。
⑦ 《唐会要》卷48《议释教》下。
⑧ 《唐大诏令集》卷113《开元十九年诫励僧尼敕》。
⑨ 《旧唐书》卷118《王缙传》。
⑩ 《唐语林》卷3。

统治者的赎罪变成了严重的犯罪,为死后天堂所做的佛事恰恰成了变人间为地狱的罪行。一切铜墙金瓦都是最终落在劳动人民身上的沉重枷锁。第三,唐代盛行卖度牒之风,但前期卖牒得钱属私家所有,"安史之乱"以后,才改归国家所有,用以解决财政困难。杨国忠遣侍御史崔众到太原"纳钱度僧尼道士,旬日得百万缗",① 是官卖度牒之始。接着,至德二年(757),肃宗"以军须不足",在宰相裴冕建议下"鬻度牒,谓之香水钱"。② 以后卖牒成风,愈演愈烈,不但剃度僧尼不可纪极,伪度避役的人也不计其数。根据大历十三年(778)都官员外郎彭偃献议,如未满五十岁的僧道每人每年输绢四匹,尼及女道士输绢二匹;"其杂色役与百姓同",国家由此而得的收入就可"不下今之租赋三分之一"。③ 大量人口为僧为道,不事生产,苟避赋役,唐政权于是不得不把由此减少的课役全都转嫁到劳动人民身上,这就必然激化阶级矛盾。

第二节 社会各阶级、各阶层的地位和状况

只有对社会各阶级、各阶层的经济、政治地位进行科学的分析,才能在阶级阵线上明确,哪些阶级是农民起义的动力,哪些阶级是农民斗争的对象,哪些阶级处于中间状态。不同的阶级地位不但决定各阶级、各阶层对待农民起义的态度,也能说明他们在阶级大搏斗中为什么分别采取了不同的策略和斗争方式。

一 大 地 主

地主阶级内部大致分为大地主和中小地主两个阶层。我们很难确定一个绝对的土地数量,作为划分这两个阶层的精确标准。这种划分更多的是从不同的政治地位出发的。

---

① 《新唐书》卷51《食货志》。
② 《佛祖统纪》卷40。
③ 《唐会要》卷47《议释教》上。

大地主很容易成为拥有政治特权的官僚地主、权豪地主和僧侣地主。唐代虽然在实行科举制之初，为中小地主的仕进开了方便之门，但一则由于士庶相隔的遗风仍未完全消除，一则由于唐朝后期腐败的政治使大官僚、大地主更易于把持仕途，所以取士情况往往是："牓出，率皆权豪子弟。"① 大中十四年（公元860年，即咸通元年）的取士具有典型性，当时举子很盛，"进士过千人，然中第者皆衣冠士子"。如其中有郑义则，是故户部尚书郑瀚之孙；裴弘，是故相裴休之子；魏当，是故相魏扶之子；令狐滈，是故相令狐绹之子。"余不能遍举，皆以门阀取之。"只有陈河一人出身"孤平，负艺第于牓末"②。在这种情况下，很容易形成一些累世显达的名门望族。如范阳卢氏，自兴元（784）以后至乾符（874—879年）初，"登进士者一百一十六人"。冯宿一族在大和（827—835年）初，"进士十人"③。王徽一族从武则天以后至大中（847—859年）朝，"登进士科者一十八人，登台省，历牧守、宾佐者三十余人"④。世代相承的名门大族自然就成了世代相承的大地主。

大地主之所以容易成为官僚地主，还由于他们可以凭借雄厚的财力，"用钱买官"，⑤ "纳银求职"，⑥ 取得职务。唐朝后期卖官成风，⑦ 正好迎合了他们的要求。

宦官的出身一般比较寒微，但他们一旦挤入内廷，日伴君王，尤其是唐朝后期，充当了枢密使等机要之职，掌握了神策军的统帅大权，就转化成了特权地主阶层中的最上层，当然也就成为大地主了。唐玄宗时，长安一带已经是"甲舍、名园、上腴之田为中人所占者，半京畿矣"⑧。唐朝后期，他们"威权日炽"，⑨ 其经济地位和政治势力就更为引人侧目。

---

① 《唐语林》卷3。
② 《册府元龟》卷651《贡举部·谬滥》。
③ 《唐语林》卷4。
④ 《旧唐书》卷178《王徽传》。
⑤ 《全唐文》卷804刘允章《直谏书》。
⑥ 《唐大诏令集》卷72《乾符二年南郊赦》。
⑦ 《玉泉子》："淮南节度使王播以钱十万贯赂遗恩幸，求盐铁使……后之有迁，其途实繁，自宰相、翰林学士、三司使皆有定价，因此致位者不少。近又县令、录事参军亦列肆鬻之，至有白身便为宰相者。"
⑧ 《新唐书》卷207《宦者列传序》。
⑨ 《旧唐书》卷184《宦官列传序》。

与唐朝中央政权有密切联系的大官僚、大地主大多集中在长安、洛阳等地，他们的土地基本上也分布在关中、河南一带。如汾阳王郭子仪的土地就散布于"自黄蜂岭洎河池关中间百余里"间。① 代宗时的宰相元载所有"膏腴别墅，连疆接畛，凡数十所"，也都在长安城南。② 李德裕的平泉庄则坐落在洛阳附近三十里之处。③ 因此，这一部分大地主是兼并土地的主要势力，农民起义打击的首要对象，关中、河南也是阶级矛盾比较尖锐的地区。

　　还有不少大地主并不能在京师置身通显，而是散布于全国广大地区，成为当地盘根错节的土著豪强。如范阳卢霈就是"自天宝（742—756年）后三代，或仕燕，或仕赵，两地皆多良田畜马"，"语言习尚，无非攻守战斗之事"。④ 这些人大多是藩镇牙将，节度使不同他们勾结起来，很难在当地立足。土著豪强虽然没有很高的政治地位，但在藩帅的庇护下也在本地拥有政治特权，有的甚至还拥有私人武装。他们经常武断于乡曲，豪横于闾里，骑在人民头上作威作福。

　　僧侣地主同官僚地主一样，也属于特权地主阶层，所以杨炎说："凡富人多丁者，率为官为僧，以色役免。"⑤ 他们拥有大量庄田，却逍遥于重赋苛徭之外，"有抗役逃刑之宠"⑥。一般的著名寺观多集中在长安、洛阳两城，更多的招提、兰若则散布于全国广大地区。所以，僧侣地主人数众多，同农民的矛盾具有普遍性。

　　上述拥有特权的大地主不仅是当时主要的土地占有者，而且还凭借特殊权势肆意鱼肉劳动人民。有的朝士子孙在其庄产所在地"相效为非"，致使"闾里苦之"。⑦ 甚至为官僚地主主持庄务的奴仆，也能狐假虎威，怙势纵暴，大肆"扰民"。⑧ 浮屠慧范由于能够"怙太平公主势"，也

---

① 《孙樵集》卷4《兴元新路记》。
② 《旧唐书》卷118《元载传》。
③ 《唐语林》卷7。
④ 《樊川文集》卷9《唐故范阳卢秀才墓志》。
⑤ 《旧唐书》卷118《杨炎传》。
⑥ 《元氏长庆集》卷28《才识兼茂明于体用策一道》。
⑦ 《北梦琐言》卷3《李当尚书竹笼》。
⑧ 《新唐书》卷152《李绛传》。

能"夺民邸肆",①"胁人子女"②。

特权地主恶性膨胀的结果,"食禄人多,输税人少",③助长了国家的财政危机。唐朝政府"置吏不精,流品庞杂,存无事之官,食至重之税",就转而对中小地主和农民阶级横征暴敛,造成了"生人日困,冗食日滋"④的严重恶果。

总之,大地主阶层是促使阶级矛盾急剧尖锐化的反动社会力量,农民起义打击的主要对象,也是革命群众最凶恶的敌人。

二 中小地主

中小地主是地主阶级中最低的阶层。陆龟蒙在《甫里先生传》中曾描写了一幅中小地主的生活画面:"先生之居,有地数亩,有屋三十楹,有田奇十万步,有牛不减四十蹄,有耕夫百余指,而田汙下,暑雨一昼夜则与江通,无别己田他田也。先生⑤由是苦饥困,仓无斗升蓄积。"⑥ 按吴田二百五十步为一亩,他当拥有土地四百亩左右,另有牛十头,剥削佃农十人。所谓"苦饥困,仓无斗升蓄积",未免过甚其词,但生活不富裕是肯定的。处于这种经济状况的地主,在唐朝后期政治极度腐朽的条件下,很难干禄仕进,绝大多数只能是庶族地主。当时统治者也感慨万端地指出:"浇风大扇,一春所费,万余贯钱。况在麻衣,何从而出?力足者乐于书罚,家贫者苦于成名。"⑦ 连宴会都举行不起的中小地主,自然就只能视科考为畏途,不敢轻易问津了。因此,他们多用嫉妒的目光,幸灾乐祸地看待公卿士族的宦海浮沉。咸通(860—874年)时考进士不第的李山甫,"多怨朝廷之执政",尝有诗云:"劝君不用夸头角,梦里输

---

① 《新唐书》卷112《薛登传》。
② 《新唐书》卷130《崔隐甫传》。
③ 《全唐文》卷804刘允章《直谏书》。
④ 《全唐文》卷512李吉甫《请汰冗吏疏》。
⑤ "生"原误作"先"。——编者注
⑥ 《甫里先生集》卷16。
⑦ 《唐大诏令集》卷106《厘革新及第进士宴会敕》。

赢总未真"。① 这确实是一种聊以自慰的无奈心情的自然流露。

没有政治特权的中小地主，在中央直接控制的地区，受达官、宦官的欺凌；在地方上，是藩镇劫掠的对象。马燧死后，他的后人马畅沦为庶族地主，所有"田园第宅"一再为"中贵"所"逼取"，最后"财产并尽，身殁之后，诸子无室可居，以至冻馁"②。马燧的后人尚且如此，一般中小地主的处境就更可想而知了。宪宗时，剑南东川节度使严砺曾私自"籍没涂山甫等吏民八十八户田宅一百一十一，奴婢二十七人"③。这些吏民既有田宅，又有奴婢，肯定属于中小地主。陆龟蒙曾说："吾年余八十矣，元和中尝从部游京师，人言国家用兵，帑金窖粟不足用，当时江南之赋已重矣。迨今盈六十年，赋数倍于前，不足之声闻于天下，得非专地者之欺甚乎！"④ 这无异于中小地主对"专地者"的控诉，也说明藩镇战争对这一阶层在经济上是一个沉重的负担。

大地主、特权地主免税、逃税越多，中小地主、庶族地主所承担的课役就越重。"安史之乱"以后不久，发生了这样的事："州县取富人督漕辇，谓之船头；主邮递，谓之捉驿；税外横取，谓之白著。人不堪命，皆去为'盗贼'"。其中有人参加过上元（760—761年）、宝应（762年）间的农民起义。⑤ 上述"富人"大多就是中小地主和庶族地主。白居易在《纳粟诗》中曾描写过这样一个场面："有吏夜扣门，高声催纳粟。家人不待晓，场上张灯烛。扬簸净如珠，一车三十斛。犹忧纳不中，鞭责及僮仆。"⑥ 这个纳粟者既有奴仆，又能一次纳粟三十斛，诗人的同情显然是寄予了这个命运悲惨的中小地主。

上述事实说明，中小地主阶层同唐政权、大地主和藩镇之间，存在一定的利害冲突。

中小地主在政治上怀才不遇，望仕途而兴叹；在经济上力量薄弱，地位极不稳定，有破产之虞。为了维持自己的地位，免于沦落，他们就

---

① 《南部新书》丁。
② 《旧唐书》卷134《马燧附畅传》。
③ 《旧唐书》卷166《元稹传》。
④ 《甫里先生集》卷16《送小鸡山樵人序》。
⑤ 《新唐书》卷149《刘晏传》。
⑥ 《白氏长庆集》卷1。

必然反转来加强剥削佃农。中小地主同农民之间的矛盾也随着大地主、特权地主势力的膨胀而趋于激化。这一矛盾是整个阶级矛盾中的有机组成部分。

中小地主既同大地主有矛盾，又同农民阶级有矛盾，因此，他们实际是一个中间阶层。这种地位使这一阶层在阶级斗争的大风暴中容易采取超然的态度，"苟全性命于乱世，不求闻达于诸侯"。史料中有很多这方面的记载。如："中原多难，文章之士缩影窜迹不自显。"① "黄巢犯京师，天子幸蜀，士皆窜伏窟穴，以保其生。"② 曾经考中进士而尚未显达的池州人张乔，就在黄巢起义时"隐九华山"③。进士崔涂亦"避地于渠州"④。这些未能飞黄腾达的中小地主和士人，采取这样的苟安态度，正是中间势力的必然政治表现。

中小地主既然对唐朝的政治黑暗怀有严重的不满情绪，其中有个别成员在阶级斗争的高潮中被卷入农民起义的激流，是可以理解的。裘甫起义时，农民军中有"王辂等进士数人"，⑤ 大致多系中小地主。黄巢大起义时，"人士从而附之。或巢驰檄四方，章奏论列，皆指目朝政之弊，盖士不逞者之辞也"⑥。所谓"士不逞者"，一般也属于这一阶层。皮日休"少且贱"，⑦ 家世"不抱冠冕"，⑧ 因而一度参加了黄巢起义。福州人谢瞳，举进士，"三岁不中第"，最后"投迹"于黄巢的部将朱温，⑨ 加入了斗争行列。可能黄巢也意识到了这一动向，所以对他们采取宽大争取政策。当时军中谣曰："逢儒则肉，师必复。"农民军入闽后，所俘之民，"绐称儒者，皆释"⑩。不过，中小地主毕竟是剥削阶级中的成员，不可能坚定地参加起义，斗争到底，当他们看到形势对起义不利时，就会动摇，

---

① 《旧五代史》卷24《孙鹭传》。
② 《旧五代史》卷24《张傛传》。
③ 《全唐文》卷806。
④ 《全唐文》卷819 崔涂《渠州冲相寺题名》。
⑤ 《通鉴》卷250 咸通元年五月。
⑥ 《旧唐书》卷200下《黄巢传》。
⑦ 《皮子文薮》卷6《食箴序》。
⑧ 《皮子文薮》卷10《皮子世录》。
⑨ 《旧五代史》卷20《谢瞳传》。
⑩ 《新唐书》卷225下《黄巢传》。

甚至投降。谢瞳就是力劝朱温投降王重荣的人。皮日休的最终结局如何，尚有争论，但就其出身进行分析，他因讽刺黄巢而被杀，亦合乎情理。

三　商　人

商人中的情况很复杂，应当分别加以分析。

唐代对外贸易空前繁荣，有不少波斯、大食商人远来中国，甚至入居长安、洛阳、广州、扬州等大城市。上元元年，田神功大掠扬州，"商胡大食、波斯等商旅死者数千人"①。扬州一地如此，全国蕃商总数可想而知。广州是最重要的对外贸易港口，江中有婆罗门、波斯、昆仑、师子国、大石国、骨唐国等蕃舶，"并载香药珍宝，积载如山"②。对外贸易发达的结果，"外国之货日至，珠香象犀玳瑁奇物溢于中国"③。奢侈品的贸易越发展，中国的统治阶级越腐化堕落，从而对劳动人民的压榨越残酷。此外，西域蕃商、使人还在长安一带"买田宅，举质取利，"④"殖货产，开第舍、市肆，美利皆归之"，⑤直接剥削劳动人民。蕃商与农民阶级处于对立位置，他们是农民起义打击的目标之一。

国内的大商人实际处于中间地位。一方面，他们也是以买卖奢侈品为生，而且是农民和手工业者的主要剥削者之一；另一方面，商人与唐政权和藩镇之间存在着尖锐、复杂的矛盾。"安史之乱"以后，唐朝深感财政上左支右绌，捉襟见肘，为了克服困难，曾派人到江淮、蜀汉等地大肆掠夺财力雄厚的商人，所有"豪商富户，皆籍其家资所有财货畜产，或五分纳一，谓之'率贷'，"唐朝因此"所收巨万计"。以后，各道节度使和观察使亦"多率税商贾，以充军资杂用。或于津济要路及市肆间交易之处，计钱至一千以上，皆以分数税之。自是，商旅无利，多

---

① 《旧唐书》卷110《邓景山传》。
② 元开《唐大和上东征传》（日本古典保存会景印古卷子本）。转引自向达《唐代长安与西域文明》，生活·读书·新知三联书店1957年版，第34页。
③ 《韩昌黎集》卷21《送郑尚书序》。
④ 《通鉴》卷232 贞元三年七月。
⑤ 《通鉴》卷225 大历十四年七月。

失业矣"①。德宗时，商人曾因统治者进行强制性"借商"和征收"僦柜质钱"而"罢市"。②甚至有的商人"多亡命入南山为盗"③。至于私盐贩和私茶贩，则更进行武装的走私贸易，经常与统治者进行公开的对抗。

唐代商人的经济力量有迅猛的增长，而在政治上却没有正常的出路。唐太宗在立国之初，就明确地规定了这样一条原则："工商杂色之流，假令术逾侪类，止可厚给财物，必不可超授官秩，与朝贤君子比肩而立，同坐而食。"④中唐以后，统治者仍然坚守着"工商之子不当仕"的原则。⑤可见商人是政治上受排挤、受压抑的阶层。

商人和中小地主虽然同属中间阶层，由于前者具有雄厚的财力，地位略较后者优越。穆宗曾承认，度支、盐铁监院所影占的富商高户，利用"庇入院司"的条件"不伏州县差科"。⑥不少商人还充当"捉利钱户"，得到"牒身"后可以"放免杂差遣夫役等"。⑦有的节度使也利用商人的财力，为自己服务，如武宗时的昭义节度使刘从谏曾对"大商皆假以牙职，使通好诸道，因为贩易。商人依从谏势，所至多陵轹将吏，诸道皆恶之"⑧。两税法实行之初，法令规定商人须"在所郡县税三十之一"⑨。第二年又"以军兴，十一而税商"⑩。但陆贽已经指出，按资产纳税，而"资产之中，事情不一：有藏于襟怀囊箧，物虽贵而人莫能窥；有积于场圃囤仓，直虽轻而众以为富；有流通蕃息之货，数虽寡而计日收赢；有庐舍器用之资，价虽高而终岁无利"⑪。可见就纳税而言，商人亦较中小地主处于更有利的地位，他们更便于偷漏国税。个别商人甚至能凭借其雄厚的财力，利用唐朝的卖官成风，挤入官僚集团。

---

① 《通典》卷11《食货典·杂税》。
② 《通鉴》卷227建中三年四月。
③ 《新唐书》卷155《马燧附畅传》。
④ 《旧唐书》卷177《曹确传》。
⑤ 《旧唐书》卷158《韦贯之传》。
⑥ 《全唐文》卷66《穆宗登极德音》。
⑦ 《全唐文》卷544柳公绰《请禁奸人得牒免差奏》。
⑧ 《通鉴》卷247会昌三年四月。
⑨ 《旧唐书》卷118《杨炎传》。
⑩ 《册府元龟》卷504《邦计部·关市》。
⑪ 《陆宣公集》卷22《均节赋税恤百姓第一条》。

唐朝历史发展过程中，随着土地兼并、赋役增加、自耕农破产的加剧，越来越多的农民走上"舍本逐末"的道路，弃农经商，小商小贩有日益增加的趋势。早在神龙元年（705），就有人惊呼"稼穑之人少，商旅之人众"①。唐朝后期，"农人日困，末业日增"② 的情况更严重了。这种小商小贩既受大商人的盘剥和排挤，又受唐政权的压迫和榨取，他们只能成为农民起义的同盟军。遗憾的是有关这一阶层的政治动向，记载太少了。

四 手工业者

随着手工业的发展，唐朝手工业者人数有空前的膨胀。均田制破坏以后，战争频仍，赋役繁苛，不少农民"去衣食之本，以趣末作"，③ 转化成小手工业者，大大助长了手工业者增加的趋势。

唐代手工业者开始有"行"的组织。我国考古工作者所发掘的房山石经，其题记中记载了从天宝至贞元间北方州郡的行，其中有：绢行、大绢行、采帛行、采绵采帛行、小采、新绢行、布行、染行、幞头行、生铁行、磨行等。④ 这些行中固然有些是商人性质的行，但可肯定，其中也有不少是由手工业者组成的。城市私营手工业作坊内部的结构如何，史料不足，一时还弄不清楚。可以肯定的是，手工业者与地主政权间存在尖锐的矛盾，行本身的出现就说明了此点。唐人贾公彦认为西周的肆长相当于唐朝的行头，据《周礼》载，肆长是"掌其肆之政令"的官吏，贾公彦认为肆长和行头均"肆中给徭役者"。⑤ 唐朝贞元九年（793）敕中说，行头有责任对使用欠陌钱的人"检察送官"。⑥ 可见行及行头是工商业与官府发生关系的枢纽，也可以说，封建国家是通过行头对工商业

---

① 《新唐书》卷118《宋务光传》。
② 《李文公集》卷9《疏改税法》。
③ 《权载之集》卷40《进士策问》。
④ 《新中国的考古收获》，文物出版社1961年版，第101页。
⑤ 《周礼注疏》卷9《地官》、卷15《地官》。
⑥ 《旧唐书》卷48《食货志》。

者施以统治和榨取的。

手工业作坊的上层,如作坊主,是比较富裕的阶层。他们可以通过纳资避役的办法影占于诸军诸司,其地位相当于一般商贾。从事手工业劳动的手工业者及兼营农业的手工业者则须为国家服役,他们的地位比小商小贩低得多,与地主政权处于绝对的对立地位。唐朝少府、将作两监所使用的手工业者,主要是番匠和巧儿。轮番服役的工匠"岁役工二十日,有闰之年加二日",① 每五人组成火,置火长一人,"以州县为团"②。路途上所需的程粮由国家供应,但在官营作坊中生产期间,则须各带私粮供自己食用。③ 事实说明,这种手工业者与充当府兵的农民相同,处于被奴役的地位。巧儿是和雇匠,国家是给付雇值的,而且和雇制在唐朝有逐渐发展的趋势。但到唐朝后期,不依时价给值和干脆"不给工徒价钱"的情况越来越严重,现役制和番役制在和雇制的掩饰下重又被采取了。其结果只有使手工业者反抗唐朝统治者的斗争更趋尖锐化。④

关于唐朝手工业劳动者的痛苦,有一首民歌云:

> 工匠莫学巧,巧即他人使。
> 身是自来奴,妻亦官人婢。
> 夫聋(瑺)暂时无,曳将仍被耻。
> 来作道与钱,作了擘眼你。⑤

这里描写的分明是"来作道与钱"的和雇匠,但"作了擘眼你",根本不付雇值。名为和雇的巧儿,实际是被官家役使的"奴"。有的贡绫户有"终老不嫁之女",就是因为她们"为解挑纹嫁不得"。⑥ 不堪奴役和压迫的手工业者有时竟起而反抗,甚至进行暴动。长庆四年(824),"染坊役

---

① 《通典》卷6《食货典·赋税下》。
② 《新唐书》卷46《百官志》。
③ 仁井田升《唐令拾遗》第671页引《唐令》。
④ 这一部分编写时参考了唐长孺《魏晋至唐官府作场及官府工程的工匠》,见《魏晋南北朝史论丛续编》。史料见该文,此处不赘引。
⑤ 《敦煌掇琐》上辑。
⑥ 《元氏长庆集》卷23《织妇词》。

夫"张韶等"百余人"就曾起来杀死右银台门的阍者,"挥兵大呼,进至清思殿,登御榻而食"①。

唐朝后期各州均置有作坊,"制造干戈兵甲及进献供需",大概由于经营管理腐败,工匠逃亡,"弓甲之匠十无一人"。② 裘甫起义时能"购良工,治器械",③ 农民军与手工业者结合,不是没有原因的。

五 自耕农

由于史料所限,我们不能在农民阶级内部再划分为中农和贫农,只能划分为自耕农和佃农。大致自耕农的生产、生活条件稍较佃农优越,自耕农破产后才转化为佃农。现先就自耕农的状况进行分析。

唐代前期实行均田制,完全以私有土地为基础的自耕农很少,绝大多数就是当时的受田农民。就其人数和占有口分田、永业田的总数量而言,相当可观。但自唐中叶均田制破坏以后,自耕农就先后纷纷破产了。历代流民集团的主要成员多半是自耕农,唐末虽然也有"百姓流殍"④ 的现象,却很少出现千百成群的大流民集团,这说明均田制瓦解一个半世纪以后,土地兼并的过程大体已近尾声,社会危机极度深刻,所以到农民战争前夕,自耕农已经寥若晨星了。这一阶层在农民革命队伍中只占少数,不可能是主力。

两税法实行以后,地主政权对赋税征敛作了一些调整,自耕农的经济地位却没有任何改善,因为:首先,新税制按土地、户资征敛,而自耕农正是一个拥有土地并且户等比佃农为高的阶层,无法因为税制改革而减轻负担。其次,唐朝后期吏治败坏,长期不按法令厘定户等,"贫富变易,遂成不均",⑤ 再加上"法久则奸弊滥生",⑥ 贪官污吏追呼骚扰,自耕农成了虎狼残害下的羔羊。最后,唐朝后期战火连年,藩镇战争此

---

① 《旧唐书》卷17上《敬宗纪》。
② 《唐大诏令集》卷72《乾符二年南郊赦》。
③ 《通鉴》卷250 咸通元年二月。
④ 《通鉴》卷252 乾符元年十二月。
⑤ 《唐大诏令集》卷10《元和十四年册尊号赦》。
⑥ 《唐大诏令集》卷2《穆宗即位赦》。

起彼伏，国家大量养兵，因而"法令不一，赋敛迭兴"，① 税收有逐年增加的总趋势，自耕农的课役负担自然也就随之有增无减了。

自耕农在破产过程中必然要被迫出卖土地，在特权地主所在多有、肆虐横暴的情况下，往往出现"权豪贱市田屋牟厚利，而婺户仍输赋"② 的怪现象。这样，自耕农又成了产去税存的替罪羊。

唐代高利贷中的质举形式要求债务人提供担保财物。农民是主要的举债者，但佃农提供担保的条件远不能与自耕农相比，所以后者必然是高利贷资本最主要的剥削对象和受害者。自耕农陷入高利贷罗网之后，遭受"利上生利"，"回利作本"的"重重征敛"，有的甚至因无力偿息还本而被"锢身监禁，遂无计营生"。③ 农村的高利贷者由于"能于规求，善聚难得之货"，至家"累千金"。④ 自耕农向高利贷资本提供的主要担保物莫过于土地，因此，高利贷的猖獗是加速土地兼并和自耕农破产过程的催化剂。

自耕农是一个没有前途和出路的阶层，他们的命运，只能是走向破产，因而自耕农是农民起义的革命动力之一。由于自耕农手中还可能有一些残存的少量土地，所以在参加阶级斗争时顾虑较多，不如佃农坚决。但在严重天灾袭击、起义发展比较顺利的高潮时期，他们必然会卷入革命洪流。

自耕农的土地，有一部分确实是被特权地主强买、豪夺而去，但更多的情况是通过土地买卖为地主所兼并，而迫使自耕农破产、出卖土地的因素，除了其本身所固有的个体经济的软弱性外，主要的是赋税和徭役。因此，在农民起义中，自耕农当然也反对地主，但其主要斗争锋芒却首先指向唐政权和各级官吏。

六 佃农

均田制破坏以后，土地兼并的长期进行和自耕农的大量破产，使佃

---

① 《全唐文》卷724杜元颖《对茂才异等策》。
② 《新唐书》卷177《李翱传》。
③ 《唐大诏令集》卷86《咸通八年德音》。
④ 《太平广记》卷134《刘钥匙条》引《玉堂闲话》。

农成了唐朝末年农民阶级中最主要的阶层。他们是唐末农民战争中的基本革命动力，提供了最主要的战斗部队。

封建依附农民是个体小生产者，他们的反抗既因剥削的残酷而加强，也因争取经济独立性的要求而加强。在这两方面，唐朝都存在加强佃农反抗斗争的新条件。

唐朝佃农的人身依附关系，地主对农民的超经济强制，比以前有所削弱，这是佃农经济独立性要求显得空前迫切的基本原因。为什么唐朝的佃农身份有了新的变化呢？第一，大土地所有制的空前发展造成了地主土地分布广泛的状况，为了适应这种状况，大地主必须在一定程度上改变剥削关系。当时有的地主"邸店、园宅遍满海内"，① 有的"家业蔓延江淮间"，② 像郭子仪那样私田绵亘"百余里"的情况，亦非常典型。一般大地主"兼地数万亩"，③ 土地即使集中在一乡一县，所占地区亦非同小可。这种情况给地主经济的经营带来了很大的不便，他们必然考虑要简化剥削制度。从汉以来，一贯实行"见税什五"的分成制，在这种租佃形式下，地主本人或其直接代理人必须在收租时能够亲临监督产量，否则就无法知道应当征收的地租的绝对数量。唐代地主土地的空前膨胀和分布广泛，使大地主再也难于亲自监督秋收，因此他们就改行定额租制，简化征租手续。④ 在这种新型的租佃关系下，产量的高低不再直接影响地租的多少，地主对佃农的监督和人身控制就自然趋于缓和。

第二，唐代商品货币关系的空前发展使土地买卖也随之空前频繁，在土地的占有不十分稳定的条件下，剥削关系的灵活性也有所增加。土地的主人经常变换，必然使地主对佃农的人身占有也不很固定，从而在一定程度上削弱了超经济强制。如果说，定额租制只在推行新租佃形式的场合给部分佃农带来了缓和依附关系的后果；那么，土地买卖的空前频繁就使超经济强制在更广泛的范围内得到了缓和。

---

① 《太平广记》卷495《邹凤炽》。
② 《太平广记》卷350《浮梁张令》。
③ 《陆宣公集》卷22《均节赋税恤百姓第六条》。
④ 唐代不但有"私家收租殆有亩至一石者"的记载（《陆宣公集》卷22《均节赋税恤百姓第六条》)，而且在敦煌等地发现的租佃契约中也有一些关于定额租制的记录。当然，唐代分成制仍然大量存在，定额租制只是与之并行而已。

在唐代，随着土地制度、租佃关系的变化，佃农所受的剥削也空前地残酷了。

首先，大土地所有制向新的阶段发展，使佃农的比重在农民阶级中显著上升，他们"无容足之居"，必然竞相争租土地，这就为地主提高剥削率提供了条件。

其次，在推行定额租制的情况下，当生产蒸蒸日上时，这种租佃形式有利于提高农民的生产积极性，因为租额固定后，增产的产品全部归农民占有；但当生产萎缩、简单再生产也难于维持时，农民所受的剥削就比在分成制下还要残酷，因为租额固定后，减产的损失全部由佃农承担。唐朝后期是生产逐渐衰败、经济日趋萧条的时期，定额租的消极作用正在加剧，所以佃农陷入了历史上前所未有的困境。当时曾发生过这样的事：大旱之年，"农告无入"，地主却蛮横地说："我知入，不知旱也。"① 显然，只有在实行定额租制的前提下，才会出现这种情况。

唐朝佃农的人身依附关系尽管有所缓和，却不应当对此点估计过高，实际上，超经济强制的严重存在还是事物的主流方面，因而当时有"降人为客"之说，② 可见佃农的身份比自耕农低得多。有的农民甚至"依富室为奴客，役罚峻于州县"。③

佃农与地主之间除了存在租佃关系外，往往还建立了高利贷关系。农民破产之后，"依托豪强，以为私属"，在经济上贫困已极。为了勉强维持生活和从事生产，他们就不得不向地主"贷其种食，赁其田庐"。地租和利息的双重负担迫使佃农"终年服劳，无日休息，罄输所假，常患不充"④。不但全部剩余产品，甚至一部分必要劳动，也被地主占有了。

两税法实行后，佃农虽然因为没有土地，可以免缴"田亩之税"，但"居人之税"毕竟仍需负担。加之，赋税大量征钱，盐价连续暴涨，佃农为了纳税、买盐和更新农具，不得不大量出卖产品，这就使他们又普遍遭受商人的盘剥。

---

① 《新唐书》卷153《段秀实传》。
② 《全唐文》卷804刘允章《直谏书》。
③ 《新唐书》卷52《食货志》。
④ 《陆宣公集》卷22《均节赋税恤百姓第六条》。

唐代后期有人指出，地主对佃农"厚敛促征，皆甚公赋。今京畿之内，每田一亩，官税五升，而私家收租殆有亩至一石者，是二十倍于官税也；降及中等，租犹半之，是十倍于官税也"①。这不但说明佃农负担的私租比自耕农负担的田赋重得多，而且说明佃农缴纳的地租也远比他们缴纳的"居人之税"为多。因此，在阶级关系上，佃农与地主之间的矛盾居于支配地位，超过了佃农与地主政权之间的矛盾。大致农民起义针对地主经济提出的纲领性口号，主要反映了佃农的要求。

七　骄兵

唐代后期的破产农民有相当部分转化成了散布于全国各地的职业兵，由于他们骄惰成性，往往称之为骄兵。

这些骄兵全家老小跟随自己，而国家的"衣粮所给，唯止当身"，家属的生活毫无保障，所以士卒所得的粮饷，"例为妻子所分，常有冻馁之色"②。为了保证全家老小的生存，他们就尽量争取"赏赉"，谋求出路。因此，骄兵对待节度使的原则是：谁能驭下以宽、不吝官赏，就拥护谁；谁如施以严刑峻法，对士卒"刻薄衣粮"，就加以驱逐，甚至干掉他。这就形成了骄兵"变易主帅，有同儿戏"的局面，有的节度使甚至因对士卒"优奖小不如意"而"举族被害"。③当主帅变易之际，朝廷往往要派人事先到军队中"察军情"，然后才能决定新任节度使的人选。如果一个主帅得到了骄兵的拥戴，朝廷就对他奈何不得，可见骄兵的存在是藩镇肆意据地自雄的一个重要条件。骄兵问题不解决，中央集权的局面就很难恢复。

骄兵虽然是由破产农民转化而成的，但由于他们举族脱离农业生产，世代为兵，已经与原来的阶级失去了政治、经济联系，并且成了骑在劳动人民头上的作威作福者。就其政治品格而言，这一群亡命之徒实际是一个流氓无产者集团。

---

① 《陆宣公集》卷22《均节赋税恤百姓第六条》。
② 《陆宣公集》卷19《论缘边守备事宜状》。
③ 《旧唐书》卷181《罗弘信附（绍）威传》。

作为破产者而又生活没有保障，职业兵可以在一定条件下参加农民起义，但他们破坏性很强，纪律败坏，不仅不能成为农民战争的中坚力量，而且常常对起义发生破坏作用。唐末农民战争中一系列变节、投敌行为，在一定程度上即与这一集团有关。作为唐朝的官兵和寄生者，骄兵与农民又处于对立地位，统治者依靠他们对起义进行残酷镇压。不过，骄兵在战争中最关心的问题，不是唐朝能否取得胜利，而是自己在天下大乱中能否浑水摸鱼，捞到"赏赉"，他们在镇压农民起义的时候，必然流于士气不高，战斗力不强。

这就是唐朝后期经济关系制约下各阶级、各阶层的地位和状况。根据上述介绍和分析可以看到：反动统治阶级的力量相当强大，但内部各阶层、各集团间的关系却异常错综复杂，把这一势力联合起来形成一个统一的力量，非一朝一夕之举。革命阶级中的基本力量斗争性很强，但在起义阵营内部也有一些复杂的情况，战斗部队的成分很不单纯。这就决定了，唐末农民战争必然呈现出一幅曲折繁复、光怪陆离的画面。

第三节　阶级矛盾的高度尖锐化

一　总趋势

土地兼并、贫富分化、课役不均、政治黑暗，是唐朝末年阶级矛盾激化的根源。上述社会现象的严重性与日俱增，所以阶级矛盾具有渐趋尖锐化的总趋势。

总的来说，唐朝后期是阶级矛盾由缓和走向激化的时代，但就各个皇帝统治时期的具体情况而言，又有所不同。唐宪宗曾经大力镇压藩镇，尚能在一定程度上做到"中外咸理，纪律再张"，曾经被誉为"中兴"之主。[①] 唐文宗时，中央政权的威望已远非元和之比，然而他还希望在剪除宦官的问题上大做文章，只是由于文宗本人优柔寡断，反复无常，没有收到

---

① 《旧唐书》卷15《宪宗纪》。

任何实际效果，反而落得个"受制家奴"的卑屈地位，自认为与周赧王、汉献帝相比，"不及远矣"①。但他还不是最昏庸的皇帝，犹能"勤于政理"②。武宗即位以后，一面兴师讨平泽潞，一面大举灭佛，可以说是唐朝最后一位有所作为的皇帝。唐末阶级矛盾的高度激化是从唐宣宗时期开始的，虽然有人把他称作"小太宗"，③但王朝末世的形势已经形成，任何统治者也无法在任何程度上扭转大局了，所以有人说：唐末"诸盗皆生于大中（847—859年）之朝"④。宣宗朝是农民起义的前夜，整个社会已经变成了一个大火药库，只待点燃导火线，阶级斗争的熊熊烈火顿时就会燃烧起来。唐懿宗是唐朝末年最荒淫腐化的皇帝，咸通九年（868），其女同昌公主出降，"赐钱五百万贯，仍罄内库宝货以实其宅。至于房栊、户牖，无不以珍异饰之。又以金银为井栏、药臼、食柜、水槽、釜铛、盆瓮之属。仍镂金为笊篱、箕筐"。此外，还"赐金麦银米共数斛"，"自两汉至皇唐公主出降之盛，未之有也"。⑤ 真是集豪华奢靡之大成！徐宿农民起义就发生在懿宗统治的时期。到唐僖宗时，"世道交丧，海县横流，赤眉摇荡于中原，黄屋流离于迨徼"，⑥ 黄巢大起义已席卷全国了。懿、僖二宗的堕落是唐帝国溃烂的集中反映，他们的无能是整个地主阶级丧失统治能力的集中表现。唐末农民战争爆发于这一时期，是历史发展的必然趋势。

二 刘蕡"对策"

当局者迷，旁观者清。统治集团热衷于争权夺利，沉湎于声色犬马，不可能冷静地观察和分析社会现状，很难客观地估量阶级斗争的形势，而在野的士人却比较能够保持敏锐的政治嗅觉，面对无情的现实，切中要害地提出自己的看法。

---

① 《新唐书》卷207《仇士良传》。
② 《旧唐书》卷17下《文宗纪》。
③ 《唐语林》卷2《政事》下。
④ 《新唐书》卷225下《逆臣传赞》。
⑤ 《杜阳杂编》下。
⑥ 《旧唐书》卷19下《僖宗纪末史臣曰》。

太和二年（828），刘蕡"对策"就是这方面典型的代表。在这篇对策中，他开宗明义地首先指出："臣以为陛下宜先忧者，宫闱将变，社稷将危，天下将倾，海内将乱。此四者，国家已然之兆。"山雨欲来风满楼，就是唐朝末年政治形势的概括写照。社会问题的症结何在呢？刘蕡认为皇帝"亲近贵幸"，奔竞仕途者"货贿"公行，造成了吏治败坏，"居上无清惠之政，而有饕餮之害；居下无忠诚之节，而有奸欺之罪"。那些专权弄柄的亲信大臣，又多是"贪臣聚敛以固宠，奸吏因缘而弄法"，把朝廷搞得乌烟瘴气，混乱不堪。其后果非常严重，"海内困穷，处处流散，饥者不得食，寒者不得衣，鳏寡孤独者不得存，老幼疾病者不得养"，因此，人民对于统治集团和各级官吏，"畏之如豺狼，恶之如仇敌"，痛恨已极，官民间形成了严重的对立。最后，刘蕡痛切地指出，当前已经是"官乱人贫，'盗贼'并起，土崩之势，忧在旦夕"，如果再遇上"疾疠"和"凶荒"，则"恐陈胜、吴广不独起于秦，赤眉、黄巾不独起于汉"。①

刘蕡觉察到农民起义已经到了一触即发的时刻，但促使阶级矛盾激化的原因，他只从官僚政治的黑暗方面进行揭发，没有接触到土地兼并这一根本问题。尽管如此，刘蕡的"对策"毕竟是在野人士向最高统治者敲响的警钟，本应引起他们的高度重视。结果怎样呢？"中官当途，考官不敢留蕡在籍中"，②唐朝上层已经完全麻木不仁，对刘蕡发出的警告只能报之以充耳不闻。

三　刘允章的"直谏书"

如果说，刘蕡的"对策"重点在于揭露上层统治集团的黑暗；那么，比刘蕡"对策"稍晚的刘允章的"直谏书"，就是根据劳动人民的悲惨生活，描绘了社会底层的阴森图景。

---

① 《旧唐书》卷190下《刘蕡传》。
② 《旧唐书》卷190下《刘蕡传》。

刘允章在"直谏书"中指出，生活在唐朝末年的劳动人民有"八苦""五去"。所谓"八苦"就是："官吏苛刻，一苦也；私债征夺，二苦也；赋税繁多，三苦也；所由乞敛，四苦也；替逃人差科，五苦也；冤不得理，屈不得伸，六苦也；冻无衣，饥无食，七苦也；病不得医，死不得葬，八苦也"。所谓"五去"就是："势力侵夺，一去也；奸吏隐欺，二去也；破丁作兵，三去也；降人为客，四去也；避役出家，五去也"。灾难重重的劳动人民在"八苦""五去"的逼迫下，相率脱离了生产过程，"哀号于道路，逃窜于山泽，夫妻不相活，父子不相救"，① 陷入了极度贫困之中。

刘允章对社会问题的揭露也仍然不十分深刻，但与刘蕡"对策"相比，就显得全面得多了，只是没有把爆发农民起义的危险画龙点睛地明确指点出来。

四　逃户和摊逃

农民起义和农民战争是阶级斗争的最高形式。在爆发农民起义的条件尚未成熟时，农民往往采取其他斗争形式进行反抗。其中最经常、最普遍的一种形式，就是逃避赋税和徭役。唐代把这种逃避课役、簿籍不挂的农户称为逃户。

在均田制破坏过程中，早已产生了逃户。武则天统治时期，逃户问题开始出现，但尚不十分严重。开元初年，宇文融一次大规模的括户，竟括得脱籍在逃的客户八十余万。② 据估计，玄宗时的客户"杂于居人者十一二矣"，③ 逃户问题开始严重起来。

唐朝后期，逃户增加的结果，纳税户口越来越少，国家税收日感困难，统治者为了保证财政收入，就把逃户的课役摊征于邻保，这种办法在唐代叫作摊逃。摊逃反转来大大加重了编户的负担，使乡居地著的农

---

① 《全唐文》卷804。
② 《旧唐书》卷105《宇文融传》。
③ 《全唐文》卷372 柳芳《食货论》。

民也纷纷逃亡，先后转化成为逃户。在这样的恶性循环中，逃户就像雪球一样，越滚越大。逃户问题严重到了何种程度，可以从李渤的奏疏中窥见一斑，他在元和中奏称："臣出使经行，历求利病。窃知渭南县长源乡本有四百户，今才一百余户，阌乡县本有三千户，今才有一千户，其他州县大约相似。访寻积弊，始自均摊逃户。凡十家之内，大半逃亡，亦须五家摊税，似投石井中，非到底不止。"① 有的地方，编户居人只剩下了三分之一、四分之一，这是一派多么凄凉的农村经济残破的景象！

在逃户与摊逃的辗转促进下，唐朝后期的逃户大量增加。德宗实行两税法之初，天下户三百万左右，据杜佑估计，"就中浮寄又五之二"②。按李渤反映的情况，到宪宗时，逃户已占总人口的半数以上。大致到唐末，逃户问题就更加严重了。

农民逃税是阶级斗争的一种形式，逃户增加又反转来促使阶级矛盾更加尖锐。实际上，逃亡农民就是农民起义的群众基础。农民战争的前夕已经有人指出："所在群'盗'，半是逃户。"③ 唐末逃户占压倒多数，说明阶级矛盾已十分尖锐，农民起义的群众基础是非常雄厚的。

唐朝的统治和剥削有如天罗地网，农民虽然千方百计地逃避课役，但实际上很难逃避得了，诗人杜荀鹤在《山中寡妇》一诗中曾经描写过一个破产农妇的遭遇：

> 夫因兵死守蓬茅，麻苎衣衫鬓发焦。
> 桑柘废来犹纳税，田园荒后尚征苗。
> 时挑野菜和根煮，旋斫生柴带叶烧。
> 任是深山更深处，也应无计避征徭。④

农民再也不愿、不能照旧生活下去了，唯一的出路是铤而走险，奋起反抗。

---

① 《旧唐书》卷171《李渤传》。
② 《新唐书》卷166《杜佑传》。
③ 《通鉴》卷250咸通元年五月。
④ 《全唐诗》卷26。

五 "光火贼"

比农民逃税较高级的阶级斗争形式之一，是破产者进行经常性的武装反抗，这种斗争在隋唐时称作"光火劫盗"，① 参加斗争的人被统治者污蔑为"光火贼"。

唐代前期，蜀中已有"游手惰业亡命之徒，结为'光火大贼'，依凭山林，巢穴其中"的记载。② 到后期，这种武装斗争就进一步普遍化了。宣宗时，颍州（安徽阜阳）出现过"光火贼"，③ 华州（陕西华县）的地方官亦"奏有贼光火劫下邽"。据元人胡三省解释，"光火"的意思就是"明火行劫"。④ 大致当时"依阻鸡山，寇掠三川"的"蓬、果群'盗'"及弄兵于溪谷间的"巴南'妖贼'"⑤ 均属此种性质。封建官吏也承认，这些武装集团都是"迫于饥寒，弄兵山谷间"⑥ 的破产农民组织起来的。裘甫起义时，四面云集的"山海诸'盗'及他道无赖亡命"，"遥通书币"的"群盗"，⑦ 大概就是这种"光火贼"卷入了规模较大的阶级斗争的洪流。

如果说，逃户是农民起义的群众基础，那么"光火贼"就是群众进行武装反抗的初步准备。逃户和"光火贼"好像阴燃现象，时机一到，劲风猛吹，就会成为熊熊的大火。宣宗以后，唐朝的统治者坐在这样一个火山口上，正在等待着大规模的喷射！

---

① 《隋书》卷64《麦铁杖传》。
② 《陈伯玉集》卷8《上蜀川安危事》。
③ 《酉阳杂俎》卷9《盗侠》。
④ 《通鉴》卷249 大中七年十二月。
⑤ 《通鉴》卷249 大中五年十月、六年二月。
⑥ 《新唐书》卷149《刘晏附潼传》。
⑦ 《通鉴》卷250 咸通元年二月。

第二章 农民起义的序幕

大规模的唐末农民战争之前,先爆发了裘甫领导的浙东农民起义和由兵变发展成的徐宿庞勋起义。这两次小起义是黄巢大起义的序幕和先声。

第一节 浙东裘甫①起义

宣宗驾崩,懿宗新立,宫廷中惶惶不安,当皇族、公卿和百官把皇位的更替看作震动朝野的大事件时,大中十三年(859)十二月,在民间突然出现了真正的大风暴,浙东一带爆发了轰轰烈烈的裘甫起义。②

一 起义怒潮席卷浙东

新燃起的星星之火,呈不可遏阻之势,迅速延烧开去,农民军很快就攻克了象山县(浙江象山)。事出仓促,敌人手足无措,屡次战败,"明州(浙江宁波市)城门昼闭",唐军只得龟缩在城内,一筹莫展。仅有数百人的一支起义队伍,不久就进逼剡县(浙江嵊县),造成了"浙东

---

① 两《唐书》中或作裘甫,或作仇甫。据《通鉴考异》,《实录》作仇甫,《平剡录》作裘甫,大概这就是产生歧义的来源。《新唐书》卷58《艺文志》载,《平剡录》的作者郑言是"浙西观察使王式从事"。且《艺文志》亦作裘甫,其根据必然是《平剡录》。按王式为裘甫起义的主要镇压者,郑言既为其从事,则《平剡录》的记载较可信。

② 两《唐书》的《懿宗纪》记载裘甫起义非常简略,所系年月不甚可靠。《通鉴》因有《平剡录》为据,记载特别详尽,所以年月与两《唐书》有抵牾处,均从《通鉴》。如起义开始的年代,《新唐书》卷9《懿宗纪》作咸通元年(860)正月,今不取。

骚动"的形势。次年（咸通元年）正月，浙东观察使郑祗德派去镇压起义的刘勍、范居植在桐柏观（在浙江天台山）前遭到了裘甫的当头棒喝，范居植败死，刘勍仅以身免。农民军乘胜一举攻克剡县，开府库，募壮士，很快就增加到数千人之众，致使"越州大恐"。

反动势力的腐朽无能，总是在剧烈的阶级斗争中暴露得最为充分。当时敌人在浙东的惨状是"人不习战，甲兵朽钝，见卒不满三百"。郑祗德为了应付局面，立即招募新卒，但由于"军吏受赂"，所募到的都是些"孱弱"，毫无士气和战斗力。用这样的军队去镇压英勇善战的农民军，其后果就无待蓍龟了。

郑祗德不甘心桐柏观之败，又派沈君纵、张公署和李珪等率领所募新卒五百进击农民军。剡县城西有三条溪水，裘甫在三溪之北布阵，在三溪之南暗设伏兵，并在溪水上游加以壅塞，使溪流浅可涉渡。双方在剡西接战之后，农民军佯败，唐军尾追半涉之际，裘甫决壅，溪水大至。这次战役，"官军大败。三将皆死，官军几尽"。于是各地山海的农民起义力量均"四面云集"，纷纷参加裘甫的队伍，顿时农民军就扩充到三万之众。其他远地的农民武装一时来不及奔赴剡县，亦"皆遥通书币，求属麾下"。

农民起义已经开创了相当的局面，为了进一步扩大影响，号召群众，裘甫遂于二月自称"天下都知兵马使"，改元"罗平"，铸印曰"天平"，正式建立了起义政权。裘甫把三万农民军分为三十二队，归小帅刘暀、刘庆、刘从简等分别率领。农民军大力聚积资粮，招募良工制造兵器，手工业者也参加了农民起义。这一系列措施大长了农民起义的威风，大灭了敌人的气焰，一时"声震中原"，斗争形势一派大好。

裘甫利用敌人措手不及的有利时机，乘胜出击，以摧枯拉朽之势，破唐兴（浙江天台）、焚上虞（浙江上虞）、入余姚（浙江余姚），然后东下慈溪（浙江慈溪），南克奉化（浙江奉化），攻占海宁（浙江海宁），并重新分兵围攻象山。

从起义开始到攻克海宁，农民军始终没有稳定地占据一城一地，活动地区和攻取目标主要是杭州湾南岸的几个重要城市和沿海的海宁。裘甫采取这样的战略，是由于唐朝的军队和大量的物资多集中在这些城市中，首先攻取这些目标，既能有力地打击敌人，又能利用对方的物资招募群众，发展起义力量。同时，农民军人数尚属有限，如果在所克各城分兵据守，大有兵力不足之苦。

二　王式出兵和裘甫定计不决

农民起义的风云席卷浙东，当地的敌人陷入了一片混乱。郑祗德一面"累表告急"，一面求援于邻道。浙西、宣歙虽各拟遣数百人赴援，但将士邀赏无餍，宣润诸将有的称病，有的佯坠马下，其肯行者，"必先邀职级"。援军始终没有来到。在农民军步步紧逼的情况下，越州城内的地主、豪商莫不储舟裹粮，"夜坐待旦，各谋溃逃"。整个敌人的营垒陷入了土崩瓦解的状况。

唐朝统治者知道郑祗德本性"懦怯"，根本不是农民军的对手，于是改派前安南都护王式代替郑祗德为浙东观察使，责令前往镇压起义。临行，懿宗问方略，王式对称："但得兵，'贼'必可破"。左右的宦官以"发兵，所费甚大"为理由，提出异议，王式的回答是："臣为国家惜费则不然。兵多，'贼'速破，其费省矣；若兵少，不能胜'贼'，延引岁月，'贼'势益张，则江、淮群'盗'将蜂起应之。国家用度，尽仰江、淮，若阻绝不通，则上自九庙，下及十军，皆无以供给，其费岂可胜计哉！"① 懿宗最后接受了王式的意见，允许发兵。从王式的话中可以看到：第一，发兵与否是唐朝能否取胜的关键，敌人在浙东兵力单薄，确乎是事实，裘甫起义恰恰爆发在唐朝统治比较薄弱的地区。第二，浙东距关中虽有万里之遥，江浙一带却是唐政权的经济命脉所在，起义的爆发不仅在浙东打击了当地的敌人，如果能继续顺利发展，将对唐朝统治形成严重威胁。懿宗所以要另选王式全力以赴地进行镇压，不是没有原因的。第三，江南一带有农民起义发展、壮大的良好群众基础，时间对裘甫有利，故王式采取的战略是速战速决，尽量避免旷日持久。

既然如此，农民军就应当尽力争取时间，最大限度地进行持久战争，

---

① 《通鉴》卷250咸通元年三月。

制订一个长期斗争的战略计划。以谋略称著的小帅刘畦已经看到了此点，因而向裘甫建议："有如此之众而策画未定，良可惜也。今朝廷遣王中丞（指王式——引者）将兵来……不四十日必至。兵马使（指裘甫——引者）宜急引兵取越州（浙江绍兴市），凭城郭，据府库，遣兵五千守西陵（浙江萧山县西），循浙江筑垒以拒之，大集舟舰。得间，则长驱进取浙西，过大江，掠扬州货财以自实，还修石头城（江苏南京市）而守之，宣歙、江西必有响应者。遣刘从简以万人循海而南，袭取福建。如此，则国家贡赋之地尽入于我矣；但恐子孙不能守耳，终吾身保无忧也。"①这个建议的实质是：第一步，争取巩固地据有越州、萧山一带，西以钱塘江为界，在浙东建立稳定的根据地，以保存现有的实力，不致在王式大军到来时毫无抵抗能力。第二步，在此基础上力争向西、北、南三面发展，划江为守，尽有宣州（安徽宣城）、歙州（安徽歙县）以东的江南地区，并南及福建，以形成能够长期坚持的革命割据局面。应该说，这个方略在当时是可行的，有其正确的一面；缺陷在于没有最后推翻唐政权的远大目标，只满足于局促一隅，而不彻底打倒唐朝，则割据局面也很难长期维持。

对于刘畦的建议，农民军中的儒生进士王辂持反对意见，他认为："如刘副使之谋，乃孙权所为也。彼乘天下大乱，故能据有江东；今中国无事，此功未易成也。不如拥众据险自守，陆耕海渔，急则逃入海岛，此万全策也。"② 这完全是迂腐之见。首先，唐帝国已经四分五裂，藩镇战争此起彼伏，阶级矛盾正在趋向激化，农民起义有可能向高潮发展，"天下大乱"的形势并非不存在，只要策略正确，敢于斗争，善于斗争，发展起义的条件是完全具备的。因此，王辂对形势的分析是不符合实际的。其次，现在王式大军将到，军事斗争处于突出地位，不抓紧这一关键环节，在大陆上发展势力，建立根据地，而打算"陆耕海渔，急则逃入海岛"，这不但不是"万全"之策，而且是必然败亡的下策。

在这千钧一发的时刻，裘甫本来应当抓住时机，就这一战略决策问题展开讨论，进行研究，最后做出适当可行的正确作战计划。可惜的是，

---

① 《通鉴》卷250 咸通元年三月。
② 《通鉴》卷250 咸通元年三月。

裘甫缺乏远大的目光，不知道制定作战方略的重要性，在刘暀、王辂的争论面前陷于犹豫不决，把这件大事搁置起来了。这就使农民军以后的斗争具有很大的盲目性，必然陷于被动。

王式至浙东后，一面采取釜底抽薪的狡猾手段，打开各县仓廪，大肆赈济贫乏，以缓和阶级矛盾，从根本上削弱农民起义的群众基础；一面整饬军纪，把配于江淮的吐蕃、回鹘人组成骑兵，发动当地的地主武装土团军，加强军事实力。唐朝大批增援部队随王式到浙东，更使力量对比朝着不利于农民起义的方向发展。四月间，王式分兵两路发动进攻：东路军自上虞趋奉化，解象山之围；南路军攻陷沃洲寨（在越州境内）及新昌寨（在剡县界内）后，又占领了唐兴等地。至此，裘甫才感到刘暀建议的正确性，发现在决策定计时受了王辂的干扰。当时农民军中有进士王辂等数人，都穿绿衣，裘甫盛怒之下，把他们全部处死，并且说："乱我谋者，此青虫也！"由此为起义除了一害，纯洁了农民军的战斗队伍。

三　起义失败

五月，裘甫在南陈馆被王式的东路军打败，损失数千人，遂于六月率余部自黄罕岭逸去，机智地重新进入剡县。敌人不知裘甫去向，茫然失措，从俘虏口中才得知农民军已经到达剡县。第二天，唐军赶到，对剡城加以包围。敌人发现裘甫入剡，感到十分恐慌，而农民军"城守甚坚"，攻而不能拔，一时形成相峙局面。

剡县之役是裘甫起义最后的一次重要战役，在这次战役中，农民军英勇奋战，留下了可歌可泣的英雄事迹。裘甫为了打破敌人围困的局面，主动出击，三天中"凡八十三战"，虽然没有取得胜利，却使"官军亦疲"。王式发现剡县"城坚卒锐，不可遽拔"，乃"约降"裘甫，许为奏官。[①]裘甫拒绝敌

[①] 据《通鉴考异》卷31《平剡录》，是"仇甫佯言乞降"，据《考异》引《玉泉子见闻录》，是王式主动"约降"。司马光自认两种记载孰是孰非"不可知也"，在《通鉴》中却作"贼请降"，实为臆断。按《平剡录》作者郑言是王式的从事，必然在写此书时对王式有所溢美和回护，因此，《玉泉子见闻录》的记载比较可信，今从之。

人的诱降，又三次出战，打击敌军。在坚守剡城的战斗中，农民军表现了非凡的气概，城中除男子力战外，妇女组成女军，亦"乘城摘砾以中人"①。

在众寡悬殊的形势下，剡县孤城终难久守，故裘甫、刘暀与刘庆等百余人于二十一日夜半出城，欲待唐军之懈，溃围而去，不料中伏被擒，先后牺牲。刘从简撤出剡县后，又至大兰山（在浙江奉化西）坚持斗争，在七月间始最后失败。历时约八个月的浙东农民起义，至此遂告失败。

这次起义本来有条件取得更大的胜利和成就，在决策上，裘甫的举棋不定是导致起义失败的主要内在原因。王式率领大量军队增援，使力量对比上形成敌众我寡的局面，则是起义失败的外因。

革命的洪流一浪高过一浪。一次剧烈斗争虽然暂告平息，但阶级矛盾仍在继续趋向激化，八年之后，又爆发了规模更大的徐宿农民起义。

第二节　庞勋领导的徐、宿农民起义

怙恶不悛的唐朝上层统治集团已经麻木不仁，糜烂透顶，不可能从裘甫起义中吸取任何教训，改弦更张，而是沿着原来的堕落道路继续滑下去。唐懿宗把镇压裘甫的成功当作唐政权统治的一劳永逸，所以此后一仍故态，施与无度，怠于政事，"削军赋而饰伽蓝，困民财而修净业；以谀佞为爱己，谓忠谏为妖言"，搞得全国"干戈布野，虫旱弥年"。② 阶级矛盾继续激化的结果，咸通八年（867），怀州（河南沁阳）人民奋起暴动，把刺史刘仁规驱赶出城，"掠其家赀"。③ 次年（868），就爆发了规模较大的庞勋起义。

一　徐州士卒戍守桂州的年代

唐朝后期，不断与南诏发生战争，需要调迁一部分兵力戍守岭南。

---

① 《通鉴考异》引《平剡录》。
② 《旧唐书》卷19上《懿宗纪》。
③ 《通鉴》卷250咸通八年七月。

徐州（江苏徐州市）一带"风土雄劲，甲士精强"，士卒非常骄惰，号称跋扈难治，其中尤以"银刀军"最为著名。唐懿宗在镇压裘甫起义以后，曾调王式至徐州，对银刀军大肆屠杀镇压。不久，为了削弱徐州骄兵的力量，他又一再下令发遣徐州士卒戍守岭表。庞勋领导的兵变就是由桂州（广西桂林市）戍卒发动的。究竟发动兵变的戍卒是在哪年调发南戍呢？记载颇不一致，须要首先加以考辨。

两《唐书》的《崔彦曾传》都说，咸通六年（865），徐州戍卒三千人①发遣安南，分其中八百人（亦说七百，详下）戍守桂州。按旧制，戍卒三年一更代，咸通九年（868），戍卒以"至期请代"为理由，要求北还徐州，官吏不答应，遂激成兵变。唯有《新唐书·康承训传》称："武宁兵七百戍桂州，六岁不得代。"据此推算，徐州兵南戍当在咸通三年（862），而不是咸通六年。宋人吴缜曾经根据《新唐书》记载的抵牾，提出这一问题，但他只表示"未知孰是"，没有进一步深究。② 显然，只根据《新唐书》一部史书，很难判断《崔彦曾传》与《康承训传》的记载孰是孰非。我们应当结合多方面的记载解决这一问题。

据《通鉴》载，"戍桂州者已六年，屡求代还"③。但精于考证的司马光竟没有在此处附以《考异》，我们仍不能依此作最后结论。当时一般发遣士卒，在《通鉴》中均有记载，我们应当考察一下徐州兵南戍的实际次数及年代。《通鉴》："南诏复寇安南，经略使王宽数来告急，朝廷以前湖南观察使蔡袭代之，仍发许、滑、徐、汴、荆、襄、潭、鄂等道兵各三万人（胡三省注：各三万人，则八道之兵为二十四万，不既多乎？疑'各'字误，否则'万'字误。蜀本作'合三万人'，良是），授袭以御之。"④ 司马光在《考异》中声明，编写此段时参考了《实录》《补国史》及樊绰《蛮书》等，蔡袭于此时任安南经略使一事非常确凿。两《唐书》的《懿宗纪》亦均载蔡袭于此年任此职，只是月份稍异而已。《新纪》并云："遣将军蔡袭率禁军三千会诸道之师赴援安南"。并于四年

---

① 《旧唐书·崔彦曾传》及《通鉴》均作二千人。三千为是，详下。
② 《新唐书纠谬》卷4《徐州戍卒庞勋等擅还》。
③ 《通鉴》卷251咸通九年六月。
④ 《通鉴》卷250咸通三年二月。

追述:"三年,大征兵赴援,天下骚动。"此外,《册府元龟》也有如下记载:"咸通三年夏……南蛮陷交趾,征诸道兵赴岭南。"① 可见咸通三年(862)发徐州兵南戍是毋庸置疑的事。问题在于咸通六年(865)是否仍有遣徐州兵戍守岭表之事。

懿宗在《以南蛮用兵特恩优恤制》中称:"徐州风土雄劲,甲士精强,比以制驭乖方,频致骚扰……况边方未靖,深藉人才,宜令徐泗团练使选拣招募官健三千人赴邕管防城(《全唐文》作'戍'),待岭外事宁之后,即与替代归还。仍令每召满五百人,即差军押送。"此制见于《全唐文》,② 唯不载年月;亦见于《唐大诏令集》,即《岭南用兵德音》,制末注明:"咸通三年五月。"③ 但《旧唐书·懿宗纪》及《通鉴》均系此制于咸通五年五月。故须辨明这次发兵与咸通三年发兵是否确系两次。按此制开始称:"朕以寡昧,获承高祖、太宗之丕构,六载于兹矣。"懿宗即位于大中十三年(859),下推六年,正是咸通五年(864),说明《唐大诏令集》之注确系误"五"为"三",《通鉴》和《旧纪》的记载是正确的。大致诏令下达徐州之后,每招满五百人才发遣一批,可能分戍桂州者于次年始动身赴防地。如此推算,则至咸通九年,适满三年。

既然徐州前后两次遣兵岭南,那么,分戍桂州而终于起兵的是哪一次派去的戍卒呢?我认为他们是咸通三年发遣、已经戍守了六年的戍卒,理由是:第一,咸通三年,曾分岭南为东、西两道,以广州为东道,邕州为西道,并割桂管龚、象二州,容管藤、岩二州隶邕管。当年八月,西道节度使蔡京因"为政苛惨",为邕州军士所逐,初奔藤州,继而欲往依桂州,由于过去在他奏请下桂管曾割去龚、象二州,故此时"桂人怨其分裂,不纳"④。事实说明,桂、邕二州不但不是同管,而且互相间颇存隔阂。既然咸通五年制所发徐州士卒是"赴邕管防城",则再分遣其中一部分人戍守桂州的可能性不大。第二,庞勋起义进行得如火如荼的时

---

① 《册府元龟》卷498《邦计部·漕运》。
② 《全唐文》卷83。
③ 《唐大诏令集》卷107。
④ 《通鉴》卷250 咸通三年八月。

候，他曾在咸通九年（868）奏称："当道先发戍岭南兵士三千人春冬衣，今欲差人送赴邕管。"① 可见直至桂州戍卒回到徐州后，咸通六年所发士卒尚全部在邕州。这雄辩地说明，庞勋领导的发动兵变的士卒，全部都是咸通三年发遣者。

二 兵变的原因

一般戍守岭南的士卒，生活都比较艰苦。唐懿宗在诏令中就曾承认，防戍安南、邕管和西川三道的军士，"未免饥馁，因之殒命"，他们留在家中的老小亦均"冻馁恓惶"。② 自大中（847—859年）以来，赴岭表征戍士卒，"涉氛瘴死者十七"③。有的举子甚至作诗讽刺用兵岭南，描写士卒的遭遇是：

　　去为万骑风，住为一川肉。
　　时有践卒回，千门万户哭；
　　哀声动闾里，怨气成山谷。
　　谁能听鼓声，不忍看金镞！
　　念此堪泪流，悠悠颍川绿。④

徐州一带的官兵之间，向来存在尖锐的矛盾。唐朝统治者深感徐卒素来骄悍难驭，因派"性严刻"的崔彦曾做徐泗观察使，此人"短于军政"，其宗吏尹戡、杜璋及徐行俭等又极贪猥，"不恤军旅"，因而上下素不相得。咸通九年，戍卒因为远戍桂州已达六年之久，超期三年，没有更代，所以坚决要求北返徐州。崔彦曾唯恐戍卒回来后徐州的骄兵更难驾驭，尹戡遂迎合其意，以徐州军帑匮乏，难以发兵更代为理由，

---

① 《旧唐书》卷19上《懿宗纪》。
② 《唐大诏令集》卷86《咸通七年大赦》。
③ 《新唐书》卷184《杨收传》。
④ 《北梦琐言》卷2《授任致寇》。

请戍卒再留戍桂州一年。戍卒家人得知这一情况后，"飞书桂林"，① 以通消息，因而引起了戍卒的愤怒。当时适逢管桂观察使李丛已经移官湖南，新任命的观察使尚未到任，于是戍卒利用时机，在七月间开始发动兵变。

三　戍卒擅返

暴动之初，牙官许佶、赵可立、王幼诚、刘景、傅寂、张行实（《旧唐书·崔彦曾传》作张实，可能脱一"行"字）、王弘立、孟敬文及姚周等九人首先领导戍卒起兵，杀死都头王仲甫，立粮料判官庞勋为都将。他们夺取监军院的兵甲后，就"不待朝廷命，卷斾而归"②。

事件爆发得非常突然，一支几百人的军队有如脱缰之马，直奔徐州而去。唐朝统治者毫无思想准备，不能立即采取有效措施阻止戍卒北返，懿宗遂伪善地宣布"赦"其杀将擅还之罪，实际上是妄图暂时麻痹庞勋，暗中积极准备镇压。中途，许佶等深知唐朝阴谋，预料到达徐州后必遭屠戮，故各出私财制造兵甲旗帜，沿途招纳银刀亡卒，积极准备展开斗争。

戍卒的北还比较顺利，一方面由于他们只求北归，不及其他，沿途避免了不必要的战斗。如途经湖南时，荆南节度使崔铉曾布置兵力，扼湘江要害，欲一举歼灭戍卒，但庞勋却有意识地避开敌人主力，绕道而行，泛舟沿江东下，自江西、淮右北渡。③ 另一方面也由于有一些节度使为了保存个人实力，采取"各人自扫门前雪"的态度，没有到处阻击庞勋。如戍卒经浙西入淮南时，李湘向淮南节度副大使令狐绹建议出兵邀击，令狐绹却说："长淮以南，他不为暴。从他过去，余非吾事也。"④ 这是藩镇割据形势下很容易出现的现象。庞勋利用了上述主客观方面的有

---

① 《旧唐书》卷177《崔慎由附彦曾传》。
② 《全唐文》卷802郑就《宋州重修五驿记》。
③ 《旧唐书》卷163《崔元略附铉传》。
④ 《旧唐书》卷172《令狐楚附绹传》。

利条件，到九月间就回到了泗州（今江苏盱眙北）境内。

戍卒既至淮北，回家的目的是基本上达到了，然而他们却严重地违犯了唐朝的法令，现在当怎样善后呢？如果自动解甲，那就必然遭到血腥的镇压；如果希望保全性命，与家人相聚，那就只有一不做、二不休，把斗争进行到底，打开一条出路。这样，他们就只能被"逼上梁山"了。当戍卒回到徐州城下时，庞勋与许佶等曾向士众宣称："吾辈擅归，思见妻子耳。今闻已有密敕下本军，至则支分灭族矣。丈夫与其自投网罗，为天下笑，曷若相与戮力同心，赴蹈汤火，岂徒脱祸，兼富贵可求。况城中将士皆吾辈父兄子弟，吾辈一唱于外，彼必响应于内矣。然后遵王侍中故事，五十万赏钱，可跂足待也。"①这段话说明：首先，戍卒擅归的目的是"思见妻子"，并无远大斗争目标。其次，他们现在"戮力同心，赴蹈汤火"，不是为了摆脱压迫和剥削，而是为了免于"支分灭族"的命运。最后，他们的理想出路，不过是使庞勋争取做个合法的节度使，士卒得到一笔赏钱，即模仿王智兴的"故事"。

由上述事实可以看出，桂州戍卒的违令北返，是一次单纯的兵变，根本不具有农民起义的性质，理由是：第一，在成分上，参加的人都是徐州骄兵，沿途吸收的一部分人主要也是银刀亡卒，故至泗口时总数仍不过千人，很少有农民参加他们的行列。第二，斗争性质局限于反对留戍桂州，没有反剥削、反压迫的目的。第三，唐朝后期兵变很多，几乎是每年都有，其中大部分也是由节度使"刻薄衣粮"引起的，但我们从未把这些兵变当作起义，因此，也就不能把庞勋兵变当作农民起义。就斗争方式而言，唐政权与戍卒间的矛盾也远不能同阶级斗争相比，如庞勋勒众上道后，懿宗曾派宦官张敬思"部送"，并诏本道观察使崔彦曾"慰安之"，②显然没有把这次事件当作农民起义。戍卒知道这一措施后，"乃止剽掠"，③矛盾尖锐程度和斗争方式也不能与阶级斗争同日而语。庞勋避开崔铉在荆南的阻击，绕道而行，又何尝不与这种斗争性质有关。

---

① 《通鉴》卷251咸通九年九月。
② 《新唐书》卷148《康日知附承训传》。
③ 《通鉴》卷251咸通九年八月。

四 攻克徐州，顺利发展

戍卒既至徐州一带，欲还不得，当时有赵武等十余人忧惧无状，打算私逃。庞勋发现后杀了赵武等人，并遣人致其首于崔彦曾，伪称："勋等远戍六年，实怀乡里，而武等因众心不安，辄萌奸计。将士诚知诖误，敢避诛夷？今既蒙恩全宥，辄共诛恶首，以补愆尤。"① 这样做的企图不外是，一面肃清异己分子，稳定内部，准备战斗；一面麻痹敌人，使之存在幻想。同时，庞勋要求崔彦曾停尹戡、杜璋及徐行俭三人职任，"以安众心"，并请准许戍还将士别置二营，共立一将。这实际是企图既争取出路，又保存实力，做了妥协和战斗的两手准备。

崔彦曾逐渐发现矛盾无法解决，诸将亦劝他乘戍卒"远来疲弊"，先发制人，主动出兵进击，于是终于派元密等将三千人出战，同时又命宿州（安徽宿县）与泗州出兵，由东南邀击庞勋。从此，大规模的战争正式宣告开始了。十月，庞勋得知元密屯兵任山，欲劫取戍卒，所以机智地避开敌人主力，一举攻克了宿州。克城之日，"悉聚城中货财，令百姓来取之，一日之中，四远云集，然后选募为兵"，"自旦至暮，得数千人"。② 这是庞勋戍卒和当地农民群众结合的开始，也是由兵变转化为农民起义的转折点。从此，庞勋自称兵马留后，成了起义的最高领导者。

元密尾追至宿州城下后，以为庞勋必将固守，因而做长期围攻的准备，不料庞勋又在城中取得大船三百艘③备载资料，顺流而下，"欲入江湖为'盗'"。虽然农民群众已经参加斗争，还没有建立起牢固的长期斗争思想，因而庞勋有这样的错误打算。第二天，元密发现庞勋已再次转移，又衔尾紧追，但"官军大败"，元密及诸将皆死，其余均降于农民

---

① 《通鉴》卷251咸通九年九月。
② 《通鉴》卷251咸通九年十月。
③ 《旧唐书·崔彦曾传》作"五千余艘"，《新唐书·康承训传》作"百艘"，《通鉴》作"大船三百艘"。宿州一城有船五千余艘，殊不近情理，"百艘"恐为约指，未必是确数。《通鉴》作"三百艘"，必有所据，可能来源于《彭门纪乱》，今从之。

军，无一人还徐州者。从降卒口中知道彭城人情恟惧，而且没有防备，庞勋开始建立了攻彭城的决心，乃引兵北去该城。

崔彦曾得到元密败死的消息后，才开始向邻道乞援，并加强彭城守备，但"内外震恐，无复固志"，根本不可能坚守。农民军六七千人到城下后，"鼓谯动地"，对城外居民则皆"慰抚"之，"无所侵扰"，"由是人争归之"。唐朝的州郡城墙都分为三层，最外层称罗城，中间一层称子城，最内的一层称衙城。农民军攻破罗城后，崔彦曾退保子城。群众帮助庞勋猛攻子城，推草堵塞城门，放火加以焚烧。克城之后，庞勋把尹戡、杜璋、徐行俭等人全部"族灭"，崔彦曾做了阶下之囚。一时城中"愿附从者万余人"。至此，农民军据有淮北重镇徐州，开始有了稳固的据点，战斗队伍顿时壮大，农民起义的性质更加明显了。

农民军攻克徐州后，庞勋立即派梁丕屯宿州，李圆（《旧唐书·懿宗纪》作李员）攻泗州，刘行及攻濠州（安徽凤阳东），[①] 其余要害县镇，亦均缮完成守，准备迎战。革命飞速发展的形势影响了群众的情绪，一时光、蔡、淮、浙、兖、郓、沂、密的小支起义农民，"皆倍道归之，阗溢郛郭"。显然，庞勋派兵略地的战略意图是，以徐州为北面的据点，重点向南发展，首先把淮河两岸控制在手中，然后再向江北发展。这一战略是有根据的，因为：一则，北方存在强藩巨镇，由徐州再向北进军，颇非易事；再则，江淮地区不但敌人力量单薄，易于打败唐军，而且这里是财富集中之地，庞勋一旦加以控制，就可使敌人军粮不继，甚至关中的漕运也发生困难。农民军按照庞勋的上述部署进军，是比较成功的，除泗州久攻不克，形成胶着状态外，宿、濠等州很快就成了起义军的重要据点。

据《通鉴》记载，庞勋在此时曾诈为崔彦曾《请剪灭徐州表》，其中有"一军暴卒，尽可剪除；五县愚民，各宜配隶"之语。又伪作诏书，"依其所请"。徐人得此消息后，更加惶恐不安，故刘行及引兵涡口时，

[①] 《旧唐书·懿宗纪》载："十一月……庞勋又令将刘赟攻濠州，陷之，囚刺史卢望回于回车馆。"据《通鉴》，刘行及在十一月曾自濠州遣刘弘立会许佶、吴迥于泗州。且《旧纪》更把攻克濠州置于于湘之败以后，显系错误。故攻克濠州必在十一月以前，所遣之将亦为刘行及无疑。当从《通鉴》。此外，《通鉴考异》依《彭门纪乱》考辨，亦以《旧纪》为误。

"道路附从者增倍"。从表面现象看，当地群众是受了庞勋的蒙蔽才大批参加起义的，实则不然。"懿宗时……淮北大水，征赋不能办，人人思乱。及庞勋反，附者六七万"的记载①说明，徐、宿一带阶级矛盾的激化才是起义势力迅猛发展的真正根源。统治者自己也承认，庞勋队伍中"凶党之外，平人甚多"②。农民群众在参加起义时，"皆舒锄钩为兵，号曰'霍锥'"③。庞勋在徐州大规模募兵，广大农民"至父遣其子，妻勉其夫，皆断钼（锄）首而锐之，执以应募"④。这简直是陈胜、吴广"揭竿而起"的再现，也是一个生动的群众自觉参军的场面，统治者和封建史臣对这一点当然是根本无法理解的。

五　泗州之役

李圆奉庞勋之命，进军泗州。唐朝的泗州刺史杜慆在两淮郡县纷纷瓦解声中，犹负隅顽抗，独守孤城。⑤泗州位于通济渠与淮河相交入口之处，是"江淮要害"，⑥兵家必争之地。庞勋认为泗州一城势在必得，因再次发兵，增援李圆，一时形成万余人围攻的严峻形势。十一月，由于敌人顽抗，久攻不克，庞勋遂派吴迥替代李圆，加紧攻城，昼夜不息。杜慆自知兵力不足，乃派反动透顶的辛谠到洪泽（在今江苏淮阴境内。唯《旧唐书·辛谠传》作洪源驿）向郭厚本乞援，得数百人，暂时解除了燃眉之急。庞勋发现泗州远非唾手可得，复遣许佶将精兵数千助吴迥攻泗州，刘行及亦自濠州派王弘立引兵前往会攻。敌人看到泗州岌岌可危，镇海节度使杜审权遂派翟行约将四千人救泗州。前往泗州途中，他在淮南遭到农民军的围歼，"一军尽没"⑦。与此同时，唐朝的淮南节度使

---

① 《新唐书》卷52《食货志》。
② 《全唐文》卷84懿宗《遣使宣慰徐宿二州敕》。
③ 《旧唐书》卷19上《懿宗纪》。
④ 《通鉴》卷251咸通九年十一月。
⑤ 《金华子杂编》上。
⑥ 《旧唐书》卷187下《辛谠传》。
⑦ 《新唐书》卷166《杜佑附慆传》。

令狐绹①命李湘将兵五千人增援泗州，他与郭厚本、袁公弁合军屯于都梁城（江苏盱眙北），与泗州隔淮相望。农民军乘破翟行约之余威，又一举包围了都梁城。淮河两岸，两城同时被围，预示着将有一场大的战斗。为了麻痹敌人，农民军向令狐绹表示，只要朝廷降节钺，随时准备降唐。令狐绹信以为真，诫李湘"但戍淮口"，"不得立异"。唐军遂解甲安寝，去警撤备，日与农民军"相对，欢笑交言"。②十二月，农民起义军利用这一有利时机，发动突然奇袭，一举攻克了都梁城。唐军五千余人全部被俘，李湘与郭厚本均被执送徐州。③这是庞勋起义爆发以来，战果最辉煌的一次胜利的歼灭战，大大地削弱了敌人的有生力量。

徐、泗一带的农民起义日益向高潮发展，唐朝统治者为了扭转"官军数不利"，农民军"日滋"的不利形势，遂于十一月间增派康承训为义成节度使、徐州行营都招讨使，王宴权为徐州北面行营招讨使，戴可师为徐州南面行营招讨使，率诸道军及沙陀、吐谷浑等少数民族军共二十万人，赶赴徐州镇压庞勋起义。康承训到新兴（河南宁陵南）时，各道兵已集中的才有一万人，他自知寡不敌众，只得暂时退屯宋州（河南商丘）。庞勋知敌人不足畏，乃于都梁城取胜后立即分遣诸将南攻舒州（安徽潜山）、庐州（安徽合肥市），北攻沂州（山东临沂）、海州（江苏新海连市），先后攻克沭阳（江苏沭阳）、下蔡（安徽凤台）、乌江（安徽和县东北）、巢县（安徽巢县）、滁州（安徽滁县）及和州（安徽和县）等地。这次进兵的重点是以宿、濠、泗一带的兵力向南发展，争取控制江北的广大地区。至于北攻沂、海，只起声东击西的配合作用，所以取得成就较小。大致庞勋起义势力最大，"有众二十万"④的阶段，即属此时。

---

① 两《唐书》的《令狐绹传》作"徐州南面招讨使"。但前此，唐朝已任戴可师为徐州南面行营招讨使，二人不可能同时任同职。《旧唐书·令狐绹传》又载，李湘败后，朝廷以马举（唯《新唐书·康承训传》作马士举）"代绹为淮南节度使"。可见当时令狐绹确为淮南节度使，并非徐州南面招讨使。

② 《旧唐书》卷172《令狐楚附绹传》。

③ 两《唐书》的《令狐绹传》均载，李湘败于前，翟行约败于后，唯《通鉴》载，翟行约败于前，李湘败于后。按翟行约领军不如李湘、郭厚本所领者多，如李湘先败，则翟行约必避兵锋，不敢决战。《通鉴考异》称，关于此事，从《续宝运录》，较可信。

④ 《旧唐书》卷19上《懿宗纪》。

庞勋大举南进尽管取得了一定的成就，但在战略上却犯了严重的错误。当时敌军正在北面大量集结，双方的大决战即将开始，对于农民军来说，关键问题不是一城一地之得失，而是在北线的大决战中能否取得决定性胜利。庞勋由于不能洞观全局，因而舍本逐末，造成了北线兵力单薄、南线兵力分散的不利形势，所以一旦决战开始，农民军就不得不"尽弃淮南之守"① 了。

闰十二月，戴可师以三万之众，渡过淮河转战而前，打算先夺淮口，后救泗州，很快就包围了都梁城。城内农民军为数有限，为了保存实力，遂乘夜离城而去。天亮时，戴可师入城，发现所得到的只是空城一座而已。当时，他陷于盲目乐观，没有足够的警惕和防备。这一天适逢大雾弥漫，农民军将领王弘立突然引兵数万操捷径掩至，纵击唐军。敌军来不及成列，就被农民军打了个全军覆灭，得免者才数百人而已，连戴可师也成了刀下之鬼，传首彭城。

捷报传来，庞勋"自谓无敌于天下"，作露布散示各寨和乡村，淮南的地主、士人"震恐"万状，纷纷逃往江左。这是农民起义达到最高潮的时期。

庞勋虽然始终没有攻克泗州，然而敌人守泗顽抗所付的代价是极其巨大的，农民军的几次大歼灭战多数发生在攻泗战役中，一系列的胜利大大削弱了敌人的兵力。

六 庞勋的弱点

从庞勋进攻宿州、徐州开始至咸通九年（868）底击毙戴可师止，起义一直沿着上升的道路步步高涨，节节胜利；但从咸通十年（869）初开始，形势发生了根本的变化，起义沿着下降的道路逐步走向失败。导致农民军由胜转败的决定性因素，是庞勋本人存在严重缺点。

随着广大农民群众一批又一批地参加斗争，兵变终于变成了起义，

---

① 《旧唐书》卷19上《懿宗纪》。

但领导起义的上层集团，以庞勋为首，却始终是徐州骄兵。他们念念不忘王智兴的"故事"，一直把获得朝廷的节钺当作争取的最高目标，因此就不能提出更高的、符合农民阶级要求的战斗纲领。这样就不免影响斗争向纵深发展，甚至有时会丧失战机。早在攻克彭城之初，庞勋就曾向皇帝上表，其中虽然有"弹压十万之师，抚有四州之地。臣闻见利乘时，帝王之资也，臣见利不失，遇时不疑"的豪言壮语，但最后的落笔却是"伏乞圣慈复赐旌节；不然，挥戈曳戟，诣阙非迟"。唐朝曾派康道伟带着"敕书"前往徐州进行"抚慰"，庞勋一方面"大陈甲兵"三十里，"号令金鼓，响震山谷"；一方面却亲自"郊迎"，并且"复作求节钺表，附道伟以闻"。① 唐朝后期有所谓"国忌日"，每逢这一天，全国州府都要按照国家规定在寺观设斋焚香。庞勋由于对统治者降节钺存在幻想，所以在国忌日仍要行香，并且在飨士卒时，必先西向长安进行"拜谢"。戴可师全军覆灭后，令狐绹深恐淮南遭受"侵轶"，因行缓兵之计，派人对庞勋表示，"许为奏节钺"。庞勋轻信敌人的欺骗之词，遂"息兵俟命"，给了令狐绹"收散卒，修守备"的机会，使敌人争取了时间，自己却丧失了乘虚直捣淮南的战机。不久，农民军又包围寿州（安徽寿县），断绝了汴河的漕运。庞勋在捷报频传声中，"益自骄，日事游宴"，严重地滋长着骄傲麻痹情绪。周重不仅以"自古骄满奢逸，得而复失，成而复败，多矣"② 相劝谏，并且建议"赦囚徒，据扬州，北收兖、郓，西举汴、宋，东掠青、齐，拓境大河，食敖仓"，进行持久斗争。"无雄才"的庞勋却对这一计划束之高阁，置之不理。③ 不仅庞勋本人有这些缺点，其他桂州戍卒也很"骄暴"，他们破坏军纪，不听约束，引起了人民的"厌苦"，严重地脱离群众。凡此种种，对起义是非常不利的，而这些问题的产生，同骄兵的流氓无产者的品格是分不开的。

上层领导者的缺陷并不能从根本上改变农民起义的性质。对广大群众来说，斗争方向、打击目标始终是十分明确的。围寿州后，农民军大

---

① 《通鉴》卷251 咸通九年十月、十一月。
② 《通鉴》卷251 咸通九年闰十二月。
③ 《新唐书》卷148《康日知附承训传》。

"掠诸道贡献及商人货"。当唐朝诸道兵大量集中于宋州（河南商丘）时，农民军为了克服"资粮匮竭"的困难，准备迎接大决战，曾"敛富室及商旅财，什取其七八。坐匿财夷宗者数百家"。① 这和桂州骄兵的"夺人资财，掠人妇女"，有本质的不同。

七　走向失败

咸通十年（869）正月，康承训将七万余众屯于柳子（安徽宿县西）之西，壁垒相属，亘三十里。阴霾满天，大风暴即将来临。农民军既已分成四境，徐州所留者不到千人，形势本来已经十分危急，不幸这时又发生了孟敬文阴谋分裂、夺权的事件。庞勋原来派孟敬文屯守丰县（江苏丰县），他握有相当兵力，萌动了"贰于勋"的野心，"自为图谶"，妄图取庞勋而代之。当时唐朝的魏博军正在进攻丰县，庞勋又派去三千人增援。居心叵测的孟敬文让这三千人打前锋，他自己却违背了"共击魏博军"的约定，临战引兵退走，使新到的三千援军做了牺牲品。庞勋虽然设计诱杀了这个野心家，损失却已无法挽回。接着，农民军攻海州和寿州的战役也遭到挫败，各损失数千人。

二月，王弘立自矜有淮口之捷，引兵三万欲破康承训，渡过濉水，包围了鹿唐寨。不料康承训的军队和沙陀军突然袭击，农民军损失二万余人，委弃资粮器械很多。兵骄必败，王弘立的"自矜"是导致失败的根本原因。三月，康承训乘胜围攻柳子，农民军大败，又损失了不少将士。庞勋自攻克徐州后，一直没有杀崔彦曾，为自己模仿王智兴"故事"留下了一条退路。上述一连串的战事说明，落花有意，流水无情，唐朝统治者早已下定了彻底镇压庞勋起义的决心，妥协是根本不可能的。至此，庞勋才在敌人的打击下，头脑开始清醒起来，最后下令杀了崔彦曾等一批战俘，并且公然宣布："勋始望国恩，庶全臣节；今日之事，前志已乖。自此，勋与诸君真反者也，当扫境内之兵，戮力同心，转

---

① 《通鉴》卷251咸通九年闰十二月。

败为功耳"。① 庞勋大大地向前跨了一步，然而已经为时太晚了。

庞勋的觉悟使农民军大为振奋，徐州城中顿时选募丁壮三万人，增加了有生力量。四月，唐军一再围攻丰县，庞勋遂亲自引兵乘夜前往，潜入城中。唐朝的魏博军在丰县城外分为五寨，其中离城较近的有几千人。庞勋首先围攻这一部分敌军，并且伏兵要路进行打援。敌人的援军果然遭到伏击，死二千人，其余纷纷溃逃，其他各寨唐军听到庞勋亲自指挥作战的消息后，亦均瓦解。围攻滕县（山东滕县）的敌将曹翔也闻风退兵兖州（山东兖州西）。农民军缴获资粮无算，传檄徐州，把唐军称为"国贼"。丰县大捷是起义走向失败过程中取得的一次辉煌胜利，事实说明庞勋的转变起了积极的作用，收到了一定的效果。

庞勋有所振作，但只能在个别战役取得胜利，因为总的形势已经很不利，从根本上加以扭转，回狂澜于既倒，是不可能了。这就决定了，农民军在以后的战斗中遭到了一系列的挫败。

首先是唐朝解了泗州之围。农民军长期围困此城达七个月之久，打得敌人的守军昼夜不寐，"面目皆生疮"，狼狈不堪。最后，唐朝派马举将兵三万渡淮救泗州，农民军吃了败仗，损失数千人，王弘立光荣战死，吴迥退回徐城。至此，泗州之役宣告最后结束。

柳子是"地要兵精"的战略要地，自敌人攻陷后，庞勋时图恢复。当时正是四月间，蚕麦将熟，有人建议先行休兵聚食，然后出击，庞勋不听，欲乘丰县大捷的声威，一举收复柳子，因合五六万众，发动进攻。不料在战争过程中事机不密，作战部署被康承训侦知，故临阵失期，农民军大败，死者数万人。庞勋只得收散卒三千人归彭城。

丰县大败的消息传到唐廷后，统治者急忙派宋威为徐州西北面招讨使，将兵三万增援，屯于丰、萧（安徽萧县西北）之间。曹翔亦自兖州引兵来和他会合。农民军的一再损兵折将和唐朝的大量增兵，使力量对比对起义越来越不利了。

在最后阶段，随着形势的日趋险恶，农民军内部的阶级异己分子、动摇分子纷纷变节投敌，对起义的失败起了不容忽视的作用。

---

① 《通鉴》卷251咸通十年四月。

第二章 农民起义的序幕 ◆◇◆

徐、宿一带是农民起义的心脏地区，当地的豪强地主在农民军的打击下感到无容身之地，于是下邳（江苏宿迁东南）土豪郑镒和蕲县（安徽宿县南）土豪李衮先后起兵响应庞勋，狡猾地混入农民队伍，成为一股伪装的异己力量。这些人身在曹营心在汉，望眼欲穿地期待变天，所以一旦唐军显示出优势，开始反攻，郑镒和李衮就分别在五月和七月投降了唐朝。

唐将马举在六月于濠州附近先后打败刘行及和吴迥。七月，康承训攻陷临涣（安徽临涣集，在宿县西），滕县亦为曹翔所陷。农民军在丰、沛一带的戍兵在敌人进击面前，有一部分背叛了庞勋，逃据山林，有众数千人。他们以陈全裕为帅，战守之具皆备，占有数十里（《通鉴》作"千里"，不近情理，当作"十里"）的地方，最后投降了康承训。这些人的行径与过去的银刀亡卒基本上相同，其私自逃匿、临难投敌亦符合流氓无产者的品格。他们人数有限，很可能就是过去的桂州戍卒和银刀兵，是农民军中很不可靠的一部分成员。只有在坚强的领导下，这种人才可能转化成坚定的革命力量，单纯的农民起义不可能解决这一问题，往往在他们身上吃苦头，遭意外。

宿州守将张玄稔的变节投敌是导致庞勋起义最后失败的关键性事件。庞勋曾派徐州旧将张玄稔代替梁丕治宿州。当时农民军在宿州尚有数万之众，城外环水自固，列壁相望，敌人远非一朝一夕所能攻陷。康承训率大军围攻月余，死者数千人，宿州城仍然固若金汤，屹立不动。敌人无奈之余，乃遣人"招谕"，进行收买和分化。张玄稔原来就是唐朝的军官，"戍边有功"，被卷入农民起义的旋涡后，"心尝忧愤"，所以这时在敌人的诱降下于九月间投降了康承训。不仅如此，他还利用投降之举"四远未知"的条件，伪装成被击溃的农民军，混入符离（安徽符离集），杀死农民军守将，卷走屯驻该地的一万人，北趋徐州。事出仓促，徐州农民军既不了解情况，自然无力应变。守城的路审中是崔彦曾的故吏，也是一个阶级异己分子，故于此时开门而降。庞勋的父亲庞举直和许佶苦斗牺牲，"余党多赴水死"，表现了农民群众英勇不屈的气概。

康承训围攻宿州的时候，庞勋出徐州引兵而西，直趋宋州、亳州（安徽亳县），打算吸引康承训西进，解宿州之围。敌人攻破徐州后，立即以八万之众西追庞勋。农民军在康承训和朱邪赤心的追击下,由亳州撤往蕲县,最后为敌军所败,庞勋战死。

在起义接近尾声的时候,吴迥在濠州展开了英勇的保卫战。叛徒张玄稔和唐将马举长期围攻濠州,自夏及冬,达数月之久,不能攻陷。城中除壮年外,妇女、儿童亦参加了"运薪塞隍"的守城战斗。① 一直坚持到十月,城中粮尽,吴迥才突围而出,不幸牺牲,濠州遂入敌人之手。

历时一年的庞勋起义,至此宣告最后结束了。

八 反动的阶级报复

庞勋起义失败以后,懿宗立即下了一道《平徐州制》,其中有这样一段话:"应行营处百姓田宅产业为'贼'残毁烧爇者,今平宁之后,百姓既已招携,并许识认,各本主便自收管。……如百姓有家业为'贼'掳劫荡尽,交切饥饿者,委所在长吏牒逐便供军使量加给恤。如百姓先有仓窖被'贼'收管者,并还本主。"② 从这一反革命文献中可以看到,在起义期间,农民军曾经"残毁烧爇"过地主的"田宅产业","掳劫荡尽"过地主的"家业","收管"过地主的"仓窖"。事实说明,农民起义对地主经济的打击是沉重的。从《平徐州制》中还可以看到,地主阶级是不甘心于自己的失败和屈辱的,他们一旦把农民起义镇压下去以后,就要疯狂地进行反攻倒算,恢复自己一度失去的"天堂",重建封建秩序。制文对这种反革命行动的描述好像平淡无奇,实际上,这种反动暴行包含了血腥的内容。

九 小结

庞勋起义的特点在于,它不是由当地群众直接发动,而是由兵变转

---

① 《新唐书》卷148《康日知附承训传》。
② 《唐大诏令集》卷125。

化而成的。这一点带来了革命队伍成分复杂、上层领导在政治上软弱、斗争过程中变节投敌事件不断发生等一系列缺点,这些缺点是导致起义最后失败、斗争成就具有很大局限性的主要原因。如果说,单纯的农民起义同无产阶级领导下的农民运动相比有天渊之别;那么,由骄兵领导的庞勋起义同由农民自己领导的起义相比,就更逊一筹了。

关于这次起义,封建史臣曾经发过这样的议论:"懿宗任相不明,藩镇屡畔,南诏内侮,屯戍思乱,庞勋乘之,倡戈横行。虽凶渠歼夷,兵连不解,唐遂以亡。……唐亡于黄巢,而祸基于桂林。"① 把阶级矛盾的激化简单地归之于懿宗的"任相不明",把桂州戍卒发动的兵变和徐、宿农民起义混为一谈,不免有片面的地方和不准确之处;但把庞勋起义和黄巢起义联系起来分析唐朝的灭亡,却可以说是独具慧眼,看到了问题的关键和实质。

与庞勋起义相比,裘甫起义只是唐末阶级斗争长河中一个小小的波澜;如果拿庞勋起义同继起的黄巢起义相比,后者就是十级风暴了。

---

① 《新唐书》卷222中《南诏传赞》。

第三章 王仙芝、黄巢领导的大规模农民战争

庞勋起义失败之后，只经过六年左右的时间，就爆发了王仙芝、黄巢领导的大规模农民战争。这次大起义是唐末阶级斗争的最高潮，在中国农民战争史上占有显著而重要的历史地位。

第一节 从起义爆发到攻克长安

唐末农民战争可以大体划分为三个阶段：从起义爆发到攻克长安是第一个阶段，大齐农民政权建立后农民军与唐朝在关中反复斗争的时期是第二个阶段，黄巢从长安东撤后直至最终失败是第三个阶段。现在先介绍第一个阶段的基本斗争情况。

一 "百姓实无生计"

唐懿宗镇压庞勋起义以后，在荒淫奢靡的道路上走得更远了。他在咸通十二年（871）埋葬文懿公主的排场，是十分惊人的。"凡服物，每物皆百二十舆。以锦绣、珠玉为仪卫、明器，辉焕三十余里。"又命李可及作《叹百年曲》，演奏时"舞者数百人，发内库杂宝为其首饰，以缯八百匹为地衣。舞罢，珠玑覆地"[①]。统治者已经丧尽了人性，他们不仅把世间的一切事物当作寻欢逐乐的条件，甚至把死者的葬仪也看成了享乐

---

① 《通鉴》卷252咸通十二年正月。

的际会。与其说这种葬礼是为了悼念死者，无宁说是为了生者的陶醉。两年之后，懿宗又迎佛骨于京师，沿途三百里间，"道路车马，昼夜不绝"。他还广造浮图、宝帐、香舆、幡花、幢盖，"皆饰以金玉、锦绣、珠翠"，供迎佛骨之用。佛骨到京师时，"沸天烛地，绵亘数十里"，一般富室亦夹道为彩楼和无遮会，"竞为侈靡"。宰相以下的达官贵人，"竞施金帛，不可胜纪"。① 统治者用自己堕落的行动使对佛骨的"虔诚"变成了亵渎，在为自己升入"天堂"开辟道路的时候，实际上缔造了一个人间地狱。

在懿、僖更代之际，劳动人民遭到的深重苦难是令人发指的。就在王仙芝起义行将爆发的前夜，翰林学士卢携的一篇奏疏生动地描绘了一幅人间地狱的阴森图景："臣窃见关东去年旱灾，自虢至海，麦才半收，秋稼几无，冬菜至少，贫者碾蓬实为面，蓄槐叶为齑；或更衰羸，亦难收拾。常年不稔，则散之邻境；今所在皆饥，无所依投，坐守乡间，待尽沟壑。其蠲免余税，实无可征；而州县以有上供及三司钱，督趣甚急，动加捶挞。虽撤屋伐木，雇妻鬻子，止可供所由酒食之费，未得至于府库也。或租税之外，更有他徭。朝廷倘不抚存，百姓实无生计。"② "常年不稔"，农民可以"散之邻境"，而此时"所在皆饥"，说明阶级矛盾的广度和深度是空前地发展了，大规模的农民战争已呈一触即发之势。

大起义爆发之前，已经出现了一系列的小规模农民暴动。如咸通十一年（870）五月，光州（河南潢川）人民起来斗争，一举驱逐了刺史李弱翁。③ 乾符元年（874）十二月，商州（陕西商县）刺史王枢进行横征暴敛，引起"民相帅以白梃殴之，又殴杀官吏二人"④ 的事件。至于逃匿于山海间的农民武装，就更为普遍，不胜枚举了。这些点点滴滴的斗争为巨大的革命洪流进行了准备，一旦有人登高一呼，起义的浪潮就将像溃堤之水，一泻千里，汹涌澎湃地奔腾向前。

---

① 《通鉴》卷252 咸通十四年三月、四月。
② 《通鉴》卷252 乾符元年正月。
③ 《通鉴》卷252 咸通十一年五月。
④ 《通鉴》卷252 乾符元年十二月。

二　王仙芝和黄巢

唐末农民战争的发动者、组织者和领导者是王仙芝和黄巢。

王仙芝，濮州（河南范县南之濮城东）人，① 与黄巢共贩私盐为业。② 发动起义后曾自称"天补平均大将军兼海内诸豪都统"。③ 这不仅是一个称号，而是一面斗争旗帜，"平均"二字出现在农民起义领袖的桂冠上，实际是一个纲领性口号，反映了劳动人民的政治要求——平均财富。"海内诸豪都统"的称号说明，王仙芝从起义一开始，就不满足于把斗争只局限在数百人、数千人的狭小范围内，而是要力争成为全国起义农民的最高领导者，并号召各地农民起义的领导者联合起来共同战斗。

黄巢，曹州冤句（山东菏泽曹县西北）人，世代贩盐，喜欢击剑骑射，"稍通书记"，具有一定的文化，"喜养亡命"。④ 由于"屡举进士不第"，⑤ 分享了中小地主落拓失意的感情，对唐政权深为不满。他和王仙芝均经常进行武装贩运私盐活动，具有从事武装斗争的实际经验，又在自己周围聚集了一批由破产农民转化而成的"亡命"，所以由他们发动和领导起义是比较方便的。

在农民战争正式爆发之前，黄巢的故乡就流行着这样的童谣："金色虾蟆争努眼，翻却曹州天下反。"⑥ 这绝不是天意的启示，而是黄巢对起义曾经有意识地进行过舆论准备的见证。

冰冻三尺，非一日之寒。黄巢发动起义不是毫无政治准备的突然事件，大起义的爆发是与"仍岁凶荒"分不开的。

---

① 大多数记载都说王仙芝是濮州人，只有《旧唐书·黄巢传》称，王仙芝是黄巢的"里人"。按黄巢为曹州人。起义爆发后，王仙芝是由长垣首先进军濮州，而不是首先进攻曹州，据此可推知他确为濮州人。《旧传》误。

② 唯《通鉴考异》引《续宝运录》及《平巢事迹考》载二人共贩私盐事。

③ 《通鉴》卷252《考异》引《续宝运录》。同书卷253《考异》引《续宝运录》作"天补均平大将军兼海内诸豪都统"。未知孰是。

④ 《新唐书》卷225下《黄巢传》。

⑤ 《平巢事迹考》。

⑥ 《旧唐书》卷200下《黄巢传》。

三　起义开始的年代和地点

关于王仙芝起义最初爆发的年代，诸书记载颇不一致，一说是乾符元年（874），一说是乾符二年（875），需要首先加以辨明。关于这一问题，主要分歧记载有下面几条：

《通鉴》卷252乾符元年十二月：

> "是岁，濮州人王仙芝始聚众数千，起于长垣（河南长垣东北）。"《考异》曰："《实录》：二年五月，仙芝反于长垣。按《续宝运录》，濮州'贼'王仙芝……传檄诸道，檄末称：乾符一年正月三日。则仙芝起必在二年前。今置于岁末。"

《新唐书》卷225下《黄巢传》：

> 乾符二年，濮名"贼"王仙芝乱长垣，有众三千，残曹、濮二州。

《平巢事迹考》：

> 唐僖宗乾符元年，濮州人王仙芝作乱，聚众数千人，起于长垣。二年五月，与其党尚君长陷濮。
>
> 王仙芝自甲午起，至乙未，巢应之，甲辰始伏诛，首尾凡十年。

《旧唐书》卷19下《僖宗纪》：

> （乾符）二年……五月，濮州"贼"首王仙芝聚于长垣县……进陷濮州。

《新唐书》卷9《僖宗纪》：

> （乾符）二年……六月，濮州"贼"王仙芝、尚君长陷曹、濮二州。

《旧唐书》卷200下《黄巢传》：

> 乾符中，仍岁凶荒，人饥为盗，河南尤甚。初，里人王仙芝、尚君长聚"盗"，起于濮阳，攻剽城邑，陷曹、濮及郓州。

最近从故宫博物院藏的古代写经中发现一件写经残片的背面有墨迹九行一百一十字，其中有下面一句：

> 乾符岁在甲午七月，黄巢于淮北起，称帝，以尚让为承（丞）相，天下沸腾。改元广明元年岁在庚子矣。①

"墨迹"所说"甲午"，为乾符元年（874）的干支。上述典籍、文物中除《旧唐书·黄巢传》未确指年代外，其他都有年代记载。虽然各书所载年代有歧义，但我们根据大多数记载仍能初步判明，起义最初爆发于长垣，然后王仙芝才攻克濮州，二事不可能是同月，因仙芝檄末所注"乾符一年正月三日"，无论系于元年或二年，"正月三日"则比较确凿，与二年五六月的事必然相隔一段时间是毫无疑问的。根据诸书所载，乾符二年五月是攻克濮州的时间，不可能是起于长垣的时间。因为二事既非同月发生，如果二年五月是起于长垣的时间，则在攻克濮州前面应标明月份，而现在却未加标明，据此知起于长垣一事系追叙往事，必早于二年五月。大概攻克曹州的时间是六月，故《新纪》将攻克曹、濮合并系于六月。《通鉴》亦作如是处理。《考异》从《实录》中只引了一句"二年五月，仙芝反于长垣"，下文阙如。我觉得不应因此断言起于长垣是在二年五月，估计《实录》接下去还有"与其党尚君长陷濮州"之类的话，"反于长垣"同样属于追述性质。

---

① 参见杨新《唐人书黄巢起义记事墨迹》，《文物》1978年第5期。

第三章　王仙芝、黄巢领导的大规模农民战争

既然攻克濮州一事发生于乾符二年（875）五月，而起于长垣必定在此事之前，则起义爆发的最初年代仍有两种可能：或者是乾符元年（874），或者是乾符二年。关于这一问题，我同意岑仲勉先生的下述意见：

> 首应辨明者，考异二四引文又作"乾符二年正月三日"。古人无以"元年"为"一年"之习惯，则今本考异二三之"一年"，显为传抄之误。何况乾符元年十一月五日庚寅冬至，始改元乾符（通鉴二五二），在是年正月时，实际仍称"咸通十五年正月"，仙芝焉能于十个月以前预知改元。故今从传檄之日为起义之日，攻取濮州则依旧、新纪，放在本年五月、六月。……二年正月三日既可传檄，则无疑酝酿于元年，但元年十一月五日后才有"乾符"的称呼，而且与攻下濮州不应相隔过远，故仍以置于二年之初，较为稳当。①

除此之外，我再作如下几点补充：第一，司马光在《通鉴》中对一般时间不确实的事件都置于十二月份，而且前面加"是岁"字样。王仙芝开始起义一事置于十二月，前面且有"是岁"两字，说明司马光对这个年代并无把握。既然仙芝檄末有"正月三日"的记载，司马光又肯定起义爆发"必在二年前"，那就应当系此事于乾符元年正月，《通鉴》没有这样做，说明司马光对"必在二年前"的说法也自觉心中无数。第二，一般主张元年说的论者都把《平巢事迹考》当作论据之一，而且认为此书成于宋代。但清朝人认为作者是明人茅元仪，曹溶收入《学海类编》时"为狡黠书贾所绐"，所以误题"宋人撰，不著名氏"。因此书写成很晚，故"疏略"之处甚多。② 果尔，则这本书根本不足为据。第三，写经背面的墨迹系信手而书，从文意看，写的人意在练字，无意记叙历史，所记各事不相联属，很难根据这种材料当作信史进行考证。如"黄巢于淮北起"一句就与史实大相径庭，根本失实。根据墨

---

① 《隋唐史》，高等教育出版社1957年版，第483页。
② 《四库全书总目》，中华书局1965年版，第473、488、489页。

迹"岁在甲午"确定黄巢起义于元年，似嫌论据薄弱。第四，不论主张元年说的人还是主张二年说的人，都认为王仙芝与黄巢平日共贩私盐，交往有素，黄巢断不至在仙芝起义后很久才起兵响应。大中十三年进士刘汾曾亲自参加过镇压王仙芝、黄巢起义的活动，他认为"乾符二年，黄巢起兵应王仙芝"①。这条史料的价值远比写经背面的墨迹高得多。如果二人起义的时间相距不远，黄巢确实响应于二年，则王仙芝在元年起义的可能就小多了。第五，一般农民起义的规律都是起义爆发之后，"旬日之间"，众至数千，很快就会攻城掠县，如果王仙芝在乾符元年正月就已起义，而到第二年五月才攻克濮州，在长达一年半的时间里农民军在狭小的县境内活动而又始终未被统治者镇压下去，这不但在历史上是少见的，而且也不合情理。第六，即令传檄之前仙芝确实酝酿起义于元年十二月，但中西历每年年终也有一个月两年交差，乾符元年十二月的大部分时间都不是874年的十二月，而是875年的一月。

  根据上述论证，我的不成熟的意见是：把起义最初爆发的时间定在875年初可能比较合适。

  为什么起义首先爆发于黄河下游地区呢？主要原因有三：其一，庞勋起义失败后，"余党犹相聚闾里为群'盗'，散居兖、郓、青、齐之间"，唐朝曾派人到这一带进行过"招谕"，②曹、濮二州与上述各州很接近，所以在这一地区发动起义有较好的群众基础。其二，据《通鉴》载，乾符元年的卢携奏疏有"关东去年旱灾"之语，但同书又称，咸通十四年"关东河南大水"。《新唐书·五行志》亦作如是记载，根本没有提到"旱灾"的事。疑卢携奏疏的记录不准确。《新唐书·食货志》又载："乾符初，大水，山东饥。"大概由于黄河连年泛滥成灾，下游地区受害最深，因而起义易于在这一带首先爆发。其三，河南虽然亦遭严重水患，但东都左右是敌人重点设防的地区，不易发动起义，所以火种就只能在敌人力量稍显薄弱的黄河下游首先点燃了。

---

① 《全唐文》卷793刘汾《大赦庵记》。
② 《通鉴》卷252咸通十一年四月。

四　沂州之围

王仙芝在乾符二年（875）初起义后立即传檄诸道，指斥唐朝"吏贪沓，赋重，赏罚不平"①。如果说，"天补平均大将军"的称号用"平均"财富的要求把斗争矛头指向了地主土地所有制；那么，檄文就以更加明确的形式，把斗争矛头指向了地主政权。称号和檄文把经济斗争和政治斗争紧密地结合起来，标志着农民起义的阶级斗争水平大大地提高了一步。

五月，王仙芝攻克濮州，农民军已至万人以上。郑州（河南郑州）节度使李种出兵镇压，为义军所败。②六月，王仙芝克曹州。接着，部将尚君长、柴存、毕师铎、曹师雄等③四出略地，影响迅速扩大。黄巢在王仙芝势力发展过程中，亦与同族兄弟、子侄黄揆、黄思邺等八人募众数千人起兵响应。农民军指责唐朝"赋重"，确实打中了要害，所以"民之困于重敛者争归之"④。一时"饥民愿附者凡数万"⑤。这年夏天，黄河流域蝗虫蔽天，所过赤地，民不聊生，饿殍满野，至十一月间，各地农民纷纷起来斗争，到处出现农民武装，"多者千余人，少者数百人"，⑥农民起义的群众基础更加广阔了。

王仙芝还没有来得及把各地的农民武装联合起来，敌人就开始对王仙芝、黄巢和其他农民起义军进行疯狂的围堵、歼击。唐朝统治者调淮南、忠武、宣武、义成、天平五军节度使率大军，妄图北从郓州（山东东平北），西从汴州（河南开封市）、滑州（河南滑县东）、陈州（河南

---

① 《新唐书》卷225下《黄巢传》。
② 《旧唐书》卷19上《僖宗纪》。
③ 《新唐书》卷225下《黄巢传》载，尚有柳彦璋、刘汉宏、李重霸等。按《通鉴》载，柳彦璋是一支独立的农民军，与王仙芝没有直接联系。刘汉宏则根本不是农民起义，李重霸性质不详。
④ 《通鉴》卷252乾符二年六月。
⑤ 《旧五代史》卷1《梁太祖纪》。
⑥ 《通鉴》卷252乾符二年十一月。

淮阳)、许州（河南许昌市），南从扬州（江苏扬州市），三面合击农民起义军，进行大规模镇压。王仙芝与黄巢虽有众数万，但与敌军相比，仍有众寡悬殊之感，如果困守曹、濮，必然陷于被动；尤其是起义爆发之初，应当大力蓄积力量，不宜打消耗战。在这种形势下，农民军遂放弃曹、濮，向敌人没有大量部署兵力的东面进攻，包围了沂州。这一避实就虚的决策是符合客观情况的，正确的。

王、黄东进，对淄州（山东淄博市西南之淄川）、青州（山东益都）一带构成严重威胁，平卢节度使宋威首当其冲，因奏请率本道兵出击。唐朝遂任命他为诸道行营招讨草"贼"使，并让他节制参加镇压起义的河南各镇兵，这样，宋威就成了农民军当前的主要对手。同时，唐朝还另派禁兵三千、甲骑五百，增援平卢军。

农民起义的烈火大有向四处延烧之势，斗争的中心地区均在汴河东北，漕运有中断之虞。为了扑灭起义的火焰，防止蔓延，确保漕运，统治者采取了三项反动措施：命令福建、江西及湖南诸道加紧训练士卒，全国各地的乡村均置弓刀鼓板，以资应变；命令宣武、感化二镇及泗州选精兵数百人专门扼守汴河，以防意外；集中兵力进攻王仙芝、黄巢，解沂州之围。

王仙芝进攻沂州达七个月之久，不克，于乾符三年（876）七月为宋威所败，① 暂时撤退转移。宋威被胜利冲昏了头脑，一面向唐僖宗奏报王仙芝已死，一面纵遣诸道兵，自己也回了青州。可是敌人高兴得太早了，几天之后，统治者就发现，"仙芝尚在，攻剽如故"。对于反动愚蠢的敌人，胜利变成了讽刺，"百官入贺"变成了一幕滑稽剧，农民军的机智转移实际是和他们开了一个不大不小的玩笑！

五　洛阳周围的战斗

宋威的纵遣唐军给农民起义的发展造成了有利的形势。唐僖宗发现

---

① 《新唐书·黄巢传》载，宋威先败王仙芝，后除诸道行营招讨使。产生此一错误的原因是对《实录》的误解。可参阅《通鉴考异》对《实录》的解释。

第三章　王仙芝、黄巢领导的大规模农民战争

宋威虚报战果以后，只得再次下令发河南诸道兵出击，但骄兵刚刚遣归，不愿立刻再被征调，皆忿怨思乱，敌人一时无法集中大量兵力作战。王仙芝利用这一有利时机，在八月间大举西进，很快就攻克了阳翟（河南禹县）、郏城（河南郏县），并且在不到十天的时间攻破了八个县。① 很明显，农民军的战略意图是以洛阳为首要进攻目标，一旦控制了中原，就继续西进，直捣关中。为此，王仙芝、黄巢在此后两个月左右的时间中，一直在洛阳周围展开攻势。

农民军向中原的心脏东都附近进军，引起了敌人极大的惶恐。统治者为了确保洛阳，急忙采取了如下的部署：一方面，调昭义及义成兵至洛阳，加强防御力量，并任命曾元裕为招讨副使，统率洛阳守军，准备顽抗；另一方面，命忠武军崔安潜从陈、许一带出击。这一部署的目的是企图陷农民军于腹背受敌的不利地位。此外，唐朝还令山南东道节度使李福选步骑二千，守汝州（河南临汝）、邓州（河南邓县）一带的要路，以堵塞农民军西进的道路。

王仙芝和黄巢感到继续在郏城一带作战极其不利，如果进军洛阳，不但陷于攻坚不克，而背后又有忠武军进逼的后顾之忧。为了摆脱这一局面，农民军遂于九月间西克汝州，俘虏了刺史王镣。② 这次大捷使"东都大震，士民挈家逃出城"，③ 对敌人是一次严重的打击。接着，农民军又乘胜攻克阳武（河南阳武），进兵郑州（河南郑州市）。其意图显然是由西向东迂回，准备攻下郑州后再次向西进攻洛阳。

---

① 《新唐书》卷225下《黄巢传》。
② 关于王仙芝攻克汝州后王镣的下落问题，史料记载颇不一致，也引起了史学界的不同意见。两《唐书》的《僖宗纪》《旧唐书·黄巢传》《唐大诏令集》卷117《宣抚东都官吏敕》及皇甫枚《三水小牍》均载王镣被掳。《旧唐书·王铎传》载，"王仙芝陷郡城，被害"。《新唐书·王铎传》载，汝州被王仙芝攻克后，王镣"贬韶州司马，终太子宾客"。我觉得被掳说较可信，理由是：第一，王仙芝攻汝州时，皇甫枚是否在该城，不得而知。但他在汝州有别业，写《三水小牍》时可能在当地进行过调查。第二，以后王仙芝在蕲州动摇，有降唐意，王镣曾做过牵线人（详下），可见当时仍被执。第三，被害、在逃之说均见于两《唐书》的《王铎传》，列传材料有相当部分来源于专事歌功颂德的碑铭和行状，而王镣为王铎之弟，可能因被俘之事实属可耻，故被隐讳。第四，主张在逃说的史学家举不出强有力的论据，故不取。
③ 《通鉴》卷252乾符三年九月。

六　向南游动

王仙芝自西攻阳翟之后，始终以洛阳为目标，在该城四周辗转作战，不断采取攻势。但中原地区敌人集中了大批军队，洛阳又有重兵防守，农民军在这一地区长期纠缠，不仅达不到攻占东都的目的，而且在人力物力上远逊于敌人，很容易陷于被动。因此，王仙芝、黄巢攻郑州不克，被屯驻中牟（河南中牟东）的唐将雷殷符打败后，就在十月间南趋唐州（河南唐河）和邓州，并于十一月攻克郢州（湖北钟祥）和复州（湖北沔阳西南）。这是唐末农民战争爆发以来，农民军第一次大规模向南游动作战。

根据上述情况可以看出：首先，农民军的向南进军，主要是由于在力量对比上处于劣势，不得不采取避实就虚的战略，而不是由于贪图南方的富庶，何况南方真正丰饶的只是江淮下游，并非郢、复一带。其次，农民军的南进是战略上采取守势，进行退却；在战术上却是进攻，在唐朝力量比较薄弱的地区打击敌人。为了保存和蓄积力量，迎接新的攻势和再度向洛阳进军，暂时的南撤是正确的和必要的。

大概在九月开始南下时，尚让在中途带领一支义军进入了嵖岈山（河南遂平西），[①] 并迫使部分唐军不久就退保邓州。

王仙芝南撤之际，敌人尾追于后，农民军利用唐军的贪婪成性，沿途遗赀布路。敌兵果然争先恐后地拾取财物，逗挠不进，造成了农民军顺利转移的时机。到这年十二月，王仙芝和黄巢率领大军转入申州（河南信阳市南）和光州，攻破随州（湖北随县）和安州（湖北安陆），然后以安州为据点，又分兵东攻庐州、寿州（安徽寿县）、光州和舒州等地。在这一时期，农民军主要活动的地区是长江中游以北及淮河上游以南各州县，斗争之所以局限于这一地带，是由于北面宋威屯兵于亳州，

---

① 关于尚让入嵖岈山的年代，《旧唐书》的《僖宗纪》和《黄巢传》的记载均不可靠，当从《实录》。司马光在《考异》中的意见是正确的，但未指出准确的时间。今按嵖岈山的地理位置推断，尚让当于王仙芝由郑州南撤途中进入该地，时间约在九十月间。

南面曾元裕拥兵于蕲州和黄州（湖北黄冈南），只有中间广大地区是敌人力量薄弱之处，农民军有活动的有利条件。至于东攻庐、寿，显然是企图向富庶的地区发展，以便补充人力和物力。

王仙芝、黄巢南进过程中能够取得巨大的成就，一方面由于决策正确、英勇战斗，一方面也与敌人存在严重弱点有关。宋威妄奏之后，各道尤其不服，诸道兵凑成的杂牌军很难统率，他更不愿意损失自己的个人力量，所以"淹留亳州，殊无进讨之意"①。他曾对曾元裕吐露过私情："昔庞勋灭，康承训即得罪。吾属虽成功，其免祸乎？不如留'贼'，不幸为天子，我不失作功臣。"② 当时农民军力量有限，还看不到短期内有推翻唐朝的可能，宋威显然不是为将来"作功臣"预布棋子，而是希望保存实力，作为个人的政治、军事资本。至于拥兵蕲、黄的曾元裕，也是"专欲望风退缩"，③ 无意全力镇压起义。这是中央集权瓦解、藩镇割据的形势下必然出现的情况，在唐末农民战争过程中是司空见惯的事。

七　蕲州诱降的真相与王、黄分兵

唐朝统治者对农民起义一贯采取军事镇压和招降收买的反革命两手策略。早在王仙芝攻克汝州、俘虏王镣时，唐僖宗就宣布"赦王仙芝、尚君长罪，除官以招谕之"，只是没有收到实效。乾符三年（876）十二月，王仙芝攻蕲州战役中，蕲州刺史裴偓再次进行诱降，发生了王仙芝第一次动摇事件。关于这次事件，据《通鉴》卷252载：

> 王仙芝攻蕲州。蕲州刺史裴偓，王铎知举时所擢进士也。王镣在"贼"中，为仙芝以书说偓。偓与仙芝约敛兵不战，许为之奏官，镣亦说仙芝许以如约。偓乃开城，延仙芝及黄巢辈三十余人入城，置酒，大陈货贿以赠之，表奏其状。诸宰相多言："先帝不赦庞勋，

---

① 《通鉴》卷252乾符三年十二月。
② 《新唐书》卷225下《黄巢传》。
③ 《通鉴》卷252乾符三年十二月。

期年卒诛之。今仙芝小'贼',非庞勋之比,赦罪除官,益长奸宄"。王铎固请,许之。乃以仙芝为左神策军押牙兼监察御史,遣中使以告身即蕲州授之。仙芝得之甚喜,镣、偓皆贺。未退,黄巢以官不及己,大怒曰:"始者共立大誓,横行天下;今独取官赴左军,使此五千余众安所归乎?"因殴仙芝,伤其首。其众喧噪不已。仙芝畏众怒,遂不受命,大掠蕲州,城中之人,半驱半杀,焚其庐舍。偓奔鄂州(湖北武昌市),敕使奔襄州(湖北襄樊市),镣为"贼"所拘。"贼"乃分其军三千余人从仙芝及尚君长,二千余人从巢,各分道而去。

关于这一事件,《新唐书·黄巢传》亦有类似记载,稍简略。《平巢事迹考》只有寥寥数语,唯《通鉴》最详,故全录之。但此一记载颇引起一些人的怀疑,所以须澄清几个问题。

《旧唐书·懿宗纪》载,裴偓(亦作渥)在乾符四年(877)三月始除蕲州刺史,有人据此否认三年(876)十二月有诱降事。我认为,根据《旧唐书》否定《通鉴》的记载是不够妥当的。按《旧唐书》记唐代后期历史系年错误之处不胜枚举,叙事颠倒不伦的地方也很多,且王仙芝攻蕲州事在纪、传中均付阙如。此外,《旧唐书》的系年错误,提前者少而移后者多。[①] 就一般情况而言,《通鉴》在纪年方面比《旧唐书》可靠得多,前书置于三年,必另有所据。

司马光在《考异》中说:"仙芝、巢初起时云数月间众至数万。至此才有五千者,盖乌合之众,聚散无常耳。"蕲州城下农民军只有五千余众,是否合乎情理呢?《旧唐书·黄巢传》更说,王仙芝历陈、许、襄、邓时,"众号三十万"。以此为据,五千之说就更可怀疑了。首先应当指出,"众号三十万"是夸大,根本不可信。庞勋起义势力最大时,不过有众二十万,此时既言"仙芝小'贼',非庞勋之比",则农民军必然比二十万少得多。其次,王仙芝据安州分兵攻庐、寿等州时,有很多军队四出作战,加之尚让早已带走了一支农民军进入嵖岈山,此时王仙芝不可

[①] 如郑畋除宰相一事,据《实录》载,在乾符元年(874)十二月,而《旧唐书·郑畋传》竟置于乾符四年(877),即其一例。

能亲率①数万之众攻蕲州，兵力必然少得多。因此，不能根据蕲州城下只有数千之众就证明农民军是"乌合之众，聚散无常"。

史料中既有王镣牵线、裴偓约降，敕使持告身赴蕲州并在以后逃往襄州等事，均非子虚乌有，故王仙芝一度发生动摇，是比较确凿的。

只有"黄巢以官不及己"而反对投降是封建史臣的臆度之词，纯系虚构捏造。从《通鉴》记载看，黄巢对"官不及己"并无丝毫怨言，他指斥王仙芝时只是说他违背了和起义农民"横行天下"的革命誓言，不顾"五千余众"，"独取官"而去，这里并没有掺杂什么个人的妒忌和怨恨。可见黄巢完全是以全体起义群众的名义，从革命利益出发，反对王仙芝的变节投敌企图。

至此，尚有若干可疑之处。黄巢既无降意，为什么久屯蕲州城下，听王仙芝与唐朝勾勾搭搭，一直等到敕使持告身来到时，才起而反对王仙芝呢？为什么黄巢要同王仙芝仅率三十人一起去赴敌人的宴会呢？王镣既已为王仙芝以书说裴偓，为什么以后又要"说仙芝许以如约"呢？由于缺乏足够的直接材料可资利用，我们只能做一些分析结论。就当时客观形势而言，尚让入嵖岈山，王仙芝分兵出击庐、寿以后，仅率五千余众围攻蕲州，甚感兵力不足，何况蕲州又是一个军事要地，防守的唐军不可能太少。王仙芝和黄巢可能为了麻痹敌人，待机而攻，就采取虚与委蛇的缓兵之计。唐朝统治者信以为真，遂遣敕使持告身到蕲州受降。就在此时，王仙芝在敌人诱降面前突然动摇，黄巢认为王仙芝中途变卦，故起而殴伤其首；起义群众喧噪反对，终于制止了这次意外事件。

大概由于裴偓诱降事件中黄、王之间不无芥蒂，所以此后二人分兵，各自转战于南北。王仙芝在政治上动摇、软弱，不再有向敌人心脏地区发动攻势的雄心壮志，于是留在南方继续作战，曾于乾符四年（877）二月一度攻破鄂州。黄巢则不忘进攻东都的夙志，率军北进，先后攻克郓州、沂州，希望回到濮州一带蓄积力量，准备向洛阳附近发动新的攻势。黄巢所领导的这支义军很快就发展到数万之众了。②

---

① "率"原作"帅"。——编者注
② 《新唐书》卷225下《黄巢传》。

八　宋州之役和再度分兵

王仙芝的动摇引起王、黄分兵作战，对开展斗争极其不利，当时敌强我弱，联合起来比较有利。为此，黄巢在四月间率众入嵖岈山，与尚让会合。大概王仙芝在南方孤军奋战，也有同感，所以亦北上与黄巢联合。这样，农民军的势力又有显著的增强，因而在七月间展开了进取宋州的攻坚战。

宋州是洛阳、汴州的东南屏障，在军事上十分重要；同时又是汴河岸的重镇，对统治者来说，此城得失事关漕运，非同小可。农民军集中兵力进攻宋州，是对唐朝的巨大威胁。当时宋威龟缩在城内一筹莫展，平卢、宣武、忠武三道兵又吃了败仗，该城形势岌岌可危。为了确保漕运畅通无阻，忠武节度使崔安潜乃派张自勉率兵七千救宋州。农民军战不利，损失二千余人，因解宋州围，再度向敌人力量薄弱的地区南撤，于八月攻克了安州和随州，① 打败了山南东道节度使李福所派的援军。

半年以前，江北一带初经战火，社会秩序尚未全部恢复，当地阶级矛盾相当尖锐。此时农民军再次向这里进军，统治者惊魂未定，慌恐异常，于是唐僖宗一面遣使"宣慰蕲、黄等州"，宣布在汝、隋、申、安、蕲、黄等州"减放租税"，"放免"差役，② 妄图借此釜底抽薪，瓦解农民起义的群众基础；同时又派李昌言将凤翔兵五百前往增援，镇压起义。大约就在此时，王仙芝和黄巢又分兵徇地。黄巢在十一月再攻蕲、黄二州，不幸为曾元裕所败，以后就转旗北指，攻克匡城（河南长垣西南）、濮州，

---

① 《通鉴》只提王仙芝，未提黄巢攻随州。《新唐书·僖宗纪》载："黄巢陷隋州。"按十月间，黄巢攻蕲、黄二州，可知也曾由宋州南撤。攻隋州时，王、黄当未分兵。
② 《唐大诏令集》卷117《遣使宣慰蕲黄等州敕》。不能根据此敕发布于乾符四年九月，就肯定王、黄第一次攻蕲州是在四年而不在三年。一则因为统治者并不是在农民军过后立即进行"宣慰"，如发布此敕时已距王仙芝攻克汝州达一年之久；一则因为王、黄攻宋州时，统治者还腾不出手来"宣慰"蕲、黄，更不知道农民军将再度向南进军。况且，如果王、黄在四年九月前不久才由蕲、黄撤走，只经过两三个月的时间，黄巢就能北克郓、沂，入嵖岈山，合围宋州，又再次在十一月进攻蕲、黄，在时间上也不合情理。

又回到故乡一带发展势力。王仙芝则向西南进军，转攻郢、复二州。

九　王仙芝第二次动摇

　　王仙芝、黄巢领导的农民战争已经持续了将近三年之久，统治者深感"日月渐深，烟尘未息"，"虚费馈粮，州县罄于供承"①之苦，却仍然看不到取得最终胜利的征兆。他们急于扑灭农民起义，于是就施展阴谋，加紧了诱降活动。僖宗在乾符四年三月发布的《讨草"贼"诏》中，就公然号召王仙芝等"解甲收兵，诣所在州府投降"，并以"超授官爵""常居禄位"为诱饵。②当王仙芝在安、隋、郢、复等州活动时，唐朝的招讨副都监杨复光就按照这一既定政策积极地开始行事了。

　　关于王仙芝的第二次动摇事件，《通鉴》卷253的记载是：

> 　　十一月……招讨副都监杨复光遣人说谕王仙芝，仙芝遣尚君长等请降于复光，宋威遣兵于道中劫取君长等。十二月，威奏与君长等战于颍州西南，生擒以献。复光奏君长等实降，非威所擒。诏侍御史归仁绍等鞫之，竟不能明。斩君长等于狗脊岭。

对于这一材料，首先须要声明几点：第一，两《唐书》的《杨复光传》及《黄巢传》都载明，杨复光所遣之人即吴彦宏，非常确凿，故曾经"说谕仙芝"一事毋庸置疑。第二，只有《旧唐书·杨复光传》说，所招降的是黄巢，不是王仙芝，与其他有关记载不同。但《旧唐书》粗疏之处特别多，且王仙芝的动摇是一而再的，而黄巢斗争一贯坚决，故可断言，《旧唐书·杨复光传》是误王仙芝为黄巢了。第三，《旧唐书·黄巢传》载：

---

① 《全唐文》卷87僖宗《谕河南方镇诏》。
② 《唐大诏令集》卷120。

> （乾符）三年七月，（王仙芝）陷江陵。十月，又遣徐君（误，当作唐）莒陷洪州。对仙芝表请符节，不允。以神策统军使宋威为荆南节度招讨使，中使杨复光为监军。复光遣判官吴彦宏谕以朝廷释罪，别加官爵……

这段记载错误百出，根本不足为据。如：此事绝不可能发生在乾符三年（876）；王仙芝攻克江陵、徐唐莒攻克洪州，据他书记载，均在此次诱降事件之后，《旧传》显系前后颠倒；当时的荆南节度使是杨知温，① 宋威是招讨使，杨复光是监军，宋、杨二人均在宋州一带，不可能在荆南。因此，我们不能根据《旧唐书·黄巢传》的记载，对王仙芝是否乞降问题，进行武断的判断。

此外，还须消除若干可疑之处，才能阐明事实真相。

首先，王仙芝遣尚君长、蔡温球及楚彦威等赴颍州，是"奉表请罪"呢，还是出击敌人呢？据各书所载，都说是"请降"，但史学界有人怀疑"请降"说，故须加以辨明。我同意"请降"说，理由是：第一，如果尚君长等确系主动出击，宋威伏击胜利正是为朝廷立了大功，为什么以后统治者反而会认为"宋威失策杀君长"② 呢？显然，其所以"失策"，就在于这次伏击破坏了杨复光的"招降"阴谋。第二，农民军攻宋州失败后，即行南撤，黄巢已经分兵而去，不能认为农民起义正处于节节胜利的时刻，不会发生动摇事件。实际上，王仙芝已经陷于不利的境地。王仙芝两次动摇均发生在南撤之后，绝非偶然。第三，王仙芝"七状请降"虽系郑畋听说的传闻，但唐朝统治者经常把王仙芝当成"招降"对象，则是可以肯定的。第四，《旧唐书·黄巢传》说，尚君长等曾被宋威"擒送阙"。《新唐书·黄巢传》说，尚君长等被俘后，朝廷曾命侍御史和中人"驰驿即讯，不能明"。依常理而言，如果尚君长等不是去洽降，而是主动出击敌人，则通常处理战俘的办法是劝降或劝降失败后处死，完全

---

① 详《通鉴》、《旧唐书》卷172《李石附福传》及《旧唐书》卷19下《僖宗纪》等。

② 《旧唐书》卷19下《僖宗纪》。《旧唐书》卷164《王铎传》："宋威破'贼'失策。"《旧唐书》卷178《卢携传》亦称："及宋威杀尚君长，致'贼'充斥，朝廷遂以宰臣王铎为都统。"《新唐书》卷207《杨复光传》："后天子痛威阶祸，罢之。"

没有必要由朝廷派人"即讯",或把战俘送往京师审讯。尚君长等被俘后能够引起统治者特别注意,而且审讯的结果是"竟不能明",正说明其中必有周折。

其次,根据大量史料记载,尚君长等是去"诣阙请罪"或"奉表入朝"。① 我们知道,被俘的地点是颍州西南,并不在赴长安所必经的大道上。是否可以说,他们是由安、郢、复等州向东北进攻亳、宋等州的唐军,而不是去长安洽降呢? 我觉得,"诣阙""入朝"之说不可靠,路线确实不对头;但洽降仍然是可能的。当时具体执行"招降"政策的是杨复光,他以监军的身份正在宋威军中,② 尚君长如果进行洽降,必须首先去亳、宋一带和杨复光接头,不可能一直就去京师,而颍州正是由安、郢、复等州赴亳、宋等州的必经之地。宋威能够中途伏击,就是因为利用了这一便利条件。如果尚君长等直接"入朝",他就无法从中破坏了。

大量史料千篇一律地记载尚君长等是去洽降,没有一条记载说他们是去进攻敌军。在分析历史问题时,对孤证尚且不能轻信,连孤证都不存在的情况下,更没有必要否认王仙芝的这次动摇事件了。封建史臣是会对农民起义进行污蔑的,但他们没有必要用投降来罗织王仙芝,因为站在统治者的立场上,封建史臣只能把投降看作"弃暗投明",光荣的"归顺",不可能看作可耻的变节行为。

最后,为什么宋威要破坏这次"诱降"活动呢? 原来宋威是在卢携的推荐下才做了招讨使的,③ 但在镇压起义过程中,他初则妄奏王仙芝已死,继则淹留亳州,"殊无进讨之意",加之"衰老多病",在朝廷看来,是一个极不称职的将领。乾符三年(876)十二月,郑畋已建议以崔安潜为行营都统、李琢(亦作涿)为招讨使,代替宋威。次年七月,崔安潜遣张自勉将忠武军解宋州围后,卢携与王铎欲使张自勉军亦受宋威节制,曾遭郑畋的坚决抵制,不肯署奏。十月,郑畋又攻击宋威"欺罔朝廷,败衄狼籍。又闻王仙芝七状请降,威不为闻奏。朝野切齿",主张"宜正

---

① 《册府元龟》卷451《将帅部·争功》。两《唐书》的《黄巢传》、《旧唐书·僖宗纪》。
② 《新唐书》卷207《杨复光传》。
③ 《旧唐书》卷178《卢携传》。

军法"，或"早行罢黜"。① 正是因为宋威屡战不利，才下诏"以监军杨复光总其兵"②。很明显，宋威既已卷入中央卢携与郑畋的派系之争，自己的行径和表现又确实有懈可击，虽欲利用起义以自重，如果长此以往，势必有朝一日为杨复光等人所取代。如果这次杨复光"诱降成功"，宋威的官职就形同垒卵了。对于宋威来说，伏击尚君长的好处是一箭双雕：一方面可以假报战功，给自己捞一点政治资本，以便保住职位；一方面使杨复光功败垂成，令其威信不致驾乎自己之上，所以史料中一再记载，宋威是出于对杨复光"疾其功""害其功"，而进行伏击的。

王、黄第一次分兵是在蕲州事件之后，第二次分兵之后又发生了尚君长事件，可见两次分兵都与王仙芝的动摇有关。大概第二次农民军南进时，王仙芝有意降敌，深恐黄巢在左右多所掣肘，重蹈蕲州的覆辙，所以决定单独行动，再次分兵。但事不凑巧，这次投降活动虽然摆脱了黄巢的干扰，却为宋威所破坏。

十　王仙芝的结局

尚君长的被杀对王仙芝是一个重大的打击，不仅打破了他一心投敌的迷梦，而且使他损失了一部分重要将领。因此，事情发生后，王仙芝怒不可遏，立即对荆南（湖北江陵）发动猛烈的进攻，于乾符五年（878）初破其罗城。唐朝的荆南节度使杨知温"非御侮之才，城无宿备"，③急遣使向山南东道节度使李福告急。李福亲率州兵及沙陀族五百骑赴援。王仙芝战不利，遂自江陵城北撤。

王仙芝的一再动摇给起义带来了严重影响。首先，领导者的政治弱点必然使起义群众在政治上丧失必胜的信心，容易导致军心涣散、士气低落。其次，王、黄分兵及尚君长等人的被杀大大削弱了王仙芝农民军的力量，陷于孤军奋战。因此，北撤之后，在乾符五年正月，王仙芝于

---

① 《通鉴》卷253乾符四年十月。
② 《册府元龟》卷451《将帅部·争功》。
③ 《旧唐书》卷19下《僖宗纪》。

申州为曾元裕所败，损失两万多人；二月，又于黄梅（湖北黄梅西北）为曾元裕所败，损失五万余人。王仙芝本人亦最后战败而死。①

王仙芝虽然是唐末农民战争的最初发动者和领导者，但他在革命过程中没有克服私盐贩出身所带来的阶级烙印，一再动摇，给起义造成了不可弥补的损失。王仙芝两次投降活动之所以均未实现，不是由于他的革命思想战胜了变节思想，而是由于黄巢和起义群众的抵制，宋威的作梗。由此可见，王仙芝是一个有严重缺陷的、政治上不坚强的农民起义领导者。他的软弱、动摇导致了黄梅的悲剧结局，对他个人来说，只不过是一个生死问题，对于革命事业来说，却无异于犯罪。

十一　北攻中原，南渡长江

王仙芝战死后，余众大部分在尚让的率领下奔赴攻打亳州的黄巢。两部分义军会师之后，黄巢成了农民起义唯一的最高领导者，于是在乾符五年二月正式建立了起义政权。他自称黄王，② 号冲天大将军，建元王霸，署置了官属。称王、建元之举和"冲天"大将军的称号表示了黄巢彻底打倒唐政权的坚强决心和必胜信心，也反映政治斗争的水平比王仙芝时期大大提高了一步。从此以后，广大群众以黄巢为领袖，团结在反唐斗争的旗帜下，把农民战争推向了新的高潮。

对王仙芝的失败，必须进行一分为二的分析。一方面，数万之众的牺牲给农民军造成了巨大的损失，人力上有严重削弱；另一方面，王仙芝死后，上层领导集团大为纯洁了，部众更加团结了，农民军的战斗力因之有所加强，坏事终于变成了好事。黄巢的领导是促成这一转化的重要条件。

从黄巢建立起义政权开始，农民军展开了大规模、长距离的万里远征，革命航船在斗争激流中乘风破浪，出现了壮丽的奇观！

---

① 关于王仙芝死于何地及何人之手，史料中亦有分歧记载，可参阅韩国磐《黄巢起义事迹考》一文之考证。该文载《厦门大学学报》（社会科学版）1956年第5期。

② 两《唐书》的《黄巢传》都说"推巢为王"，《通鉴考异》引《实录》有"自称黄王"的记载。按以后黄巢进入长安时，尚让曾称："黄王起兵，本为百姓"，则此时称"黄王"当无疑问。

北攻洛阳始终是黄巢的夙愿,他在农民军会师后不久,就挥师北进,再克沂州、濮州,准备在故乡一带休整、蓄积力量后西攻东都。不幸此时屡为唐军所败,农民军处于困难境地。黄巢为了麻痹敌人,遂行缓兵之计,遗书唐朝的天平节度使张裼,①伪示欲降。唐僖宗得讯,立即下诏,以黄巢为右卫将军,令就郓州解甲,但"巢竟不至"。②事实雄辩地说明,黄巢根本没有降敌的真意,遗书张裼③只是为了摆脱不利形势的一时权宜之计而已。④大概利用敌人待降的空隙,农民军得到了必要的休整,战斗力有所增强,所以黄巢在三月间又开展新的攻势,自滑州(河南滑县东)趋宋、汴二州,直指卫南(河南滑县东)、叶(河南叶县南)及阳翟等县。这次义军沿着黄河南岸笔直西进,"欲窥东都",⑤战略意图是非常清楚的。唐朝大震,急调河南、昭义、宣武等镇兵增援东都,同时又在洛阳附近募兵二千,加强守卫。此外,统治者还发义成兵三千守轘辕(河南偃师东南)、伊阙(河南洛阳市南)、河阴(河南成皋)、武牢(河南汜水西北),加强洛阳东面的防御力量。在唐军云会四合的形势下,农民军又处于寡不敌众的劣势地位,不利于在洛阳周围长期打消耗战,于是黄巢再次引兵南下,作远距离的游动,顺利地攻克了虔州(江西赣州市)、吉州(江西吉安市)、饶州(江西鄱阳)、信州(江西上饶市)等地。黄巢这次飞渡长江南进,是由于王仙芝失败后,江北的起义势力已经所余无几了,大部余众在王重隐、徐唐莒、曹师雄等人领导下已分别过江活动于洪州(江西南昌市)、宣州、润州(江苏镇江市)、湖州(浙江吴兴湖州镇)及浙东、浙西等地,农民军南渡可以和他们取得联系。黄巢发现虔州过于偏远,而且这里没有王仙芝余部的活动,此时王重隐正在攻打洪州,曹师雄正在宣、润一带作战,遂率义军向东北进军。黄巢始终没有和这些小支农民军取得直接联系,王、徐、曹等人又

---

① 《旧唐书》卷178《张裼传》载,裼卒于乾符四年。果尔,则五年不能发生黄巢遗书张裼的事。然《新唐书》卷9《僖宗纪》载,裼卒于五年;《通鉴》载,卒于六年。《旧唐书》的年代错误特别多,故弃四年之说。
② 《通鉴》卷253乾符五年二月。
③ "裼"原误作"裼"。——编者注
④ 黄巢以后还有几次类似事件,均属此种性质,与王仙芝的动摇不能等同视之。详下。
⑤ 《新唐书》卷225下《黄巢传》。

互不配合，分散作战，因而这些王仙芝余部就先后失败了。

八月，农民军攻宣州，为唐朝宣歙观察使王凝败于南陵（安徽南陵）。为了与两浙的义军取得联系，黄巢于九月经杭州（浙江杭州）① 而趋越州（浙江绍兴市）。

十二　由浙趋闽

长江以南，浙江一带本来已有王仙芝余部活跃，现在黄巢大军又一再企图与他们结合，东南的形势顿时紧张起来。唐朝统治者为了扑灭这一地区的战火，乃派高骈为镇海节度使，加强防御和镇压。高骈"家世仕禁军"，② 曾对羌人、南诏用兵，是唐末经过长期作战锻炼的一员名将。他的移官镇海说明唐政权对镇压黄巢起义已十分重视。

黄巢经杭州趋越州时，已经进展到镇海军辖境的南界。这时高骈遣部将张璘（亦作潾或麟）、梁缵出击，③ 打败了义军。在起义遭到严重困难的时刻，秦彦、毕师铎、李罕之、许勍等数十名叛徒投降了高骈。④ 现在两浙地区也出现了敌强我弱、敌胜我败的局面，黄巢为了保存力量，再一次作必要的转移，从越州南撤，打算由浙东乘船浮海赴福建，不料找不到船只，⑤ 遂"开山路七百里"⑥ 进入福建。

在福建境内，大致义军分两路进军：主力由今浦城、崇安、建瓯、南平攻入福州；另一路由今浦城东向政和、福安、霞浦，再南攻福州。⑦

---

① 据韩国磐先生考证，黄巢只途经杭州，未攻破该城。参阅《黄巢起义事迹考》一文。
② 《旧唐书》卷182《高骈传》。
③ 《旧唐书·黄巢传》载，黄巢此次南进时曾伪降于高骈，"骈遣将张璘率兵受降于天长镇，巢擒璘杀之"。此一记载完全错误。黄巢杀张璘是在由广州北伐途中。
④ 《新唐书》卷9《僖宗纪》载，张璘在越州打败农民军是在乾符五年（878）九月。《通鉴》及《平巢事迹考》均置此役于黄巢趋福建以后，时间是乾符六年正月。按越州离镇海极近，高骈断不至轻易放过义军，等远趋福建以后才追击。当从《新纪》。
⑤ 《旧唐书》卷19下《僖宗纪》。唯《旧纪》误系此事于乾符五年三月。
⑥ 《通鉴》卷253乾符五年八月。《旧纪》作"山洞五百里"，"洞"字衍。《新唐书·黄巢传》亦作"刊山开道七百里"。当从《通鉴》及《新传》。
⑦ 参阅王永兴《试谈黄巢进军岭南的路线》，《光明日报》1962年6月6日。

十二月，两路大军在福州胜利会师，"是时，闽地诸州皆没"①。事实说明，福建敌人的力量确实单薄，所以黄巢入闽后呈破竹之势，横扫了大量州县。

本来农民军中就有"逢儒则肉师必覆"的歌谣，黄巢入闽后，有一些被俘的地主分子"绐称儒者"，就被释放了。义军攻克福州后，"焚室庐，杀人如薮"，大力打击官僚、地主，但偏偏对崇文馆校书郎黄璞"灭炬弗焚"，因为他是儒者。黄巢求得"处士"周朴，问他"能从我乎？"这个反动的家伙却顽固不化地回答说："我尚不仕天子，安能从'贼'？"黄巢一怒之下，杀了周朴。②事实说明，黄巢由于本人"稍通书记"，"屡举进士不第"，在政治上对儒生一度实行传统的"优礼"政策。至于那些坚持反动立场的儒生，则亦遭到农民军的无情镇压。

十三　广州之役

福建地区比较闭塞，北面又有高骈虎视眈眈，不利于农民军以后大规模北上冲击敌人，所以经过一段休整之后，黄巢就于乾符六年（879）春③沿海岸南进，经过今潮、循一带，进入了广东的东北部。④五六月间，农民军包围了广州。⑤

在围攻广州过程中，又出现了所谓"乞降"事件，然记载歧异很大，

---

① 《新唐书》卷225下《黄巢传》。
② 《新唐书》卷225下《黄巢传》。
③ 由福建至广州，沿途没有发生大的战斗，估计历时不至于很久。《通鉴》《平巢事迹考》等书载，黄巢正月始趋广东。然黄巢在五六月间才到广州城下。果尔，则经历了半年之久，不合情理。由福建南攻必在正月以后，故本书笼统地说是"春"。
④ 关于黄巢入广东的路线，有几种分歧意见，记载也不尽相同：一说是由福建入广东，一说是由江西入广东。即令由闽入粤之说，也有分歧：有人认为是沿海南进，有人认为行军路线稍偏内地。参阅徐俊鸣《有关黄巢进军岭南的一些资料》。关于这一问题，亦采用王永兴《试谈黄巢进军岭南的路线》一文的意见。
⑤ 《旧唐书》卷178《卢携传》及《五代史记》卷65《南汉世纪》都说黄巢在五月攻克广州，误。参阅韩国磐《黄巢起义事迹考》一文考证。此外，《旧唐书》卷19下《僖宗纪》说，黄巢是四月攻克桂管，五月包围广州，显然不合情理。农民军是由东向西进军，没有必要首先向西迁回。

须要加以澄清。《通鉴》卷253：

> （乾符六年五月）黄巢与浙东观察使崔璆、岭南东道节度使李迢（亦作岜或伹）书，求天平节度使。二人为之奏闻，朝廷不许。巢复上表求广州节度使，上命大臣议之，左仆射于琮以为："广州市舶宝货所聚，岂可令'贼'得之"？亦不许。乃议别除官。六月，宰相请除巢府率，从之。……九月，黄巢得率府率告身，大怒，诟执政，急攻广州，即日陷之，执节度使李迢，转掠岭南州县。巢使迢草表述其所怀，迢曰："予代受国恩，亲戚满朝，腕可断，表不可草。"巢杀之。

关于这段记载中的可疑之点，当分别进行讨论。

首先需要澄清的问题是，黄巢是否曾经遗书崔璆。《旧唐书·黄巢传》也说，黄巢曾"托越州观察使崔璆奏，乞天平军节度"。但《新唐书·黄巢传》却说，黄巢在浙东时"执观察使崔璆"，至广州城下后，又"胁崔璆言于朝"。《旧唐书·郑畋传》则称："广明元年（880），'贼'自岭表北渡江浙，虏（掳）崔谬，陷淮南郡县。"据此，应当究明崔璆是否曾经被俘，上书时是在越州，还是以俘虏的身份在黄巢营中。《旧唐书·郑畋传》的记载是错误的，因为农民军只在南撤时途经越州附近，由广州北伐后根本没有到过这一带，当然也不可能在此时俘获崔璆。至于崔璆被俘之说，只见于《新黄巢传》，属于孤证。况且，黄巢路过杭州后曾向越州方向进军，但从未发现正式攻破越州的记载，故崔璆被俘之说根本不可信。广明元年黄巢在长安建立大齐农民政权时，曾以崔璆为宰相，《通鉴》称："璆，邠之子也。时罢浙东观察使，在长安。"亦足以证明崔璆始终没有被俘。且黄巢既遗书李迢，又何必求助于一个战俘呢？除《新黄巢传》外，其他记载都说崔璆在黄巢攻广州时，仍在浙东任观察使。就当时交通条件而言，黄巢也没有必要迢迢千里，远托崔璆进行"乞降"。最大的可能是，李迢是受黄巢遗书而上书主张"招降"，崔璆是自己上书向皇帝建议"招降"，封建史臣没有对两事加以区别，因而把崔璆上书也说成是受了黄巢的委托。

需要澄清的第二个问题是，李迢被杀于广州还是荆州。《旧唐书·卢携传》与《通鉴》相同，都说黄巢攻克广州后就杀了李迢。但《新唐书·黄巢传》却说，黄巢自广州北伐后"据荆南"时才因拒绝"草表"杀了李迢。《北梦琐言》亦称："黄巢入广州，执节度使李佋，随军至荆州……寻于江津害之。"① 我觉得李迢被杀于广州比较可信，理由是：首先，《新黄巢传》等记载的说法可能部分来源于《惊听录》的下述一段文字："拥李迢……攻湖南，屯衡州，方知王仙芝已山东没阵，又尚君长生送咸京，遂召李迢，怒而踬害。"② 这段记载的史料价值很低，极不可靠。王仙芝战死后，尚让早已率其余众归黄巢，何至于黄巢从广州北伐后才得知这一消息呢？根本不合情理。其次，据《北梦琐言》载，李迢的顽固、反动态度与《通鉴》所载者毫无二致，果尔，黄巢长期保留一个坚决不合作的战俘有什么必要呢？当然会在攻破广州后就立即把他处死。最后，黄巢须要李迢为他"草表"的时刻，正是攻克广州之后；到北伐已经开始，大军浩浩荡荡向湖南进军的时候，绝对没有"草表乞降"的必要。

为什么黄巢在攻占广州先后一再要上表求节钺呢？这是一个关键问题。我觉得主要原因是：农民军在乾符五年（878）三月从河南大规模南撤后，在一年左右的时间里跋山涉水，转战万里，经历了半个中国，备尝了千辛万苦。到达广州城下时，广大将士已经人困马乏，疲弊不堪，急待休整，所以等了三四个月，才最后攻克广州城。③ 当时既要保存力量，又要准备迎接新的战斗，而形势又不允许操之过急，因而黄巢就以"乞"天平节度使的方式，再一次用伪降麻痹敌人。一旦休整目的达到，黄巢就奋起而一举攻克了广州。入城之后，为什么还要强迫李迢"草表"呢？这次"草表"的内容恐怕就是求岭南节度使一事。其主要意图不外是，一方面强迫唐朝统治者承认农民军割据岭南的既成事实，

---

① 《北梦琐言》卷10《李迢》。
② 《通鉴考异》引。
③ 关于攻克广州的月份，两《唐书》的《僖宗纪》都说是五月，《通鉴》和《平巢事迹考》却说是九月。后一说比较合理，因为李迢上书后到黄巢得知除率府率的消息，广州、长安之间信使往返，没有几个月的时间不行。

另一方面继续麻痹敌人，防止唐僖宗调大军赴岭南追击。当时高骈就曾提出过亲率大军"自大庾岭趣广州击黄巢"①的建议，这种可能性确实是存在的。由此可见，黄巢在广州一再求节钺，根本不是动摇和"乞降"的表现，完全是出于策略上的考虑，连统治者也承认，黄巢是"虽通降款，未息狂谋"②。以后，高骈在《檄黄巢书》中亦曾指责黄巢称："圣上于汝有赦罪之恩，汝则于国有辜恩之罪。"③可见黄巢的革命立场始终是坚定不移的，他的一再求节钺，与王仙芝的动摇、乞降根本不能同日而语。

黄巢占领广州后，《通鉴》有"转掠岭南州县"的记载，与《旧唐书·僖宗纪》所说的四月攻占桂管是同一史实，只是《旧纪》把时间错误地提前了。以后黄巢北伐由桂州出发的事实也说明，农民军在岭南曾经占领过广大的地区。

十四　大举北伐

农民军在广州停留了大约两个月，就在乾符六年（879）闰十月④开始大举北伐。按各有关记载，都说黄巢因在岭南遇上瘴疫，"死者什三四"，起义群众劝北归"以图大利"，才决定北伐的。实际上，这支起义大军征战五年之久，遍历万水千山，克服过重重困难，已经锻炼成为一支钢铁军队；黄巢则身经百战，不断打败形形色色的唐军，战胜了敌人的种种威胁和利诱，始终抱定"冲天"、灭唐的决心，他们绝不会放弃北伐中原，西取长安，最后推翻唐政权的初衷，小小的瘴疫根本不可能是

---

① 《通鉴》卷253乾符六年八月。
② 《唐大诏令集》卷5《改元广明诏》。
③ 《桂苑笔耕集》卷11。以后郑畋发布的檄文也说："草'贼'黄巢……累有邀求，圣上……假以节旄，委之藩镇，冀其悛革，免困疲羸，而殊无犬马之诚，但恣虫蛇之毒……"（《旧唐书》卷178《郑畋传》）
④ 《通鉴》载，北伐开始于十月，《平巢事迹考》作十一月。按此年闰十月，而《平巢事迹考》在记录此事后又见一次十一月，可能是在记载北伐月份时脱一"闰"字。黄巢九月始克广州，十月就开始北伐，显得过于仓促，因农民军在克广州后曾在岭南广泛活动，势力及于桂管，没有相当的时间是不可能的。故以置于闰十月为长。

造成农民军北伐的主要原因。大军北进之际,号称百万,亦说明瘴疫使义军死者"什三四"的说法完全是无稽之谈。广大群众劝黄巢北伐,"以图大利",正反映北伐之举是农民起义的根本利益所在。

北伐之始,黄巢自号"义军都统",并且露表宣告即将打入关中,因指斥唐朝"宦竖柄朝,垢蠹纪纲。指诸臣与中人赂遗交构状,铨贡失才"。并且宣告"禁刺史殖财产,县令犯赃者族"。连封建史臣也承认,上述弊政"皆当时极弊"。① 这一檄文是农民起义的革命文献,但起草檄文的"士不遇者"却给这一革命文献涂上了一层温和的色彩。农民阶级发布檄文是为了在全国人民面前把斗争矛头直接指向唐政权本身,在"士不遇者"的笔下,檄文却局限于指斥唐政权的黑暗方面,而没有明显地反对封建纲纪本身。尽管如此,黄巢迅速直捣长安的战略意图仍然是明确的,所以义军沿途避免纠缠在一些旷日持久的战役中,而是不计一城一地之得失,择利而行,进军十分神速。

起义大军数十万众,旌旗蔽天,浩浩荡荡,自桂州出发。他们编制大筏数十,沿湘江乘暴水顺流北上,历永(湖南零陵)、衡(湖南衡阳市)二州,抵潭州(湖南长沙市)城下。当时唐朝已将宋威罢官,宰相王铎亲自出马,任荆南节度使诸道行营都统,率诸道兵屯江陵,并以李系为招讨副使,"悉以精甲付系",使为先锋,屯驻潭州。李系素无将略,"军政不理",因而"守城自固,不敢出战"。黄巢只急攻一天就破城而入,全歼敌军十余万众,② 李系狼狈而逃。

王铎本人"率由文雅,非定乱之才",③ 根本不是黄巢的敌手。当农民军以五十万之众乘胜进逼江陵的时候,王铎就把刘汉宏留在江陵,自己则借口前往会合山南东道节度使刘巨容,率众奔襄阳了。刘汉宏看到江陵只有几千人,根本无力拒守,于是干脆纵兵大掠,"焚荡殆尽"。逃窜山谷的江陵居民赶上大雪,"僵尸满野"。敌人不战先溃,乱作一团。过了十几天,农民军才到了江陵,刘汉宏则率众北归,又当土匪去了。唐军与土匪的界限很难划清,二者是可以互相转化的。

---

① 《新唐书》卷225下《黄巢传》。
② 《旧唐书》卷164《王播附铎传》作五万,《新唐书·黄巢传》作十余万。
③ 《北梦琐言》卷3《王中令铎拒黄巢》。

从桂州出发到攻克江陵，农民军一路上战无不胜，攻无不克，进展非常顺利，取得了一系列辉煌的战果。

十五　荆门受挫，沿江东下

农民军北伐中第一次遭受挫败，是在荆门（湖北荆门）之役。

黄巢由江陵北进后，其战略意图很可能是先攻荆门，然后北攻洛阳或沿汉水向西北进攻关中。当时唐将刘巨容和曹全晸合兵屯于荆门，以拒黄巢。农民军在这次荆门战役中被刘巨容的伏兵所败，损失了十七万人。① 这样，黄巢既不能按原定计划笔直北上，又不愿在荆门附近与敌人长期周旋，迁延时日，于是收余众渡江东走。

有人劝刘巨容穷追黄巢，他带有讽刺意味地说："国家多负人，危难不吝赏，事平则得罪，不如留'贼'冀后福"，于是"止不追"，黄巢遂得以摆脱强敌而"复整"。② 藩镇与中央的矛盾是导致刘巨容袖手旁观的原因之一，但农民军尚有三四十万之众，力量相当可观，刘巨容果真全力追击，并不操必胜左券，所以"止不追"也是为了保存自己的实力和地位。

黄巢东进之后，先后进攻鄂、饶、信、杭、衢（浙江衢县）、宣、歙、池（安徽贵池）等十五州。③ 向这一带发展的主要原因是，荆门之役损失十七万人后，急需补充力量，而上述各州散布有很多王仙芝余部，正可供黄巢吸收。大致经过一个时期的辗转奋战，农民军又壮大了。④ 有关这一阶段的史料记载非常简略，没有说明具体年月，我估计是在乾符六年（879）十二月至广明元年（880）春夏之交。

---

① 《全唐文》卷793刘汾《大赦庵记》作"斩俘一十七万"。当时农民军约五十万众，即以十七万计，损失不过三分之一左右，可见《通鉴》及两《唐书》的《黄巢传》所说俘斩"什七八"是夸大，不可信。

② 《新唐书》卷225下《黄巢传》。

③ 《旧唐书》卷19下《僖宗纪》所载州数最多。

④ 《通鉴》说"众至二十万"，不可信。荆门受挫后，农民军尚有三四十万之众。后来渡江时，高骈说有众六十万（详下）。故此时农民军断不至只有二十万人左右。

十六 信州之捷

黄巢在长江下游辗转斗争时期所遇到的主要对手是高骈。自农民军由浙江趋福建后，两浙地区的形势顿见缓和，唐朝遂调高骈为淮南节度使盐铁转运使，屯驻于扬州（江苏扬州市）。由于过去高骈镇压农民起义相当出力，其部将张璘在江南屡次打败农民军，所以他越来越受统治者垂青。卢携曾经推荐过高骈，随着高氏地位的日益提高，卢携也再一次登了相位，并且把王铎、郑畋任命的关东节度使大多都撤换了。唐僖宗在广明元年（880）正式任命高骈为诸道行营都统，从此成了黄巢继续北进的重要阻力。他一方面传檄诸道征兵，一方面在当地自行募集了一部分军队，共约七万人，颇有声势。唐朝统治者把高骈看作一张对付江淮农民起义的王牌，"深倚赖之"。

广明元年四月，黄巢将北渡长江，进兵淮南的趋势已经十分明显。高骈为了阻止农民军北进，先发制人，遂派张璘主动过江进击黄巢。张璘是高氏手下的一名骁将，具有一定的战斗力，农民军与他接触后，连遭挫败。五月，黄巢屯于信州，遇上了疾疫，士众患病、死亡的不少，在这万分困难的关键时刻，黄巢决定计取张璘。他一面"以金啗璘"，用利诱的办法瓦解他的斗志；一面致书高骈，求他进行保奏。高骈既不欲昭义、感化、义武等道兵分其功，又打算"诱致"黄巢，故答应为黄巢求节钺。黄巢侦知高骈已奏准分遣诸道兵，他们纷纷渡淮北去，立即在五月发动突然奇袭，结果，张璘败死，"巢势复振"。信州之捷是一次很重要的战役，张璘之死和所率精锐的歼灭对高骈是一个致命的打击。高骈对农民军的策略大致可以信州之役为界标划分为前后两个不同的时期：此前，高氏一贯主动出击，积极镇压起义，甚至提出过亲自赴岭表穷追黄巢的建议；此后，高骈就尽量避免与黄巢正面决战，往往采取保存个人实力的消极观望态度了。

十七　黄巢飞渡长江，高骈"握兵保境"

信州之役以后，农民军乘胜在六月间先后攻克睦州（浙江建德）、婺州（浙江金华）和宣州，直趋长江南岸。① 七月，黄巢亲率大军自采石（安徽当涂北）飞渡过长江天堑，进围天长（安徽天长）、六合（江苏六合）。农民军渡江南进两年多以后，黄巢现在又踏上了江北的土地，自然感到格外亲切，但这不是重复过去所走的旧路，而是要开辟出一条直捣长安的新路。

农民军渡江之后，"兵势甚盛"，扬州直接暴露在黄巢面前，成了斗争的第一线，当时高骈驻守扬州的军队"尚十余万"，② 本来在江北淮南应当有一个大的战役，但高骈却没有全力和黄巢较量，原因何在呢？史称：

> 骈怨朝议有不附己者，欲"贼"纵横河洛，今（令）朝廷耸振，则从而诛之。大将毕师铎曰："妖'贼'百万，所经镇戍若蹈无人之境。今朝廷所恃者都统，破'贼'要害之地，唯江淮为首。彼众我寡，若不据津要以击之，俾北渡长淮，何以扼束？中原陷覆必矣"。骈骇然曰："君言是也。"即令出军。有爱将吕用之者……惧师铎等立功，即夺己权，从容谓骈曰："相公勋业高矣，妖'贼'未殄，朝廷已有闲言；'贼'若荡平，则威望震主，功居不赏，公安税驾耶？为公良画，莫若观衅，自求多福"。骈深然之，乃止诸将，握兵保境而已。③

根据上述记载可以看出，高骈在是否全力阻击黄巢的问题上，其态

---

① 《新唐书》卷225下《黄巢传》载，此时刘汉宏自宋州掠申、光等州，"来与巢合"。此传开始就把刘汉宏当作王仙芝的"票帅"。实则刘与农民起义毫无瓜葛，他所率领的是一支土匪军队，此时也根本不会前来同黄巢会合。
② 《平巢事迹考》。
③ 《旧唐书》卷182《高骈传》。

度是动摇的。从地主阶级的根本利益出发，江淮是与黄巢进行决战的要害之地，若不进行阻击，后果不堪设想，所以高骈有出军之意。但是，高骈同唐朝中枢也有矛盾，他和卢携是一派，郑畋与卢携颇存隔阂，郑氏主张以招降的办法瓦解农民军，果行此策成功，则高骈的地位和身价就必然一落千丈。因此，他对中央的某些人颇为"不平"，存心想让黄巢"纵横河洛"，给他们点颜色看看，然后再出兵镇压，建立奇功，或则干脆采取坐山观虎斗的态度，保存实力。此外，在双方力量对比上，高骈"以诸道兵已散，张璘复死，自度力不能制，畏怯不敢出兵"，所以"但命诸将严备，自保而已"。据他上奏，农民军当时有六十余万之众，[1] 确实是个非同小可的力量。作为藩镇，高骈与其他节度使没有什么两样，也轻易不愿拿自己的实力作赌注，冒一次输光的危险。在这些错综复杂的因素中，黄巢力量的强大是起决定性作用的，因为：首先，高骈与中枢的矛盾尚处于萌芽阶段，卢携的执政更使这种矛盾有缓冲的余地，况且郑畋也还没有对高骈进行指名攻击。统治阶级内部的复杂关系所起的作用，只能居从属地位。其次，所谓"欲'贼'纵横河洛，令朝廷耸振，则从而诛之"，也不是高骈的主要考虑，以后事实说明，当农民军真正渡淮北进，攻击洛阳时，他并没有大力出兵，"从而诛之"。最后，高骈以十余万之众当黄巢六十万之众，确实处于"以寡击众"的严重劣势地位，有"狼狈惴恐，自保不暇"[2] 之感，果真全力以赴，也是凶多吉少，没有取胜的希望。

高骈既已决定保境观望，遂上表告急，朝廷得讯后，"上下失望，人情大骇"，僖宗立即下诏谴责高骈遣散诸道兵，至此，君臣间的矛盾更加明朗化了，高骈就干脆以患风痹为借口，不复出战。

十八　九月渡淮

高骈观望自保，黄巢数十万大军已经进入淮南地区，洛阳很快就要

---

[1]《通鉴》卷253 广明元年七月。
[2]《通鉴考异》及所引《惊听录》。

暴露在农民军面前了。过去黄巢几次向东都进攻，在洛阳周围迂回作战，虽然也对敌人构成严重威胁，但就兵力而言，绝对优势始终是在唐朝方面。现在，农民军以泰山压顶之势横扫江淮，直逼中原而来，统治者的感受就与过去大异其趣了。唐僖宗为了确保东都，下令急调河南诸道兵屯潩水（河南商水），泰宁节度使齐克让屯汝州，以淄州刺史曹全晸为天平节度使兼东南面副都统，其意图显然是把黄河下游的兵力尽量西调，使与河南的兵力结合起来，以加强洛阳东南方面的守备，准备应付农民军渡淮北进。

九月，黄巢率军五十万左右[①]与曹全晸战，唐军仅有六千，处于劣势，"众寡不敌"，曹全晸被迫退屯泗上，等待援军到来后并力抗击。黄巢在天长、六合时，高骈尚且龟缩扬州不肯出战，此时农民军已经北去，他更不会派兵支援天平军了。在这种情况下，曹全晸被黄巢打了个落花流水，狼狈不堪。

在农民军即将渡淮的关键时刻，敌人营垒中又发生了意见分歧。豆卢瑑主张授黄巢天平节度使节钺，等他到镇时发动突然袭击，加以讨除。前面已经指出，黄巢几次伪降都是在极端困难的时刻所采取的委蛇之计，用以麻痹敌人，准备新的战斗，素无真降的诚意。此时农民军以五十万众直指淮口，东进北渡中节节胜利，根本不会在此刻此地向唐朝求节钺。豆卢瑑的想法完全是天真幼稚的书生之见。卢携深知此中道理，因而提出了另一个方案，主张急发诸道兵扼泗州，以汴州节度使为都统，加强淮北泗水、运河沿岸的兵力，妄图阻挡农民军北进。据他估计，在这样的部署下，黄巢既不能进攻关中，必然局限于淮南、二浙，最后只能"偷生海渚耳"。唐僖宗虽然采纳了卢携的建议，但统治集团已经陷于分崩离析，各种弱点更加易于暴露出来，任何处方也救不了唐军临阵溃逃的不治之症。

正在这个危急的时刻，唐军在许昌（河南许昌东南）发生了意外事变，使潩水的防线全部瓦解，为黄巢渡淮提供了方便的缺口。当时徐州

[①] 《通鉴》作"黄巢众号十五万"。按农民军渡江时有众六十万，在淮南地区从未遭重大挫败，断不至骤然减至十五万。且渡淮后农民军竟达百万之众（详下），则渡淮前必远较十五万为多。疑"十五"为"五十"之倒误。

遣兵三千赴援溵水，途经许昌时，因镇许的节度使薛能对他们"供备疏阙"，发动兵变。当时忠武军所遣周岌亦在赴溵水途中，离许昌不远，听到兵变的消息后入城尽杀徐卒，并驱逐薛能，薛为乱兵所杀。周岌因自称留后。唐朝的汝郑把截制置使齐克让屯于汝州，深恐亦被周岌所袭击，遂引兵回了兖州。在一片混乱声中，"诸道屯溵水者皆散"，唐军的溵水防线就这样不战自溃了。

高骈的"握兵保境"和许昌、溵水的意外事件是黄巢顺利渡淮的有利条件。这两件事从表面上看起来，好像具有很大的偶然性；但究其实质，都是农民军日益壮大、唐朝加速崩溃的总形势的必然产物。

时机已经完全成熟了，黄巢在九月率领起义大军千帆齐扬，从容不迫地渡过了淮河。农民军渡淮之后，纪律严明，秋毫无犯，"整众而行，不剽财货"，①受到群众热烈的拥护，所以沿途农民"相率附之"，势力骤增，"众称百万"。②敌人听到黄巢安然渡淮的消息后，惊恐万状，"京师大恐"，③"方镇莫不解体"④。黄巢这次回到中原，不再像起义初期那样，扮演来去匆匆的过客，而是要登上历史政治舞台，担任主角，演出威武雄壮的历史新场面。

十九　攻克东都

黄巢渡淮之后，不失时机地继续追击敌人，在十月就攻克了申州，接着又进入颍（安徽阜阳）、宋、徐、兖等州境，所到之处，官吏、地主纷纷溃逃。可见农民军在淮河北岸是呈扇形向四处进展，逐渐对河南中部形成一个巨大的从东北到南面的半月形攻势。将近百万的大军是采取这种分兵合围攻势的主要条件，没有大量的军队，这样分散兵力是比较危险的。十一月，义军正式进入汝州境，对洛阳的合围圈越来

---

① 《旧唐书》卷19下《僖宗纪》。
② 《册府元龟》卷447《将帅部·纵敌》。
③ 《通鉴》卷254广明元年十一月。
④ 《平巢事迹考》。

越缩小了。

起义初期，黄巢一再用兵中原，是对攻取东都的试探；现在，黄巢百万雄师在手，操必胜左券，已把东都看作囊中之物。前后形势大不相同，作为唐朝的第二政治中心，洛阳再也无法幸免于革命风暴的袭击了。

黄河两岸毕竟是强藩巨镇林立的地区，对于黄巢来说，各镇节度使分率大军云会四合镇压起义的记忆犹新。为了分化、麻痹敌人，黄巢以率土大将军①的名义转牒唐朝各镇兵云："各宜守垒，勿犯吾锋。吾将入东都，即至京邑，自欲问罪，无预众人。"② 暂时把打击面缩小，集中矛头于唐朝中央的皇权，使敌对势力无法在短时期内集合在镇压农民起义的旗帜之下，是有一定的策略意义的。

河南的唐军在豪迈的农民军面前混乱不堪，根本无法加以有效的部署，已经完全失去了顽抗的能力，因此，没有经过剧烈的战斗，黄巢就轻而易举地攻克了洛阳。入城之后，农民军纪律很好，对群众"劳问而已"，城中"闾里晏然"。③

至此，农民军取得了空前的胜利，黄巢自起义爆发以来就怀有攻占东都的夙志，可谓得偿所愿。

二十　西破潼关

潼关是关中的东大门，长安的屏障，有百二之险可守。对唐朝来说，能否确保潼关，直接关系着中央政权的安危，因此，黄巢进攻洛阳前后，敌人对东都的守备并没有采取什么积极有效的措施，而是更多地把注意力集中于潼关的防务上。远在农民军攻占洛阳之前，唐僖宗就任命张承

---

① 《旧唐书·僖宗纪》及《新唐书·黄巢传》都说，黄巢渡淮之后自号"率土大将军"。唯《通鉴》及《平巢事迹考》作"天补大将军"。未知孰是。按"天补大将军"可能是由王仙芝"天补平均大将军"简化而来，黄巢如袭用此号，当在王仙芝战死之初，此时为何突然重袭旧号，无法理解。

② 《通鉴》卷254广明元年十一月。

③ 《通鉴》卷254广明元年十一月。

范为兵马先锋使兼把截潼关制置使，王师会为制置关塞粮料使，赵珂为勾当寨栅使，派赴潼关防守。黄巢入东都境后，齐克让亦由中原西撤，退保潼关，于关外置栅准备应战。

黄巢进占洛阳后并未久留，很快就转旗西进，攻克虢州（河南灵宝），矛头直指潼关，关外顿时形成了两军对峙的严峻局面。对于农民军来说，攻破潼关天险，是能否最后占领长安的关键，正面临着艰巨的战斗任务。

唐朝统治者尽管竭尽全力加强潼关的防务，然而四处拼凑起来的守军仍然是"银样蜡枪头"，丝毫不能发挥作用。平日养尊处优的神策军士都是长安的富家子，只知华衣怒马，仗势使气，根本不习战阵。他们一旦听到出征潼关的命令，无不父子聚哭，不愿远行，纷纷以金帛雇病坊的贫人代行，这些人往往不能操兵，观者"寒毛以慄"。张承范就是带领着这样一支羸兵弱卒开赴潼关前线的。齐克让所率万人均系"饥卒"，在退保潼关之初，已经大肆叫苦不迭："将士屡经战斗，久乏资储；州县残破，人烟殆绝，东西南北，不见王人；冻馁交逼，兵械刓弊；各思乡闾，恐一旦溃去。"① 士气如此低落，士卒质量如此低劣，如何能够抵挡英勇善战的数十万农民大军呢！而军粮的匮乏是唐军更加致命的弱点。张承范率领神策军途经华州（陕西华县）时，居民皆已逃入华山，城中索然一空，州仓中只有尘埃鼠迹，存粮无几。因此，潼关的各路唐军实际上都陷入了绝粮的困境。

十二月，黄巢率起义大军直抵关下，"白旗满野，不见其际"。齐克让与义军前锋接触后，农民军稍却，但不多一会，黄巢就亲自赶到了。起义群众看到领袖已经到来，士气大为振奋，"举军大呼，声振河华"。齐克让由中午顽抗到傍晚，士卒饥困已极，"遂諠噪烧营而溃"。他本人只得退回关内。潼关的左近有一山谷，平日禁止行人往来，称为"禁阬"。由于农民军以迅雷不及掩耳的速度赶至潼关，致使惊魂失魄的唐军竟忘了防守"禁阬"，因而溃兵自谷而入，乱作一团。黄巢乘势急攻潼关，在夜间纵火烧了关楼，也从"禁阬"入关。张承范此时急派八百人

---

① 《通鉴》卷254 广明元年十一月。

守"禁阬",然为时已经过晚。农民军一部分入关后,内外夹攻潼关,关上唐军皆溃,王师会兵败自杀,张承范只得变服逃走。就这样,黄巢率领起义大军终于突破了潼关天险,打开了关中的东大门。

潼关之役唐军的失败,是唐朝长期经济残破、政治腐朽、军事无能的必然结果。农民军取得潼关大捷,也是革命势力长期蓄积力量、积累斗争经验、斗志与日俱增的必然结果。在人类历史上,任何天险都不能为反动衰朽的势力起屏障作用,都不足以阻挡蒸蒸日上的革命势力以豪迈的步伐胜利进军。潼关之役的结局生动地说明了此点。

二十一 直捣长安

黄巢突破潼关进入关中的消息像晴天霹雳,把唐政权震动得六神无主,乱了手脚。统治者愚蠢已极,不能从历次诱降失败中吸取惨痛的教训,在这存亡之秋,再一次宣布任命黄巢为天平节度使,真是荒唐透顶!田令孜则唯恐唐僖宗向他追究罪责,急忙把卢携当替罪羊,贬为太子宾客分司东都。卢携此时绝望万分,于是仰药而死。这个一贯与黄巢为敌的死对头终于受到了历史的无情惩罚。至于皇帝本人,则像落水狗一样,带领着少数皇族和嫔妃,在田令孜和五百神策兵的护送下,逃出金光门,经兴元(陕西汉中)直奔成都而去。长安城中的唐朝军士和无赖恶少利用皇帝已去、黄巢未至的空隙竟入府库大肆抢劫金帛。唐政权的政治中心顿时陷于一片混乱之中。这是李氏王朝一百多年大动荡的缩影和总结。

农民军西破潼关后,就像江河波涛,一泻千里,直趋长安而来。黄巢在西入华州时,留其将乔铃守之,自己则亲率大军继续西进。当时尚让号"平唐大将军",盖洪、费全古副之,从这一称号可以看出,农民军彻底推翻唐政权的口号提得更响亮了,旗帜更鲜明了。

十二月上旬,义军前锋将柴存正式进入长安,犹如一把尖刀直接刺入了唐朝的心脏。来不及逃走的唐将金吾大将军张直方,乔装打扮成农民军的归附者,率领文武官员数十人迎黄巢于霸上。这时黄巢神采奕奕,乘金装肩舆庄严地进入长安。随行的部队都穿着锦绣,拿着兵器迤逦而前,"甲骑如流,辎重塞途,千里络绎不绝"。长安城中万人空巷,居民夹道聚观,以示欢迎。农民军一面向贫困的劳动人民散发财物,尚让一面向群众宣称:"黄王起兵,本为百姓,非如李氏不爱汝曹。汝曹但安居无恐!"① 黄巢爱憎分明,阶级感情是多么深厚! 起义的胜利是对劳动人民最大的安慰,是对统治集团最无情的惩罚。

奋战了六年之久,农民军攻克长安的理想终于实现了。反革命的京师变成了革命的京师,这确实是全国农民阶级最盛大的节日! 胜利来之不易!

二十二 第一阶段小结

之所以把从起义爆发到攻克长安划分为唐末农民战争的第一阶段,是由于战争过程本身显示了某些阶段性特色。总的来说,这一阶段农民战争的军事表现形式是:北方冲击,向南游动;再向北方冲击,再向更远的南方游动;直至最后向北方冲击,攻克长安。唐末农民战争的游动战特点,基本上表现于这个阶段。

产生这一特点的主要原因有下列几点:第一,在力量对比上的敌强我弱和农民军需要长期蓄积力量,造成了反复的大规模、远距离的游动作战。农民军每次都是在中原攻击东都一带遭到挫败后,才向敌人势力比较薄弱的南方作远距离的运动。如果在中原作战能够取得胜利或与敌军长期对峙,就根本用不着这样避实就虚,长途跋涉了。第二,黄巢起义具有推翻唐政权的远大目标,同时又接受了裘甫起义、庞勋起义失败的教训,所以每次向南游动后,不肯苟安于一地,像裘甫那样满足于"陆耕海渔",像庞勋那样只争取做一个偏促一隅的节度使,而总是要向北方再度进攻,不克东都、长安,誓不罢休。裘甫、庞勋起义之所以旋起旋灭,不能进行持久斗争,与他们的政治目光短浅有很大的关系。黄巢必然从中吸取了教益,知道不彻底打垮唐朝,退而求其次,只不过是

---

① 《通鉴》卷254 广明元年十二月。

第三章　王仙芝、黄巢领导的大规模农民战争

痴人说梦，根本不可能实现。因此，从裘甫起义、庞勋起义发展到黄巢大起义，农民军的阶级斗争水平有了显著的提高。第三，单纯的农民起义，在唐朝后期环境的制约下，还不可能建立根据地，并以扩大根据地的办法取得全国胜利，因而黄巢就只能南北游动作战，坚持长期斗争。尽管唐末农民战争是持久战，但小生产者的狭隘目光使黄巢不可能从一开始就认识到这种持久战的必然性，不可能制定一个完整、长远的适应持久战的战略规划，不可能认识到建立根据地的必要性。实际上，这种一南一北的游动战是带有很大盲目性和自发性的。第四，相当数量私盐贩参加农民起义，也是产生忽视建立根据地的思想的社会根源之一。"商人重利轻别离"，他们平日周游天下，自然在领导农民战争过程中也易于流动作战。

农民战争的第一阶段，也是农民军由弱变强、由败转胜，唐朝统治集团的腐朽和弱点日益暴露和趋向严重的过程。

南唐人刘崇远曾说：

> 始"盗贼"聚于曹、濮，皆承平之蒸民也。官吏刻剥于赋敛，水旱不恤其病馁；父母妻子，求养无计；初则窥夺谷粟，以救死命；党与既成，则连衡同恶，跨山压海，东逾梁宋，南穷高广。①

《旧唐书》的作者也说：

> 黄巢闾茸微人，萑蒲"贼"类，因饥馑之岁，蹑王、尚之踪，志在夺攘，谋非远大。一旦长驱岭表，径入关中，见五辂之蒙尘，谓宝命之在我。②

这些议论尽管不十分准确，却可以反映农民起义的斗争目标逐步提高的总趋势。王仙芝起义之初，群众的斗争只限于在经济上对地主进行剥夺，

---

① 《金华子杂编》下。
② 《旧唐书》卷200下传末史臣曰。

"平均"口号的提出也同这种斗争方式有一定的联系。以后，随着起义的发展，农民军要求"冲天""平唐"，推翻唐朝的政治斗争目标就越来越明确了。这是阶级斗争水平提高的反映。

黄巢从广州北伐之后，农民军在很多方面都有新的提高。首先，渡淮前后，义军的军纪空前严明，说明长安攻克的前夕，黄巢特别注意整顿纪律、加强建军。其次，起义之初，黄河流域的藩镇也曾一再联合起来镇压起义，但黄巢对他们没有进行过任何政治工作；而义军渡江之后，黄巢一再利用高骈与唐朝的矛盾，并能有意识地转牒唐朝各道军，进行分化瓦解，对减少进军阻力起了一定的作用。

农民军的由弱变强集中表现在军力的日益强大方面。农民战争的第一阶段，是义军逐渐蓄积革命力量的时期，但在广州北伐之前，农民军总是时聚时散，时少时多，力量不十分稳定；而黄巢从岭南北伐之际，"自号义军百万都统"，① 此后起义大军始终保持在五六十万人以上，说明经过几年的斗争，已经凝聚、锻炼成了一支稳定坚强的铁军，不仅在胜利的时候能趁机壮大实力，就是在遭到困难的时候也能毫不涣散，坚持斗争。这是能够一举攻克长安的重要军事条件。由此也可以看出，义军在中原受挫后，不在当地打拼命主义的消耗战，一再避实就虚，向敌人力量薄弱的南方进军，对蓄积革命力量是起了积极作用的。

与农民军方面相反，唐政权在第一阶段的发展总趋势是每况愈下。

首先，敌人营垒中矛盾重重，分崩离析，大大削弱了镇压起义的力量。宋威、曾元裕和高骈观望自保；郑畋、杨复光同卢携间存在分歧；崔安潜、张自勉对宋威不满，相互之间"已有疑忿"；② 唐朝各道军不能协同作战，对宋威"尤所不服"；③ 士卒对唐朝和军官不满，或则"忿怨思乱"，④ 或则"间道逃归"，⑤ 他们意志消沉，毫无斗志。凡此种种，都抵消了唐朝统治集团的力量，而且这些情况越发展越严重，到黄巢最后

---

① 《北梦琐言》卷3《王中令铎拒黄巢》。（"铎"原脱。——编者注）
② 《通鉴》卷253 乾符四年七月。
③ 《通鉴》卷252 乾符三年十二月。
④ 《通鉴》卷252 乾符三年七月。
⑤ 《通鉴》卷253 乾符四年八月。

进军中原时，就没有遇到任何强敌，因能以破竹之势连克两京。

其次，敌人的削弱造成了农民起义迅猛发展的条件，农民军的发展壮大反转来进一步削弱敌人，在这种恶性循环中，唐朝只能由强变弱，由胜转败。农民起义的这种反作用主要表现在以下两个方面：第一，阶级矛盾促使起义爆发和发展，长期坚持起义反转来加速阶级矛盾尖锐化的步伐。王仙芝、黄巢一再冲击洛阳的结果，唐僖宗在乾符五年四月下诏，"以东都军储不足，贷商旅富人钱谷，以供数月之费"，这些负担必然直接、间接落在劳动人民身上，造成"百姓疲弊"，"'寇盗'充斥，耕桑半废"①的后果。第二，农民起义还促使敌人阵营内部进一步分裂，甚至引起统治集团间的公开武装冲突。乾符五年，代北"诸部豪杰"曾因"群'盗'起河南，天下将乱"，他们遂"咸有啸聚邀功之志"。②李尽忠、唐君立、薛志勤、程怀信、李存璋等曾谋曰："今天下大乱，朝廷号令不复行于四方，此乃英雄立功名富贵之秋也。"③李克用就是在他们的拥戴下攻入云中，并且在以后"大合诸部，南侵忻、代"④的。农民军利用敌人的分裂发展起义，起义的发展加剧敌人的分裂，使可资利的缺口越来越多，这是农民战争第一阶段形势推移的另一特色。

农民军由弱变强，由败转胜，唐朝由强变弱，由胜转败，这两种趋势的合力，造成了黄巢破东都、克长安的胜利。在这一阶段的战争过程中，黄巢显示了一定的军事才能，因而能够领导农民起义从胜利走向胜利。

第二节 农民战争在关中的相持阶段

一 大齐农民政权的建立

农民军进入长安后不久，黄巢以农民起义领袖的身份，在广明元年

---

① 《通鉴》卷253乾符五年四月、五月。
② 《旧五代史》卷55《康君立传》。
③ 《通鉴》卷253乾符五年正月。
④ 《旧唐书》卷158《郑余庆附从谠传》。

十二月壬辰（880年1月16日）于含元殿正式即皇帝位，国号大齐，改元金统。黄巢同时宣布，唐朝的"广明"年号是"唐"字去掉"丑"和"口"，下面增加"黄"家"日""月"，以此作为大齐政权代替李唐王朝的符瑞。在封建社会，地主阶级是统治阶级，他们的思想也是占统治地位的思想，能够在一定程度上支配和影响没有物质生产资料和精神生产资料的农民阶级的意识。黄巢借助符瑞论证农民政权取代唐朝的必然性，就是地主阶级天命观在农民思想意识中的反映。地主阶级本来企图利用符瑞证明其统治的神圣性，现在农民阶级也利用符瑞来证明大齐政权的神圣性，可谓"以其人之道还治其人之身"。不过，黄巢用"广明"二字解释以齐代唐，正说明农民政权在意识形态方面还同封建政权不能作最彻底的决裂，这正是农民起义局限性的表现之一。对这一点，只能用时代的和阶级的局限性加以说明和解释，我们不能苛求于古人。

大齐政权成立之际，宣布唐朝的三品以上官员全部罢官，四品以下的可以留用。中枢的主要官员是：尚让为太尉兼中书令，赵璋兼侍中，崔璆、杨希古并同平章事，孟楷、盖洪为尚书左右仆射兼军容使，费传古为枢密使，①郑汉璋为御史中丞，李俦、黄谔、尚儒为尚书，方特为谏议大夫，皮日休、②沈云翔、裴渥为翰林学士，张直方为检校左仆射，马祥为右散骑常侍，王播（亦作璠）为京兆尹，许建、米实、刘瑭、朱温、张全、彭攒、李逵等为诸将军游奕使。③ 在此名单中，除张直方、崔璆、皮日休外，其他人物均不知名，可见都是农民军中的领导成员。这个政权在地主阶级看来，是"烂羊头而拜爵，续狗尾以命官"④。他们攻击掌

---

① 据《旧五代史》卷19《李谠传》载，李谠亦为内枢密使。原注："疑与传古先后授伪官也。"果尔，则必然是费传古任职于先，李谠继任于后，故《新唐书·黄巢传》及《通鉴》均不载李谠任此职事。

② 关于皮日休的个人出身、曾否参加农民起义、如何参加起义及个人的最终结局，不同的史料记载和研究此一问题的史学工作者都有分歧。我觉得他个人的身世和结局等问题都不重要，没有必要在这里考辨。大多数人肯定他参加过大齐政权，这一意见是正确的。至于尹师鲁所作《大理寺丞皮子良墓志铭》所说："曾祖日休避广明之难，徙籍会稽，依钱氏，官太常博士，赠礼部尚书"，胡三省在注《通鉴》中肯定这一说，则纯属错误。因为在地主阶级看来，给农民政权做官是奇耻大辱，而墓志铭一类文字专事歌功颂德，根本不可能在此类问题上如实记载。

③ 此名单唯《新唐书·黄巢传》较详。

④ 《旧唐书》卷178《郑畋传》。

权的官员是"柏台多半是狐精,兰省诸郎皆鼠魅",讽刺讥笑这些人物"还将短发戴华簪,不脱朝衣缠绣被;翻持象笏作三公,倒佩金鱼为两史"。① 这恰恰说明,在大齐政权中执政的官员是翻身作主的劳动人民,他们用自己的朴素作风代替了封建官僚的繁文缛礼。国家政权掌握在农民阶级手中,是大齐具有反封建性质的重要标志之一。

当然,也应当看到,黄巢的利用符瑞和大齐政权所设置的官职在形式上与封建政权基本上相同;但决定政权性质的,不是它采用何种政体,而是其阶级属性。我们不能因为大齐与李唐的貌似而看不到其实异。农民沿用封建政权的形式只反映,农民阶级不代表新的生产力,还不能单纯依靠自己的力量完成彻底废除封建制度的历史使命。只有当一个革命阶级有可能彻底完成变革社会制度的历史使命时,才能摸索到新的政权形式。农民阶级不能创造新的政权形式,正是他们无力打碎旧的国家机器,只想简单地利用封建国家机器的反映。这种封建式的政体虽然可以在一定时期、一定程度上为农民起义所利用,服务于农民阶级的利益,但由于毕竟没有和传统的政治体制彻底决裂,所以不可避免地存在很大的局限性。

大齐政权建立后,推行了一系列革命政策和措施,这些政策和措施既可说明农民政权的性质,又可说明其局限性,从中可以吸取不少的经验和教训。

二 "天街踏尽公卿骨","贵落深坑贱出泥"

长安是唐朝的政治中心,集中着统治阶级中最重要的政治角色——皇族、公卿、百官和宦官。唐僖宗奔蜀,事出仓促,来不及随驾南逃的上层贵族、官僚就以各种姿态残留在长安了。如何处置这些人,是大齐政权面临的一个极其重要的问题。

与唐朝中央政权有血肉联系的这一阶层是最反动的势力,他们对农

---

① 《浣华集补遗·秦妇吟》。

民政权怀着刻骨的仇恨，试图加以颠覆，丝毫没有和黄巢合作的愿望。即使有少数人像张直方那样，暂时混入农民政权，也不是真心参加起义，而是以此为掩护，大耍两面派手法，在阴暗的角落里干着反革命的罪恶勾当。李迢在广州拒绝为黄巢"草表"的理由就是："某骨肉满朝，世受国恩。"① 曾尚广德公主，"累践台阁，扬历藩府"的于琮也不肯在大齐政权"为相"，并且公然表示："唐室亲姻，义不受命，死即甘心。"② 留在北方的宦官吴承泌曾单车往河北"传檄诸道"，号召镇压农民起义，并最后与易定节度使王处存一起领兵进攻关中。③ 中人曹知愍在逃离长安后，"倚山为屯，不屈'贼'"，曾派士卒乘夜混入京师偷袭农民军。④ 唐政权的存亡对这一集团确实是个生死攸关的问题，他们采取这种反动的顽固态度是十分自然的。

　　大齐政权对皇族、公卿、百官和宦官采取严厉打击、坚决镇压的政策。史称："黄巢杀唐宗室在长安者无遗类"，农民军"尤憎官吏，得者皆杀之"。豆卢琢、崔沆、于琮、刘邺、裴谂、赵濛（亦作蒙）、李溥、李汤等"扈从不及"的显官亦因不肯按照大齐政权的法令去"投名衔"，而私"匿民间"，在搜获后全部被杀。⑤ 两面派张直方白天是人，晚上是鬼，身为大齐的检校左仆射，暗地里却"纳亡命，谋劫（黄）巢报天子，公卿多依之"⑥。在他家里专门设置了复壁，藏于复壁中的公卿、官僚达百余人之多，被黄巢发觉后全部加以处死。在农民阶级的革命专政下，一时"朝士或殍或戮者，不可胜计"⑦。这种政策鲜明地反映了大齐农民政权的阶级色彩。

　　地主阶级，尤其是公卿、贵族、百官、豪富，在大齐政权专政下成了丧家之犬，他们不甘心自己的沉沦，按捺不住反革命的气愤，必然要对农民军进行疯狂的攻击。金统二年（881）三月，有人在尚书省的门前

---

① 《北梦琐言》卷10《李迢》。
② 《旧唐书》卷149《于休烈附琮传》。
③ 《金石萃编》卷118《吴承泌墓志铭》。
④ 《新唐书》卷208《田令孜传》。
⑤ 《通鉴》卷254广明元年十二月。
⑥ 《新唐书》卷212《张仲武附直方传》。
⑦ 《全唐文》卷817黄璞《王郎中传》。

写了这样一首反动的诗：

> 自从大驾去奔西，贵落深坑贱出泥。
> 邑号尽封元谅母，郡君变作士和妻；
> 扶犁黑手翻持笏，食肉朱唇却吃斋。
> 唯有一般平不得，南山依旧与天齐。①

从这首诗可以看出，黄巢进入长安之后，反革命的京师变成了革命的京师，发生了翻天覆地的变化。在农民阶级看来，"贵落深坑贱出泥"意味着阶级敌人已经被打翻在地，劳动人民成了天下的主人；在地主阶级看来，这却是乾坤颠倒，无法容忍，他们用"唯有一般平不得，南山依旧与天齐"的恶毒语言诅咒大齐政权，抒发希望唐朝复辟的反革命情怀。尚让发现此诗后，勃然大怒，下令在长安城中搜索能作诗的儒生，所得者全部处死，计共杀三千余人；对于识字的士人，则发现以后强制服贱役。此事引起"百司惊惶，皆悉逃窜"。对反革命儒生进行严厉镇压是完全正当的，但不分青红皂白地扩大打击面，却不免失之于不讲究政策和策略。

三　剥夺封建剥夺者

大齐政权不仅在政治上打击官僚地主，从肉体上消灭达官显宦，而且从经济上对剥夺者进行无情的剥夺。

黄巢进入洛阳时，有的官僚地主以"其金帛悉藏于地中，并为群'盗'所得"，② 这是农民军"见穷民，抵金帛与之"的物质前提。不如此，就不能实践"平均"原则。大齐政权在长安建立后，对寄生集团进行剥夺的规模就更大了，农民军对他们"大掠，缚箠居人索财，号'淘

---

① 《鉴诫录》卷1《金统事》。
② 《玉泉子》。

物'。富家皆跣而驱"①。大概起义群众不仅夺取城市富豪的浮财，而且在农村也没收过地主的土地，所以郑畋在传檄诸道时指斥农民军"广侵田宅，滥渎货财"②。黄巢不仅对活着的官僚地主进行无情的剥夺，而且对死去的皇帝也加以清算，史称："唐之诸陵亦皆遇'盗'，惟乾陵独完，岂偶深秘，'盗'不知？今其西北有大沟，人谓之'黄巢沟'，其发时掘也。"③ 对地主阶级的打击可谓淋漓尽致，真是大快人心！采取经济上剥夺地主的措施，不仅可以赈济贫民，争取群众，壮大起义力量，而且也是支援战争、坚持长期斗争的必要条件。

单纯的农民起义不可能彻底废除封建土地所有制，但从经济上打击封建制度，在一定程度上剥夺地主阶级，却是可能的。大齐政权通过"淘物"的政策，体现了本身的反封建性质，体现了农民的阶级利益。

四　追穷寇问题

据《实录》载，黄巢攻克长安时曾"以数万众西追车驾"。司马光在《通鉴》中说，"不言追不及，又不言为谁所拒而还"，认为不可信。④ 事实究竟如何？史有阙文，已无从查考。可以肯定的是，黄巢确实没有派遣主力部队西追唐僖宗，而是集中全力，忙于在长安建立大齐政权。

在这个问题上，是否黄巢犯了错误呢？我觉得，唐僖宗及其一行并没有多大实力，以后在镇压农民起义中也不是主力。他到成都后派左黄头军使李铤率万余人北上关中，实际是一支无足轻重的部队。在藩镇林立、大齐政权已经建立、天下大乱的形势下，李氏皇权只不过是反动政治旗帜上的一个标记而已，它所能起的作用，充其量也不过是以"十八叶天子"的旗号进行一些号召。即使黄巢追杀了唐僖宗，公卿百官还能够从皇族中轻而易举地再选立一个新的李姓皇帝，他同样能够起这种号

---

① 《新唐书》卷225下《黄巢传》。
② 《旧唐书》卷178《郑畋传》。《册府元龟》卷416《将帅部·传檄二》作"滥蓄货财"。
③ 《长安志图》中。
④ 《通鉴》卷254《考异》。

召作用。何况以后实际传檄诸道、把反动势力动员和集中起来的并不是皇帝本人，而是郑畋和王铎。

就当时形势而言，农民军的真正敌手不是来自西川，而是来自关中及北方诸藩镇。藩镇势力的消灭远非一蹴可及，而且也不属追穷寇问题，但黄巢首先剪除关中残存的禁军，却是当务之急，远比追击僖宗一行重要。当时禁兵分镇关中者"尚数万"，听到"天子幸蜀"的消息后，都感到群龙无首，"无所归"，郑畋就是首先把这些分散的兵力集中起来，组成了第一支镇压农民起义的重要力量。史称："当时非（郑）畋扼'贼'之冲，褒蜀危矣。"① 可见追歼唐僖宗并非黄巢的迫切任务，而消灭郑畋和关中禁兵反而是追歼唐僖宗的前提。恰恰在这个问题上，黄巢犯了未将剩勇追穷寇的严重错误。

作为小生产者，又缺乏政治斗争经验，农民起义的领导者往往不能在阶级斗争的关键时刻，全面、冷静地分析复杂的环境，正确地解决主攻方向问题。黄巢没有以主力歼灭关中的数万禁兵，是犯了这样的错误；明末李自成在攻克北京后没有全力以赴地处理防守山海关的问题，亦属此种性质的错误。

五　藩镇的态度及黄巢对藩镇的斗争策略

藩镇是唐朝后期反动势力中的真正实力派，唐朝能否战胜黄巢，继续苟延残喘，取决于藩镇是否出兵"勤王"，镇压农民起义；大齐政权能否取得军事上的胜利，以齐代唐，亦取决于能否最后战胜藩镇。因此，分析黄巢对藩镇的政策和策略，可以吸取不少历史教益，是研究唐末农民战争的重要课题之一。

为此，应该首先了解大齐政权建立后各地藩镇所持的政治态度。

当起义大军横扫两京，唐僖宗狼狈奔蜀的混乱时刻，在藩镇的心目中，历史发展的趋势显然有两种可能：或者是唐朝重整旗鼓，在镇压起

---

① 《册府元龟》卷416《将帅部·传檄》卷2。

义中取得胜利，李氏皇朝再不死不活地残存下去；或者是以齐代唐，大齐政权蜕变为黄氏封建王朝。既然鹿死谁手，未可预卜，为了使自己立于不败之地，达到保存势力，扩充地盘的目的，当时"天下藩帅，多持两端"，①"多受其'伪'命"②。如忠武节度使周岌、平卢节度使王敬武、河中节度使李都、夏绥银节度使诸葛爽③等人，都曾一度接受过大齐政权的官职。他们这样做，是出于政治投机，他们不把黄巢当作农民起义的革命领袖来看待，而是当作未来的封建皇帝来看待，因此，我们不能把这些人说成是农民起义的参加者。更何况节度使之中也有像张直方那样的人物，大耍其两面派伎俩，如周岌就曾表示："吾不能独力拒'贼'，貌奉而心图之。"④

从地域上看，各地藩镇的政治态度也有区别。

大体上，藩镇距关中越远，对出兵"勤王"越不积极，往往还利用唐朝和大齐两败俱伤的局面，浑水摸鱼，乘机巩固与扩充自己的地盘，甚至彼此间你争我夺，发生摩擦，更严重的，则萌动了瓜分唐帝国的野心。如当时周宝据浙西、刘汉宏据浙东、时溥据徐州，与据扬州的高骈勾心斗角，致使淮南无法出兵中原。高骈拥兵不进，固然与他本人的基本态度有关，但深恐周、刘"不利于己"，⑤又遭时溥"犯淮山""侵泗水"，"久妨诸道进军"，⑥也确实有后顾之忧，无怪乎大叫其苦："玉每虑于俱焚，金亦忧于众铄。"⑦至于藩镇企图割据一方，瓜分唐朝的事例，更是屡见不鲜。如刘汉宏就"志侈大，辄曰：'天下方乱，卯金刀非吾尚谁哉'？"⑧高骈亦"欲兼并两浙，为孙策三分之计"⑨。魏博节度使韩简则"窃怀僭乱之志，且欲启其封疆"⑩。孟方立由于看到"车驾播迁，中

---

① 《旧唐书》卷164《王播附铎传》。
② 《旧唐书》卷182《王处存传》。
③ 诸葛爽降黄巢后，被署为河阳节度使。
④ 《旧唐书》卷184《杨复光传》。
⑤ 《旧唐书》卷19下《僖宗纪》。
⑥ 《桂苑笔耕集》卷11《告报诸道征促纲运书》。
⑦ 《桂苑笔耕集》卷2《让官请致仕表》。
⑧ 《新唐书》卷190《刘汉宏传》。
⑨ 《旧唐书》卷182《高骈传》。
⑩ 《旧唐书》卷181《韩允忠附简传》。

原方扰","度朝廷力不能制",故"专据山东邢、洺、磁三州"。① 这些野心勃勃的割据势力,抱着"内幸多难"②的鬼胎,都想利用混乱形势从中大捞一把。随着农民起义进入高潮,唐朝中央政权同这一部分鞭长莫及的藩镇之间的矛盾也相应尖锐化了。僖宗发现高骈终无"赴难"之意,曾于中和二年(882)初改任王铎为诸道行营都统,另以韦昭度领江淮盐铁转运使,高骈只落得"使务并停",心怀不满,以后与僖宗诏奏往还,互相责骂,像这样失掉君臣体统的事,在历史上还是绝无仅有的。

金统二年(881)二月,代北监军陈景思率沙陀酋长李友金及萨葛安庆吐谷浑诸部"入援京师",至绛州(山西新绛)时,刺史沙陀人瞿稹对陈景思说:"'贼'势方盛,未可轻进,不若且还代北募兵"。于是瞿、陈俱还雁门。③不久,沙陀人李克用亦以"奉诏将兵五万讨黄巢"为名,在河东"纵沙陀剽掠居民",最后"掠阳曲(山西太原市北)、榆次(山西榆次市)而归"。④ 这是"入援"其名,"剽掠"其实,可谓"醉翁之意不在酒"也。

大体上,与中央政权的关系越密切的节度使、距关中越近的藩镇,对镇压农民起义越积极。史称:"时巢'贼'僭号,天下藩镇多受其伪命,唯郑畋守凤翔,郑从谠守太原,(王)处存、王重荣首倡义举。"⑤ 这几个人的情况怎样呢?郑畋是中央的直系势力,非一般藩镇可比。郑从谠虽然是河东节度使,但本人是"儒帅",⑥也与一般称雄跋扈的武将不同,他同中央政权的关系比较密切,所以积极派朱玫"赴难"的行动是可以理解的。王重荣是河中(山西永济西)人,原任唐朝马步军都虞侯。在黄巢进占长安时,蒲帅李都向大齐政权称臣,而"河中密迩京师,'贼'征求无已",王重荣于是逼李都归行在,自称留后,起兵反抗

---

① 《通鉴》卷255中和二年十二月。
② 《新唐书》卷185《王铎传》。
③ 《通鉴》卷254中和元年二月。
④ 《通鉴》卷254中和元年五月。
⑤ 《旧唐书》卷182《王处存传》。
⑥ 《旧唐书》卷158《郑余庆附从谠传》。

大齐。① 可见王重荣是河中的土著势力，而当地处于斗争前线，在其根本利益受到农民军的触动时，就背齐归唐了。王处存是京兆万年（陕西长安）人，"世隶神策军，为京师富族"，"家在京师，世受国恩"，② 因而他虽是义武节度使，却不能对关中的存亡漠不关心，他听到僖宗奔成都的消息后，就号哭累日，不俟诏命，率本军入援。上述数例说明，这一类节度使的政治态度同高骈、周宝、刘汉宏、时溥等人是有一定差别的。

农民军进军关中，大齐政权正式宣告成立，使全国瞩目长安，长安瞩目含元殿，在这天翻地覆的时刻，藩镇中有的归附，有的观望，有的与农民政权坚决为敌，对于这样错综复杂的情况，黄巢应当采取什么策略呢？这是一个十分不容易处理的政治课题。

就当时的客观形势和藩镇的政治态度而言，黄巢对他们应当采取尽量分化的政策，利用他们同唐政权之间的矛盾、他们相互之间的矛盾和差别，走秦始皇统一全国的道路，通过"远交近攻"的策略，各个击破，最后实现混一文轨、四海为一。藩镇确实是反动势力，他们与唐朝属于同一立场，但黄巢实行这样的策略是完全可能的，因为：第一，当农民军以百万雄师冲击两京的时候，政治局面的发展趋势在很多人的心目中是扑朔迷离的，当时"天下谓朝廷不能复振"，③ 所以"藩伯勤王，赴难者率有声而无实"④。不少藩镇认为大齐代唐确实可能，他们持首鼠两端的态度是很自然的，这就使黄巢可以找到能够利用的缺口。第二，事实上，有一部分藩镇也确曾倾向于大齐，唐朝争取他们并非一蹴可及之举，如王铎任天下行营都统后，"方征兵诸侯"，平卢王敬武"独不赴援"。王铎遣张浚往说之，但"敬武已受伪命，复怙强不迎诏使"。⑤ 可见大齐政权采取远交近攻策略的客观条件是完全存在的。

黄巢确实在一定程度上使用过这种分化藩镇的策略。如他曾命屯军东渭桥的朱温说服屯兵栎阳（陕西临潼）的诸葛爽归附大齐，并且收到

---

① 《旧唐书》卷182《王重荣传》。
② 《旧唐书》卷182《王处存传》。
③ 《通鉴》卷254中和元年三月。
④ 《旧唐书》卷182传末史臣曰。
⑤ 《旧唐书》卷179《张浚传》。

了预期效果。但与唐政权相比，黄巢分化、争取藩镇的政治活动就显得非常瞠乎其后了。首先，黄巢没有充分利用藩镇的投机心理，在全国范围内进行统一的号召，从根本上瓦解敌人的营垒，而唐朝郑畋则在金统二年（881）三月传檄各地，致使"诸藩耸动，各治勤王之师"[①]。不久，王铎再次"传檄四方"，结果，"诸侯翻然景附"。[②] 其次，像争取诸葛爽那样的工作，应当一个藩镇一个藩镇地具体进行，但黄巢没有大量做这样的细致工作。敌人方面却与此相反，通过杨复光的活动，争取了周岌；通过张浚的劝诱，争取了王敬武；通过王重荣、杨复光和王铎的奔走，缓和了李克用同唐朝的矛盾，终于使他在金统三年（882）十一月正式出兵南下，直接加入了镇压农民起义的反革命行列。最后，对于一度归附大齐政权的藩镇，黄巢缺乏应有的警惕，没有采取有力的措施，因而当他们叛齐归唐时就完全陷于束手无策。除周岌和王敬武外，连诸葛爽也最后自河阳"奉表"归唐。藩镇尽管一度持骑墙态度，但由于阶级立场所决定，对唐朝的倾斜度毕竟大于对大齐的倾斜度。如张浚劝王敬武时就曾对其将佐说："黄巢前日贩盐'虏'耳，公等舍累叶天子而臣贩盐白丁，何利害之可论耶！今诸侯勤王，天下响应，君等独据一州，坐观成败，'贼'平之后，去就何安？"[③] 把"贩盐'虏'"和"累叶天子"对立起来，就是用阶级立场的一致性以动藩镇，自然易于为功。然而黄巢如果对他们进行充分的政治工作，分化、争取藩镇的余地并非完全不存在，这样就可以在一定程度上缓和那种藩帅向唐朝一边倒的趋势，起码也可以缓慢他们归唐、"勤王"的过程。在这一方面，大齐政权确实在斗争策略上暴露了某些弱点和不足之处。

藩镇一度降于大齐，是为了保存自己，发展势力；他们最后叛齐归唐，同样也是为了保存自己，发展势力。表现形式尽管不同，其所遵循的政治原则却完全一致。所不同的，只是把政治赌注押在哪一方而已。由于黄巢分化、争取藩镇的策略运用得不充分，不成功，对农民战争的发展产生了不容忽视的不利影响。

---

① 《旧唐书》卷178《郑畋传》。
② 《旧唐书》卷164《王播附铎传》。
③ 《旧唐书》卷179《张浚传》。

六　军事斗争的新形势

大齐政权建立、农民军占领关中部分地区以后，农民战争的军事斗争形势也发生了一些新的变化。这些情况对战争形式发生了显著的影响。

在农民战争的第二阶段，由于农民军达百万之众，不再需要经常进行远距离的南撤，所以游动战斗争方式宣告结束了。现在农民政权屹立在长安，起义军比较稳固地占有关中的一些郡县城市，形成了相对稳定的占领区。这种情况在第一阶段从未出现过。

这一阶段的农民军势力与敌人相比，大体上旗鼓相当，没有太大的众寡悬殊，于是任何一方都在短时期内无法取得绝对的优势，无法赢得最终的胜利，双方之间形成了长期的相持状况。

正因为第二阶段战争特点是双方相持，所以就出现了一系列的拉锯战，敌我双方为了争夺一个城市，往往要进行很多次的较量，大齐政权的一些处于战略要地的城市，常常是得而复失，失而复得，数易其手。在农民战争的第一阶段，有一些城市也曾被王仙芝、黄巢攻克、放弃过多次，但与第二阶段的这种情况迥然不同。因为在前一阶段，农民军所进行的是游动战，很多城市的占而复弃，是出于主动转移的需要，并不具备拉锯战的特点；在第二阶段，则一个城市的得失往往是双方拼死争夺的结果，因而表现了拉锯战的特色。

第二阶段的战争是决定农民战争最后胜败的关键性斗争，在战争过程中出现了很多大规模的决战，阶级斗争是空前残酷的。

七　河中之败和邓州之捷

黄巢进兵关中之初，河中节度使李都无力拒战，暂时向大齐政权称臣。王重荣"以外援未至，诡谋附'贼'以纾难"，[①] 亦接受了节度副

---

① 《旧唐书》卷182《王重荣传》。

使的官职。王重荣和周岌一样，并非真心归附黄巢，而是待机而动，试图背齐归唐。因此，不久之后，他就以黄巢过度调发河中人力物力为借口逼走李都，杀了大齐使者，求援邻藩，公开宣布背叛大齐，重新归附唐朝。①

为了平定这一叛乱，黄巢乃于金统元年十二月遣朱温以舟师自同州（陕西大荔），黄邺自华州率兵数万，合攻河中。不料在这次战役中，农民军为王重荣所败，损失粮仗四十余船。王重荣乘胜与义武军节度使王处存结盟，引兵营于渭北。

金统二年（881）二月，黄巢以朱温为东南面行营都虞候，将兵攻克邓州，"以扰荆襄"，② 这是农民军向外发展中取得的成就之一。

在以上两次战役中，黄巢都是突破关中范围，主动出击，发动攻势，企图向东北、东南两个方向发展势力。应当指出，在当时具体环境下，采取这样的战略是不正确的，因为农民军当前的首要作战任务，是尽快肃清关中的敌军，稳固地占有关中地区，在长安站稳脚跟，只有完成了上述任务，才谈得上向外发展、扩充地盘。何况荆襄一带的敌人为数有限，不至于构成对大齐政权的重要威胁，"扰荆襄"根本不是当务之急。至于河中的王重荣，也还有关河之阻，如果他不能取得较大的胜利，亦难骤然进兵关中。黄巢派大军向东北、东南方向进攻，一方面招致了河中的挫败，把王重荣立即引向关中；一方面使兵力分散，削弱了关中的战斗力，对以后的斗争是不利的。

八 一系列的拉锯战

唐僖宗逃出长安之后，凤翔节度使郑畋曾于道次请求皇帝留于凤翔，僖宗惊魂未定，自称"朕不欲密迩巨'寇'"，就把"东扞'贼'锋，西抚诸蕃，纠合邻道，勉建大勋"的任务全部交给郑畋，并因道路梗涩，

---

① 《新唐书·僖宗纪》置此事件于广明元年十一月，显然是错误，因当时黄巢尚未攻克长安。《旧唐书·僖宗纪》则置于中和元年正月，但误李都为李郁。今从《通鉴》。
② 《新唐书》卷225下《黄巢传》。

奏报难通，给予"便宜从事"的权力。当时大齐政权刚刚建立，北方藩镇还来不及充分动员起来，无从立即派兵关中镇压起义，于是主要的军事斗争就只能在黄巢和郑畋之间展开了。

金统二年二三月间，① 黄巢遣尚让、王播及林言等率五万人攻凤翔，因为郑畋是一介书生，农民军产生了轻敌麻痹思想，结果遭到唐弘夫伏兵的突然袭击，在龙尾陂（陕西岐山东）吃了一次大败仗，牺牲二万余人。这次战役非常重要，如果农民军胜利，就可以歼灭郑畋势力，为全部占领关中奠定基础。农民军在这次战役中不幸大败，不但以后难以发展，敌人却得到了扩大政治影响、进一步组织力量的机会，为以后的反扑开辟了道路。

在龙尾陂战役的影响下，诸葛爽叛齐归唐；宥州刺史拓跋思恭纠合兵众，会鄜延节度使李孝昌于鄜州（陕西富县），共同宣布出兵镇压起义；奉天镇使齐克俭遣使于郑畋，表示欲求自效；郑畋本人则利用这次战役中所取得的声威，传檄天下藩镇，号召他们积极出兵。在这种情况下，形成了唐弘夫屯渭北、王重荣屯沙苑（陕西大荔南）、王处存屯渭桥（陕西长安北）、拓跋思恭屯武功（陕西武功）、郑畋屯盩厔（陕西盩厔）的局面，双方隔渭水为阵，南北遥遥相望。

唐军的目标显然是首先攻陷长安，在京师重建唐政权。四月，唐弘夫进迫长安城，黄巢机智地率众东走，待机歼敌。唐将唐弘夫、程宗楚及王处存自延秋门先后入城，城内的反动分子认为"变天"的时刻已经到了，于是纷纷出来欢呼迎接，有的竟拾取瓦砾掷击农民军，或则拾箭以供唐军。可谓沉渣泛起，反革命的气焰一时非常嚣张。唐军入城之后，放下兵器，拥入宅第，大肆劫掠金帛财宝。坊市恶少也伪装成王处存的士卒，头系白巾，参加了劫掠的行列。顿时城市陷于一片混乱，居民异常惊恐，无所适从。

黄巢在城外侦知唐军不整且无后继的情况后，挥师反攻，农民军自各门分道而入，和敌人展开了激烈的巷战。唐军的士卒因抢掠财物过多，

---

① 《新唐书·僖宗纪》及《旧唐书·黄巢传》置龙尾陂之役于二月，《通鉴》及《平巢事迹考》置于三月。未知孰是。可能二月战役开始，三月结束。

负重不能走，被打得落花流水，人仰马翻，"死者什八九"。王处存只得收余众退走，程宗楚和唐弘夫则做了农民军的刀下之鬼。

长安城中阶级斗争的一反一复，为一切反革命分子的登台表演提供了难得的机会，他们的反动面目已经暴露在光天化日之下，再也无所隐藏了。黄巢入城之后，对这帮家伙怒不可遏，于是进行大规模的镇压，一律处死。反革命势力对革命势力的报复，终于换来了革命势力对反革命势力的报复。这就是阶级斗争的必然规律。

经过长安城的这次拉锯战，唐军气焰遭到沉重打击，农民军却"势愈炽"，越战越强了。

五月，一度归降于大齐的忠武节度使周岌背齐归唐，敌人力量有所增强，于是忠武监军杨复光打败朱温，重新占领了邓州。前面已经指出，黄巢派兵远攻邓州已为失策，此时孤军悬远，无法久留，朱温只得率余部退回关中。

华州是长安东面的重要屏障，因而成为齐、唐争夺的重要焦点，拉锯战在这里进行得特别剧烈。黄巢进军关中之初，曾留乔钤驻守华州，以扼关中的东大门。王重荣自河中出兵后，屯于沙苑，从东面威胁大齐，故于五月间攻陷华州。金统二年（881）六月，齐将王播率义军打败驻守兴平（陕西兴平）的唐将朱玫，迫使敌人退守奉天及龙尾陂。西线虽然取得了进展，但华州之陷却使东线出现了缺口。为了堵塞这个缺口，齐将李详在八月间再度打败敌人，收复了华州。王重荣的部将高浔在石桥（陕西泾阳西北）为李详大败之后，只得退归河中。①

朱温自邓州撤回关中后，曾与尚让在东渭桥打败李孝昌和拓跋思恭，接着又与孟楷进袭鄜、夏二军，在富平（陕西长安东北）再一次打败率领鄜、夏二军的李孝昌和拓跋思恭。由于他屡立战功，黄巢遂于金统三年（882）初任命朱温为同州刺史，令自取之。二月，唐朝的同州刺史米诚逃奔河中，朱温率农民军一举占领了同州。这是大齐的势力范围第一次跨过渭水，在北岸据有了一个重要城市，但朱温因此也被推上了与大

---

① 《新唐书·黄巢传》把高浔在华州的进退及王播在兴平的胜利均置于中和二年，按中和二年朱温已克同州，与王重荣直接冲突，故此说不近情理。

量敌军对阵的第一线。

从金统二年（881）下半年到金统三年（882）春，是大齐政权领土较大的极盛时期，但从金统三年夏季开始，对农民起义不利的形势就越来越严重了。

九　严重缺粮

农民政权在长安首先遇到的一个重要难题，就是粮食的严重不足。

唐代建都长安，关中地区需要大量物资供官禄兵饷之用。魏晋南北朝以来，江南地区得到开发，物产逐渐丰富，为了把关中的大量消费和东南的绢米供应联系起来，在隋代开了沟通南北的大运河，漕运在唐代成为国家的大动脉，不可一日停废。肃宗末年，史朝义出兵宋州，淮运阻绝，对关中漕运形成严重威胁，租庸盐铁曾不得不改"泝汉江而上"。德宗时，田悦、李惟岳、李纳、梁崇义等藩镇拒命，当时李纳、田悦兵守涡口，梁崇义扼襄、邓，因使"南北漕引皆绝，京师大恐"[1]。可见，漕运能否畅通，是关系长安政权在物质上能否生存的大问题。黄巢在长安建立大齐政权后，广置百官，大军百万，苦战不休，没有大量的物资供应是很难维持下去的，但农民军过去只进行游动战，对某些城镇随占随弃，所以进入关中后，就不能维持任何一条水陆通道，沟通江南，"东南断绝无粮道"[2] 是造成大齐政权严重缺粮的根本原因。

黄巢在长安尽管进行过"淘物"，但从未制定和宣布在广大农村实行的经济政策；在战争时期，又不免出现"农事俱废"的情况；而农村的地主则坚壁清野，企图用饥饿困死长安城中的农民政权。这是造成粮荒的另一个重要的原因。

金统三年（882），"关中大饥"，[3] 自然灾害在此时又火上加油，助长了粮荒。这年四月，长安城中的米价已涨至每斗三十缗，最后出现了

---

[1]《新唐书》卷53《食货志》。
[2]《浣花集补遗·秦妇吟》。
[3]《新唐书》卷9《僖宗纪》。

"一斗黄金一斗粟,尚让厨中食木皮"①的极度紧张。显然,在这样的经济条件下,农民军在关中长期坚持斗争,是完全不可能的。

十 朱温叛变投敌

朱温,宋州砀山人,兄弟三人,均未冠丧父,随母寄居于刘崇家。朱温最幼,"常佣力崇家",②"既壮,不事生业",③常被刘崇谴杖。黄巢起义爆发后,朱温乃辞刘崇,与仲兄朱存参加了起义,因力战累捷,得补为队长,后随黄巢进兵关中,任职同州防御使。

金统三年(882)四月,唐朝各地军队出动的结果,在关中形成了两川、兴元军屯渭北,邠宁、凤翔军屯兴平,保大、定难军屯渭桥,忠武军屯武功的局面。大齐政权的号令所及,"东西不过岐、华,南北止及山、河"④。自朱温攻河中为王重荣所败后,农民军在关中的发展势头已经难于保持,逐渐陷于被动。

在任何革命中,困难的时刻往往对参加革命的人进行最严峻的考验,很多动摇、变节和投敌活动都发生在这种时期。现在大齐政权日益变攻势为守势,粮食困难与日俱增,唐军四面云集,力量对比形势正在朝着不利于农民起义的方向发展。正是在这种情况下,发生了朱温的叛变投敌事件。

同州是农民军在渭北的唯一重要据点,朱温任同州防御使,居于举足轻重的地位。王重荣是关中敌人中最有实力的唐将,且与朱温毗邻,于是在二人间发生了残酷的斗争。当时河中有运米的漕船数十艘,⑤为朱温所夺。王重荣为了夺回粮船,派三万人之众进攻农民军。朱温因防止粮船复为敌人所得,乃全部凿沉。王重荣气急败坏,于是进围同州。大

---

① 《浣花集补遗·秦妇吟》。
② 《旧五代史》卷108《刘鼎传》。
③ 《旧五代史》卷1《梁太祖纪》。
④ 《旧唐书》卷164《王播附铎传》。
⑤ 《新唐书·王重荣传》作数十艘,《新唐书·黄巢传》作三十艘,唯《平巢事迹考》作"数千艘",肯定是误"十"为"千"。

齐在关中已感兵源枯竭，朱温屡次求援，左军使孟楷因考虑战线很长，从全局需要出发，未能派兵增援同州。朱温本来应该自行克服困难，或者在众寡悬殊、难以固守的情况下暂避敌锋，退归渭水之南，但由于他立场不够坚定，开始发生动摇。这时，他手下的地主分子谢瞳等人乘机劝降："黄家以数十万之师，值唐朝久安，人不习战，因利乘便，遂下两京。然始窃'伪'号，任用已失其所……况土德未厌，外兵四集，漕运波注，日以收复为名。惟将军察之。"在阶级异己分子的劝诱下，早已动摇的朱温竟恬不知耻地回答说："我意素决，尔又如是，复何疑哉！"① 这样，朱温就在九月杀了大齐的监军严实、大将马恭，最后投降了王重荣。唐朝统治者先后以同华节度、右金吾大将军、河中行营招讨副使等职衔收买了这个叛徒，并且赐名为"全忠"。

这次事件爆发于敌我双方力量对比发生转折之际，既增强了唐朝的军力，又削弱了农民军的实力，对起义造成的坏影响是十分严重的。叛徒朱温一旦反目，就成了大齐政权最凶恶的敌人之一，是以后镇压农民起义的重要敌将中的一员。

在朱温投敌的影响下，驻守华州的李详也萌动了叛降的念头，因被监军发觉，不久就为黄巢所杀。②

十月，通过张浚的诱说，平卢大将王敬武亦背齐归唐，发兵随张浚西赴关中，参加镇压起义。

十一 沙陀族李克用出兵

沙陀族酋长朱邪赤心，任唐朝阴山都督、代北行营招抚使，后迁蔚州刺史、云中守捉使。懿宗时，因镇压庞勋起义有"功"，任大同军节

---

① 《旧五代史》卷20《谢瞳传》。
② 《通鉴》及《新唐书·黄巢传》均作如是记载，唯两《唐书》的《王重荣传》及《平巢事迹考》等记载则以为，朱温未降之前，李详已为王重荣所执。《旧唐书》的《杨复光传》和《僖宗纪》虽未载李详（《杨复光传》作李翔）有意降敌事，然亦说朱温投敌后李详仍在华州，不久为黄思邺所代。如李详确系被王重荣所俘，则华州必先于同州而陷。然以后黄思邺仍守华州，且为李详旧卒所逐，则可断言，李详在同州陷前被执之说不可信。

度使,并赐姓名为李国昌。王仙芝在荆襄一带斗争时,李国昌曾以振武节度使的身份派刘迁率兵镇压起义。李克用就是李国昌之子,任唐朝的云中守捉使。以后,李氏父子对唐朝时叛时服,经常进攻代州(山西代县)、忻州(山西忻县)及晋阳(山西太原市西南)等地,河东地区不断受到严重威胁。广明元年(880),李国昌、李克用为唐兵所败,乃率宗族逃入鞑靼族。可见李氏父子是以沙陀族首领及唐朝边将的双重身份和唐政权发生政治关系的。他们对唐朝作战,既有侵扰的性质,又有藩镇叛乱的性质。因此,李氏一族也坚持一般藩镇的政治原则——力争占有、巩固和发展割据地盘,利用各种机会壮大自己的实力。他们接受唐朝官职,是为了这个目的;他们发动叛乱,一再同唐朝作战,也是为了这个目的。当黄巢率领起义大军北攻两京之际,李氏父子正逃亡鞑靼,寄人篱下,处于困难时刻。李克用苦于丧尽地盘,曾对其豪帅说:"吾得罪天子,愿效忠而不得。今闻黄巢北来,必为中原患。一旦天子若赦吾罪,得与公辈南向共立大功,不亦快乎!人生几何,谁能老死沙碛邪?"[①] 一向以镇压农民起义捞取政治资本的李氏父子,现在正企图借镇压黄巢起义的机会,死灰复燃,重新占取割据地盘,因而"累表请降"。

朱温投敌之后,农民军虽然遭受了一定损失,但"黄巢兵势尚强",[②] 唐朝还看不到取得决定性胜利的端倪。王重荣在金统三年十月对杨复光说:"臣'贼'则负国,讨贼则力不足,奈何?"杨复光的回答是:"雁门李仆射(指雁门节度使李克用)骁勇,有强兵,其家尊与吾先人尝共事相善,彼亦有徇国之志;所以不至者,以与河东结隙耳。诚以朝旨谕郑公(河东节度使郑从谠)而召之,必来,来则'贼'不足平矣。"[③] 可见唐朝乞援于沙陀李克用,完全是由于力量不足,为形势所迫。当时东面宣慰使王徽正在河中,亦赞成此策,于是一面以墨敕召李克用,一面谕郑从谠不要中途阻击。这样,李氏就接受了"击'贼'自赎"[④] 的条

---

① 《通鉴》卷253 广明元年七月。
② 《通鉴》卷255 中和二年十月。
③ 《通鉴》卷255 中和二年十月。
④ 《新唐书》卷165《郑余庆附从谠传》。

件，于十一月间亲率沙陀军一万七千人南赴河中，正式参加了镇压黄巢起义的反革命行列。

李克用的出兵大大增加了唐朝的兵力，使力量对比形势进一步朝着不利于农民起义的方向发展。

从此以后，李克用和朱温就成了镇压黄巢起义的最主要的反动势力。

十二　大齐连遭挫败

金统三年（882）十一月，大齐政权的华州守卒发动兵变，李详旧卒赶走了黄思邺，共推华阴镇使王遇为主，以华州降于王重荣，唐朝任命王遇为华州刺史。① 这次华州兵变与唐朝后期的骄兵逐帅如出一辙，可能李详旧卒大多不是真正的起义农民，而是混迹于农民军中的唐朝职业兵。这一流氓无产者集团毫无政治品格可言，其不能坚持斗争而相机投降王重荣，是十分自然的。华州之失使大齐顿失东方屏障，黄巢为了挽回局面，遂于金统四年（883）二月派王播、黄揆等收复了华州，王遇狼狈而逃。

自高浔之败以后，唐朝"诸军皆畏"农民军，"莫敢进"。李克用的沙陀军来到后，才改变了这种情况。他所率领的士卒均着黑衣，故谓之"鸦军"，战斗力比较强。李氏自夏阳（陕西韩城南）渡河后，屯于同州。金统四年正月，沙陀军在沙苑（陕西大荔南与朝邑交界处）打败了黄揆；二月，又进军乾阬（沙苑西南），与河中、易定、忠武诸军会合，形成一支强大的力量。当时尚让率农民军五万之众，屯于梁田陂，② 与乾阬的敌军展开了决战，结果，尚让大败，损失数万之众。经此一役，农民军元气大伤，再也无力在关中发动大的战役了。

---

① 只有《新唐书·黄巢传》说，"巢以遇为刺史"。按次年农民军王播、黄揆曾收复华州，可知王遇接受的官职必然来自唐朝。

② 《旧唐书·黄巢传》载，"尚让率众十万援华州。克用合河中、易定、忠武之师战于梁田坡"。不可信。当时派去收复华州的是黄揆和王播，并非尚让。而且在形势十分危急的时刻，黄巢也不会以十万之众派赴华州。

尚让在梁田陂兵败之后，转而赴援华州，在三月间不幸又为李克用、王重荣等败于零口（陕西临潼东）。四月，华州为李克用所陷，黄揆弃城而走。接着，敌人就在渭南对长安发动了猛烈的进攻。

十三　黄巢撤出关中

藩镇的逐渐联合、沙陀李克用的出兵确实使郑畋所预期的"华戎合势，藩镇连衡"①的形势最后形成了。敌人在经济上对大齐政权进行封锁，制造饥饿，在军事上展开疯狂的围攻，黄巢看到继续困守长安，只能耗尽自己最后的力量，迅速走向失败，关中已经无法久留了。于是他终于下定决心，向东撤退，于三月发兵三万扼守蓝田（陕西蓝田）通武关的道路，以为大军东撤的准备。四月，在李克用等人的进攻下，农民军最后放弃长安，焚宫室而去。

唐朝的官军和李克用的沙陀军进入长安后，像一群饥饿、贪婪的豺狼，放肆地进行"暴掠"，致使"长安室屋及民，所存无几"②。这是唐弘夫一度入城后大肆抢劫的翻版，两次同类的事件足以说明唐朝军队的阶级本性。黄巢自蓝田入商山途中故意遗留下很多珍宝，贪鄙成性的唐军争相拾取沿途宝货，不能衔尾急追黄巢，因而农民军从容不迫地顺利撤出了关中。

十四　阡能起义

唐僖宗一行逃奔成都以后，发现"蜀中府库充实，与京师无异"，各地仍然"贡献不绝"，③满以为在全国混乱中，他们找到了一块安静的乐土，可以重新过荒淫堕落的糜烂生活了；却没有料到，农民起义总是和

---

① 《旧唐书》卷178《郑畋传》。
② 《通鉴》卷255中和三年四月。
③ 《通鉴》卷254中和元年二月。

他们如影随形似地亦步亦趋,纠缠不断。历史好像在捉弄统治者,唐僖宗刚刚脱离了黄巢所造成的乾坤颠倒的世界,在蜀中就遇上了阡能所领导的农民起义。

唐代末年,历来的西川将帅"鲜不好货",① 这一带的阶级矛盾本来就相当尖锐了。现在,皇帝、嫔妃、官僚、扈从军队大量涌入蜀中,骤然加重了人民的课役负担,于是阶级斗争终于成熟为武装暴动了。

阡能属"西南夷之种",是"安仁土豪",②"邛州(四川邛崃)首望"。③ 大致他出身于少数民族的豪强大族,当时任邛州的牙官,因公事违期,逃避惩罚,遂于金统三年(882)二月左右"亡命为'盗'",发动起义,仅仅一个多月,就"众至万人",参加的群众都是"耕民",所以尽管阡能本人不是劳动人民,斗争的性质仍属农民起义。一时蜀中农民"纷纷竞起,州县不能制",到六七月间,起来响应阡能的已有罗浑擎、句胡僧、罗夫子、韩求等人,各聚众数千人,分别展开了斗争。

阡能起义初期,主要活动于邛州和雅州(四川雅安西)一带,斗争粗具规模后,即于三月间立部伍、署职级,建立了领导机构。农民军在所过之处,"攻陷城邑",横扫封建官吏和地主,来势非常凌厉。西川节度使陈敬瑄急遣牙将杨行迁、胡洪略及莫匡时等各将数千人镇压起义,但起义形势正在迅猛发展,所以杨行迁等与义军作战,"数不利",并于六月大败于乾溪(四川大邑东)。他们恐怕"无功获罪",就大量把村民执送陈敬瑄,当作俘虏全部加以杀害,其中包括老弱和妇女。有人观看、询问被俘的人,他们回答说:"我方治田绩麻,官军忽入村,系虏以来,竟不知何罪"。④ 敌人的疯狂只不过是一种虚弱的表现。任何反动政权一旦发展到不分青红皂白地乱杀人民,就临近自己的墓门了。唐僖宗逃往成都后在身边发生上述血腥的滥杀事件,正是唐朝行将灭亡的征兆。

到这年十一月,阡能势力"愈炽",渐渐发展到蜀州(四川崇庆)境

---

① 《北梦琐言》《逸文》卷1。
② 《通鉴考异》引《北梦琐言》。
③ 《新唐书》卷224下《陈敬瑄传》。
④ 《通鉴》卷255中和二年六月。

内，当时"众数万，略诸县，列壁数十"，① 声势十分浩大。敌人发现起义"转盛"，而唐军"战即不利"，② 陈敬瑄遂改派高仁厚为都招讨指挥使，取代杨行迁的地位，将兵五百人镇压起义。高仁厚老奸巨猾，深知阡能拥众数万之众，难以力攻，因改用狡诈的收买、分化手法，瓦解农民军。在敌人计取、力攻的反革命两手策略交替使用下，义军缺乏斗争经验，很快就纷纷失败了。

本来陈敬瑄曾派高仁厚率黄头军两千人赴关中镇压黄巢起义，后来由于阡能、韩求等在蜀中发动起义，唐朝"诸将不能定"，才又召回高仁厚镇压当地的阡能起义，③ 可见关中的黄巢虽然没有同蜀中的阡能取得任何直接联系，但阡能起义却在客观上对黄巢起义起了配合和声援作用。

阡能起义只是唐末农民战争过程中的一个小插曲，却针锋相对地打击了成都的流亡小朝廷，削弱了敌人的统治。④

十五　江南地主武装蜂起

在阶级斗争的高潮时期，反动阶级往往因革命阶级的有力打击而分崩离析，出现严重的分裂。隋末农民战争进行到大业十二年（616）以后，隋朝覆亡的趋势开始逐渐明显，出现了地主纷纷起兵的情况；唐末农民战争的第二阶段，同样也产生了地主武装蜂起的现象，故史称："黄巢犯阙，江、淮盗贼蜂起。"⑤ 这些"盗贼"之中，农民起义有如凤毛麟角，绝大多数都是地主武装。

金统二年（881），王绪首先起兵，自称将军，攻占过寿州和光州。他本人的成分是"寿州屠者"，⑥ 五代十国时期据闽的王潮、王审邦、王

---

① 《新唐书》卷189《高仁厚传》。
② 《通鉴考异》引张彭《锦里耆旧传》。
③ 《新唐书》卷189《高仁厚传》。
④ 关于阡能起义，编写中参考了臧嵘《唐代末年四川阡能的起义》一文，该文载《光明日报》1964年2月26日。
⑤ 《旧五代史》卷134《王审知传》。
⑥ 《通鉴》卷254 中和元年八月。

审知兄弟就曾归附于他，受到信用。与此同时，又有"鄞（浙江鄞县）贼"锺季文攻占明州，"临海（浙江临海东南）贼"杜雄攻占台州，"永嘉（浙江永嘉）贼"朱褒攻占温州（浙江温州市），"遂昌（浙江遂昌）贼"卢约攻占处州（浙江丽水）。① 其中朱褒之兄朱诞原任本州通事官，后"属'寇乱'，兄弟皆聚兵御，以功遂摄司马"，② 可以肯定属于地主武装。锺、杜、卢等人活动的地区与时间都同朱褒大体相当，起兵性质不会有太大的不同。另有记载称："僖宗人蜀……时群盗所在磐结，柳超据常熟（江苏常熟东），王敖据昆山（江苏昆山），王腾据华亭（江苏华亭），宋可复据无锡。"③ 这些人能够稳定地占有一些城镇，大致也多是地主武装。此外，知名的地主武装还有"各聚众千人以卫乡里"的"杭州八都"，④ 澧（湖南澧县东之津市西）、朗（湖南常德市）二州的"土豪雷满"，⑤ 均州武当（湖北均县北）的"乡豪孙喜"⑥ 等。

地主武装主要形成于南方的原因是：第一，当关中两军对垒，阶级斗争进行得如火如荼，僖宗已经龟缩在川西时，唐政权对于江南确实有鞭长莫及之感，既不能有效地镇压当地的农民起义，保卫土豪地主的利益，又对擅自起兵者无力镇压。第二，南方的藩镇中，不但高骈、时溥、刘汉宏之间相互攘夺不已，甚至刘汉宏同杭州的董昌、钱镠之间也发生了兼并战争，他们根本无暇过问这些多如牛毛的地方势力。因此，地主武装就在阶级斗争、统治者内部斗争的空隙中，利用某些地区的真空状况，乘机起兵。这一现象的出现，是唐朝走向崩溃的征兆，也是五代十国大分裂局面的先声。这些地主武装中，有的是以叛乱的姿态据地自雄，有的则迫使唐朝授予官职，取得了合法地位。但在性质上，他们大体相同，都是藩镇割据的一种变态。

---

① 《新唐书》卷9《僖宗纪》。
② 《吴越备史》卷1《武肃王》。
③ 《新唐书》卷186《周宝传》。
④ 《吴越备史》卷1《武肃王》。
⑤ 《旧五代史》卷17《成汭传》。《五代史记》卷41《雷满传》亦可证明雷满确系地主武装。据《通鉴》载，雷满袭据朗州在中和元年，即金统二年。
⑥ 《新唐书》卷186《刘巨容附冯行袭传》。起兵亦在"中和初"。

十六　第二阶段小结

　　黄巢起义的第二阶段从广明元年（880）底农民军攻克长安开始，至金统四年（883）四月由关中东撤止，共历时两年半左右，是唐末农民战争最重要的一个历史阶段。在这个阶段中，大齐和唐朝在关中形成尖锐对峙，其实质是历史前进的两种前途的决定性斗争：或者是农民军在军事上彻底取得胜利，以齐代唐，建立新的封建王朝，为统一集权国家的出现、社会经济的顺利发展创造条件，开辟道路；或者是地主阶级把农民起义扑灭，使濒于崩溃的李氏王朝死灰复燃，继续苟延残喘下去，农民战争的作用通过迂回曲折的道路，或隐或现地表现出来。沿着前一条道路发展，历史的步伐将是健壮的、迅捷的；沿着后一条道路发展，历史的步伐只能是蹒跚踯躅，缓慢前进。

　　与第一阶段相比，农民战争的斗争水平在第二阶段有了明显提高。农民政权的建立，对皇族、公卿、百官的有力打击，对官僚、地主的"淘物"，都是大齐政权建立前后新采取的政治、经济斗争方式，这些斗争对阶级敌人的打击是十分沉重的。在军事上，随着游动战的停止，农民军不再能避实就虚，经常转移，而是必须和强大的敌军展开面对面的阵地战，并且在战争中也取得了一系列的胜利。

　　但是，总的斗争形势和斗争方式和第一阶段大不相同了。农民政权的成立，大量唐朝官吏混入大齐政权，藩镇首鼠两端、"貌奉而心图之"，长期在关中维持大齐政权，坚持大规模的阵地战、消耗战，需要在经济上有稳定的物质保证，凡此种种，都使形势大为复杂化了，要求农民战争采取更高级的斗争方式。在这种情况下，黄巢和农民军的某些弱点就很容易暴露出来。尽管农民起义的阶级斗争水平比第一阶段有很大提高，但是不能适应客观形势要求的程度却远远超过了第一阶段。如果说，农民战争在第一阶段也有不建立根据地、单纯进行游动作战的弱点，但客观形势对斗争水平的要求还不十分高，所以具有某些弱点的农民军尚有发展、壮大的余地和条件；那么，在第二阶段，由于阶级斗争水平同客观形势的严重不适应，农民军在相持拉锯的反复较量下，就只能由强变弱，由胜转败了。从胜利进占长安到最后退离关中，就是这种转化的集中表现。

正因为农民战争的相持阶段是全部战争过程中的决定性阶段，所以农民军的由盛而衰就预示着第三阶段的农民起义只能沿着下降的道路，走向最终的失败。

第三节 农民战争的第三阶段
——从关中东撤到最后失败

一 蔡州秦宗权之降

金统四年（883）四月，黄巢自长安东撤时，尽管农民军遭到了重大损失，然而"众犹十五万"，① 仍有继续进行大规模战役的实力，因此，在农民战争的第三阶段，斗争还是相当剧烈的。

五月，黄巢的骁将孟楷率领前锋部队一万人进攻蔡州，唐朝的节度使秦宗权战败而降，遂与黄巢连兵向东北进兵，准备攻打陈州。

与其他藩镇相同，秦宗权的归附黄巢，并不意味着参加了农民起义，他只不过是借归附之名，行保存个人力量之实，并妄图利用与黄巢的合纵，乘机在河南发展势力。实际上，黄、秦的"连兵"只不过是两种性质不同军队暂时组成了不稳固的联盟。不过，蔡州之降毕竟是农民军东撤途中所取得的胜利，这种连兵有利于以后起义的发展。

二 三百天的围陈之役

在第三阶段，三百天的围陈之役是唯一主要的大规模战役。

---

① 《新唐书》卷225下《黄巢传》。

第三章　王仙芝、黄巢领导的大规模农民战争

唐朝的陈州节度使赵犨，"代为忠武牙将"，其曾祖赵宾、祖父赵奇、父亲赵叔文"皆历故职"。正当"中原无主，人心骚动"之际，赵犨正式除陈州刺史。早在黄巢东撤之前，赵犨就曾对将佐说："巢不死长安，必东走，陈其冲也。且巢素与忠武为仇（起义初期，宋威、张自勉等均率忠武军镇压黄巢），不可不为之备。"① 因而他大肆兴筑城堑，缮治甲兵，储积刍粟，广募士卒，并把周围六十里以内拥有资粮的地主全部徙入城中。赵犨还以其弟赵昶、赵珝，长子赵麓、次子赵霖"分领锐兵"，② 组成一支家族亲兵，准备与黄巢周旋。赵氏一族的政治态度极端反动而顽固，赵犨曾公开说："吾家久食陈禄，誓与此州存亡。"③ 大致地主官僚越与当地有世代的乡土关系，其政治态度就越是顽固不化，陈州的存亡对赵氏宗族是一个生死攸关的问题，因而赵犨也就成了农民军的凶恶敌人。

孟楷克蔡州后，旋即移兵击陈，军于项城（河南项城东北），不料被赵犨打得全军覆没，兵败身死。黄巢得到消息后，全军屯于溵水，并于六月间就与秦宗权合兵包围陈州，开始了攻陈之役。农民军在城外百道攻之，"陈人大恐"。赵犨则一面安定人心，一面不断开门出击，拼死抵抗。

黄巢发现攻克陈州远非一朝一夕之举，乃营于州北，建立宫室百司，等于宣告大齐政权迁都于此。农民军在陈州周围掘堑五重，"树壁相望"，④"储粮为持久计"⑤。

在攻陈战役中，敌我双方都遇到了严重困难。就农民军方面而言，中原一带"仍岁大饥，民无积聚"，⑥ 久屯坚城之下，军粮难以为继。为了解决粮食问题，黄巢遂纵兵至许、汝、唐、邓、孟（河南孟县西）、郑、汴、曹、濮、徐、兖等州，四出发展，向这些地方的地主分子展开夺粮斗争。这一决策显然是吸取了长安时陷于严重缺粮的教训，主动打击地主阶级的坚壁清野伎俩，防止他们人为地制造饥荒。农民军四处分兵出击，范围又这样广泛，自然对地主阶级的惩罚是沉重的，但亦分散

---

① 《通鉴》卷255 中和三年五月。
② 《旧五代史》卷14《赵犨传》。
③ 《通鉴》卷255 中和三年六月。
④ 《新唐书》卷225下《秦宗权传》。
⑤ 《新唐书》卷189《赵犨传》。
⑥ 《旧唐书》卷19下《僖宗纪》。

了兵力，这是久攻陈州不克的重要主观原因之一。就敌人方面而言，唐朝统治者在长安恢复封建政权以后，错误地估计形势，以为农民军已经所余无几，不费吹灰之力，就可以取得最终的胜利，因而任命李克用为河东节度使，让他亲率沙陀兵回了雁门。朱温亦前往汴州赴宣武节度使任，当时"汴、宋荐饥，公私穷竭，内则骄军难制，外为大敌所攻，无日不战，众心危惧"，① 日子也不好过。陈州长期围困的结果，城内"兵食将尽"，② 陷于垂危境地。由于双方都有很大困难，短期内无法克服，所以农民军不能速战速决，立即攻克陈州，唐朝亦长期未能解陈州之围，"小大数百战，胜负相当"③。这完全是由客观形势所决定的，无法避免。

唐朝统治者发现陈州久围，形同累卵，只有派兵增援，才能改变形势，遂于下半年先后以朱温为东北面都招讨使，徐州时溥为东面兵马都统，出兵援陈。同时许州周岌亦出师前往。随着力量对比形势的变化，十二月间，农民军在鹿邑（河南鹿邑西）为敌人所败，损失二千余人，亳州亦为朱温所陷。金统五年（884）三月，朱温又在瓦子寨（《通鉴》胡注："黄巢撤民居以为寨，谓之瓦子寨。"不知位于何地）打败了农民军，李唐宾、王虔裕等无耻地投降了敌人。④

唐军虽然能够取得一些局部的胜利，但黄巢"久偪许田，蔡师相连"，兵锋"尚炽"，⑤ 有的时候朱温、时溥、周岌诸军尚"不能支"。唐朝统治者为解陈州之围，并企图最后扑灭农民起义，乃再度乞援于沙陀兵，李克用遂率领蕃汉兵五万之众，增援河南。这是唐朝最终能够进行决战的决定性因素。李克用至河南后，与许、汴、徐、兖诸军会于陈州，在力量对比上占了绝对优势，于是在四月间攻陷太康（在陈州附近，未知确址），农民军损失以万计。接着，屯于西华（河南西华）的黄思邺又为敌人所破，⑥ 弃营奔黄巢。正在围攻陈州的黄巢得到西华之败的消息

---

① 《通鉴》卷255中和三年七月。
② 《旧五代史》卷14《赵犨传》。
③ 《新唐书》卷189《赵犨传》。
④ 据《旧五代史》卷1《梁太祖纪》载，是役，朱温"杀'贼'数万众"。可能是夸大朱温的"战功"，不可信。
⑤ 《桂苑笔耕集》卷8《别纸·诸葛爽相公第二首》。
⑥ 《新唐书》卷218《沙陀传》。《新黄巢传》作"黄邺"。

后，不愿陷于前攻坚城不克、后遭敌人掩击的腹背受敌的不利境地，因而退军故阳里（陈州北）。围陈"几三百日"的战役，至此遂告结束。

经过陈州战役将近一年的消耗战，农民军的主力几乎耗尽了，以后，虽然还有一些零星战斗，只不过是农民战争的尾声而已。

三 王满渡之败

陈州解围之初，朱温曾一度入城，① 当他听到黄巢北撤至故阳里的消息时，深恐农民军继续北进，袭击汴州老巢，遂慌忙引兵回了大梁（河南开封市）。五月，大雨平地三尺，义军的军营为水所漂，李克用的大军即将到来。黄巢于是引兵向东北直趋汴州而去。不久，李克用与忠武都监使田从异率兵北追，在中牟以北的王满渡（河南中牟北）乘农民军半济，大举进攻。义军损失万余人，尚让在此关键时刻背叛农民起义，无耻地投降了时溥。② 与此同时，农民军的另外一批将领杨能、李谠、霍存、葛从周、张归霸、张归厚等人，则投降了叛徒朱温。③

四 狼虎谷的悲剧结局

王满渡之役以后，黄巢率余众逾汴而北，经封丘（河南封丘）至兖州。李克用亲自追击，但毫无结果，只落得粮秣俱尽，"人马疲乏"，被迫退回

---

① 《旧五代史》卷1《梁太祖纪》。
② 两《唐书》的《黄巢传》《旧唐书·僖宗纪》及《新唐书·时溥传》都说尚让投降时溥，唯高骈《贺杀黄巢表》（《桂苑笔耕集》卷1）称："臣得武宁节度使时溥状报，'逆贼'黄巢、尚让分队并在东北界。"据此，则似乎尚让未降时溥。然《旧五代史》卷18《敬翔传》载："翔妻刘氏父为蓝田令。广明之'乱'，刘为巢将尚让所得，巢败，让携刘降于时溥。及让诛，时溥纳刘于妓室。"此一记载似甚确凿，证明尚让确曾降于时溥。另据《全唐文》卷793刘汾《大赦庵记》所载："克用追及中牟，大破之。让率众降汾。"当时刘汾是信州军押衙团结讨击使，亲自受尚让之降，且以后又"与李师悦率尚让追'剿'余众"。按刘汾是尚让投降时的当事人，这是第一手的原始材料，其说可信。
③ 此名单系综合《通鉴》《旧唐书·僖宗纪》及《旧五代史·梁太祖纪》诸书而成。

了汴州。接着,时溥又派李师悦、陈景瑜等继续穷追农民军。六月十五日,黄巢在莱芜(山东莱芜)又为追兵所败,① 所余亲故数人随他退至狼虎谷(山东莱芜西南)。黄巢知大势已去,遂于十七日②自杀,以身殉节。③

轰轰烈烈的唐末农民战争长达将近十年。虽然起义最后以悲剧结局而告终,黄巢自杀牺牲了,但他却是中国农民战争史上最杰出的革命领袖之一。在黄巢的坚强领导下,广大起义群众跋山涉水,千辛万苦,创造了历史上罕见的万里长征的奇迹,一度在含元殿宣告了大齐农民政权的建立。黄巢始终与农民军战斗在一起,胜利在一起,失败时又共同牺牲在一起。

五 第三阶段小结

从黄巢由长安东撤至农民起义最后失败,历时一年有余,是农民战争的最后阶段。在这个阶段中,围陈三百天的战役是最主要的事件,应该着重进行分析。

必须指出,黄巢长期围攻陈州是犯了拼命主义错误。

首先,一个革命领导者不但要在革命高潮时期善于组织进攻,而且

---

① 据《通鉴》载,黄巢败于瑕丘(山东滋阳西)。《新唐书·时溥传》及《桂苑笔耕集》卷1《贺杀黄巢表》作莱芜。按时溥是派兵追击黄巢的当事人,高骈《贺杀黄巢表》亦根据时溥的露布,较可信。

② 日期均据《贺杀黄巢表》。

③ 《新唐书·黄巢传》载:"巢计蹙,谓林言曰:'我欲讨国奸臣,洗涤朝廷,事成不退,亦误矣。若取吾首献天子,可得富贵。毋为他人利'。言,巢出(甥)也,不忍。巢乃自刎,不殊,言因斩之,及兄存、弟邺、揆、钦、秉、万通、思厚,并杀其妻子,悉函首,将诣(时)溥。而太原博野军本言,与巢首俱上溥。"黄巢所说的这段话完全不可信,纯系捏造。第一,黄巢率领农民军高举"平均"财富的旗帜,横扫天下,绝对不会让林言取己首以求富贵。《新传》的这段话太鄙俗了,像黄巢这样的革命领袖根本不会有这样的思想。第二,假如黄巢果有此言,亲自听到的人,除林言外皆已物故。林言以杀黄巢为己功,根本不会暴露黄巢自杀的真实情况,所以也不会把这段话轻易对人说。既然如此,这段记载就成了无源之水,实际是封建史臣的臆造。此外,《旧唐书·黄巢传》《通鉴》《贺杀黄巢表》及《册府元龟》卷434所说黄巢等数人均为林言所杀,亦不可信。仅凭林言一介小丑,无论如何杀不了身经百战的黄巢,何况被杀者将近十人呢!真实的情况只能是,黄巢等人自杀后,林言不忍自杀,又无出路,乃卑鄙地断黄巢等人首级,伪称己功,以为降敌的资本。

必须在革命低潮时期善于组织退却，以便在暂时的退却中重新蓄积力量，准备迎接下一次的革命高潮。黄巢从关中东撤以后，显然在短时期内无法恢复百万大军，再度冲击长安。在这种形势下，应当向敌人力量薄弱的地区进军，以便蓄积力量，等待时机，再度组织新的进攻。黄巢的从子黄浩①当时领导一支小规模的农民起义队伍，约七千人，号"浪荡军"，正在江湖间进行斗争，并于天复（901—904年）初一度攻克过浏阳（湖南浏阳）。如果黄巢再次向南方游动，同这一类起义军结合起来，恢复元气，壮大势力，重新发动大规模攻势是完全可能的。遗憾的是，黄巢舍此上策，而在陈州附近打了一场长期的消耗战，使农民军从此一蹶不振，很快就走向了最终的失败。

其次，陈州是四战之地，无险可守，而且附近州县经济残破、生产凋敝，黄巢即令攻克该城，也毫无重大战略意义，其后果必然是重新陷于重围，再遭缺粮困难，处于被动地位。这种处境绝不会比关中时较好，很可能是更逊一筹。因此，决定攻陈是一个没有出路、没有前途的错误战略决定。

既然如此，为什么黄巢要在错误的时间、错误的地点，发动这个错误的战役呢？第一，农民军从关中东撤之后，黄巢深感功败垂成，万分痛心，对长期蓄积力量失去了耐心，对革命高潮的再度来临和最后胜利的取得失去了信心，因而就不计成败、不顾后果，围攻陈州，作孤注一掷。第二，忠武军确实与黄巢"久为仇雠"，②他在败创之余，对未来不再寄予很大的期望，于是就以狭隘的复仇情绪，只图眼前称快一时，打算不惜一切代价地严惩陈州。以上分析说明，单纯的农民起义不能摆脱政治上的狭隘性，在关键时刻不能冷静、客观地观察形势，制定确实可行的路线和策略，而往往陷于感情用事。在陈州之役中，黄巢只争一城一地之得失，忽视了有生力量之消长，于是使农民战争很快就走到了尽头。

陈州之役以后，如果黄巢不向北方、东方进军，避免王满渡之败，迅速转战江南，起义斗争仍能继续下去，不至于马上失败。他之所以决

---

① 《新唐书·黄巢传》作从子。《九国志》卷11《邓进忠传》认为黄浩是黄巢之弟。按黄巢兄弟八人全部参加农民战争，已牺牲于狼虎谷，则知浩非其弟，从子为是。
② 《旧五代史》卷14《赵犨传》。

定最终向兖州一带撤退,与农民的乡土观念有密切的联系。在第一阶段,农民军南撤之后,不断回到沂、郓、濮等州活动,在第三阶段,黄巢最后撤向兖州,都是这种思想意识的反映。不同的是,在前一阶段,起义正在向上发展,义军的东进可以起一定的积极作用;在最后阶段,起义已接近尾声,东撤就只意味着走进"死胡同"。乡土观念是农民封建意识的一种反映,也是其政治狭隘性的思想根源之一,这种观念的产生,与农民的"安土重迁"、个体生产有一定的关系。

随着农民战争的结束,统治阶级内部的矛盾骤然上升,无论在中原或南方,紧接着出现了一系列的藩镇战争。唐政权就在这种你攘我夺的纷扰中,宣告结束了。

第四章　游动战斗争方式和唐末农民战争失败的原因

无论中外历史，在封建主义时代，单纯由农民阶级所发动的农民起义和农民战争，根本不可能取得决定性胜利，其最后结局只能是悲剧性的，原因就在于农民阶级不代表新的生产力，不能仅仅依靠自身的力量推翻封建生产方式，只有在先进阶级——资产阶级或无产阶级——的领导下，才能完成上述历史使命。正如马克思和恩格斯所说："中世纪所有的大规模的起义都是从乡村中爆发的，但是由于农民的分散性以及由此而来的极端落后性，这些起义也毫无结果。"① 毛泽东在谈到中国封建社会农民起义失败的原因时也指出："只是由于当时还没有新的生产力和新的生产关系，没有新的阶级力量，没有先进的政党，因而这种农民起义和农民战争得不到如同现在所有的无产阶级和共产党的正确领导，这样，就使当时的农民革命总是陷于失败，总是在革命中和革命后被地主和贵族利用了去，当作他们改朝换代的工具。"②

在缺乏无产阶级领导的前提下，尽管所有的单纯农民起义和农民战争都必然归于失败，但失败的方式却仍然有所不同。起义的失败往往会暴露农民阶级的某些弱点，这些弱点具有共性，但其表现也往往是形形色色的，共性又寓于个性之中。因此，我们在研究农民起义失败的原因时，必须遵循马列主义的这一原则："对某一事物及其环境和发展进行具体的分析。"③ 否则，在分析历次农民起义失败的原因时，把马列主义经

---

① 《马克思恩格斯全集》第3卷，人民出版社1960年版，第59页。
② 《毛泽东选集》第2卷，人民出版社1952年版，第588页。
③ 《列宁全集》第22卷，人民出版社1958年版，第303页。

典作家的现成结论简单地重述一遍，就不免流于形式主义，不能把这些正确结论的理论力量充分体现出来。

西方中世纪的农民起义都是在军事上吃了败仗之后走向失败的，从未能推翻一个封建王朝。中国历史上的农民起义和农民战争则常常能够引起改朝换代，但旧王朝覆灭后，农民起义还是最后失败。这种特点就使中国农民战争的失败大体表现为以下两种方式：第一种是，由于打了败仗而归于失败，这种方式与西方的农民起义基本上相同；第二种是，农民军在军事上取得彻底胜利后，在政治上失败了，因为农民政权蜕变成了新的封建政权，农民起义的领导者蜕化成了新的封建皇帝。在前一种方式下，农民的阶级弱点往往暴露得比较多，有很多阶级斗争的经验和教训可以通过具体史实的分析加以记取；在后一种方式下，农民起义的历史局限性比较突出，农民阶级确实无法超越时代完成自己根本无法完成的历史使命。唐末农民战争的失败方式属于前一种类型，但就其作用和影响而言，也间接地引起了改朝换代。因此，研究这一课题的内容就显得特别丰富和生动。

毛泽东曾经指出："历史上存在过许多流寇主义的农民战争，都没有成功。在交通和技术进步的今日而企图用流寇主义获得胜利，更是毫无根据的幻想。然而流寇主义在今天的破产农民中还是存在的，他们的意识反映到游击战争的领导者们的头脑中，就成了不要或不重视根据地的思想。"① 唐末农民战争失败的主要原因之一，就是只进行"流寇主义"的游动战，始终没有建立过稳定的根据地。

所谓根据地，并不仅仅指军事上稳定的占领区而言，它必须以一定的政治工作、经济工作为基础。在农民战争的第一阶段，黄巢远距离游动作战，连稳定的占领区也没有建立过，当然更谈不上建立根据地了。在农民战争的第二阶段，大齐政权虽然在关中拥有一定范围的占领区，但由于过去没有奠定建立根据地的基础，农民军只拥有一些城市，根本没有在农村建立基层政权，也没有一定的经济工作和财政措施，这样，大齐就好像漂在水面上的一层油，没有在关中的广大农村扎下根，没有

---

① 《毛泽东选集》第 2 卷，第 387—388 页。

和农村的农民阶级建立水乳交融的密切关系,黄巢在关中所遭到的缺粮困难,部分原因就在于此。因此,农民战争的第二阶段虽然停止了"流寇主义"的游动战,但不能从政治、经济上建立农村根据地仍然是第一阶段"流寇主义"的后遗症。至于农民战争的第三阶段,当然就更谈不上建立根据地了。由此可见,第一阶段"出彼入此,鸟逝风驱"①的斗争方式,对后面两个阶段,有严重的不利影响。

为什么唐末农民战争采取了"流寇主义"的斗争方式呢?这是一个原因很复杂的问题。

毛泽东在《关于纠正党内的错误思想》《抗日游击战争的战略问题》《中国革命和中国共产党》等著作中一再指出,"流寇主义"思想来源于游民群众、流氓无产者和破产农民。唐末农民战争确实有很多流氓无产者(即骄兵)、破产农民参加,而且领导成员中还有一些私盐贩,这是产生这种政治思想的社会根源。但是,革命队伍中存在这种思想,只是搞"流寇主义"的一种可能性,这种可能性能否转化为现实性,还取决于其他很多条件。历代农民起义军中都在一定程度上存在破产农民和流氓无产者,宋以后的农民起义往往有一些商人参加,王小波、李顺就是因"贩茶失职"以商人的身份参加和领导了农民起义,但很多次农民起义并不具有"流寇主义"的色彩。中国现代革命队伍中也有游民、流氓无产者和破产农民,他们这种不建立根据地的思想甚至在某些领导者的意识中有所反映,但由于有无产阶级及其政党的正确领导,毕竟克服了"流寇主义"思想,成功地建立了根据地。

此外,不建立根据地的农民起义和农民战争,并不一定会进行"流寇主义"的游动战,东汉的黄巾起义、隋末的很多支农民起义军就是既没有从政治上、经济上建立根据地,也不游动作战,而且在固定地区分别进攻几个城市。因此,唐末农民战争不知道建立根据地,还不能全部说明黄巢进行游动战的原因。

关于这个问题,必须就农民起义客观条件、主观原因两方面进行分析。

---

① 《唐大诏令集》卷120《讨草贼诏》。

农民战争进行"流寇主义"游动战的客观原因之一,是起义爆发和发展的严重不平衡性。在中国历史上,常常出现这种情况:起义爆发得越普遍,农民斗争在全国范围内越广泛,农民军越易于在固定地区作战,因为不进行远距离游动,也不至于被敌人立即扑灭。黄巾起义时三十六方同日而起,农民的斗争遍于黄河两岸,所以义军就死盯着冀州、颍川、南阳三大地区围攻城市。隋末农民起义几乎遍于全国的每一个角落,因而三大支主力军始终分别在河北、中原、江淮三大地区作战。元末起义的烽火烧遍了淮河流域和长江流域,因而除刘福通派出的几支远征军游动作战外,其余各支农民军均在当地稳扎稳打,甚至有的还建立了根据地。反之,唐末、明末的农民起义爆发后,没有引起燎原大火,所以就出现了"黄巢、李闯式的流寇主义"。前面已经指出,唐朝后期政治、经济的发展极不平衡,引起了阶级矛盾的严重不平衡性,这是农民起义不能普遍爆发的根本原因。当黄巢进军长安,阶级斗争在关中进入高潮时,金陵一带却"戎马不曾生四鄙",呈现着"湛然一镜平如坻"[①]的和平景象,就是起义发展不平衡的生动写照。唐代虽也有农民起义"所在蜂起"的记载,但这些起义军"多者千余人,少者数百人",[②]没有发展壮大到相当规模,未能在全国造成一定的声势,它们很容易旋起旋灭,不能与隋、元两代的起义同日而语。黄巢率领一支孤军奋战,在不知道建立根据地的前提下,如果不避实就虚,转战各地,就有在短期内全军覆没的危险。显然,唐末农民战争采取"流寇主义"的斗争方式,有其不得已的苦衷。

在唐末的客观条件下,农民起义是否必然进行游动战,也不尽然,裘甫起义就始终在浙东一带坚持,庞勋起义也局限于徐、宿、泗等州,他们都没有进行远距离出击。黄巢所以采取游动作战的方式,还有其主观方面的原因,就是吸取了裘甫、庞勋转瞬即败的教训,企图借此坚持长期斗争,并且怀有冲击中原、关中,最后推翻唐朝的远大目标。关于此点,前面已经涉及,不再赘论于此。因此,我们对游动战不能全盘否

[①] 《浣花集补遗·秦妇吟》。
[②] 《通鉴》卷251 乾符元年十二月、二年十一月。

第四章　游动战斗争方式和唐末农民战争失败的原因

定，应当一分为二：与建立根据地相比，它存在严重缺点，甚至是唐末农民战争失败的原因之一；与黄巾起义，裘甫、庞勋起义那种不建立根据地而在固定地区作战的呆板打法相比，游动战又具有优越性。

中国历史上进行游动作战的农民起义很多，非止唐、明两代的农民战争，而黄巢、李闯的"流寇主义"色彩显得特别浓重，与这两次的游动战坚持得特别持久有关。刘邦在沛县起义后不久就直捣关中，绿林军在南方起义后也北克长安，都进行了远距离出击，但没有"流寇主义"色彩，就是由于他们的游动时间很短暂，进军的路线不太曲折。黄巢、李闯的长期游动使历史地图上出现了异常夺目的进军曲折路线，因而使"流寇主义"显示出了特别鲜明的色彩。

为什么唐末农民战争能够坚持长达将近十年呢？原因在于唐朝存在严重的短处。

首要的因素是"天下尽分裂于方镇"[①]的政治形势。唐朝的中央政权与藩镇间有矛盾，藩镇与藩镇间也有复杂的矛盾，南方像高骈那样的节度使，在皇帝面前嘟囔，在邻藩面前抱怨，在农民军面前战栗，唐僖宗敦促他出兵镇压起义的诏令，与其说是体现了皇帝的权威，不如说仅仅是一种无可奈何的叹息。事实上，持这种态度的节度使远非高骈一人，"藩臣不武，戎士贪财，徒加讨逐之名，竟作迁延之役"，[②]是普遍的现象，所以当时"诸军屡奏破'贼'，皆不实"。连黄巢本人也深深地感到"藩镇不一，未足制己"，[③]因而能有意识地在一定程度上扩大、利用敌人营垒中的矛盾。唐朝虽然能够最后形成"华戎合势、藩镇连衡"的有利局面，但在短时期内，各种势力却很难即时拧成一股绳，这种有利局面的产生必须经历一个痛苦的长期过程，这就为黄巢进行持久战提供了方便。

另一个重要因素是唐朝的军队骄惰难制，纪律败坏，士气低落，作战低能。不但地方上"天下兵骄，在处僭越"，[④]中央的神策军也是一些

---

① 赵翼：《廿二史札记》卷20《唐节度使之祸》。
② 《旧唐书》卷178《郑畋传》。
③ 《新唐书》卷225下《黄巢传》。
④ 《全唐文》卷815顾云《代高骈上僖宗奏》。

"华衣怒马,凭势使气,未尝更战阵"①的废物。这种职业兵"足一蹈军门,视农夫如草芥",②平日在农民面前凶狠如豺狼,但到战时,却成了农民军面前的羔羊,根本没有战斗力。唐朝长期依靠这样的军队镇压起义,当然不可能速战速决,即时取得胜利。只有到李克用出兵之后,才改变了这种局面,但那已经是第二阶段后期的事了。总之,唐朝官兵矛盾、兵民矛盾特别尖锐,互相交织在一起,是黄巢进行持久战的重要条件之一。

唐朝方面有一些便于农民进行持久战的因素。黄巢拒绝裘甫、庞勋的呆板战术,而改行机动灵活的游动战,又是能够坚持长期战争的主观因素。二者相辅相成,应当辩证地理解其间的相互关系。

仅仅指出"流寇主义"是唐末农民战争失败的原因,还不能充分说明问题,因为中国历史上还有很多农民起义尽管没有建立根据地,也不在固定地区呆板地坚持苦斗,还是在军事上取得了胜利,直接推翻了封建王朝。刘邦、项羽领导的起义,绿林起义,都是如此。因此,必须进一步指出,黄巢在没有建立根据地的前提下,为什么不能像刘邦、绿林军那样,取得军事上的彻底胜利。关于此点,应该从敌人的长处和农民军的其他弱点两方面进行分析。

首先,在力量对比上,敌强我弱,农民军处于劣势。唐代末年,尽管唐朝已经分崩离析,统治阶级内部矛盾重重,反动势力不易在短时期内联合起来,但北方藩镇势力的总和却是一个不容忽视的因素。当农民军游动作战时,只同其中的个别藩镇或部分藩镇接触,后者不一定比起义军强大;可是当农民军一旦在关中建立政权,停止到处游动以后,北方的藩镇就先后起兵群起而攻之了。几十万农民军虽然数量不少,在关中却犹如一潭死水,得不到源源而来的补充;唐朝方面则终于形成了合势连衡的形势,以压倒优势云会四合地围攻大齐。关中的相持阶段是决定起义胜败的关键时刻,而决定这一阶段唐胜齐败的主要条件,就是这种力量对比状况。

---

① 《通鉴》卷254 广明元年十一月。
② 《旧唐书》卷190下《刘贲传》。

其次，农民军的政治斗争经验远不如敌人方面丰富。唐朝虽然有很多政治弱点，如官吏贪墨成风，中央政见不一，官僚集团间尔虞我诈，相互倾轧，但他们毕竟是长期掌握政权的统治者，富有政治斗争的经验，所以能够在复杂、困难的时刻，缓和内部矛盾，逐步联合藩镇，争取沙陀出兵，收买叛徒朱温；黄巢则注意军事斗争甚于注意政治斗争，重视政治斗争甚于重视经济、财政，对敌人分化瓦解不足，对两属的藩镇和伪降的官吏缺乏应有的警惕。这样，唐朝的力量日益增强，黄巢和义军的弱点越来暴露得越加明显。资产阶级在推翻封建社会之前，就已经参加了等级会议，甚至产生了自己的政治派别或政党；无产阶级在推翻资本主义社会之前，就已经在职工会这个阶级斗争的学校中受过锻炼，而且产生了马克思主义的政党，已经积累了丰富的经济斗争和政治斗争的经验，并且把这些经验上升为革命的理论。农民是个体小生产者，相互之间很少交往，不但没有自己的政治代表——政治派别或政党，中国封建农民甚至连把自己组织起来进行斗争的公社制度也没有。千百年来尽管发生了千百次的起义，却从来没有人有意识地总结斗争经验，更没有人把这些经验上升为系统的、科学的革命理论。如果说，没有马列主义武装的自发工人运动尚且如同一艘没有指南针的航船，很难达到胜利的彼岸；那么，单纯的农民起义则始终具有自发的性质，永远不能达到胜利的彼岸。唐末农民战争在这一方面的弱点，也同样主要表现于关键性的第二阶段。这种政治经验方面的敌强我弱，必然导致大齐政权的由强变弱，由胜而败。

唐朝方面有很多弱点，也有一些长处；农民军方面有一些弱点，也有英勇善战、坚韧不拔等不少长处。但唐朝的弱点和农民军的长处是暂时起作用的因素，不能使阶级斗争从不平衡变为平衡，不能从根本上改变敌强我弱的局面；而唐朝方面的长处和农民军方面的弱点则是长期起作用的因素，所以在斗争过程中由隐而显，影响由小而大，最后导致了唐胜齐败的结局。

第五章 唐末农民战争的历史意义和动力作用

第一节 王仙芝、黄巢起义的伟大历史意义

从公元7世纪隋末农民战争之后,到14世纪中叶元末农民战争以前,在长达七个多世纪的历史时期中,农民起义此起彼伏,从未间断,但真正具有农民战争规模的,却只有黄巢领导的唐末农民大起义。它是七百多年中阶级斗争的高潮,又发生在中国封建社会发生巨大变革的历史转折阶段,具有鲜明的时代特点,其历史地位和历史意义是非常伟大的。

唐末农民战争在中国历史上第一次提出了"平均"财富的要求,并且把这一要求公开写在自己的斗争旗帜上,为以后一系列农民起义类似的纲领性口号开了先河。唐以前的农民起义和农民战争,虽然也在经济上打击地主土地所有制,但在所提出的纲领性口号中,始终把斗争矛头首先指向地主政权,陈胜、吴广起义以"伐无道,诛暴秦"为口号,黄巾起义以"苍天已死,黄天当立"为口号,隋末农民起义反暴君、反兵役、反徭役的色彩异常夺目。唐末、北宋以后,农民起义和农民战争仍然继续打击封建政权,不断引起改朝换代,但在斗争口号中,作为新生的因素,却把斗争矛头明确地指向了地主经济,王仙芝自称"天补平均大将军",王小波、李顺公开提出了"均贫富"的口号,钟相、杨幺则以"均贫富,等贵贱"相号召,李自成更进一步把"均田免粮"的口号写在了斗争旗帜上,清代的太平天国集其大成,制定了"天朝田亩制度"。可见唐末五代时期正处于农民起义口号变化的转折时刻,也是新的纲领性口号正在酝酿、形成的重要历史阶段。王仙芝在称号中出现了"平均"字样,口号提得还比较朦胧。五代十国时南唐发生过这样的事件:

第五章 唐末农民战争的历史意义和动力作用

> 升元中，（陈起）以进士起家为黄梅令。时县境独木村有妖人诸佑，挟左道，自言数世不食肉，能使富者贫，贫者富。俚民稍稍从之。初有徒数十人，积数年，从者至数百。男女无别，号曰忍辱。夜行昼伏，取资于"盗"。①

"使富者贫，贫者富"，就是王仙芝称号的天然注释。到王小波正式宣称"吾疾贫富不均，今为汝均之"②时，朦胧的口号终于明朗化了。

土地制度的变化引起贫富进一步分化，阶级矛盾空前深刻化，于是农民起义适应时代的变革也提出了新的战斗口号。这一纲领性口号的出现，说明农民起义的斗争水平有了新的提高，农民战争史将要进入新的历史时期，而唐末农民战争则是这个新的历史时期的预兆。

王仙芝、黄巢以私盐贩的身份参加农民战争，也是中国农民战争史上的新事物。从此以后，这种情况就成为司空见惯的了。宋代有人说："今之'盗贼'所以滋多者，其巢穴有二：一曰贩卖私盐之公行，二曰坑冶炉户之恣横。二者不能禁制，则'盗贼'终不可弥。"③ 王小波、李顺就是"贩茶失职"的商人。参加明末农民战争的工商业者，就更加普遍了，市民运动与农民起义大有合流的趋势。这是唐宋以后，中国封建社会商品经济空前发展的明显反映。唐代后期大肆税商、借商，引起商人不满，"长安为之罢市"。④ 唐以前，统治者大多主张"重农抑商"，宋代思想家陈亮则以工商业者代言人的姿态，提出了唯物主义思想。这些史实都可以说明，随着工商业的发展，商人阶层的地位发生了变化，他们同封建统治者间的矛盾有所上升，因而商人阶层中就不断有人参加甚至领导农民起义和农民战争。这一新的情况，也是以唐末农民战争为起点的。

清人赵翼说：

---

① 陆游：《南唐书》卷14《陈起传》。
② 《渑水燕谈录》卷8。
③ 《宋会要·兵》卷13之39。
④ 《旧唐书》卷135《卢杞传》。

流"贼"有适相肖者。黄巢初从王仙芝为"盗",仙芝被戮,巢始为"盗"魁;李自成亦先从高迎祥为"盗",迎祥被擒,自成始为"盗"魁,相似一也。巢以草"贼"起事,陷京师,据宫阙,僭号改元;自成亦以草"贼"起事,陷京师,据宫阙,僭号改元,相似二也。巢未入京以前,其锋不可当,入京僭号后,"逆运"已满,未几,遂一败涂地;自成自襄陕向京,凶威亦无敌,入京僭位后,"逆运"亦满,未几,亦一败涂地,相类三也。……①

遗憾的是他只看到一些类似的表面现象,而且是从污蔑农民起义出发,没有站在劳动人民的立场上对阶级斗争的经验进行总结。实际上,黄巢起义对以后的农民起义,尤其是明末农民战争,是有巨大影响的。李闯式的"流寇主义"是黄巢式"流寇主义"的继续和发展,"均田"口号是"平均"口号的继续和发展,"追赃比饷"是"淘物"的继续和发展,李自成未能处理好山海关问题同黄巢未能追歼关中禁军是一脉相承的。二人间共同的教训说明单纯的农民起义尽管有发展和提高,仍然都不能摆脱失败的命运;二人间共同的经验则说明,中国农民战争一直在沿着从低级到高级、从幼稚到成熟的轨迹不断前进。

秦末农民战争、唐末农民战争和明末农民战争是中国农民战争史上三次极其重要的农民大起义,三次农民战争分别锻炼出了陈胜、黄巢和李自成三大起义领袖。黄巢不愧为中国历史上农民阶级的第一流杰出英雄!

第二节 唐末农民战争的历史动力作用

毛泽东在总结中国历史上的农民起义和农民战争时说:

中国人民是不能忍受黑暗势力的统治的,他们每次都用革命的手段达到推翻和改造这种统治的目的。在汉族的数千年的历史上,

---

① 《廿二史札记》卷20《黄巢李自成》。

第五章 唐末农民战争的历史意义和动力作用

有过大小几百次的农民起义，反抗地主和贵族的黑暗统治。而多数朝代的更换，都是由于农民起义的力量才能得到成功的。[①]

在中国封建社会里，只有这种农民的阶级斗争、农民的起义和农民的战争，才是历史发展的真正动力。因为每一次较大的农民起义和农民战争的结果，都打击了当时的封建统治，因而也就多少推动了社会生产力的发展。[②]

唐末农民大起义是中国历史上有数的大规模农民战争之一，它同样也"打击"了封建统治，达到了"推翻和改造"反动统治的目的，使"改朝换代"获得成功，"多少推动了社会生产力的发展"。我们应该运用阶级观点，对这些历史动力作用进行具体分析。

一 推翻唐朝

在剧烈的阶级斗争中，农民起义是失败的一方，反动势力是胜利者，然而黄巢在含元殿实际上已宣布了唐政权的死刑判决书。唐朝在以后尽管还苟延残喘了二十多年，却不过是朱温的一块遮羞布而已，或者说，是他玩弄于股掌之上的一件玩物，一旦时机成熟，就被抛入历史垃圾箱了。连封建史臣也承认："唐亡于黄巢。"[③] 推翻唐朝是改造封建统治的重要前提。

唐朝后期国家结构的特色是，中央与藩镇并存，政权机构叠床架屋，官僚集团臃肿不堪，因而大大加重了人民的负担。这个庞大复杂的政权机器好像一个沉重的包袱，压在整个社会的机体上，使之不能轻装前进，快步发展。农民战争把唐朝推翻后，等于在社会机体上切除了一个赘瘤，起到精简国家机构的作用，从而大大加快了历史前进的步伐，于是出现了一些能够执行进步政策的统治者，吴、南唐、吴越、荆南和楚国先后

---

① 《毛泽东选集》，第586页。
② 《毛泽东选集》，第588页。
③ 《新唐书》卷222中《南诏传赞》。

兴修了一批水利工程。后唐灭前蜀时，郭崇韬等入川，又恢复了中原政权对剑南人民的榨取，"昼夜督责"农民输纳犒军钱，① 横征暴敛引起"'盗贼'群起，布满山林"②。后蜀独立后又摆脱了中原政权的调敛，"府库之积，无一丝一粒入于中原，所以财币充实"。③ 从这面镜子中正可透视出推翻唐政权的现实意义。只有在中央集权的情况下，地方政权比较精简，才能避免叠床架屋的弊端；当中央集权已经瓦解的时候，唐政权不再能起统一集权的作用，就成为多余的社会赘瘤了。五代十国时期，南方各国仍向中原各朝不断进贡，但与唐朝的"军国费用，取资江淮"④完全不同。朱温有一次表彰吴越王钱镠的"贡献之勤"，臣下立即就一针见血地指出："镠之入贡，利于市易。"⑤ 可见这种进贡是商业贸易的变态，与唐朝的征调迥异。

推翻唐朝以后，战争不再给五代十国的各国统治者带来什么"出界粮"之类的好处，他们也不再能像唐朝的节度使那样，故意延长战争，以便"养寇自重"。现在，各国间的战争越多，战争过程越长，国家的负担就越重，国内阶级矛盾就越尖锐。这样，五代十国的统治者就有意识地尽量避免战争，缩短战争过程。如贞明五年（919），吴攻吴越，大胜之余，诸将劝徐温一举灭吴越，他却回答说："天下纷纭，民甚困矣！钱公亦未可轻也。若连兵不解，方为诸君之忧。"⑥ 以后，南唐的徐知诰、李璟基本上能够坚持"弭兵务农"的政策，故"自杨氏王吴，淮甸之人不识干戈者二十余年"⑦。吴越钱氏也很愿意结束同徐温的战争，因欲"息民故也"。吴越"自是休兵，乐业二十余年"。⑧ 后蜀赵廷隐在利州（四川广元）时，曾欲北取兴元及秦（甘肃秦安北）、凤（陕西凤县东）等州，孟知祥却"以兵疲民困，不许"⑨。因而后蜀能够"边陲无扰，百

---

① 《通鉴》卷275 天成元年十月。
② 《通鉴》卷274 同光三年闰十二月。
③ 《蜀梼杌》下。
④ 《文苑英华》卷422 宪宗《元和十四年七月二十三日上尊号赦》。
⑤ 《通鉴》卷269 贞明二年七月。
⑥ 《九国志》卷3《徐温传》。
⑦ 马令《南唐书》卷3《嗣主书》。
⑧ 《吴越备史》卷1《武肃王》。
⑨ 《通鉴》卷277 长兴二年五月。

姓丰肥"①。又如荆南高氏欲进攻楚国，孙光宪谏称："荆南乱离之后，赖公休息士民，始有生意。若又与楚国交恶，他国乘吾之弊，良可忧也。"②上述数例说明，五代十国的统治者对待战争的态度，与唐朝的节度使真有天渊之别。须声明的是，五代十国时期的战争并不一定比唐代少，值得注意的是：唐代爆发了一些本来可以避免的战争，某些战争被人为地拖长了；而五代十国时则情况与此相反。我们应该在相对的意义上理解唐末农民战争的这一作用。

国家机构的精简，战争的尽量避免，战祸的缩短，使赋税徭役在某种程度上得以略事减轻。譬如盐利的减少和盐价的降低，即其明显的一例。从后唐开始，历晋、周各代，不断改革榷制，轻放盐钱，在特定的地方和某些时期允许私盐贩合法买卖食盐，基本上解决了唐末农民"淡食"之苦。后晋时一度实行下述政策：将末盐界的粜盐钱计户分等加以摊配，"然后任人逐便兴贩"，结果，"盐货顿贱"，离出盐处较远的州县，"每斤不过二十文"，"近处不过十文"。③ 这项政策虽在后晋未能行之久远，但说明国家放松盐禁有利于降低盐价。北宋统一后，列国政权和藩镇割据不复存在，更有条件减轻赋税了。史称："宋自削平诸国，天下盐利皆归县官，官鬻通商，随州郡所宜。"④ 说明商运、商销已能合法存在。北宋解盐钞价一席二百斤平均约价五千多文，⑤ 每斤盐价合二十余文。官卖颗盐每斤价四十余文。按当时"斗为盐六斤"⑥ 计算，官私盐平均每斗价二百文左右，显然比唐朝后期的三百七十文大为降低了。

二 对上层特权地主的打击和土地关系的调整

皇族、公卿、百官、士族、宦官是遭受农民起义打击最严重的一个

---

① 《锦里耆旧传》卷7。
② 《通鉴》卷275 天成元年四月。
③ 《五代会要》卷26《盐》。
④ 《宋史》卷181《食货志》。
⑤ 参阅戴裔煊《宋代钞盐制度研究》，商务印书馆1957年版，第117—120页。
⑥ 《宋史》卷181《食盐志》。

寄生阶层。有人曾用"天街踏遍公卿骨"① 的诗句集中描写大齐政权对上层贵族、官僚的践踏。当时确实出现了"衣冠悉遭屠戮"② 的状况。一部分随僖宗南逃的官僚虽得暂免于难，然而"皮之不存，毛安焉附"，此后随着唐朝的衰落和走向灭亡，其苟延残喘的时日也就屈指可数了。起义结束不久，朱温重演了汉末袁绍的角色，一举杀尽了全部宦官。此外，"门胄高华"，"居三省台阁"的高官显贵亦被"指为浮薄，贬逐无虚日"，很多"自谓清流"的"搢绅之士"亦遭大批屠杀。③ 叛徒朱温虽不代表农民起义，但皇族、公卿、宦官的浩劫却是"金统"年间噩梦的余波。唐朝灭亡前后，残存的一部分遗老遗少亦相率南逃蜀、吴、吴越、闽、楚、南汉等国，寄人篱下，失去了原来的经济、政治地位。

唐代仕风，"诸名族重京官而轻外任"，如杨汝士建节之后，曾作诗说："如今老大骑官马，羞向关西道姓杨。"④ 杨氏一门"贵赫为冠族"，⑤ 故汝士除官关西之际失意之感油然而生。经唐末农民战争之后，"名门""冠族"的地位一落千丈，故宋人郑樵说：

> 自隋唐而上，官有簿状，家有谱系。官之选举，必由于簿状；家之婚姻，必由于谱系……自五季以来，取士不问家世，婚姻不问阀阅。⑥

汉末魏晋以来门阀世族崇尚宦婚的遗风，至此一扫而光。这一变化的根源主要是经济关系的发展和演变，但促成变化的触媒，却无疑是黄巢大起义。

唐朝后期的地方官吏，绝大多数都是贪官污吏，唐僖宗就曾承认："乾符之后，广明以前，节制廉问之臣，州牧县宰之吏，或抡拟不当，或铨择非良。镇藩翰者则惠养抚绥之术蔑闻，居牧宰者则贪婪苛虐之风益

---

① 《浣花集补遗·秦妇吟》。
② 《全唐文》卷815 顾云《代高骈上僖宗奏》。
③ 《通鉴》卷265 天祐二年五月、六月。
④ 《南部新书》乙。
⑤ 《新唐书》卷175《杨虞卿传》。
⑥ 《通志》卷25《氏族略》。

第五章　唐末农民战争的历史意义和动力作用

甚。"① 农民战争波及全国绝大部分地区，公然宣布"禁刺史殖财产，县令犯赃者族"，对盘踞各地的贪官污吏进行了一次普遍的革命横扫，也是对上层官僚的一个沉重打击。

农民起义对僧侣地主这一特权阶层，也给予了沉重的打击。农民军所到之处，有的寺院"禅侣分散"，② 有的僧侣"避地"他乡，③ 甚至有人"引颈待刃"，终为义军所杀。④ 经过这次摧枯拉朽的打击，寺院经济大为削弱，直到宋初还是"佛老之徒未甚炽"⑤。

皇族、公卿、百官、宦官、地方上层官僚及僧侣地主势力的削弱，引起了下面两个积极的后果：第一，唐代末年，土地大量集中在特权地主、官僚地主、僧侣地主手中，他们不但广置田园，甚至把肥沃的土地变成仅供玩赏的园林，造成土地利用上的极大浪费，严重影响农业生产，有人曾为此慨叹地说："今之宅树花卉犹恐不奇，减征赋惟恐不至，苟树桑者，必门嗤户笑……今之田贫者不足于耕耨，转而输于富者，富者利广占不利广耕。"⑥ 农民战争在打击特权地主、官僚地主的同时，也沉重地削弱了他们的大土地所有制，使农田园林化的趋势有所收敛。史称：

> 洎巢、蔡（秦宗权）之"乱"，洛阳灰烬……李氏花木，多为都下移掘，樵人鬻卖，园亭扫地矣！有醒酒石……中使有监（张）全义军得此石，置于家园……（李敬义）因托全义请石于监军……监军忿然厉声曰："黄巢败后，谁家园池完复？岂独平泉有石哉？"⑦

这是唐代李德裕的"平泉庄"的悲惨遭遇。从监军的话看，"园亭扫地"者很多，非止李氏一庄，亦不限于洛阳一地。大土地所有制的严重削弱为生产关系的调整、土地的重新配置，创造了条件，有利于生产的恢复和发展。

---

① 《全唐文》卷89《僖宗车驾还京师德音》。
② 《高僧传三集》卷12《释藏㻗传》。
③ 《高僧传三集》卷12《释文喜传》。
④ 《高僧传三集》卷23《释鸿休传》。
⑤ 《通考》卷24《国用考》卷2。
⑥ 《皮子文薮》卷7《请行周典》。
⑦ 《旧五代史》卷60《李敬义传》。

第二，农民战争对极端腐化的贪官污吏的横扫，为在一定程度上改造封建统治提供了前提。黄巢起义之前，地主分子对干禄仕进是趋之若鹜的；农民战争之后，发生了显著变化。直到北宋，还有这样的情况："昔者承五代之乱，天下学者凋丧，而仕者益寡，虽有美才良士，犹溺于耕田养生之乐，不肯弃其乡间而效力于官事。当此之时，至调富民而为官。"① 封建士人并不是对"耕田养生"发生了特殊兴趣，而是回忆起"天街踏遍公卿骨"的往事，仍然心有余悸。这一现象正可说明，阶级斗争对官僚地主阶层的打击是多么沉重，影响是多么久远。随着大量贪官污吏的退出历史舞台，一部分出身寒微，能够执行进步政策的官吏，当作新鲜血液，输送进了封建政权。在洛阳大兴屯垦的张全义，祖、父几代"世为田农"，② 他本人还参加过黄巢起义，对中原经济的恢复起过进步作用。吴国的杨行密亦"少孤贫"，③ "世为农夫"，故能执政后推行有利于发展生产的政策，并且"自言不敢忘本"④。楚国的马殷"少为木工"⑤。闽国的王氏"世为农"，⑥ 亦能"为人俭约"⑦。荆南的高季兴甚至做过贾人李让的家童。⑧ 后周的郭威曾说："朕起于寒微，备尝艰苦，遭时丧乱，一旦为帝王，岂敢厚自奉养，以病下民乎？"⑨ 南唐的泉州（福建泉州市）刺史刘从效亦"出自寒微，知人疾苦"，故能"以勤俭为务"，并尝自言："我素贫贱，不可忘本也。"⑩ 湖南的周行逢也是"起于微贱，知民间疾苦，励精为治，严而无私"⑪。这些记载不免有美化上述历史人物之处，却能反映，他们和唐朝后期的贪官污吏毕竟有所不同。唐末农民战争造成了天下大乱的局面，正是这种群雄逐鹿的形势淘汰了

---

① 《栾城集》卷20《试进士策问二十八首》。
② 《旧五代史》卷63《张全义传》。
③ 《旧五代史》卷134《杨行密传》。
④ 《十国春秋》卷1《吴太祖世家》。
⑤ 《旧五代史》卷133《马殷传》。
⑥ 《五代史记》卷68《闽世家》。
⑦ 《十国春秋》卷90《闽太祖世家》。
⑧ 《五代史记》卷69《南平世家》。
⑨ 《通鉴》卷290广顺元年正月。
⑩ 马令《南唐书》卷27《刘从效传》。
⑪ 《通鉴》卷292显德元年十一月。

一批腐化的官僚，通过历史的选择，涌现出来一大批出身寒微的统治者。农民战争对封建统治的这种局部改造，为生产的发展提供了有利的政治环境。

三　豪强大地主

经过唐末农民战争的大风暴，豪强大地主中难免也有个别人遭到打击，但就这一阶层的大多数而言，却是占了便宜，所以在五代十国时期，他们的地位相对地上升了。分布在全国的大大小小的独立小王国，就是这一阶层利益的政治体现。各国统治者本人尽管出身寒微，但他们毕竟不是以中小地主阶层的代表进行统治，而是与当地的豪强大地主结合起来进行统治。

当农民起义在黄河流域进行得白热化的时候，"州郡易帅，有同博奕"，①"诸藩擅易主帅"②。新任的节度使究竟是些什么人呢？史称："自（黄）巢、（尚）让之'乱'，关东方镇牙将皆逐主帅，自号藩臣。"③ 岂止北方如此，南方的王建、高季兴、杨行密、刘隐等人，也多是牙将出身。牙将中自然可能有一些出身寒微的地主，但其中更多的是像范阳卢需那样的地方豪强大地主。朱瑄的父亲是宋州"豪右"，④ 所以朱瑄和朱瑾成了兖、郓一带的割据者。刘隐的祖父早已"商贾南海"，父亲是"广州牙将"，⑤ 刘氏一族已经成了岭南的土著豪强。其他如割据邢（河北邢台市）、洺（河北永年）的孟方立，割据徐州的时溥，也都是当地的土著势力，大多属于豪强地主。至于钱镠，则是以地主武装"杭州八都"为基础而自成势力的。闽的王氏兄弟，在性质上与钱氏基本上相同。即使节度使本人并非豪强地主出身，他们变成五代十国的国君后，也都接纳豪强地主进入了各个小朝廷。前蜀的费宗陶"世为成都巨族"，"与弟叔熊

---

① 《旧五代史》卷62《孟方立传》。
② 《旧五代史》卷13《王师范传》。
③ 《旧唐书》卷164《王播附铎传》。
④ 《旧五代史》卷13《朱瑄传》。
⑤ 《五代史记》卷65《南汉世家》。

同为显官"。① 邓元明"以富雄于乡",曾在物质上支援过王建,故其子邓宏为忠州(四川忠县)刺史,宏子隆在后蜀亦官至资州(四川资中北)刺史。② 后蜀的太傅王处回,"家资巨万","积锸比内藏三之二",③ 是土著大豪强。南唐的皇甫继勋,"虽尚少,且无战功,徒以家世,遂为大将。资产优赡,名园、甲第,冠于金陵"。④ 南唐的"义军""自甲军""自在军",都是地主武装,曾经成为支持李氏政权、抵抗北宋统一的重要力量。

各国统治者为拉拢豪强大地主,还大肆扩充官僚机构,为他们广辟仕途。周行逢统治湖湘时,徐仲雅曾以"司空满川,太保遍地","讥其署官冗滥",而武陵的这些司空和太保实际上就是当地村落、廛市间的"豪横之辈"。⑤ 由闽分裂出来的殷政权,也有"疆土狭隘,多置州县,增吏困民"⑥ 的问题。李克用派刘仁恭赴幽州时,高思继昆仲三人,"俱雄豪""分掌燕兵,部下士伍皆山北之豪"。⑦

大量史实说明,地方上的豪强大地主,大多利用旧政治秩序动摇的时机,崭露头角,纷纷爬上了政治舞台。这一阶层在农民战争前后受到的打击有限,而且趁机占了便宜,是唐末五代时期全国不能立即统一、土地关系的调整具有很大局限、进步政策不能彻底贯彻的主要原因之一。各国政权把持在这一阶层手中,也是各个统治集团很快趋向严重腐化的一个重要条件。

四　中小地主

中小地主不是农民起义打击的主要对象,然而他们经济力量薄弱,

---

① 《十国春秋》卷42《费宗陶传》。
② 《十国春秋》卷42《邓元明传》。
③ 《蜀梼杌》下。
④ 陆游《南唐书》卷10《皇甫继勋传》。
⑤ 《十国春秋》卷73《徐仲雅传》。
⑥ 《通鉴》卷283 天福八年五月。
⑦ 《旧五代史》卷123《高行周传》。

第五章 唐末农民战争的历史意义和动力作用

政治上无权势可恃，所以经不起农民战争的震动、强藩巨镇的凌轹、封建国家的调敛，很快就走向没落，甚至有人陷于破产。

农民战争之后，陆龟蒙曾以中小地主的身份，惶惶然不可终日地哀叹："自'盗'兴以来，百役皆在，亡无所容，又水旱更害吾稼，未即死，不忍见儿孙寒馁之色。"① 文字中不免有夸张渲染之处，却反映了中小地主的悲惨命运和萧条景象。关于农民战争对他们的直接打击，韦庄在《秦妇吟》中有如下一段描写：

> 问翁本是何乡曲，底事寒天霜露宿？
> 老翁暂起欲陈词，却坐支颐仰天哭：
> 乡园本贯东畿县，岁岁耕桑临近甸。
> 岁种良田二百廛，年输户税三十万……
> 千间仓兮万丝箱，黄巢过后犹残半。
> 自从洛下屯师旅，日夜巡兵入村坞……
> 入门下马若旋风，罄室倾囊如卷土。
> 家财既尽骨肉离，今日残年一身苦。
> 一身苦兮何足嗟，山中更有千万家！

这个"岁种良田二百廛，年输户税三十万"的老翁显然是中小地主。在黄巢的打击和唐军的劫掠下，他已陷入"家财既尽骨肉离"的境遇。"山中更有千万家"说明中小地主如此沦落者，非独老翁一人，而是大有人在。直到后周时，这一阶层的出路仍极狭窄，所以"辛苦孤寒之士，尽泣穷途"②。

中小地主所占土地本来为数有限，他们失去的利益除一部分在调整土地关系中起作用外，还有相当部分为豪强地主所攫取，所以农民起义从这一阶层身上得到的果实，不可能很多。

---

① 《甫里先生集》卷16《送小鸡山樵人序》。按此序中有"元和中……追今盈六十年"之语，知此序作于乾符年间，可见所谓"盗"即指黄巢起义军而言。
② 《旧五代史》卷149《职官志》。

五　商　人

商人和中小地主同属中间阶层，但唐末农民战争之后，中小地主趋向衰落，商人的地位却提高了。不过，作为剥削阶级，他们在经济上也受到了一定的打击。

农民战争对转运奢侈品的大商人，尤其是波斯、大食等蕃商的打击特别沉重。据阿布赛德哈散的记录，在唐末农民大起义期间，阿拉伯与中国的贸易已"完全停滞"，外国商人靠经营中外贸易为生而"至此破产者，所见皆是也"①。国内的富商巨贾也受到农民起义的严重影响，如大商人王可久，在彭门遇上庞勋起义，"尽亡其赀"②，并"窜于'寇'域，逾期不归"③。庞勋农民军围寿州时，曾夺取商人财货，在徐州亦"敛富室及商旅财，什取其七八。坐匿财夷宗者数百家"④。大规模农民战争爆发以后，王仙芝进逼东都，引起"工商失业以无依"⑤。在江西、淮南各地活动的农民军亦"窘厄商徒"，⑥ 影响贸易。大齐在长安的"淘物"，不可能不触动富商巨贾的经济利益。

统治者在镇压农民起义的时候，在农民起义失败以后彼此进行兼并战争的时候，从财政需要出发，也往往向富于赀货的豪商伸手。如乾符五年，唐朝因"内藏虚竭，无所佽助"，"东都军储不足"，曾"贷商旅富人钱谷，以供数月之费"⑦。五代十国时期，梁末帝的租庸使赵严亦"僦敛纲商，其徒如市"⑧。吴国也是"关司敛率尤繁，商人苦之"⑨。闽

---

① 《中西交通史料汇编》第 2 册《古代中国与阿拉伯之交通》第 208 页。其中关于黄巢在广州大杀"蕃商"的数字虽不可信，但可反映他们确曾遭到沉重打击。
② 《新唐书》卷 120《崔玄暐附碣传》。
③ 《唐阙史》下《崔尚书雪冤狱》。
④ 《通鉴》卷 251 咸通九年闰十二月。
⑤ 《唐大诏令集》卷 117《宣抚东都官吏敕》。
⑥ 《唐大诏令集》卷 120《讨草贼诏》。
⑦ 《通鉴》卷 253 乾符五年四月。
⑧ 《旧五代史》卷 14《赵犨附严传》。
⑨ 马令《南唐书》卷 25《申渐高传》。

主王曦"淫侈无度,资用不给",曾因此而"增算商贾数倍"。① 后蜀宰相张业判度支,亦"虐征商税"②。不过,唐朝后期一贯大肆征商、借商,上述情况并非农民起义以后新出现的现象,对商人经济地位的变化没有多大的影响。

就农民战争所造成的影响而言,国内商人所遭的挫折远不如蕃商严重。五代十国时期,关于波斯、大食商人活动的记载比唐代大为减少,而有关中国商人的记载却并不少见。

值得注意的是,唐末农民战争以后,五代十国的部分统治者对奢侈品的贸易采取明显的限制政策,这确实是一种比较突出的新现象。后周一度禁止民间与回鹘"市易宝货"③。有一次回鹘使者进贡玉和碙砂等物,柴荣"以玉虽称宝,无益国用,故因而却之"④。蕃商和国内富商巨贾贩卖奢侈品的活动大为削弱,有利于抑制统治阶级的奢靡浪掷,声色犬马,自然间接有利于劳动人民发展生产。五代十国时期,商人转运贩卖的大多数商品都是与国计民生有密切关系的纺织品、盐铁、茶等,楚国所设的"回图务",就是专门"运茶于河南、北卖之,以易缯纩、战马而归"⑤ 的机构。商品经济的这种变化反映国民经济将走上健康发展的道路。

唐末农民战争以后,商人的地位还有改善的方面,必须全面分析这个问题。

首先,唐朝统治者一味征商、借商,从未考虑如何使商业健康地发展;五代十国的统治者则往往有意识地使商税的征敛建立在商业正常发展的基础之上。早在大起义结束之初,唐朝的荆州节度使成汭就在江陵开始实行"通商务农"⑥ 的政策。在这一方面,马殷在楚国的政策最为典型,史称:

---

① 《通鉴》卷282 天福六年六月。
② 《锦里耆旧传》卷7。
③ 《旧五代史》卷111《周太祖纪》。
④ 《旧五代史》卷138《回鹘传》。
⑤ 《通鉴》卷266 开平二年六月。
⑥ 《北梦琐言》卷4《成令公为蛇绕身》。

> 初，楚王殷既得湖南，不征商旅，由是四方商旅辐辏。湖南地多铅铁，殷用军都判官高郁策，铸铅铁为钱，商旅出境，无所用之，皆易它货而去。故能以境内所余之物易天下百货，国以富饶。①

应当肯定，这样的商业政策是具有进步性的。南平与后汉绝交后，"北方商旅不至，境内贫乏"，高从海为了重新发展贸易，遂遣使通好于汉，"乞修职贡"。② 前已指出，吴越王钱镠入贡中原，也是为了"利于市易"。北方诸王朝也不例外，后唐曾经下令："不得邀难商旅。"③ 后晋建立之初，"府库殚竭，民间困穷"，因实行"通商贾以丰货财"④的政策。后周则一再宣布，"听蜀境通商"，⑤ 与南唐"商旅往来，无得禁止"。⑥ 北宋统一之后，情况更见好转，史称：

> 自唐室藩镇多便宜从事，擅其征利。其后诸国割据，掊聚财货以自赡，故征算尤繁。宋朝每克服疆土，必下诏蠲省。凡州县皆置务，关镇或有焉。
>
> 宋太祖皇帝建隆元年诏，所在不得苛留行旅，赍装非有货币当算者，无得发篋搜索。又诏，榜商税则例于务门，无得擅改更、增损及创收。⑦

从此以后，商税则例在宋代"累朝守为家法"。从唐朝的滥征滥借发展到宋代的有则例可循，显然对发展正常的商业比较有利。

其次，私盐贩在唐代完全处于非法地位，法令根本禁止私商买卖食盐。从五代十国到宋代，盐商的地位也有所改善。除前述后晋一度允许私商贩盐外，后周亦下令，乡村"逐处有咸卤之地，一任人户煎炼"，在

---

① 《通鉴》卷274 同光三年闰十二月。
② 《通鉴》卷288 乾祐元年六月。
③ 《旧五代史》卷36《唐明宗纪》。
④ 《通鉴》卷281 天福二年正月。
⑤ 《通鉴》卷291 显德元年正月。
⑥ 《通鉴》卷290 广顺元年三月。
⑦ 《通考》卷14《征榷考》卷1。

指定的地区中允许"兴贩"。① 一到北宋，商人就可通过钞盐制、扑买制、分销制和自由贸易制等渠道合法地贩卖食盐了。②

最后，名门望族及公卿显贵的没落、阀阅观念的趋向淡薄、部分出身寒微的人掌握了政权，使宦风仕途发生变化，商人的出路随之比以前宽广得多了。洪州人锺传"以负贩自业"，在王仙芝起义时"众推传为长"，"自称高安镇抚使"，并在以后正式被唐朝任命为抚州刺史。③ 又如海州人张传古，"世为郡之大商"，在乾符末年开始依时溥为偏将，以后竟官至宿州刺史。④ 郭威镇邺时，李彦顺"本以商贾为业"，竟被"置之左右"，以后官至延州兵马留后。⑤ 楚国实行"入财拜官"的结果，"富商大贾，布在列位"⑥。唐朝后期拥有雄厚财力的富商巨贾至多只能影占于度支盐铁监院，或者充任藩镇的牙职，其中真正能致身通显者，犹如凤毛麟角。五代十国时期，情况显然大为不同了。

如上所述，商人和中小地主相似，在农民战争前后，曾经受到一些挫折；但商人的经济力量远较中小地主优厚，而且在以后得到了某些有利的发展条件，所以从起义结束到北宋，商人实际挣扎到了豪强地主的地位。

六　小工商业者

唐朝后期，小工商业者的增加，固然部分是由于社会分工的发展，但也部分是由于土地兼并严重，赋役苛繁，农村经济破产，农民被迫大量"舍本逐末"。农民战争以后，农村土地关系有所调整，赋税徭役从五代到北宋略有减轻，从而小工商业者弃末归农有了条件。可以肯定，农民战争后的一个世纪左右的时间里，这一阶层的人数有所减少。归农人口的增加有利于恢复和发展农业生产，显然具有积极意义。至于社会分

---

① 《五代会要》卷26《盐》。
② 参阅戴裔煊《宋代钞盐制度研究》，商务印书馆1957年版，第68—73页。
③ 《新唐书》卷190《锺传传》。
④ 《旧五代史》卷90《张筠传》。
⑤ 《旧五代史》卷129《李彦顺传》。
⑥ 《通鉴》卷283天福八年十二月。

工水平提高所引起的手工业的健康发展，在农民战争之后并未停滞，如《东昌古迹志》所载锺彦祥的《东昌图镜记》所说的吉州窑制瓷业情况，就具有一定的代表性："至五代时，民聚其地，耕且陶焉。由是井落墟市、祠庙寺观始创。周显德初，谓之高唐乡临江里磁窑团，有团军主之。及宋寖盛，景德中为镇市……"① 所聚之民"耕且陶焉"，亦农亦工，说明这些陶工根本不是"舍本逐末"的农民。由"耕且陶"发展到制瓷专业化，是分工水平提高的具体表现。

　　唐代官府手工业作坊以使用番匠为主，辅之以和雇匠，而在后期有现役、番役逆转的倾向。五代十国时期，官府作场的情况如何，由于我掌握的材料有限，不知其详。但到北宋时期雇募工匠成了官营作坊劳动力的主要来源，② 另辅之以"当行"之制。宋人岳珂说："今世郡县官府，营缮创缔，募匠庀役，凡木工率计在市之朴斲规矩者，虽扃楔之技无能免。平日皆籍其姓名，鳞差以候命，谓之'当行'。"据他说北宋承平时，"雇值优厚"③。不仅木工如此，一般的"工役"亦"差使则与当行同也"④。唐朝的番匠服役须自带口粮，宋代的"当行"工匠领受"雇值"，尽管也不免有"鳞差"之苦，但经济状况毕竟比番匠有显著改善。这种"当行"制实际已很接近雇募了。

　　唐朝"自贞元来，多令中官强买市人物，谓之'宫市'"⑤。关于"宫市"对小工商业者的侵害骚扰《通鉴》载德宗时的情况是：

　　　　先是官中市外间物，令官吏主之，随给其直。比岁以宦者为使，谓之"宫市"，抑买人物，稍不如本估。其后不复行文书，置白望数百人于两市及要闹坊曲，阅人所卖物，但称宫市则敛手付与，真伪不复可辨，无敢问所从来及论价之高下者，率用直百钱物买人直数千物，多以红紫染故衣、败缯，尺寸裂而给之，仍索进奉门户及脚

---

① 转引自何国维《吉州窑遗址概况》，《文物参考资料》1953 年第 9 期。
② 参阅柯昌基《宋代雇佣关系的初步探索》，《历史研究》1957 年第 2 期。
③ 《愧郯录》卷 13《京师木工》。
④ 《梦粱录》卷 13《团行》。
⑤ 《南部新书》甲。

价钱。人将物诣市，至有空手而归者，名为宫市，其实夺之。①

白居易《卖炭翁》一诗所写的，就是一个亲自"伐薪烧炭"，亲自出卖木炭的小工商业者"苦宫市"的不幸遭遇。② 唐末农民战争推翻唐政权后，五代各王朝不见"宫市"的记载，北宋统治者"惩唐宫市之弊"，置"杂买务"于京师，"以京朝官、内侍参主之，以防侵扰"。③ 宋朝和买虽亦不免扰民，但比起唐朝的"宫市"来，不能说没有改进。这一情况也说明小工商业者的经济地位比唐末农民战争之前有所改善。

小工商业者人数的减少可以缓和他们之间的竞争，其经济地位的改善有利于发展生产，这是宋代手工业进一步提高的重要前提。

七　骄兵

农民战争之后，北宋统一以前，战争仍然连年不断，各国继续保持着相当数量的职业兵，不过，骄兵内部已经开始发生分化，这对消除割据势力，实现全国统一，部分骄兵归农，都有一定的好处。

唐政权存在的时候，节度使仍然有调迁的可能，他们首先考虑的是如何对付中央政权的问题，因而不断用进贡收买皇帝，用大量货财贿赂宦官，以巩固自己的地位，还没有余力解决骄兵逐帅的问题。农民战争之后，随着唐政权的覆灭，各国统治者就有余裕处理这个历史长期积累下来的重要问题了。

为了把骄惰成性、不餍赏赉、动辄叛乱的骄兵改造成为驯服的工具，各国统治者采取的主要手段是，在广大士卒中收买一部分心腹，依靠他们控制和镇压其他骄兵。早在唐末，田令孜和杨复恭等宦官典兵者，已"多养军中壮士为子以自强，由是诸将亦效之"④。如李克用就曾"多养军

---

① 《通鉴》卷235 贞元十三年十二月。
② 《白氏长庆集》卷3。
③ 《通考》卷20《市籴考》卷1。
④ 《通鉴》卷267 开平四年十一月。

中壮士为子，宠遇如真子"①。朱温镇汴之日，亦选富家子有材力者，置之帐下，号称"厅子都"，②作为军中骨干使用。杨行密打败孙儒后，选淮南骁果五千人，"豢养于府第，厚其衣食，驱之即战，靡不争先"，号曰"黑云都"。③这是吴国建立的军事基础。钱镠平宣州后，"以其降卒隶中军，号'武勇都'，为心腹"④。闽主王昶"募勇士为'宸卫都'以自卫，其赐予给赏，独厚于他军"⑤。马希范在楚国也置有"银枪都"八千人。⑥ 这些军队虽不尽可靠，如钱镠的"武勇都"就曾参加过徐绾叛乱，但就其主流而言，一般都是最高统治者的心腹，战斗力也比较强。唐朝后期的牙兵虽然在骄兵中也占有特殊地位，但他们不但不是节度使的心腹，反而往往是骄兵逐帅的带头人，所以和五代十国时期的上述心腹军队迥异。郭威即位时采取了乱军"裂黄旗以被帝体，以代赭袍"⑦的方式。赵匡胤即位时，发生了"陈桥兵变，黄袍加身"的故事，但这和唐朝后期骄兵变易主帅完全不同，这两次事件实际是郭威、赵匡胤亲自导演下的一幕闹剧，所以没有再出现新君即位时习惯发生的"剽掠坊市"及"夯市"。⑧ 这两次闹剧说明，军队已经成为最高统治者的驯服工具，"黄旗被帝体"和"黄袍加身"只不过是旧瓶装新酒，性质完全不同了。

　　唐朝后期，大量骄兵不愿解甲归农的真正原因是，农村土地高度集中，重赋苛徭追呼不已，经济凋敝不堪。唐末农民战争以后，随着土地关系的调整、经济情况的好转和赋役在一定程度上的减轻，骄兵归农的条件终于具备了。加之，军队战斗力的增强亦使统治者感到没有必要再大量养兵。因此，从后周到北宋一再推行纵兵归农的政策。周世宗曾下令："诸军将士年老病患不任征行情愿归农者，本军具以名闻，给凭籙放免。"⑨ 宋代也有类似记载："国朝初平伪国，合并所得兵，别为军额，其

---

① 《通鉴》卷266开平二年二月。
② 《旧五代史》卷64《王晏球传》。
③ 《旧五代史》卷134《杨行密传》。
④ 《九国志》卷5《杜建徽传》。
⑤ 马令《南唐书》卷28《闽国·王氏》。
⑥ 《十国春秋》卷68《楚文昭王世家》。
⑦ 《旧五代史》卷110《周太祖纪》。
⑧ 宋太祖说："近世帝王初举兵入京城，皆纵兵大掠，谓之'夯市'。"（《涑水记闻》卷1）
⑨ 《册府元龟》卷135《帝王部·愍征役》。

愿归农者，解其籍，或给以土田。"① 唐代后期兵额最多时达百万之众，而宋太祖时，禁军、厢军合计，职业兵不过二三十万。至于宋朝冗兵的大量增加，那是北宋中期以后的事。从五代十国到宋初，大量骄兵归农，既减轻了人民的负担，也增加了生产人口。

由于骄兵"变易主帅，有同儿戏"的情况逐渐消灭，唐代藩镇割据的重要条件之一遂不复存在，这对宋代的国家统一、中央集权是有好处的。

八 农民

唐末农民战争的一切作用必然集中体现在农民经济状况的改善方面，因为没有这一点，就根本谈不上社会生产的恢复和发展。

经过黄巢大起义，农民阶级在人口总和中所占的比重大大上升了，这是一个意义重大的变化。前面已经指出，随着农村土地关系的调整和进步政策的执行，大批大批的骄兵解甲归农，不少"舍本逐末"的小工商业者弃末归农，此外，城市中的游民、庸保也会有一部分重返农村。农村人口比重的上升对农业生产的恢复和发展具有不容忽视的积极作用。

唐末农民战争以后，农业中的生产关系也得到了调整，自耕农和佃农在农民总额中各占的比重也随之发生变化，他们的经济地位都比大起义以前有所改善。起义结束之初，张全义就在洛阳一带大兴屯田，关于此事，史料记载得非常生动：

> 王（指张全义）始至洛，于麾下百人中选可使者一十八人，命之曰屯将。每人给旗一口、榜一道，于旧十八县中，令招农户，令自耕种，流民渐归。王于百人中又选可使者十八人，命之曰屯副。民之来者，绥抚之。除杀人者死，余但加杖而已，无重刑，无租税。流民之归渐众……关市人赋，殆于无籍。刑宽事简，远近归之如市。五年之内，号为富庶……（张全义）每观秋稼，见好田、田中无草

---

① 《通考》卷152《兵考》卷4。

者，必于田边下马，命宾客观之，召田主慰劳之，赐之衣物。若见禾中有草，地耕不熟，立召田主，集众决责之。若苗荒地生，诘之。民诉以牛疲或缺人耕锄，则田边下马，立召其邻伍，责之曰："此少人牛，何不众助之？"邻伍皆伏罪，即赦之。自是，洛阳之民无远近，民之少牛者，率相助之；少人者，亦然。田夫田妇，相劝以力，耕桑为务。是以家家有蓄积，水旱无饥民。①

这段记载夸大了张全义的个人作用，有不真实之处。农民努力耕垦绝不是完全出于统治者的督课，农民间的相互支援绝不是由于统治者的提倡，农民的实际生活状况也不像文字所描写的那样理想。但这条史料毕竟能够反映，流民重新进行农业生产了，每户农民都可以占有一定数量的土地，剥削和压迫亦较农民战争之前有所减轻，生产确实有了发展。由于当时的农民还不能以自己的名义保护其阶级利益，张全义就成了建立上述生活的"权威"。因此，农民仍然是被剥削、被压迫者，张全义仍然是剥削者和统治者；但与唐末农民战争以前相比，洛阳附近确实是面目一新了，应该刮目以视。

洛阳屯垦的土地原来大多是地主、官僚的田庄和园林，现在虽然仍系"公田"，农民毕竟获得了比较稳固的占有权和使用权。不久，唐哀宗在天祐二年（905）宣布：

洛城坊曲内，旧有朝臣诸司宅舍，经乱荒榛，张全义葺理以来，皆已耕垦，既供军赋，即系公田。或恐每有披论，认为世业，须烦按验，遂启幸门，其都内坊曲及畿内已耕植田土，诸色人并不得论认。如要业田，一任买置。凡论认者，不在给还之限。如有本主元自差人勾当，不在此限。如荒田无主，即许识认。②

统治者颁布这样的法令，当然是为了确保"公田"的所有权，满足"军

---

① 《洛阳搢绅旧闻记》卷2《齐王张令公外传》。
② 《旧唐书》卷20下《哀宗纪》。

第五章 唐末农民战争的历史意义和动力作用

赋"的需要,然而农民战争打击地主土地所有制的既成事实却通过法律形式肯定下来了。到后周时,郭威终于停废这些屯田,割属州县,并且规定:"应有客户元佃系省庄田、桑土、舍宇,便赐逐户为永业。"① 这样,地主的土地就通过"公田"这个渠道最后过渡成为农民的私有土地;逃户、流民就通过国家佃农这个渠道,最后过渡成为自耕农。

五代十国时期,各国实行大量垦荒的政策,这同样是培植自耕农的一个重要途径。后晋曾下令:"民垦田及五顷以上,三年外乃听县司徭役。"② 后周广顺元年(951),幽州发生饥荒,流民散入沧州,郭威下令,除"口给斗粟"外,"仍给无主土田,令取便种莳,放免差税"③。不仅北方如此,南方的情况也很突出。南唐徐知诰曾下令:"民有向风来归者,授之土田,仍给复三岁。""民三年艺桑及三千本者,赐帛五十匹。每丁垦田及八十亩者,赐钱二万。皆五年勿收租税。"④ 吴越王钱镠亦"下令以境内田亩荒废者,纵民耕之,公不加赋"。同时他还"募民垦荒田,勿取租税。由是境内并无弃田"。⑤ 有力"艺桑及三千本者",当然是地主,承垦荒田的也有一些是地主,但大部分垦荒免税的人应当是农民,他们通过垦占无主荒田变成了自耕农。农民之所以能够占有土地,主要不是由于统治者实行募民垦荒的政策,而是由于农民战争有力地打击了地主土地所有制。当然,我们也不否认,上述政策符合土地关系调整的历史趋势,也起了一定的作用。

在我国封建社会中,自耕农是农民中最有能力发展生产的一个社会阶层,他们的经济条件比佃农优越。因此,唐末农民战争以后,自耕农在农民人口总和中所占比重的上升,有利于发展农业生产。后周把国有土地赐客户充作永业,佃农一旦变成自耕农以后,田产"既得为己业,比户欣然,于是葺屋植树,敢致功力"⑥。这一事例生动地证明了此点。

农民战争以前,唐政权也曾一再下令鼓励农民垦种荒田,以充永业,

---

① 《旧五代史》卷112《周太祖纪》。
② 《通鉴》卷281 天福三年六月。
③ 《旧五代史》卷111《周太祖纪》。
④ 陆游《南唐书》卷1《烈祖本纪》。
⑤ 《吴越备史》卷4《大元帅吴越国王》。
⑥ 《旧五代史》卷112《周太祖纪》。

也曾把局部地区的屯田分配给农民，作为私有土地，① 但这些政策收效很小。农民战争以后，同样的政策却能收到显著的效果。原因何在呢？起义之前，土地关系不能大幅度调整，叠床架屋的地主政权使赋役无法普遍减轻，所以局部地区推行这些政策的结果，农民纷纷避劳就逸，流转各地，引起"新亩虽辟，旧畲反芜；人利免租，颇亦从令"②。五代十国时期，各地区间畸轻畸重的不平衡状况在一定程度上有所克服，所以同样的政策就能够在各地收到实效，真正起安辑流亡的作用。

唐代后期，存在着严重的"两税不均"，③ 与大土地所有制的恶性膨胀有关，因而有人把"均税"也称作"均田"。元稹在《奏同州均田状》中曾说："富豪兼并，广占阡陌，十分田地，才税二三。"④ 这里所谓"均田"，即指"均税"而言。五代十国时期，百姓"诉田不均"⑤ 的现象仍然存在，但各国平均赋役的措施比农民战争以前大为加强了。后唐政权曾"命诸道均民田税"⑥。周世宗柴荣还"以元稹均田图遍赐诸道"，并遣大臣三十四人"分行诸州，均定田租"⑦。南唐亦"分遣使者，按行民田，以肥瘠定其税，民间称其平允"⑧。前蜀王建反对"徭役不均，刑法不中"，分命大臣整顿吏治。⑨ 宋初，赵匡胤又以周末"度田不实"，"精择其人"，"遣使度民田"，虽仍不免"税不均适"，⑩ 但总比农民战争之前有所改进。此外，按亩征税的趋势也越来越明显，五代十国的一些杂税，如后唐的曲钱、桥道钱、农具钱、小绿豆税，后周的牛皮税等，也多摊征于顷亩。⑪ 沿着这条道路发展下去，就形成了北宋的二税制、主客

---

① 参阅《唐大诏令集》卷70《长庆元年正月南郊改元赦》、《全唐文》卷76《武宗禁额外征税制》、卷79《宣宗召募闲田制》、卷82《宣宗大中改元南郊赦》、《旧唐书》卷18下《宣宗纪》及《通鉴》卷248大中三年八月。
② 《陆宣公集》卷22《均节赋税恤百姓第三条》。
③ 《全唐文》卷685皇甫湜《对贤良方正直言极谏策》。
④ 《元氏长庆集》卷38《奏同州均田状》。
⑤ 《旧五代史》卷46《唐末帝纪》。
⑥ 《通鉴》卷277长兴二年六月。
⑦ 《通鉴》卷294显德五年七月、十月。
⑧ 《通鉴》卷282天福六年十一月。
⑨ 《十国春秋》卷36《前蜀高祖本纪》。
⑩ 《通考》卷4《田赋考》卷4。
⑪ 参阅《五代会要》卷25、卷26，《旧五代史·唐明宗纪》及《通鉴》卷277、卷291等。

第五章　唐末农民战争的历史意义和动力作用

户制和按资产征差役的制度。赋役不均在某种程度上的克服，减少了少地无地农民产去税存的不合理负担，有利于农民改善经济地位，进行扩大再生产。

唐朝两税法实行后大量征收钱币，物价下落，不但给农民带来了倍输三输之苦，而且迫使他们变粟帛为钱，横遭商人的盘剥。唐末农民战争以后，五代十国的统治者在这方面也有所改革。吴国睿帝时仍按亩征钱，宋齐丘奏称："江淮之地，自唐季以来为战争之所。今兵革乍息，甿黎始安，而必率以见钱，折以金银，斯非民耕桑可得也，将兴贩以求之，是教民弃本而逐末耳。乞虚升时价，悉收谷帛本色为便。"这一建议被采纳后，"自是，不十年间，野无闲田，桑无隙地"①。南唐夏赋本来是"准贡见缗"，故"民苦之"。后来在李元清的建议下改为纳帛折钱，结果，"民无怨望"②。楚国民间输税，"用帛代钱"以后，"湖南民素不习蚕桑事。至是，杼机遂絜于吴越"③。显然，各国政府改征钱为敛物，既有利于逐末人口归农，也有利于农业和织妇手工业的发展。

在农民阶级内部，由于土地关系的调整和逃户、流民归农，与唐末农民战争以前相比，自耕农所占的比重上升了，佃农所占的比重必然随之有所下降。这样，佃农争租土地的竞争趋向缓和，也有利于改善其生产条件。唐朝后期，耕种官田的国家佃农所受剥削极其残酷，除缴纳高额地租外，还须"变米雇车般（搬）送"，其负担"比量正税，近于四倍加征"，所以职田、公廨田、驿田都是"抑配百姓租佃"。④ 与这种情况相比，张全义在洛阳实行屯田时，耕种官田的屯田户亦处于国家佃农地位，但其境遇却有了显著的好转。大致受地主剥削的私属佃户，也会在一定程度上发生类似的变化。

随着佃农经济状况的改进，定额租制的先进性得以充分发挥，因为这种新的租佃形式下，农民增产的粮食全部归自己占有，比分成制更能刺激农民的生产积极性。

---

① 《十国春秋》卷3《吴睿帝本纪》。
② 马令《南唐书》卷22《李元清传》。
③ 《十国春秋》卷72《高郁传》。
④ 《元氏长庆集》卷36《当州两税地》。

越强调按土地、按资产征调赋役，贫无立锥之地的佃农所直接负担的赋税和徭役越少。唐朝实行两税法本来强调按资产定税，但在长期实行中产生了很多弊端，使这种原则不能很好地坚持，宋代二税制、主客户制、差役制正式确立，佃户基本上只缴纳地租，所负担的国税有限，比唐朝佃农所受的榨取简化得多了。这是佃农经济地位改进的另一种表现。

九　从割据分裂到统一集权

从"安史之乱"开始，到北宋建立和统一，大体可以划分为两个阶段：在第一个阶段，唐朝由中央集权走向藩镇割据；在第二个阶段，由割据分裂重新走向统一集权。两个阶段之间的分水岭则是唐末农民战争。

唐末农民战争为全国实现统一集权创造了哪些条件呢？

首先，唐政权的推翻是通过兼并战争实现全国统一的前提。唐代后期，李氏王朝已经不再是中央集权的象征，反而成了实现统一集权的绊脚石。作为已经腐朽透顶的长安政权不再可能承担恢复中央集权的历史使命，重建统一集权的任务只能由其他新起的势力来完成，但唐朝的存在使任何藩镇也无法举起反唐的旗帜而同时兼并其他节度使。企图这样做的人，都将引起从中央到地方的全国性反对。农民起义之后，唐政权名存实亡了，形势发生了变化。《新唐书·方镇表序》在概括唐朝的藩镇战争时说："喜则连衡而叛上，怒则以力而相并。"实际上，"连衡叛上"的战争主要爆发于农民战争之前，全国统一集权的恢复不可能通过这条道路实现；"以力相并"的战争主要爆发于农民战争之后，只有通过这条道路，才能先统一北方，进而统一全国。史称："时藩镇相攻者，朝廷不复为之辩曲直，由是互相吞噬，惟力是视，皆无所禀畏矣。"[①] 唐政权完全退出历史舞台以后，五代十国相互兼并，就更无所顾忌了。可见，只有踢开失去驾驭全国能力的唐政权，才

---

① 《通鉴》卷256中和四年七月。

第五章　唐末农民战争的历史意义和动力作用

能为实现统一开辟道路。

其次，农民战争对藩镇本身也进行了一定的改造，使他们能够逐步实现全国统一。尽人皆知，河北山东的藩镇，尤其是魏博、成德、卢龙三镇，都是父死子代，子弄父兵，骄兵跋扈，"亲党胶固"的强藩巨镇，这些割据势力盘根错节，顽固异常，是唐朝恢复中央集权的主要阻力。当农民起义风暴横扫全国的时候，"所在雄藩，望风瓦解"，[①] 割据势力在大动乱中进行了大改组，一些传统的顽固势力或者瓦解，或者退居第二等地位，新兴起来的藩镇有李克用、朱温和王重荣等人，其中如李、朱等人，不仅仅满足于割据一隅，已经萌动了兼并、统一的念头，后梁、后唐两个王朝就是先后由朱、李二姓建立的。

最后，在唐代藩镇林立的状况下，任何一个强大的节度使也没有独吞全国的胃口，不具备兼并所有藩镇的经济、军事力量，所以实现全国统一必须分两步走：第一步，藩镇之间相互淘汰，强者兼弱，大者并小；第二步，各国间展开最后的兼并，由最强大的国家吃掉所有的小国，实现全国统一。唐末农民战争打破了唐朝藩镇之间的原有均势，使彼此间的平衡遭到破坏，为相互兼并打开了缺口，五代十国就是在此基础上形成的。从表面上看，从藩镇割据发展为五代十国大分裂，好像违背统一的趋势；但从实质上看，大分裂的表面却掩盖着局部地区的小统一，而这种局部统一正是走向全国统一的第一步。

五代十国的分裂局面形成以后，"诸国各有分土，兵革稍息"，[②] 又形成了新的均势。这是历史发展过程中的喘息阶段，调整生产关系、恢复社会经济的有利时机。经过一段发展，各国间的均势再被新的不平衡发展所打破，于是开始了第二步的兼并战争，以实现全国的最后统一。在最后的统一战争中，哪一个国家是兼并者，哪一个国家是被兼并者，主要取决于农民战争的作用在各地区间有大有小。就南方而言，淮水以南，直至虔州，西起复、鄂，东止宣、歙，是农民军南趋浙、闽以前往复斗争的主要区域，与吴和南唐的疆域大致吻合，因而吴与南唐就成为南方最

---

① 《通鉴》卷253 广明元年七月《考异》引《妖乱志》。
② 《通鉴》卷282 天福六年四月。

大的强国，陆游说："自吴建国，有江淮之地，比他国最为富饶"①。浙东是裘甫起义的地区，黄巢大军亦由浙入闽，王仙芝战死后，其余部曾"剽掠浙西"，曹师雄领导的起义军亦活动于二浙一带。② 这就是后来吴越建国的地域，因而钱氏就成为南方的第二个富庶的国家，在兴修水利、发展生产方面有突出的成就。淮河以北，黄河以南，西起关中，东迄沂州，是农民战争开始爆发、一再展开攻势的地区，是起义高潮时阶级斗争最剧烈的场所，阶级敌人所受的打击特别沉重，因而这一带就成为北方各王朝的所在地，并且是最后统一全国的出发点。与此相反，唐末农民战争从未波及的地方，如燕和北汉，只爆发过小规模的阡能起义的前、后蜀，及仅留有农民军足迹而未经持久斗争的闽、楚、南汉和荆南，则恢复生产的成就较小，统治者很快就趋于极端腐化，因而这些国家只配做兼并战争中的被吞并者。

十　黄巢起义和五代十国时期的小规模农民起义

必须把唐末农民战争与五代十国时期的阶级斗争联系起来进行研究，才能全面地理解黄巢大起义的作用。

农民战争失败以后，阶级斗争的高潮虽已过去，小规模的农民起义和各种形式的阶级斗争却仍在继续进行，从未间断。比较著名的起义有梁贞明年间（915—920年）的毋乙、董乙起义。③ 岭南张遇贤自称"中天八国王"，领导的起义群众有十余万之多。④ 其他小规模的起义不胜枚举。应当肯定，五代十国时的社会进步既与唐末农民战争的作用有关，也与继起的上述起义的推动有关；否则，距离唐末农民战争最远的后周在发展社会生产方面的成就大大超过梁、唐、晋、汉各代，就无从理解。

唐末农民战争之前，也爆发过小规模的农民起义，却未能起显著的

---

① 陆游《南唐书》卷15《刘承勋传》。
② 《通鉴》卷253乾符五年四月、六月、十二月。
③ 《旧五代史》卷10《梁末帝纪》下。
④ 《十国春秋》卷66《张遇贤传》、卷22《边镐传》。

作用；五代十国时期的小规模农民起义能够发挥显著的作用，原因何在呢？唐朝长期积累下来的社会矛盾和政治黑暗，小规模的起义根本无从加以消除，暴君本人无法改造成执行进步政策的杰出皇帝，贪官污吏本人也不可能变成循吏。只有经过唐末农民战争的大震动，推翻了腐朽的李氏王朝，继起的统治者才能改弦更张，实行新的政策。他们不再像唐朝的统治者那样麻木不仁，而是对任何小规模的阶级斗争都十分敏感，因而能够兢兢业业地推行有利于恢复社会生产的政策。因此，唐末农民战争的伟大动力作用是五代十国时期小规模农民起义能够发生显著作用的基础，五代十国的农民起义是黄巢起义的继续，前者的作用也是后者的作用的补充。不辩证地看到这种相互关系，就会低估唐末农民战争的作用。

由于唐末农民战争是打了败仗而失败的，黄巢没有亲自立即推翻唐朝，迅速建立起新的统一国家，所以唐末农民战争的历史作用有很大的局限性，而且只能通过迂回曲折的道路表现出来。这是农民战争之后不能紧接着出现汉、唐那样的"盛世"的根本原因。只有通过细致的分析，才能把唐末农民战争的历史作用充分地发掘出来。这方面可做的工作还很多，希望本书能起抛砖引玉的作用，有助于史学工作者将来做出更全面的论述。

唐末农民起义大事月表

公元	唐朝纪年	农民政权建元及纪年	月份	事件
859年	大中十三年		十二月	浙东裘甫起义爆发。
860年	咸通元年	建元罗平	正月	裘甫攻克剡县。
			二月	裘甫自称天下都知兵马使,建元"罗平"。
			七月	农民军大兰山之败。浙东起义告终。
			八月	裘甫牺牲。
868年	咸通九年		七月	桂州戍卒暴动,推庞勋为首,擅北还。
			十月	庞勋攻克宿州。兵变转化为农民起义。庞勋克徐州。
			十二月	农民军取得都梁城大捷。
			闰十二月	农民军在都梁城再获大捷,斩唐将戴可师。
869年	咸通十年		二月	王弘立鹿唐寨之败。
			四月	庞勋在柳子为康承训所败。
			九月	张玄稔降康承训,宿州陷。庞勋战死于蕲县西。
			十月	濠州陷,吴迥牺牲,庞勋起义告终。
875年	乾符二年		正月	王仙芝起义于长垣。不久,黄巢起义应之。
			五月	农民军克濮州。
			六月	农民军克曹州。
876年	乾符三年		七月	王仙芝为宋威败于沂州。
			九月	王仙芝克汝州,掳刺史王镣。
			十一月	农民军克郢州、复州。
			十二月	王仙芝在蕲州欲降唐朝,为黄巢所阻。二人分兵。

续表

公元	唐朝纪年	农民政权建元及纪年	月份	事件
877年	乾符四年		二月	王仙芝破鄂州。黄巢克郓州、沂州。
			七月	王仙芝、黄巢合军攻宋州，不克。
			八月	农民军转攻安州、隋州，克之。
			十一月	黄巢分兵北攻匡城、濮州。王仙芝遣尚君长等洽降，为宋威所获。
878年	乾符五年	建元王霸	二月	王仙芝败死于黄梅。黄巢自称黄王，建元王霸。
			三月	黄巢自中原渡江南进。
			十二月	黄巢克福州。
879年	乾符六年		九月	黄巢克广州。
			闰十月	黄巢从广州开始北伐。
880年	广明元年	改元金统 金统元年	五月	黄巢在信州大捷，高骈骁将张璘败死。
			七月	黄巢自采石飞渡长江北进。
			九月	黄巢渡淮而北。
			十一月	黄巢克东都洛阳。
			十二月	黄巢西破潼关，攻克长安，建大齐政权，改元金统。唐僖宗逃离长安。
881年	广明二年 中和元年	金统二年	三月	尚让、王播、林言等在龙尾陂为郑畋所败。
			四月	唐弘夫一度攻入长安，旋被黄巢所逐。
882年	中和二年	金统三年	二月	朱温率农民军克同州。阡能起义于邛州、雅州一带。
			九月	朱温降于王重荣。
			十一月	李克用率沙陀军南下，参加镇压农民起义。阡能起义最后失败。
883年	中和三年	金统四年	二月	尚让等于梁田陂为敌军所败，损数万之众。
			四月	黄巢由长安东撤。
			五月	唐朝节度使秦宗权以蔡州降黄巢。
			六月	黄巢开始围攻陈州。
884年	中和四年	金统五年	四月	黄巢退军故阳里，围陈之役结束。
			五月	黄巢在王满渡为李克用所败。
			六月	黄巢自杀于狼虎谷，唐末农民战争告终。

后 记

最近突然看到王永兴师《关于黄巢农民军的一些史料的考辨》一文（载《文史》第五辑）发表，读后感到我在这本小册子中有关农民军进军史实的某些部分，尚值得重新考虑，但拙稿的清样业已印就，已经来不及修改了。只能等本书再版时再加以订正。特此声明。

作者
于 1979 年 5 月 24 日

（《唐末农民战争》，中华书局 1979 年版）